语文

课程与教学论新编

学术顾问　袁振国　　钟启泉
丛书主编　张奠宙　　陆志平
本册主编　张中原　　徐林祥

江蘇鳳凰教育出版社
Phoenix Education Publishing, Ltd

图书在版编目(CIP)数据

语文课程与教学论新编/张中原，徐林祥主编.
—南京：江苏凤凰教育出版社，2007.2(2024.7重印)
ISBN 978-7-5343-7998-7

Ⅰ.语… Ⅱ.①张… ②徐… Ⅲ.语文课—教学研究—中小学 Ⅳ.G633.302

中国版本图书馆CIP数据核字(2007)第018559号

书　　名	语文课程与教学论新编
主　　编	张中原　徐林祥
责任编辑	吴文昊
出版发行	江苏凤凰教育出版社(南京市湖南路1号A楼　邮编210009)
苏教网址	http://www.1088.com.cn
照　　排	南京前锦排版服务有限公司
印　　刷	江苏凤凰新华印务集团有限公司(电话025-68037410)
厂　　址	江苏省南京经济技术开发区尧新大道399号
开　　本	787毫米×1092毫米　1/16
印　　张	24.5
版　　次	2007年2月第1版
印　　次	2024年7月第15次印刷
书　　号	ISBN 978-7-5343-7998-7
定　　价	59.00元
网店地址	http://jsfhjycbs.tmall.com
公 众 号	江苏凤凰教育出版社(微信号:jsfhjyfw)
邮购电话	025-85406265,025-85400774
盗版举报	025-83658579

本书编委会

主　编：张中原　南京师范大学
　　　　徐林祥　扬州大学
编　委：王光龙　杭州师范学院
　　　　王家伦　苏州大学
　　　　乔　晖　盐城师范学院
　　　　朱洪祥　江苏大学
　　　　刘正伟　浙江大学
　　　　孙建龙　首都师范大学
　　　　苏伟林　长治学院
　　　　吴格明　江南大学
　　　　时金芳　南通大学
　　　　宋灏江　淮阴师范学院
　　　　张曙光　山东师范大学
　　　　武玉鹏　鲁东大学
　　　　武永明　山西师范大学
　　　　周玉荣　首都师范大学
　　　　金荷华　江苏教育学院
　　　　倪三好　安徽师范大学
　　　　倪志明　安徽师范大学
　　　　曹明海　山东师范大学
　　　　龚孟伟　淮南师范学院
　　　　靳　健　西北师范大学
　　　　熊成钢　天津师范大学
　　　　潘纪平　湖北大学
　　　　（以姓氏笔画为序）

目　　录

绪　论

第一节　课程论与教学论

语文课程与教学论作为课程与教学论的下属学科，与其密切相关并受其制约。

一、课程与课程论

东汉许慎在《说文解字》中解释“课”“程”二字时说：“课，试也。从言果声。”“程，品也。十发为程，十程为分，十分为寸。从禾呈声。”“课”指从讲授到考核的全过程，引申义有教学、督导、考核、赋税等，如课堂、课子、课考、课税等。“程”指衡量或衡器，引申义有准则、顺序、进度等，如章程、程序、里程等。“课”“程”二字连用，始见于唐朝孔颖达的《五经正义》。孔颖达疏《诗经·小雅·巧言》“奕奕寝庙，君子作之”云：“以教护课程，必君子监之，乃得依法制也。”这里的“课程”指建造庙堂，与今天教育学所讲的课程无关。宋代朱熹在《朱子全书·论学》中说：“宽着期限，紧着课程。”“小立课程，大作功夫。”朱熹所说的“课程”，指功课及其进程，已有人们预定分量、内容和步骤并据以刻苦努力地阅读、讲授、学习和作业，乃至进行严格的考核试用，并关乎人的安身立命大问题的意思。

在西方，课程(curriculum)一词最早出现在英国教育家斯宾塞(H. Spencer)《什么知识最有价值?》(1859)一文中。它是从拉丁语“currere”一词派生出来的，意为“跑道”(race-course)。根据这个词源，最常见的课程定义是“学习的进程”(course of study)，简称学程，它既可以指一门学程，又可以指学校提供的所有学程。但这种界定在当代受到人们越来越多的批评和质疑。因为拉丁语“currere”既可以是名词，也可以是动词。名词形式意指“跑道”，重点是在“道”上，如果这样理解，为不同的学生设计不同的“跑道”就成为课程最重要的事情，由此产生了传统的课程体系。作为动词意指“奔跑”，重点是在“跑”上。这样理解，课程的重点就是个体对自己经验的认识，于是就有了一种完全不同的课程理论和实践。

目前已有的课程的定义繁多。有学者将各种课程定义归类为以下六种：课程即教学科目；课程即有计划的教学活动；课程即预期的学习结果；课程即学习经验；课程即社会文化的再生产；课程即社会改造。[①]《中国大百科全书·教育》中对“课程”的定义是：“课业及其进程。”“广义指所有学科（教学科目）的总和，或指学生在教师指导下各种活动的总和；狭义指一门学科。”[②]一般说来，课程至少有两层含义：在广义上，课程指的是一切有规定数量和内容的工作或学习进程；而在狭义上课程则专指学校课程，其基本含义是学校教学的科目及其进程。

课程论侧重研究的是“教学什么”或“教什么和学什么”的问题。课程论是依据对学科系统、学生心理特征、社会需要的不同认识和价值取向而建立起来的关于学校课程设计、编制、实施和课程评价等的理论和方法体系。

二、教学与教学论

《说文解字》释“教”为“上所施，下所效也”；释“学”为“觉悟也”。在中国，早在先秦就有“惟斅（读 xiào）学半”（《尚书·说命》）的说法。汉代孔安国传曰：“斅，教也。教然后知所困，是以学之半。”汉代《学记》解释道：“学然后知不足，教然后知困。知不足，然后能自反也；知困，然后能自强也。故曰：教学相长也。”这里“教学”一词已具有教与学双方活动的意思。

“教学”一词在英文中相对应的词有三个，人们往往用意义接近的 teaching 和 instruction 来表示“教”（前者主要与教师的行为有关，强调一种活动，后者则主要与开发教与学的情境有关，突出一种过程）；用 learn 表示“学”。据考证 learn 和 teach 是由同一词源派生出来的，最早表达的是同样的意思。learn 与所教的内容相联系，teach 与使教学得以进行的媒介相联系。因此，有学者认为，不能仅用 teach 一个词来对应教学，而应该用 teach and learn，以同时强调教师的教和学生的学。

目前已有的教学的定义同样繁多。有学者指出：从语词含义上看有在“教”的意义上使用的教学、在“学”的意义上使用的教学、在“教”与“学”协同活动的意义上使用的教学、在“教学生学”的意义上使用的教学四种不同的指称；从逻辑归属上看存在“教育活动”“认识活动”和“交往活动”三种不同的定位。[③] 教学理论发展到今天，教学概念包括了教师的教授、学生的学习与师生的互动等内涵。教学作为教师向学

① 施良方著：《课程理论：课程的基础、原理与问题》，教育科学出版社 1996 年版，第 3—7 页。

② 《中国大百科全书·教育》，中国大百科全书出版社 1992 年版，第 207 页。

③ 李定仁、徐继存主编：《教学论研究二十年》，人民教育出版社 2001 年版，第 51—59 页。

生传授知识和技能的专门活动，在这种活动过程中会促进人们的身心发展和提升人们的道德品质。人们已经认识到：教学是一种动态的活动过程；教学是以课程为中介，教师与学生相互作用或交往的过程；教学将促进教师、学生的共同发展。

教学论侧重研究的是“怎样教学”或“怎样教和怎样学”的问题。教学论是研究教学情境中教师引起、维持、促进学生学习的行为方式，对教师的行为方式进行科学概括，作出一般的具有普遍性的规定或解释，用以指导教学实践的理论和方法体系。

三、课程论与教学论的关系

在以往的教育研究中，存在课程与教学两个领域；在传统教育学科体系中，有相应的课程论和教学论两门学科。由于历史的和认识的原因，对于它们之间的关系问题，国内外学者均未取得一致意见，需要深入探讨。

（一）外国学者的观点

在欧美，对课程与教学、课程论与教学论之间关系的看法，有四种不同的主张，形成了“二元独立模式”“相互交叉模式”“包含模式”和“二元互联模式”四种不同的模式。①

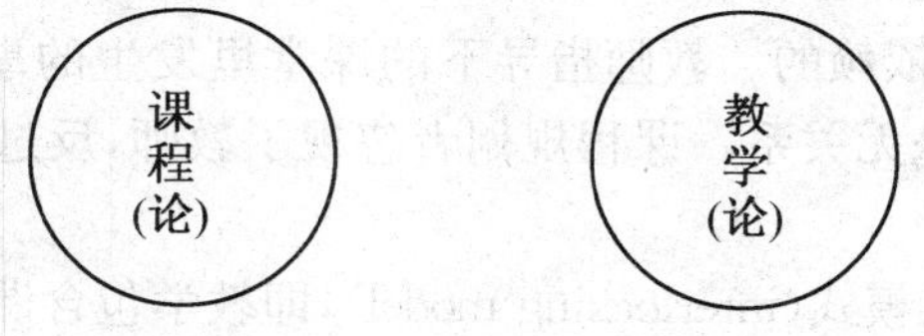

A-二元独立模式

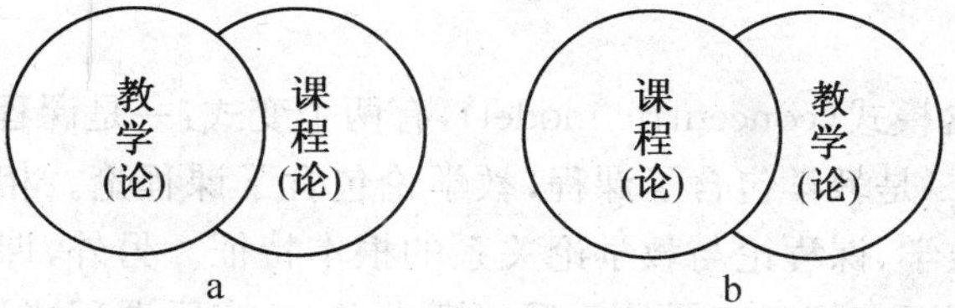

B-相互交叉模式

① Oliva, P. F. Developing the Curriculum. (3rd ed.). N. Y.: Harper Collins. 1992. p. 9—13.

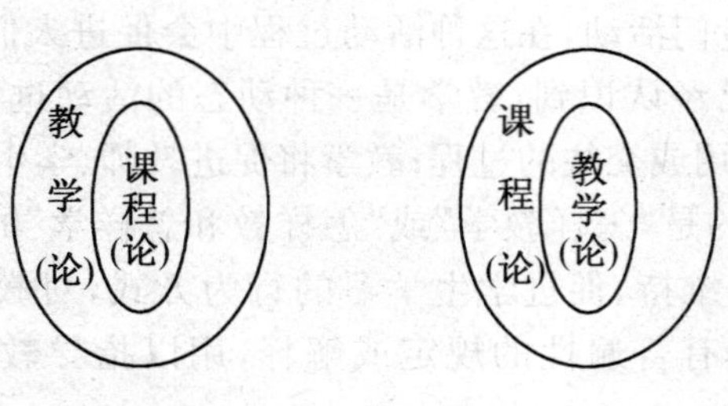

C-包含模式

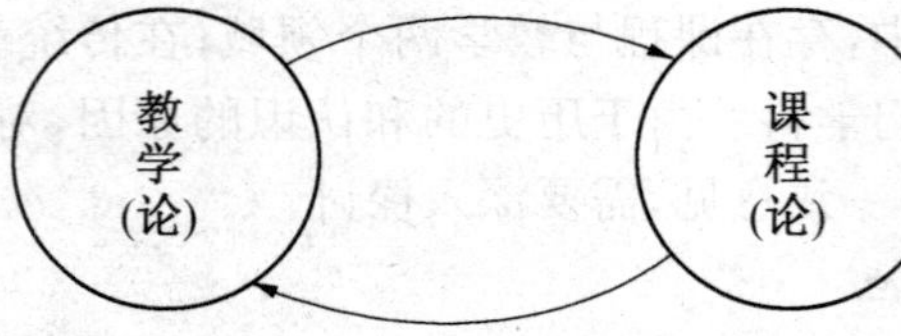

D-二元互联模式

1. 二元独立模式

上图 A 是二元独立模式(dualistic model)。课程与教学之间、课程论与教学论之间是彼此独立,互不依赖的。教师指导下的课堂里发生的事与人们计划好的课堂里应该发生的事之间毫无关系。课程规划者忽视了教师,反过来也被教师所忽视。

2. 相互交叉模式

上图 B 是相互交叉模式(interlocking model),即教学包含课程的一部分,教学论包含课程论的一部分;相应地,课程也包含了教学的一部分,课程论也包含了教学论的一部分。

3. 包含模式

上图 C 是包含模式(concentric model),有两个变式:一是课程包含了教学,课程论包含了教学论;二是教学包含了课程,教学论包含了课程论。相互依赖,是这一模式揭示的课程与教学、课程论与教学论关系的根本特征。另外,课程与教学之间、课程论与教学论之间还有相互归属的关系。模式 C-a 表示课程或课程论是教学或教学论的一个子系统;模式 C-b 则相反,表示教学或教学论是课程或课程论的一个子系统。

4. 二元互联模式

上图 D 是二元互联模式(cyclical model),突出了课程与教学、课程论与教学论之间相互作用和影响的关系。课程与教学、课程论与教学论,既是相互独立的又是相互联系的。课程或课程论不断地作用和影响着教学或教学论,反之亦然。这意味着，教学决策制订于课程决策之后，相应地，课程决策则在教学实施和评价之后得以修改完善。总之，课程与教学、课程论与教学论之间既是相互独立的，又是相互作用的。

尽管大家难以取得一致的观点，但是大多数人越来越倾向于赞同以下三点看法：第一，课程与教学、课程论与教学论既是相关的又是不同的；第二，课程与教学、课程论与教学论是相互交叉和相互依赖的；第三，课程与教学、课程论与教学论可以分别单独地进行研究和分析，但是不能彼此独立地起作用。①

（二）我国学者的观点

近十多年来，在继承传统和借鉴西方成果的同时，通过从课程与教学改革实践中吸收营养，我国学术界在课程论与教学论的关系问题上，出现了“大教学论”“相互独立论”“课程与教学整合论”三种不同的主张。

1. 大教学论

大教学论主张教学论包含课程论。1949 年以后，我国引进苏联的教育学，里面只有教学内容概念，没有课程概念，只有教学论，没有课程论。改革开放以来，我国的课程论学科开始逐步恢复起来。一些人根据历史传统，将课程等同于“教学内容”，很自然地就把课程论归入教学论之中。

2. 相互独立论

有学者认为，课程论和教学论各有不同的研究对象和范围，在教学论里研究教学内容，不可能展开来谈，不可能也没有必要深入到课程研究的全部要素中去，既然二者有各自的研究领域，就没有必要把课程论包括在教学论之中，使它成为教学论的组成部分。课程研究是一个独立的领域，课程论是独立于教学论的一门教育学的下位分支学科。②

3. 课程与教学整合论

课程与教学、课程论与教学论相互独立的主张，在有力地促进课程研究和教学研究发展的同时，却助长和加剧了课程研究与教学研究相互割裂的倾向。人们在冷静分析和探讨中，逐步孕育起课程与教学、课程论与教学论整合的新趋向，提出了“课程与教学整合论”。这种观点认为：“课程在本质上是一种教学事件。教学在本质上是一种课程开发过程。”“以学生和教师的发展为宗旨的教育应既保持课程与教学的相对独立性，又使二者内在统一。”③

正如大教学论不能很好地反映课程问题一样，大课程论也不能很好地反映教学

---

① 黄甫全主编：《课程与教学论》，高等教育出版社 2003 年版，第 17 页。

② 陈侠：《课程论的学科位置和它同教学论的关系》，《课程・教材・教法》1987 年第 3 期。

③ 张华著：《课程与教学论》，上海教育出版社 2000 年版，第 87—93、477 页。

的问题。教育的历史从注重“怎样教学”走向注重“教学什么”，到今天已开始走向这两者的融合。这种融合既不是将课程论包含在教学论之中，也不是将教学论包含在课程论之中，而是要走向整合。我国国务院学位委员会、国家教委 1997 年颁布的培养研究生的学科、专业目录中，将“课程与教学论”作为教育学学科下属的一个专业就反映了这种理论认识。

第二节　语文课程与教学论的研究对象和任务

语文课程与教学论作为一门独立的学科，有其特定的研究对象和任务。

一、语文课程与教学论的研究对象

语文课程与教学论是一门研究语文课程与教学问题的学科。

人们对语文课程与教学现象可能视而不见，对语文课程与教学规律也可能浑然不察，语文课程与教学现象或规律作为客观存在，并不直接进入人脑成为我们思维的对象。人们只有对客观存在的语文课程与教学现象或规律提出了“是什么”“为什么”和“怎么样”等问题后，即改变主体与客体分离的状态建立某种相互联系之后，语文课程与教学现象或规律才能成为我们思维的对象。著名科学哲学家波普尔(Popper, K. R.)指出：“科学与知识的增长永远始于问题，终于问题——愈来愈深化的问题，愈来愈能启发大量新问题的问题。”[①]语文课程与教学论的发展，同样始于语文课程与教学问题，终于语文课程与教学问题，语文课程与教学论以语文课程与教学问题作为自己的研究对象。

所谓语文课程与教学问题，是指反映到语文教育工作者大脑中的、需要探明和解决的语文课程与教学的实际矛盾和理论疑难。

语文课程与教学问题，根据问题的归属分类，有语文课程方面的问题，如：语文课程标准、语文课程内容、语文课程资源，等等；有语文教学方面的问题，如：识字写字教学、阅读教学、写作教学、口语交际教学，等等；有侧重理论方面的问题，如：语文课程的性质、语文课程的目标、语文课程的基本理念，等等；有侧重实践方面的问题，如：语文教学设计的优化、语文教学方法的选择、语文学习方法的指导，等等。

语文课程与教学问题，根据问题的来源分类，有来自语文课程与教学实践的问题，如：语文课程与教学设计、语文课程与教学实施、语文课程与教学评价，等等；有来自语文课程与教学实践同理论对立的问题，如：语文知识与语文能力之间的关系、语文智育与德育美育的关系、继承传统与改革创新之间的关系、传统教学方式方法

① ［英］波普尔著：《科学知识进化论——波普尔科学哲学选集》，三联书店 1987 年版，第 184 页。

与现代教育技术手段之间的关系，等等；有产生于语文课程与教学理论内部对立的问题，如：语文的工具性与人文性、文本的整体把握与分析认识、教读与自读，等等；有产生于两种或几种课程与教学理论之间对立的问题，如：语文综合性学习、研究性学习方面的问题、继承传统与借鉴外国母语教育经验方面的问题，等等。

此外，语文课程与教学问题，还可根据问题有无研究价值，分为常识问题和未知问题；根据问题探讨程度深浅，分为表象问题和实质问题；根据问题涉及范围宽窄，分为大问题和小问题；根据问题发现先后，分为历史上遗留下来的老问题和课程与教学改革中产生的新问题，等等。

二、语文课程与教学论的研究任务

语文课程与教学论的研究任务是：认识语文课程与教学现象，揭示语文课程与教学规律，指导语文课程与教学实践。

（一）认识语文课程与教学现象

语文课程与教学论的首要任务，是认识纷繁复杂的语文课程与教学现象。所谓语文课程与教学现象，是指语文课程研制与教学活动中所表现出来的外部形态和联系，是语文课程与教学外在的、活动易变的方面。它们可以分为语文课程现象与教学现象。

在现代语文教育活动中，语文课程现象可分为物质性、活动性和关系性的现象三个方面或层面。物质性的现象，如语文课程计划，语文课程标准，语文教科书，语文教学补充资料，语文视听教材和电子教学材料等。活动性的现象，如语文课程规划，语文教学设计，语文课程实施，语文教师考核及课程评价等活动。关系性的现象，如语文内容选择与教育目的的关系，内容组织与文化结构以及学生身心发展的关系，语文课程研制与课程产品之间的关系等。

在学校教育活动中，语文教学现象可分为环境性、活动性和关系性的现象三个方面或层面。环境性的现象，如教室及其结构，教学设备及其结构，校园建筑及其结构等。活动性的现象，如语文课堂教学活动及其结构，实践教学及其结构，校内外教学见习和实习及其结构，个别教学及其结构等。关系性的现象，如教师与学生的关系，教师、教材与学生之间的相互关系，教学与文化结构的关系，教学过程与教学结果之间的关系，以及教室环境与学生心理的关系等。

（二）揭示语文课程与教学规律

语文课程与教学论的根本任务，是揭示语文课程与教学的规律和指导语文课程与教学的实践。

语文课程与教学的规律，是语文课程与教学及其组成成分发展变化过程中的本质联系和必然趋势。语文课程与教学研究本身是人们的一种具体而多样的历史活动，对规律的认识结果和表述是丰富多彩的，其中可以区分为存在性规律与反映性规律。

语文课程与教学作为一种客观存在，其本质联系和必然趋势，是内在的、不以人的认识和作用为转移的，是一种纯粹的客观存在，对我们的认识来说是终极性的，这是语文课程与教学的存在性规律。

然而，语文课程与教学研究，实际上仅仅是对这样的存在性规律进行反映而已。人们常说的语文课程与教学规律，一般指称的是这种反映的结果，实质上仅仅是对存在性规律的一种带有人的认识能力局限的摹写、解释和反映，只是一种反映性规律，并不能等同于存在性规律。这种反映性规律的表述，就是人们通常所说的语文课程与教学原理。

语文课程与教学原理，是人们对语文课程与教学及其组成成分发展变化的本质联系和必然趋势的认识结果和表述。它具有主观与客观相统一的特性，与客观的语文课程与教学规律是有区别的。

（三）指导语文课程与教学实践

语文课程与教学理论来源于实践，但又反过来能动地作用于课程与教学实践。从发生学看，先有语文课程与教学实践，然后才产生了语文课程与教学理论；但是语文课程与教学理论一旦产生，就会反过来指导语文课程与教学实践。

语文课程与教学实践，是人们有目的地通过改造课程材料和教育设施来提升语文课程研制与教学实施质量的特殊感性活动。语文课程与教学实践可分为语文课程与教学管理、语文课程与教学研制和语文课程与教学应用三种类型。

语文课程与教学管理实践，是指教育行政部门或学校对语文课程与教学过程的计划、实施和评估总结的组织行为。在我国主要表现为：一是对语文课程与教学改革的行政组织领导，二是对语文课程与教学材料的行政管理，三是对语文课程开发与教学实施的组织领导。语文课程标准的研制是其中的重要内容。

语文课程与教学研制实践，包括语文课程研制及教学设计，是指教育行政官员、课程与教学专家和教师等专门人员，有组织地编制语文课程与教学材料以及设计教学计划的实际活动。语文教科书的编制是其中的重要内容。

语文课程与教学应用实践，是指学校里的教师和学生根据语文课程与教学计划，使用语文课程与教学材料进行的所有语文教学活动。语文课堂教学是其中的重要内容。

语文课程与教学的理论与实践相结合，其前提是掌握和创新理论，所以学习者首先要认真学习和掌握已有的语文课程与教学论基础知识和基本原理，同时，努力探索、丰富进而创新语文课程与教学论的知识宝库。

语文课程与教学应该致力于学生语文素养的形成与发展，为造就现代社会所需的一代新人发挥重要作用。语文课程与教学论研究在完成认识现象、揭示规律和指导实践的任务过程中，实现改进课程质量、促进有效教学和提升学习结果，使学生获得幸福的学习生活和健康发展的目标。

第三节　语文课程与教学论的形成发展过程

语文课程与教学论作为高等师范院校中国语言文学专业开设的一门专业必修课程，其近百年的形成发展过程，可分为以下几个阶段。

一、"教授法"阶段

1896 年，清大理寺少卿盛宣怀在上海创办南洋公学（今上海交通大学的前身），聘教育家张焕纶为首任总教习，主持学校教务。由于教员缺乏，张焕纶决定先办师范学院，招生 40 人，培训后留校作为教师。1897 年 4 月 8 日，南洋公学师范院正式开学上课。这一举措，开中国师范教育之先河。

1902 年 8 月 15 日，清政府颁布《钦定学堂章程》，即"壬寅学制"。其《钦定京师大学堂章程》规定京师大学堂（今北京大学的前身）设立"师范馆"（今北京师范大学的前身）。1902 年创办的京师大学堂师范馆所开课程中已包括"教育学"的内容。

1904 年 1 月 13 日，清政府颁布《奏定学堂章程》，即"癸卯学制"，实施分科教学，各科教授法应运而生。根据《奏定初级师范学堂章程》和《奏定优级师范学堂章程》，师范分"初级"和"优级"两级。初级师范学堂（完全科）规定学习 5 年，每年都设有"教育课程"，包括教育史、教育原理、教授法、实事授业（即实习）等内容。优级师范学堂规定教育学在第二、三年开设，包括教育理论、教育史、教授法、教授实事练习等内容。可见，"教授法"最初是作为"教育学"的组成部分在师范类学校开设的。

直至 1913 年 3 月，"中华民国"教育部公布的《高等师范学校课程标准》仍规定：在"本科"的国文部、英语部、历史地理部、数学物理部、物理化学部、博物部均开设"心理学及教育学"，其中包括心理学、教育学、教育史、教授法、学校卫生、教育法令等科。

现在我们可以查找到最早的语文学科教授法著作，是 1903 年两广初级师范简易科馆编写的《教授法》所附《国语科教授法》。这一阶段研究语文学科教授法的著作还有蒋维乔、庄俞编撰的《最新国文教科书教授法》（上海商务印书馆 1904—1908 年）、徐特立著《初等小学国文教授法》（长沙宏文图书出版社 1914 年）等，其意义在于使语文教学研究逐步从教育学中脱胎出来，成为独立的学科。

二、"教学法"阶段

1919 年，当时任南京高等师范学校教务主任的陶行知提出以"教学法"取代"教授法”,以便把研究的对象由单独研究教师的“教”,拓展为同时研究学生的“学”。他主张“教学合一”,理由是“一、先生的责任在教学生学;二、先生教的法子必须根据学生学的法子;三、先生须一面教一面学”。① 采用“教学法”的名称,扩大了学科研究的范围,学生作为学习的主体进入了教育研究的视野。陶行知的这一新的提法很快为教育界所采纳。

1922 年,北洋政府教育部颁发的《学校系统改革令》,正式将“教授法”改名为“教学法”。此后,人们大都习惯将各科教学研究类课程,称之为“教学法”课程。直至 1938 年当时政府颁布的《师范学院规程》,仍沿用“教学法”的名称。其时小学语文称“国语”,中学语文称“国文”。“国语教学法”和“国文教学法”成为师范院校中文专业开设的一门重要课程。

“五四”以后以“教学法”命名的著作主要有:张士一著《小学“国语话”教学法》(中华书局 1922 年)、吴研因著《小学国语教学法概要》(商务印书馆 1923 年)、黎锦熙著《新著国语教学法》(商务印书馆 1924 年)、王森然著《中学国文教学概要》(商务印书馆 1929 年)、梁启超著《中学以上作文教学法》(中华书局 1929 年)、袁哲编著《国语读法教学原论》(商务印书馆 1936 年)、阮真编著《中学国文教学法》(正中书局 1936 年)等。这些著作的出版,标志着语文教学研究有了比较完整的理论体系。

三、“教材教法”阶段

20 世纪 30 年代末,鉴于分科教学法比较重视教法的研究,而忽视了与教法直接相关的教材的探索,一些师范院校开始尝试增加教材研究的内容,同时改学科名称为“教材教法研究”。1939 年,当时的教育部颁发的《师范学院分系必修及选修科目表》,将这门学科的名称正式改为“分科教材及教法研究”。在 1946 年颁布的《修正师范学院规程》中,又进一步规定分科教材及教法研究属于专业训练科目之一,在第四学年学习,内容分教材选择、教科书批评、课程标准研究、课程组织、教具设置及应用部分。同时还规定,本课程讲授、阅读、参观与其他研究方法并用。至此,语文教材研究与语文教法研究并列为师范院校中文系科的教学与研究的重要内容,教师、学生、教材、教法诸要素都列入了学科教学理论研究的范围,并形成了特定的教学与研究的方法。

此时的教材名称有仍用“教学法”的,如:蒋伯潜编著《中学国文教学法》(中华书局 1941 年);也有用“教材教法”的,如:赵欲仁编著《革新的小学国语科教材教法》(上海商务印书馆 1948 年)。

---

① 《陶行知教育文选》,教育科学出版社 1981 年版,第 6 页。

四、“教学法”和“教材教法”并存阶段

1949 年新中国成立后，中小学的“国语”和“国文”统一更名为“语文”，师范院校相应地开设了“语文教学法”或“语文教材教法”课程。1950 年 7 月，《师范学院教学计划（草案）》规定开设“教学法”。为适应 20 世纪 50 年代中期中学语文学科分为“汉语”、“文学”两门课程的需要，1954 年教育部颁布的《师范学院暂行教学计划》规定中文系开设“中国语言教学法”和“文学教学法”两门课程。汉语、文学分科实验结束后，仍采用“语文”的名称。1957 年修订教学计划合并为“中学语文教学法”。1963 年教育部颁布的《高等师范学院教学计划（草案）》中，则采用了“中学语文教材教法”的名称。“文革”期间，这门课程被取消。

“文革”结束后，各师范院校恢复了这一课程的教学与研究工作。1978 年教育部召开全国高校文科教学工作座谈会，委托当时的武汉师院、西南师院等十二院校编写统一的高等师范院校中文系科语文教学法教材，根据编写组的建议，定名为《中学语文教学法》，该教材于 1980 年 4 月由人民教育出版社出版。1981 年 4 月教育部颁布的《高等师范院校四年制本科汉语言文学专业教学计划（试行草案）》，将该课程定名为“中学语文教材教法”。直至 1984 年国家教委颁发、1990 年修订的《汉语言文学教育专业教学大纲》中，仍然采用“中学语文教材教法”的名称。

这一阶段有代表性的著作还有：黎锦熙著《新国文教学法》（北京师范大学出版社 1950 年）、郭林编《国语科教材教法》（中华书局 1951 年）、张隆华主编《中学语文教学法》（湖南人民出版社 1980 年）、袁微子主编《小学语文教材教法》（人民教育出版社 1985 年）等。

这一阶段“语文教学法”与“语文教材教法”两个名称并存，突出了语文教材研究。“文革”以后的“语文教学法”与“语文教材教法”研究，其“法”的内涵已逐步由属于操作技能的教学方法向原理、原则、法则过渡，在深度和广度上都有新的拓展，教学原理、教学原则、教学内容、教学过程、教学方法等，都是其研究的主要内容。

五、“教学论”阶段

1986 年 8 月，北京师范学院（今首都师范大学的前身）向国务院学位委员会建议将“教材教法研究”更名为“学科教育学”。第二年，国务院学位委员会发文将教育学科的二级学科“教材教法研究”更名为“学科教学论”，于是，本学科也相应改称为“语文教学论”或“语文学科教学论”。这一名称的变更，反映了人们对学科教学法、教材教法知识体系的不满。其研究视角更为开阔，开辟了学科教学的目的、内容、方法、评价等多个学科教学的研究路向。1998 年 7 月，教育部高等教育司修订的《普通高等学校本科专业目录》由教育部正式颁布实施，与之配套的《普通高等学校本科专业

介绍》仍将汉语言文学（师范类）专业语文学科教学与研究类课程定名为“语文教学论”。

这一阶段有代表性的语文教学论著作有：七省市教育学院合作编撰的《中学语文教学论》（陕西人民教育出版社 1987 年），于满川、杨履武、顾黄初主编的《语文教学论》（南京大学出版社 1989 年）等。与此同时，也还有使用“语文教学法”与“语文教材教法”两个名称的，如：朱绍禹编著的《中学语文教学法》（高等教育出版社 1988 年），韩雪屏主编的《中学语文教材教法教程》（辽宁大学出版社 1988 年）等。

六、“教育学”阶段

1986 年 10 月，在山东济南召开的全国高师理科教学法学科建设研讨会上，有人提出了开展学科教育学研究的问题。同年 12 月，北京师范学院率先成立了包括文理各科在内的“学科教育学研究中心”。1986 年 12 月 12 日，国家教委副主任柳斌在全国高师师资培训工作会议上提出：“我们不但要建立自己的教育学，还要建立自己的学科教育学。”

与“语文教学法”“语文教学论”相比，“语文教育学”的研究对象由侧重具体知识和能力的“教学”，转变为促进学生全面发展的“教育”；研究的内容由侧重具体理论和方法的“法”和“论”，转变为具有系统理论和完整结构的“学”。这种转变是学科教育研究的深入和发展，也是普通教育学的丰富和发展。教学法、教学论、教育学，三者的研究对象（语文教育现象）、研究内容（揭示语文教育规律）和研究任务（指导语文教育实践），是基本相同的，但又是不断拓展的。学科教学法侧重于研究教学技能，特点是实践性和可操作性，追求掌握方法技能。学科教学论侧重于研究教学基本理论问题，特点是理论性和指导性，追求理论指导下的实践。学科教育学强调运用学科教育理论和教学方法，从特定的侧面，用特定的方法来完成促进学生个性完美发展的育人任务，特点是教育性和方向性。“语文教育学”以普通教育学为指导，用系统论的观点研究语文教育现象，反映的是一种“大语文”教育观。它通过对语文教育全方位、多层次的分析研究，探索符合语文学科规律的语文教育之路，这是语文学科教育研究的新发展。

20 世纪 80 年代中后期至 90 年代，我国高等师范院校对“语文教育学”的研究已取得了相当丰硕的成果。这一阶段有代表性的教材如：张隆华主编《语文教育学》（重庆出版社 1987 年），陈学法主编《语文教育学》（大连理工大学出版社 1989 年），陶本一、王光龙主编《语文学科教育学》（山西高校联合出版社 1991 年），戴宝云主编《小学语文教育学》（浙江教育出版社 1992 年），张鸿苓主编《语文教育学》（北京师范大学出版社 2003 年），阎立钦主编《语文教育学引论》（高等教育出版社 1996 年），饶杰腾著《语文学科教育学》（首都师范大学出版社 2000 年）等。

七、"课程与教学论"阶段

"语文课程与教学论"的诞生，是与教育学的发展，特别是与一般课程与教学理论的发展相适应的。20 世纪 50 年代由苏联传入的教育学中，教学论包含课程论——大教学论。20 世纪 80 年代以后从西方传入的教育学中，课程论包含教学论——大课程论。20 世纪末，我国许多教育家提出课程与教学整合论。课程论的基本任务是研究"教什么和学什么"，教学论的基本任务是研究"怎样教和怎样学"，二者是目的与手段、目标与过程的关系，是不可分离的。任何目的都必须通过一定的手段才能实现，任何目标都必须通过一定的过程才能达到。课程研究与教学研究，课程实践与教学实践，课程规划者与教师学生，都必须是紧密结合的、协调统一的。

1997 年国务院学位委员会和国家教委颁布的《授予博士、硕士学位和培养研究生的学科、专业目录》将"教育学"这个门类下的"学科教学论"与"教学论"合并为"课程与教学论"。新的名称突出了"课程论"应有的地位。这种定名肯定了课程与教学整合的理论，也为各学科的课程、教学、教育研究的定名提供了依据，例如"语文课程与教学论"。

"语文教育学"与"语文课程与教学论"都是研究语文教育的，其区别可以理解为："语文教育学"强调的是语文教育的终极目标——培养个性完美发展的人，"语文课程与教学论"强调的是学校语文教育的实践过程——语文课程与教学。终极目标是通过实践过程达到的，语文教育研究的重点应该是它的实践过程。

"语文课程与教学论"作为一门语文教育研究的学科，还有待进一步发展；同时，作为一门高师中文系科开设的课程，也还有待进一步完善。"语文课程与教学论"的课程建设、教材研制、教法改革，都还刚刚开始。目前以此命名的教材主要有：王文彦、蔡明主编的《语文课程与教学论》(高等教育出版社 2002 年)，朱绍禹主编的《中学语文课程与教学论》(高等教育出版社 2005 年)，倪文锦、谢锡金主编的《新编语文课程与教学论》(华东师范大学出版社 2006 年)。

近百年来，从语文"教授法""教学法""教材教法"，到"教学论""教育学"，再到"课程与教学论"，学科与课程名称的变化，既是社会政治、经济、文化发展的要求，又是学科与课程自身研究逐步深化的结果，反映了语文教育学科与课程内容性质的变化和理论本身的发展。

思考与练习

一、名词解释。

1. 课程

2. 教学

3. 语文课程与教学论

二、试述语文课程与教学论的研究对象。

三、试述语文课程与教学论的形成发展过程。

第一章

语文课程性质

第一节　语文课程的含义

一、“语文”概念辨析

“语文”是语文课程与教学论学科中的一个最基本的概念。通常所说的“语文”实际上指的是汉语文。汉语不仅是汉民族使用的共同语，而且是整个中华民族通用的语言。汉语负载着中华民族的思想感情和行为方式，承传着中华民族绵延不息的文化精神。我们所说的语文课程与教学，就是指作为中华民族通用语的汉语文课程与教学。

“语文”作为普通教育的一门学科的名称，是随着学科的建立与发展逐步演变而来的。我国古代没有独立的语文学科，语文教育是与经学、文学、历史、伦理等多种教育糅为一体的。直到清末，废科举，兴学堂，实行分科教学，语文教育才独立设科。在新式学堂中，这门学科曾被称为“中国文字”或“中国文学”。辛亥革命后，这门学科改称为“国文”。“五四”运动前后，白话文兴起对语文学科的发展产生了巨大的推动作用。小学、初中这门学科名称先后改称“国语”，高中仍沿用“国文”。这种情况一直延续到新中国成立前夕。1950 年 6 月，中央人民政府出版总署编辑出版了一套《初级中学语文课本》，课本的《编辑大意》指出：“说出来的是语言，写出来的是文章，文章依据语言，‘语’和‘文’是分不开的。语文教学应该包括听话、说话、阅读、写作四项。因此，这套课本不再用‘国文’或‘国语’的旧名称，改称‘语文课本’。”“语文”作为学科名称才被正式使用。

从“语文”这一概念提出之日起，人们对它就有不同的理解。归纳起来，主要有以下几种：语文是语言文学；语文是语言文字；语文是语言文章；语文是语言文化。这种种解释都有一定的道理，因为语言、文字、文章、文学、文化确实都是语文所包含的内容，但都不十分准确。值得注意的是，在各种解释中都包含了“语言”这个因素，可见在这一点上认识较为一致。

叶圣陶对“语文”概念提出的背景及其涵义曾作过多次说明。在1964年的一封信中，他说：“‘语文’一名，始用于1949年华北人民政府教科书编审委员会选用中小学课本之时。前此中学称‘国文’，小学称‘国语’，至是乃统而一之。彼时同人之意，以为口头为‘语’，书面为‘文’，文本于语，不可偏指，故合言之。”①叶圣陶这里说的“文本于语，不可偏指”，就是针对“国语”偏于“语”，“国文”偏于“文”的偏颇说的。他认为“语文”的本质涵义是语言，“语”是口头语言，“文”是书面语言，“语文”是口头语言和书面语言的合称。

现代语言学认为：“语言可以说有两个方面：语言和言语。前者指的是从一代人传到另一代人的语言系统，包括语法、句法和词汇，而后者则是指说话者可能说或理解的全部内容。换言之，它们之间的不同在于：语言是代码（Code），言语则是信息（Message）。”②语言与言语有着密切的联系。言语是对语言材料和语言规律的运用，离开了语言，言语即无从展开。语言存在于言语之中，语言是对言语的抽象与概括。现代语言学的奠基人、瑞士语言学家索绪尔指出：“语言和言语是相互依存的，语言既是言语的工具，又是言语的产物。但这一切并不妨碍它们是两种绝对不同的东西。”③语言和言语的明显区别主要表现在：第一，语言系统是社会共有的交际工具，它比较稳固，具有相对的静止状态；言语是个体应用语言规则进行交际的过程和结果，是语言系统中各种成分的自由结合，处于不断运动的状态之中。第二，语言是社会约定俗成的规则系统，社会性是语言的本质；言语是个人行为，在符合语言规则的同时，具有个人体验的特性。

对照“语言”与“言语”的有关理论，我们不难发现，长期以来语文教育的确走进了一些误区，出现了一些错位。如在教学中，其基本模式是研究语言、传授知识的套路，而没有考虑学生在学习中是怎样学习语言的以及如何加强言语主体的感悟、体验。叶圣陶认为语文是口头语言和书面语言的合称。这里的口头语言和书面语言都是个体的“言语”。“语文”就是指通过听说读写等言语活动去养成听说读写的能力，以适应社会生活中的听说读写的需要。因为，听说读写属于语言的运用，是动态的言语范畴，而不是静态的语言范畴，更不属于对语言作静态的抽象分析的语言学范畴。语文不是语言文学，也不是语言文章，而是语言的运用。对于这一认识的任何偏离，都将导致语文教育本体的迷失。

---

① 《叶圣陶集》第25卷，江苏教育出版社1994年版，第33页。

② ［英］哈特曼、斯托克著：《语言与语言学词典》，上海辞书出版社1981年版，第192页。

③ ［瑞士］索绪尔著：《普通语言学教程》，商务印书馆1985年版，第41页。

二、语文课程的内涵

语文课程是以语文的内容与形式的关系及意义为对象，以培养学生语文素养为目标的教育、教学活动，是具有实践性特征的学科课程。对语文课程的内涵，我们可以从以下三个方面来把握。

(一) 对话与理解的实践

语文是与社会历史文化紧密相关的，是与人的具体生命活动相联系的。语文正是在历史与逻辑、理想与现实、个体与种属相互关系的基础上形成的。语文实践活动其实就是一种生命活动，是生命活动才使得语言及语言文化有了今天这样的多姿多彩。因此，从这一角度来看，语文教育必须通过语言文字与生活、生存、生命进行多元对话。语文教育由传授型向对话型的转变，不仅反映了人们观念的变化，同时也反映了人们对语文教育实践性的认识。

语文能力主要由主体的言语实践转化而来，语文素养的形成主要在主体的言语实践中积淀而成。所谓言语实践，就是听说读写的实践、对话的实践。语文教育不仅仅是输入与输出，接受与表达，而且是主体与主体之间在沟通与交流中生成新的意义，达到和谐融合的过程。语文教学的对话活动由多个对话者(教师、学生、课本、编者)的多重对话相互交织而成。对话是思想碰撞，它能最大限度地整合自我与世界的关系，最大限度地冲破个体发展的局限，在客观上为个体提供更多的可能性，从而更完整地塑造自我。

对话的本质是达到理解。语文教育绝不仅仅是一种知识、技能性的培养活动，而首先是一种以语言理解为核心的生活教育、世界观教育。语文教育就是要教会学生理解生活，理解人生，理解幸福，理解苦难。我们常说，学语文就是学生活，学语文就是学做人，这一命题只有在"理解存在"这一本质规定下，才能显示真正的内涵。正如伽达默尔所言："能够理解的存在就是语言。"①对话主要是通过语言来进行的，对话中每个人思想的转换、精神的扩展与丰富，都需要以理解语言所表达的意义为前提。受教育者主要通过多重对话，理解并掌握自己所属的历史文化所蕴含的智慧，把握生活的环境、目的及意义，形成自己的价值观念体系。正是在对话这种富有生成性的开放空间中，个体才有可能不断展示自我、丰富自我、发展自我、超越自我。

(二) 体验与感悟的实践

体验与感悟是个体心灵在对话中碰撞出来的火花，它不是通过传授获得的，而是由此及彼、由表及里的认识与发现。体验与感悟是学生自己学习、自己思考的

---

① [德]伽达默尔著:《真理与方法》，上海译文出版社 1992 年版，第 606 页。

结果。语文学习既是认知发展的过程，又是情感体验的过程。语文教育要遵循学生语言发展的心理规律，尊重学生富有个性的情感体验和思维方式，关注学生自身的体验和经验，使每一个学生在语文学习实践过程中学会学习，学会发现，学会理解。感悟是在感觉、体验的基础上，对客观事物产生的一种情感活动。用古人的话来说就是“感之于外，受之于心”。也就是说，原本外在于主体的客观对象，通过感知而引起主体内心的情感波澜，在情感上获得认同。《普通高中语文课程标准（实验）》指出：“阅读文学作品的过程，是发现和建构作品意义的过程。作品的文学价值，是由读者在阅读鉴赏过程中得以实现的。文学作品的阅读鉴赏，往往带有更多的主观性和个人色彩。应引导学生设身处地去感受体验，重视对作品中形象和情感的整体感知与把握，注重作品内涵的多义性和模糊性，鼓励学生积极地、富有创意地建构文本意义。”体验和感悟是学习者自身心理活动的产物，是学生主动探求的结果。学生语文学习中体验和感悟的生成，是学生自我意识的唤醒，是学生主体意识的展现，是教师对学生自主意识的引导、激发与尊重，也是学生进行多角度、有创意阅读的前提。

（三）训练与养成的实践

语文与语文课程是两个不同范畴的概念。前者泛指社会语文学习，是指学习者在生活的自然状态下，通过直观的、直接的甚至是无意识的感知而获得自然状态知识经验的过程，是一种没有一定模式和顺序的潜移默化的传承活动。而“语文课程”是有明确目的、有组织、按一定结构连续不断有序进行的自觉状态下的教育活动。前者存在于广大社会，它涵盖一切社会语文现象；后者则仅限于学校，专指语文课堂上进行的语文教学。两者不仅外在形态不同，其研究的指向也不尽相同：前者着意于个体语言的“习得”，后者致力于个体语言的“学得”。语文课程不是一种知识体系，而是一种能力构建，能力的有效提高必须通过科学的训练，语文素质的获得与形成也离不开这一途径。所谓训练，就是人为了改变自身的自然素质而进行的有目的的活动与实践。语文课程既以培养学生言语能力为目标，那么，其训练就应是遵循学生语文学习的心理规律，按预定的范式从低到高、从简单到复杂逐一有序进行的实践活动。这种实践活动不应以静态的陈述性知识为主，而应以加强动态的程序性知识的训练为主，尤其应加强学生语感能力的培养。语感，简而言之，就是对语言的敏感，是把握语言文字的一种能力。敏锐的语感是基于丰富的语言知识的积累，在大量的语言实践的基础上形成的。语感是听说读写的基础，离开了语感，听说读写就无法有效进行。人的语文素质从根本上说是个实践问题，是一种语言行为方式的内化，语文教育就是通过训练，促使这种语文行为方式内化而形成语文能力。语言是进行思维的工具，思维是语言的直接现实。语言不仅仅是思维的表现形式，它还是思维的产生方式，构成思维的操作手段。但是由语言到思维，不是自然形成的，仍需要经过一系列训练过程。人们用语言表达思维时，静态的语言就成为了动态的言语，思维处于主导方面，支配和制约语言，但语言对思维的表达，不是被动、消极的，而是具有能动和积极的特点。语言具有概括性，思维的抽象只有借助语言才能在反映客观事物的过程中形成概念，进行判断、推理，产生思想。此外，语言表达思维的过程，也是对思维进行加工、整理、改造，使之趋于完善的过程。因此，我们可以这样认为：培养学生理解和运用语言的能力，实际上就是培养学生运用语言表达自己思维和通过语言理解别人思维的能力的过程。

养成教育是培养学生语言运用能力的方法。较之于训练，养成更强调主体的内省与自觉性。叶圣陶先生认为："语言文字的学习，就理解方面说，是得到一种知识；就应用方面说，是养成一种习惯。这两方面必须连成一贯；就是说，理解是必要的，但是理解之后必须能够应用；知识是必要的，但是这种知识必须成为习惯。语言文字的学习，出发点是在'知'，而终极点在'行'，到能够'行'的地步，才算具有了这种生活的能力。"①习惯的养成，必须靠自身的力量，要通过自身意志的努力，自觉地实践，开始时多少要用点强制手段，随时警觉，直到"习惯成自然"，不待强制和警觉，也能行所无事地做去，这就成了终身受用的习惯。这就是说良好习惯养成的过程，是一个从自觉、自控到自动、自然的实践过程。

训练与养成是两种不同的增进学生能力的方法，前者强调目标性、计划性、有序性，后者更注重主体性、自觉性、自然性。语文教育中这两者往往交互为用，相辅相成，而且都必须以实践为基础。

第二节　语文课程的特点

一、工具性与人文性的统一是语文课程的本体属性

《全日制义务教育语文课程标准(实验稿)》和《普通高中语文课程标准(实验)》均对语文课程的性质作了明确的界定："语文是最重要的交际工具，是人类文化的重要组成部分。工具性与人文性的统一，是语文课程的基本特点。"

语文课程既具有明显的工具性，又具有突出的人文性。忽视语文学科的工具性，就不能反映出语文作为基础学科的本体特点；忽视语文学科的人文性，就等于抽掉了工具性的内容与灵魂。工具性和人文性是构成语文课程本体属性的基本特点。

我们已经明确，语文是口头语言和书面语言的合称。要说语文课程的工具性，

① 《叶圣陶语文教育论集》，教育科学出版社1980年版，第2—3页。

也就必然要了解语言的属性。列宁指出："语言是人类最重要的交际工具。"[①]斯大林说："语言是工具、武器，人们利用它来互相交流，交流思想，达到互相了解。"[②]这些经典的论述告诉我们，就外部语言说，它是交际工具；就内部语言说，它是思维的工具。事实上，"语言是交际工具，又是思维的工具。这两个方面是统一的，彼此不能分离的。不与思维联系，就谈不上交流思想，当然也就无法担负起交际的任务了。但脱离了交际的需要，语言也无从产生，也就无所谓思维工具；一种语言一旦不再作为交际工具，也就会失去作为思维工具的资格。"[③]因此，不管是口头语言，还是书面语言；不管是内部语言，还是外部语言，都是语文学科的基本内容。语言的属性——工具性虽然不能代表语文课程的全部属性，但从客观上来讲，它还是反映了语文学科的部分特点。语言是交际和思维的工具，这种表情达意的工具性是语文课程的本体属性的重要特点。

随着时代的前进，我们对工具性的内涵及具体目标等又有了新认识，对在语文教学中为体现这一特性要求所出现的各种各样的偏失作出了反思甚至是尖锐的批评。对于各种不同意见，我们也应作辩证的分析。有学者指出：在现代语文教育发展史上，存在一个由义理本位向语言本位的转移，语文教学由经义教学发展成为语言教学，应该说，这是现代语文教学的重大转折。也就是说，语文工具性的提出具有历史的进步意义。当然，只提工具性也存在明显弊端，主要是其理论视野过于狭窄，施教者如果不能透彻理解其含义，往往容易在教育中偏重技能、技术的训练。甚至有人认为，工具性是导致语文学科人文价值、人文底蕴严重流失的根本原因。像这种看法就值得商榷。近些年，对"工具性"的批评，主要原因是对于"工具性"界定不明。语文学科的工具性的内涵应该是：教学生热爱祖国的语言文字，能正确理解和运用祖国的语言文字，提高学生读写听说的能力，提高进行思维、交际、从事学习和工作的能力。

语文课程还具有鲜明的人文性。"人文"一词源于《周易·贲》："刚柔交错，天文也。文明以止，人文也。观乎天文以察时变，观乎人文以化成天下。"这里"天文"与"人文"对举，"天文"指宇宙中各种现象，"人文"泛指人类社会的各种文化现象以及用人类的文明成果进行教化；讲的是宇宙人世要合于一定的秩序和规律，进而衍生出真、善、美的意思。在西方，"人文"一词在不同的历史时期，其内涵不尽相同。"人文主义"是18世纪由席勒等人率先提出的，它一方面指接受文明的教育，一方面指人的价值与尊严。只有通过文明的熏陶才能成为具有崇高地位和价值的人。语文课

① 《列宁选集》第2卷，人民出版社1975年版，第508页。

② ［苏联］斯大林著：《马克思主义与语音学问题》，人民出版社1971年版，第16页。

③ 高名凯、石安石著：《语言学概论》，中华书局1973年版，第39页。

程的人文性是在20世纪90年代重建人文精神的大讨论中提出的。提倡人文性与人文主义教育思想的兴起有着密切关系。人文主义教育强调人对世界的优先地位，把人性、人的价值、人的异化、人的解放作为理论研究对象。其教育主张重在个性的发展、情感的和谐、环境的熏陶、内心的体验，看重想象、直觉和创造性表现。从近年来语文教育界提倡人文性的一些论述看，多是强调语文学习的文学熏陶、文化价值、审美教育、情感培养、人格完善等内容，重视语文教学的人文性，有益于发挥语文的审美功能，提高学生的审美能力，有利于学生的情操陶冶、人格完善和悟性发展。提倡人文性，也是针对语文教学中的某些"科学主义"倾向造成的"繁琐、割裂"而来的，如生硬地编排知识能力的所谓"科学训练体系"，刻板地追求语言思维发展的"逻辑体系"等，因此，在某种程度上具有纠偏作用。

语言丰富的人文内涵对学生精神领域的影响是深广的。马克思和恩格斯在《德意志意识形态》一书中说："语言是思想的直接现实。……无论思想或语言都不能独立组成特殊的王国，它们只是现实生活的表现。"①又说："语言和意识具有同样长久的历史；语言是一种实践的、既为别人存在并仅仅因此也为自己存在的、现实的意识。"②这些论述说明了语言是思想、意识的表现形式，语言和思想、意识是不可分割的。

语文学科是一门综合性很强的人文学科。语文学科的人文性，有这样几层含义：一是指在语文学习中，理解汉语汉字中所包含的民族的思想认识、历史文化和民族情感，学习中华民族的优秀文化；二是指引导学生理解作者独特的语文感受与审美发现，培养学生独特的语文感悟能力及审美创新能力；三是尊重和发展个性，陶冶学生高雅的情操，培养健全的人格。语文学科的人文性，指语文教学中的文化特质——文化知识和文化精神，它与语文学科的思想性融为一体，构成一种精神力量，渗透在语文教学的方方面面。

由文质兼美的课文组成的语文教科书，包含着丰富的思想内容和人文内容——社会生活和人生哲理，历史画卷和个人心灵历程，多方面表现的自然之美、人生之美、思辨之美、语言之美。这一切能够在思想认识上给人以启迪，在感情上给人以熏陶，在审美上给人以愉悦，能够丰富人的知识，扩展人的眼界，拨动人的心弦。因此，语文课程不但要指导学生学习作为信息符号的语言和文字，还要学习作为信息载体的语言和文字所承载的人们的情、意、理、趣，在这一过程中，使学生触摸民族文化的积淀，感受民族文化底蕴，进而形成正确的人生观、世界观，凡此种种，都说明语文课程中的人文性十分突出和鲜明。

---

① 《马克思恩格斯全集》第3卷，人民出版社1960版，第525页。

② 《马克思恩格斯全集》第3卷，人民出版社1960版，第34页。

确认语文课程的本体属性是工具性与人文性的统一，具有十分重要的意义，工具性不能代替人文性，同样人文性也不能代替工具性。工具性是语文用于交流交际的属性，人文性是语文的承载文明的属性；工具性着眼于语文课程培养学生语文运用能力的实用功能和课程的实践性特点，人文性着眼于语文课程对于人的存在和发展的关怀，对于学生思想情感熏陶感染的文化功能以及课程所具有的人文学科的特点。历史的经验教训反复地告诉我们这样一个规律：片面地强调工具性或人文性，片面地理解工具性或人文性，都将给语文教育带来巨大的灾难。我们在认识工具性和科学精神的重要性时要防止和克服片面化的倾向，强化人文精神教育；在倡导人文性，弘扬人文精神之际，不能脱离科学精神，要在自然—人—社会相统一的基础上，确立自然科学、人文科学、社会科学内在相通的大科学观，拓宽科学视野，使语文教育中的人文精神更富有广博的内容和实践意义。

二、认识语文课程性质的几个层面

（一）形式与内容

从语文学科与其他学科教学的不同要求来看，语文学科不仅要求学生学习课文的内容，而且要求他们学习它的形式。政治、历史、数学、物理、化学等学科课文也有其内容和形式，但教学生理解和运用其内容是主要的目的。如数学这门课的课文，是以说明文的形式写出的，说明文是其形式。学生学习数学，只要能够理解课文一章一节所阐述的数学原理和运算法则，就达到目的。至于学习语文课本中的说明文，学生不仅应理解这些说明文阐述的事物和事理，而且更重要的是学习说明文这种形式，了解说明文的文体特点，掌握各种表达方式和技巧。这是语文学科与其他学科的不同之处。钟启泉先生在《中外母语教材比较研究丛书》序言中说："语文学科是'工具学科'。它是旨在发展学习其他学科所必需的知识、技能的学科。从这个意义上说，是'形式训练'的学科。语文学科是'人文学科'，或者用更专门的术语来说，是一种相对于'形式学科'而言的'内容学科'。从逻辑上说，所谓'内容学科'是以理解、创造或表达思想与意涵为课题的'实质训练'的学科。如果说，语词的学习具有形式性（工具性），那么，文学教材的学习则是实质性的内容（思想）的学习。这样看来，语文学科就是从形式与内容两个侧面发展学生语文能力的、兼具'形式训练'与'实质训练'的一门综合性的基础学科。"[①]这里将语文课程内容与形式的关系作了极为精辟的分析。

任何言语活动或言语作品，无论口头的或书面的，都是内容和形式的统一体。人们常说，内容决定形式，形式服务于内容。言语也同样，言语内容决定言语形式，

① 中外母语教材比较研究课题组编：《中外母语比较研究丛书》，江苏教育出版社 2000 年版，第 4 页。

言语形式为言语内容服务；言语内容离不开言语形式，言语形式也离不开言语内容。古人云："道非文不著，文非道不生。"就是讲的这种关系。言语活动和言语作品，说到底，是人们社会活动方式和情感品行的表现形式，它直接反映人的素质。"言为心声""文如其人"，其意义无不昭示着言语对于人的素质的价值。

在体现人的素质的言语活动或言语作品中，言语的形式和内容指的是什么？言语的形式，就是人的言语的声音系统和形态结构；言语的内容，简言之，就是言语的人文内涵，即言语所包含的德育、智育、美育内容——人的思想感情、精神品质、文化修养。教会学生正确理解和运用祖国的语文，重要的是：让学生能够运用祖国的语文去认识和反映现实，表达思想感情。正因为语文是表情、达意、载道的工具，所以在语文教育中，形式与内容，即文与道，总是相互交织，有机统一在一起的。[①]

（二）应用与审美

培养学生语文应用能力是语文独立设科的目的，也是一个世纪以来一直为教育家们所密切关注的问题。1904 年颁布推行的《奏定学堂章程》对语文课程目标的规定是："其中国文学一科，并宜随时试课论说文字，及教以浅显书信、词、文法，以资官私实用。""其要义在使通四民（即士、农、工、商）常用之理，解四民常用之词句，以备应世达意之用。"[②]嗣后颁发的多个课程标准及大纲，大都明确了发展学生应用能力是语文课程的基本目标。新中国成立后，教育部先后推出了多部语文教学大纲，其目标也是在培养读写听说能力这一既定的界域内进行的。语文能力是一种专业能力，是用语言文字进行理解和表达的双向交流的能力。从语文的交际功能来看，语文能力的结构由阅读能力、写作能力和口语交际能力等方面组成。这几种能力都着重于语言的应用性，它形成了语文课程区别于其他课程的独特的能力结构。

语文审美教育是以培养受教育者的审美心理结构和审美创造能力为直接目的，以塑造全面发展的完美个性为最终指向的形象化的情感教育。语文课程蕴含着丰富的审美因素、审美资源。通过语言来发展学生的形象思维是语文课程与其他课程的重要区别。形象思维以表象、意象为组合的基础。想象、联想、感悟是形象思维的主要运作方式，情感性是形象思维的显著特征。语文教材中大量优秀的文学作品蕴含着丰富的意象资源，具有独特的想象与丰富的联想，具有真挚的情感，是培养形象思维的沃土。例如"忽如一夜春风来，千树万树梨花开"的神奇景观，"孤帆远影碧空尽，唯见长江天际流"的辽阔画面与悠深意味，"雄关漫道真如铁，而今迈步从头越"

---

① 王松泉：《论语文教育中的四大关系》，《语文教学与研究》1999 年第 3 期。

② 舒新城编：《中国近代教育史资料》，人民教育出版社 1981 年版，第 205 页。

的激越情怀，是文学留在人们心中永不消逝的印迹。作家把握世界的独特方式，作品所流露的情绪、情怀，以及对人生的理解与感悟都能直接或间接地启发心灵，以动情为手段引导人对自己的存在和生命意义做出思考和探索。

语文的应用功能与审美功能必须并重，不能偏废。爱因斯坦曾说过："用专业知识来教育人是不够的。通过专业知识，他可以成为一种有用的机器，但不能成为一个和谐发展的人。"①一般认为：人的心理结构主要是由知、意、情三种因素组成，这三个方面在实践中分别表现为三种关系，即认识关系、伦理关系和审美关系，即我们通常所说的智育、德育、美育。智育主要指的是知识能力，是一种实用功能；德育包括思想、道德；而美育即审美教育。它们有各自不同的对象范畴与作用，如果说，智育以知启人，德育以理服人，那么，美育则是以情感人。只重视应用功能，达不到培养"全人"的目标；只重视审美功能，又体现不出语文作为基础学科的目标要求。二者的内在统一，共同构成语文课程重要的教育理论基础。

（三）语言与文化

语言是文化的载体，语文是人类文化的重要组成部分，语文教育实质上就是民族文化教育、民族思想情感的教育。语文教育活动的本质内容，就是学习民族语言与其所包容的民族文化精神，了解民族思想、情感和生活的历史。

在人类社会中，文化载体也多种多样，如音乐、舞蹈、图画等等，但语言文字是最重要的文化载体，是文化的重要组成部分。语言在交际功能中无不承载和反映着民族的事、理、情、志，表现着民族精神、民族情操、民族审美情趣等，承载着丰富的、灿烂的民族文化。语文教材中汇集着人类文化中各方面的知识，诸如政治、经济、军事、宗教、哲学、历史等社会科学，乃至各种自然科学知识。各种文化知识都必须以语言文字为媒介，都有赖于语言文字来传递。至于汉字，由于其独特的构造方式和结构特点，它在传递文化知识方面更有特殊的功用，往往一个汉字的形体本身就蕴含着某种文化知识。如"里"字，上为田，下为土，本指田土集中的地方，在古代农业社会里，人们"恃田而食，恃土而居"，故"里"也就成了人们集中居住之地。所以"里"字就揭示了古代人们的居住与农业生产的关系。又如"仁"字，《说文解字》解释说："仁，亲也，从二人。"段玉裁注曰："人耦（即偶），犹言尔我亲密之词。"这表明"仁"的本义是指人与人之间的亲密无间。显然，"仁"所揭示的是古代中国社会的道德文化内涵。单个的汉字尚能包含如此深邃的文化内容，一篇文章所反映的文化现象就更为完整、更为系统。就建筑文化而言，《中国石拱桥》一文介绍了中国古代的桥梁建筑文化，《故宫博物院》一文介绍了中国古代的宫廷建筑文化，《苏州园林》一文则从一个侧面介绍中国古代的园林建筑文化。如此等等，难以尽举。语文教材的确是一

① 《爱因斯坦文集》第三卷，商务印书馆 1979 年版，第 176 页。

座极为丰富的文化宝库，它也是语文必须承担的对学生进行文化教育的具体内容，文化精神的继承和弘扬是语文分内之事。数千年来中华民族就以“自强不息”“厚德载物”的精神，改造自然与社会，创造了举世瞩目的文明。例如崇德重义的价值取向，自强务实的人生态度，见贤思齐的理想人格，乐善好施的道德规范，见义勇为的做人品性，礼仪修身的伦理准则等等。

通过语言这一载体，学习文化，理解文化，传承文化，正体现了语文工具性与人文性相统一的又一个重要的层面。

第三节　语文课程的价值

语文课程的实质在于它是在学校教育中以教学科目形式出现的关于中华民族通用语的教育。语文课程的价值主要表现在以下几个方面。

一、人的发展价值

语文是人的生命活动，语文课程是生命的课程。语文教育对促进人的发展具有重要的价值。苏霍姆林斯基说：“教育——它首先是语言、书和活生生的人与人的关系。”①这是他对教育，特别是对母语教育本质的表述，揭示了语文教育与人的发展紧密相连的关系。语言的发展与人的发展和社会的发展本质上是一致的。教育的最终目的是使受教育者真正脱离动物的性质，脱离低级趣味，更好地适应和改造自然和社会，做一个有益于社会的人。语言是人区别于动物的主要的标志。马克思指出：“动物和它的生命活动是直接同一的，动物不把自己同自己的生命活动区别开来，它就是这种生命活动。人则使自己的生命活动本身变成自己的意志和意识的对象。”②语言是人类进化和人类历史进程中双向建构积淀的产物，人只有依赖语言才能成为有意识的生命，成为地球上生命有机体发展的最高形态，成为万物之灵。理解“生活”是语文课程的主要内容，学会“生存”是语文课程的能力目标，认识“生命”是语文课程的最大价值所在。人正是在这些实践活动中得到自由的、全面的发展，而这一切实践活动都离不开语言。语文学习过程就是借助言语作品进行言语行为从而实现个体生命价值的过程。把学生作为活生生的人，把言语行为当成生命现象，立足于人的发展与解放，这便是语文教育的逻辑起点。语文教育伴随着每个人走过漫长的人生道路，影响着人的发展。因此可以说，语文教育既是一个国家全民的基础教育，又是一个民族成员的素质教育，同时还应该是每一个人的终身教育的

① [苏联]苏霍姆林斯基著：《教育的艺术》，湖南教育出版社 1983 年版，第 178 页。
② [德]马克思著：《1844 年经济哲学手稿》，人民出版社 1975 年版，第 50 页。

重要组成部分。

二、提升素养的价值

“素养”是指人通过长期的学习和实践在某一方面所达到的高度，包括外显的功用性和内隐的发展性。语文素养的内涵包括知识与能力，过程与方法，情感、态度与价值观等多方面内容，是指对语文有长久的修习和训练，并内化为一种良好的行为、品性。

语文知识是对语文规律的科学概括和语文学习方法的科学总结，它对于指导和规范语文实践具有不可忽视的重要作用，也是形成语文课程的基础和原因。语文知识从学科角度可以分为：语音、汉字及词汇知识，语法、修辞及逻辑知识，文学及文章知识。从认知学角度可以分为：陈述性知识和程序性知识。学习语文知识的根本目的不在“知”而在“行”，不在于了解知识本身，而在于掌握这些知识去指导实践，有效地提高读写听说能力。

语文能力的形成内含了对语文知识的理解、储存的内化和通过操作、言语展开、呈现的外化两个过程。语文能力的形成得益于对知识的有效习得、保持与提取。语文知识是转化为语文能力的基础和前提，但这种转化一定得通过实践才能完成。

个体通过汲取、内化外在的语文知识，将其转化为个体的语文能力；个体又通过已形成的语文能力更有效地汲取或运用语文知识，并进一步完善和发展自身的能力。语文能力是在掌握知识的基础上形成，并在运用语文的活动中表现出来和成熟起来的。语文能力的生成，其关键因素是对程序性知识的认识与理解，但这又必须以个体语言生活经验为前提，教师要通过总结程序性知识，尤其是语言运用规律方法的知识，将学生掌握的静态知识和内部“操作”能力转化为外显的“产品”，形成学生的语言运用能力与语言理解能力，从根本上改变传统语文教育中知识与能力相互剥离的局面，使知识与能力相互为用，相互促进。

语文学科的知识体系的获得，语文能力的生成要依赖特定的探究过程与方法。探究过程与方法内在于知识体系、能力结构之中，并随着知识体系的完善、能力结构的合理而不断变化。探究过程和方法具有重要的教育价值，语文知识体系、能力结构只有与相应的探究过程和方法结合起来，才能使学生的理智和精神世界获得实质性的发展与提升。

语文知识、能力系统虽然经过了抽象、概括、生成，但其中同样具有丰富的文化内涵。而这些语文知识一旦被理解，就与个体已有知识同化建构而转化为个体经验的一部分。语文知识所含有的特定内容和掌握方式，不仅可以成为一种认识、实践的语文工具和能力，而且还会触及情感层面，影响到个体的世界观、人生观，引起个体意识和心理结构的相应变化，并外化为新的行为方式。语文课程也正是从这些方面，不断提升学生的语文素养，获得自身的价值。

三、文化传承的价值

语文是文化的载体，也是文化构成的一部分。语文教育也可以说是一种文化传递过程，一种文化的生成和创造过程。俄罗斯著名教育家乌申斯基就曾明确指出："在民族语言照亮而透彻的深处，不但反映着祖国的自然，而且反映着民族精神生活的全部历史。人们一代跟着一代传下去，但是每一代生活的成果都得保留在语言里，成为传给后一代的遗产。一代跟着一代，把各种深刻而热烈的运动的结果、历史事件的结果，信仰、见解、生活中的忧患和欢乐的痕迹，全部积累在本民族语言的宝库里。总之，一个民族把自己全部精神生活的痕迹都珍藏在民族的语言里。"[①]也就是说，一个民族的语言，其实质就是一个民族的精神、情感的载体，是一个民族的精神、情感的符号，是一个民族生息繁衍的生命传递。汉语，它不仅是汉民族文化的载体，也是汉民族文化的构成。汉民族的文化精神主要是通过汉民族语言来传播和发展的，汉民族语言浸透着民族文化的精髓。汉语在几千年的发展历史中，深深地打上了民族的、历史的、地域的、心理的烙印，是一种从形式到表达都充溢着浓郁的人文精神的语言。汉语重整体、重和谐、重意合的特点，正是中华民族的意识、性格和思维模式的投影。源远流长的中华民族文化传统，深刻影响着汉语词汇的发展。上古神话、寓言故事、名人轶事、诗文名句、宗教教义等融汇渗透到数以万计的词语、俗语和成语典故之中，使之具有浓厚的人文色彩。如"竹"字的语文教学，若能从单纯的多节常绿植物概念拓展到气节、风度、清高、隐士等丰富的文化气韵，在学生日后读到咏竹的诗文自有情感共鸣。也就是说"竹"这一汉字符号进入学生心灵的不仅是字义，同时还有一种处世的哲理与态度。

从文化的视角来透视语文教育，我们就会看到语文教育是一个用文化构成的丰富多彩的世界。这个世界有文化的背景、文化的图像、文化的情致、文化的意识、文化的意蕴。当我们走进语文的世界，感受到的是它的文化气息，触摸到的是它的文化脉搏，使我们感动的是它的那种文化的情怀和文化构成的生命。

四、审美陶冶的价值

语文审美教育作为语文课程的有机组成部分，可以强化与促进语文学科智育与德育的功能效应，有利于全面提高语文教学的质量，有利于培养全面、和谐发展的人才。

---

① 《乌申斯基教育学说》，江苏教育出版社 1987 年版，第 157 页。

语文教学不仅要培养学生的语文能力，而且还要为培养德、智、体、美、劳全面发展的人，肉体与精神、感性与理性和谐发展的人，尽一份力量。语文审美教育的审美对象特别是文学作品——大都是感性与理性的统一体。一方面，它向受教者呈现出丰富多彩、五光十色、绚丽多姿的具体图画，通过由感性世界的丰富性与多样性，生成主体的感性世界的丰富性与多样性；另一方面，它通过受教者形式化、符号化能力的培养，通过艺术形式把人的生命活力、情感体验和各种感性冲动纳入其中而使之得到理性的调节与升华，最终使人逐步达到感性与理性的和谐。

汉字不仅具有文化的意义，同时还具有审美的意义。汉字本身的图形特征使书面汉语具有对于语音而言的相对的独立性。也就是说，语音并不是汉字识别的唯一途径，字形的视觉特征同样具有识别作用。另一方面，汉字多是一字一音节，大多数字本身就是词，它没有严格的形态和数的变化。加上汉语构句以意合为原则，注重语言的表达功能，不拘泥于形式上的逻辑性，因此，汉字在句子中活动的自由度很大，使它可以追求一种奠基在纯粹的汉字视觉基础上的以意象为核心的修辞境界：言简意赅、义近旨远；同时它又可以超越口语的琐碎与粗俗，追求一种富有音乐性和节奏感的表达功能。不难看出，从汉字的产生到文言的形成，中国文化是一以贯之的，走的是一条重视形象思维和审美体验的道路，而不是西方以知性分析为主的路线。选入语文教材的作品，大都是堪称典范的语言精品。由于不同作家语言风格的个性差异，更是人各一面，文各一味，异彩纷呈，美不胜收。有的婉转曲达，巧比妙喻；有的视听通感，化静为动；有的乐景写哀，兴法起结；有的垫高拽满，断处皆续；有的映衬点染，随物赋形；有的浓艳见胜，有的淡雅见长；有的精工雕刻，有的造化天然；有的汪洋恣肆，有的涓涓若溪，等等。好的语言还有整齐之美、错综之美、音乐之美。语言的音乐美，除了音韵的铿锵、协调之外，主要通过节奏来体现。有规律的反复，语音的平仄交替，语调的抑扬顿挫，都能引起美感，可以说汉语言文字无处不显现出美的趣味和意蕴。美的事物之所以能感染人，固然与美的形式有关，但在根本上是由于其内在品格，即蕴含在美的事物中的人自身的创造和本质力量，美的事物的这种性质，是形成审美教育情感愉悦性的客观基础。我们在语文教育中，必须充分利用汉语文内容与形式方面的审美特点，实现语文的美育功能。

思考与练习

一、名词解释。

1. 语文

2. 工具性

3. 人文性

二、语言与言语有何区别?

三、如何正确理解语文课程的性质?

四、联系生活实际,谈谈语文课程对人的发展的价值。

第二章

语文课程目标

第一节　语文课程目标概述

语文课程目标是语文教学的出发点和归宿，它决定着语文课程与教学的方向，指引和制约着语文课程内容的选择和教学过程的实施，同时也是检查评价语文教学活动的重要依据。

一、课程目标的基本概念与原理简述

（一）教育目的、培养目标、课程目标与教学目标①

研究语文课程目标，必然涉及教育目的、培养目标、课程目标、教学目标等相关概念，而以上四者分别表征教育领域中目标问题的不同层次，有必要加以区分。

教育目的：是指教育的总体方向，是对受教育者的质量规格的总体要求，所反映的是一个国家或社会历史时代总体的、终极的教育意图、教育方向，它普遍适用于各级各类学校教育，因而具有高度的概括性。

培养目标：是对各级各类学校的具体培养要求，所体现的是不同性质的教育和不同阶段的教育的价值。它是“教育目的”的下位概念，二者的关系是：培养目标要根据教育目的来制订，而教育目的又只有通过各级各类学校的培养目标才能实现。

课程目标：是指导整个课程编制过程的最为关键的准则。教育目的、各级各类学校的培养目标都要以课程为中介才能实现，所以，确定课程目标，不仅有助于明确课程与教育目的的衔接关系，从而明确课程编制工作的方向，而且还有助于课程内

① 参见施良方著：《课程理论：课程的基础、原理与问题》，教育科学出版社 1996 年版，第 90—97 页；张华著：《课程与教学论》，上海教育出版社 2000 年版，第 150—152 页。

容的选择和组织，并可作为课程实施的依据和课程评价的准则。

语文课程目标是课程目标下的分科目标，是从语文课程的角度出发，规定语文课程人才培养的规格和质量要求，它也就成为语文课程编制、课程实施、课程评价的基本准则。

教学目标：是在一定课程目标下教师教与学生学的目标，它是课程目标在教学过程中的进一步具体化。

（二）行为目标、展开性目标和表现性目标

课程目标的制订受一定的教育价值观的影响。从语文学科角度来说，不同价值观下语文课程目标的制定，会对语文课程内容的选择与教学实施行为产生很大的制约和影响。因此有必要对如下三种课程目标的取向作出简要说明：①

行为目标：是以具体的、可操作的行为的形式陈述的课程与教学目标，它指明课程与教学过程结束后学生身上所发生的行为变化。行为目标取向在本质上是受技术理性支配的，以对行为的有效控制为核心；它的心理学基础是行为主义心理学。行为目标的基本特点是：精确性、具体性、可操作性。

展开性目标：也称为生成性目标，是在教育情境中随着教育过程的展开而自然生成的课程与教学目标。如果说行为目标关注的是结果，那么展开性目标注重的是过程。展开性目标从本质上是对实践理性的追求，它消解了行为目标取向所存在的过程与结果、手段与目的的二元对立，而是将它们内在地统一起来。

表现性目标：是指每一个学生在与具体教育情境的种种际遇中所产生的个性化表现。它关注的是学生在活动中表现出来的个性化与多元化反应形式，而不是事先规定的结果。表现性目标在本质上是对解放理性的追求，强调学生的个性发展和创造性表现，强调学生的自主性和主体性。

以上三种取向的课程目标各有其存在的价值。正如有学者所指出，“我们可以把展开性目标和表现性目标作为行为目标的补充形式，而不是作为其对立面。”②

在语文课程目标的制订过程中，既要以具体的行为目标的制订来促进语文基础知识和语文基本技能的掌握，又要避免唯科学主义对语文学科的肢解以及对语文教育中人文性的遮蔽。换言之，我们必须从学科特点出发，兼顾展开性目标与表现性目标，并以此来保证语文课程目标的开放性和诸如价值观、理解、情感、态度、欣赏、审美情趣等目标的实现。

① 参见施良方著：《课程理论：课程的基础、原理与问题》，教育科学出版社 1996 年版，第 83—90 页；张华著：《课程与教学论》，上海教育出版社 2000 年版，第 153—182 页。

② 施良方著：《课程理论：课程的基础、原理与问题》，教育科学出版社 1996 年版，第 89 页。

（三）确定课程目标的依据

确定课程目标的依据有三：一是对学生的研究，根据学生身心发展的具体特点来确定学生的需要；二是对社会的研究，根据当代和未来一定时期内的社会生活需要来确定课程目标；三是对学科的研究，根据学科本身的特殊功能和学科所能起到的一般的教育功能来确定课程目标。①

语文学科课程目标的制订建立在对上述三方面内容深入分析的基础上。首先，必须充分考虑义务教育阶段和高中教育阶段学生不同的身心发展特点以及语文学习的能力与基础，从而制订出不同学段的语文课程目标；其次，必须考虑当代社会生活的需要及其对公民语文素养的基本要求，从而制订出符合社会发展需要的语文课程目标；第三，必须正确把握语文学科的基本性质，从而制订出充分发挥学科教育功能的课程目标。比如，语文学科“既然具有工具性，就必须培养学生掌握并运用这一工具的能力，即理解语文和运用语文的能力，也就是听说读写的能力；既然具有人文性，就不可避免地要因势利导地对学生进行思想教育和美感熏陶。”②

二、语文课程目标的历史演变与启示

（一）语文课程目标从名称到内容的历史演变

纵览百年历史，我国现代语文学科的课程目标几经演变，历尽沧桑。

从名称上来看，在20世纪前期曾使用过“各科目教育要义”“国文要旨”“主旨”“目的”“目标”等名称；20世纪后期由于受苏联“大教学小课程”理论的影响则主要以“教学要求”“教学目的”的名称出现；至世纪之交，在北美较为普遍的“大课程小教学”理论开始在我国产生广泛影响，“课程目标”的名称又正式启用。以上名称变化的背后，事实上隐含着我们对语文学科课程理解上的变化与发展。

就课程目标的内容而言，清末读经讲经时期主要以明经达理为目标。至辛亥革命以后，开始兼及读写训练、智力开发、品德培养以及心理发展等多种因素，表现出“朝着注重实用的方向转变”③和个性发展的民主教育思想。而叶圣陶先生在1945年的一段话则可以使我们更具体地认识到这一时期语文教育在目标观上的基本侧重，即“‘五四’以来国文科的教学，特别在中学里，专重精神或思想一面，忽略了技术的训练，使一般学生了解文字和运用文字的能力没有得到适量的发展，

---

① 参见施良方著：《课程理论：课程的基础、原理与问题》，教育科学出版社1996年版，第98—103页。

② 周庆元著：《语文教育研究概论》，湖南人民出版社2005年版，第50页。

③ 饶杰滕著：《语文学科教育学》，首都师范大学出版社2000年版，第69页。

未免失掉了平衡”。[①] 新中国成立后的一段时期，“完成思想政治教育的任务”在语文课程目标中被加以特别强调，而学生语文能力的培养则被大大削弱。应该说，以上情况的出现是由特定时代背景下特定的政治环境所决定的。进入20世纪60年代，语文教育逐步克服“左”倾错误，开始遵循语文教育的规律，重视语文基础知识的传授和基本技能的训练，语文教学大纲在目标的表述上，则“纯粹只谈读写能力”。[②] 在经历了“十年动乱”之后至20世纪90年代初，把思想政治教育和语文知识、语文能力教育统一于语文教学的目标中，成为这一时期的共识。值得注意的是，“人们在纠正过分强调语文教育的思想政治教育的偏差过程中，自觉不自觉地在逐渐强化语文教育的工具价值和作用。”[③]此后，伴随着对语文教学效率问题的讨论，并针对学生语文基本能力不甚理想的状况，语文教育界提出了“强化语言训练”的观点，进一步强调基础知识的传授和基本技能的训练。又由于同一时期“科学主义”思潮的广泛影响，对这种工具理性倾向的语文教育目标的普遍认同与追求至20世纪末逐渐走向极端，并充分体现在教学大纲和教学实施的过程中，它也直接带来了始于1997年的全国范围内关于语文教育的大讨论。于是，在立足于学生主体精神培育的语文教育的呼唤中，“人们越来越认识到基础知识、基本技能二维课程目标的局限性，因而开始突出并强调情感态度价值观、过程和方法的重要性。”[④]这样，2001年的语文课程标准开始从知识和能力、过程和方法、情感态度价值观三个维度进行设计，并将其贯彻、落实在各学段的具体目标中。

（二）百年语文课程目标的历史启示

纵观百年语文课程目标演变的历史轨迹，我们可以认识到：

1. 语文课程目标是一个发展的概念，具有明显的时代性，它不可能脱离社会发展过程中生产力与意识形态的制约。因此，必须以开放的、历史的眼光来反思语文课程目标的发展与变化，并在此基础上，立足于语文学科本体，考虑“一定社会在语文教育方面对培养人的基本要求”，以确定语文课程目标，做到“既要克服主观随意性，又要反对一成不变的保守性”。[⑤]

2. 人们对语文学科自身性质认识的不断深入与发展，影响着对语文学科课程目标的判断与确认。语文学科从“经学”中挣脱出来之后，“从‘义理本位教学’经由‘语言的觉醒’程度的渐高而发展到‘语言本位教学’的蜿蜒过程，反映着人们在实践中

---

① 《叶圣陶语文教育论集》，教育科学出版社1980年版，第51页。
② 周庆元著：《语文教育研究概论》，湖南人民出版社2005年版，第54页。
③ 郑国民等著：《当代语文教育论争》，广东教育出版社2006年版，第22页。
④ 郑国民著：《新世纪语文课程改革研究》，北京师范大学出版社2003年版，第65页。
⑤ 周庆元著：《语文教育研究概论》，湖南人民出版社2005年版，第47页。

对课程价值的认识不断发展”[①]，从“学义理”与“学语言”谁为主谁为副、谁为本谁为末的彼消此长的反复较量过程，到以“语文素养”为核心的“复合型目标观”的出现，这其中都与语文教育工作者对汉语言本身、对语文学科课程本身认识的不断深入与发展有着紧密的关系。

3. 只有正确把握语文的学科性质，才能据此恰当地制订出语文课程的目标。具体而言，语文课程因其工具性，必然具有应用性功能，也就必须培养学生掌握并运用这一工具的能力，即理解和运用语文的能力，因此要从公民所应具备的基本的语文知识与能力的角度设计语文课程目标。语文课程因其人文性，必然具有文化传承与人性发展功能，也就必须在语文学习过程中对学生进行思想、文化、审美等方面的培养，因此要从公民所应具备的文化品格、审美素养和个性品质的角度设计语文课程目标。

4. 在一代又一代语文教育工作者的努力下，我们对语文课程性质的认识不断走向成熟，对语文课程目标体系的建设不断走向完善。我们应该在把握语文课程性质和中小学生成长与发展规律的基础上，以提高学生所需要的语文素养为核心，建立起较为稳定的语文课程目标体系，以免由于过多地受非语文因素的影响而使语文课程目标过大幅度地摇摆。

三、学生的语文素养与语文课程目标的制订

（一）语文素养的内涵

作为整个教育活动中的一门具体学科，语文学科负有自己独特的教育责任，即提高公民的语文素养。“素养”是指通过长期的学习和实践，人们在自身某些方面所达到的一定水平。“语文素养”是指通过学习与实践，“学生在语文方面表现出的比较稳定的、最基本的、适应时代发展要求的学识、能力、技艺和情感、态度、价值观”[②]。语文素养的具体内容体现在语文课程目标的叙述之中。关于“语文素养”这一概念的使用及其内涵问题，语文教育界还存在着不同的观点，在此，我们仅就已达成的共识作出简要说明。

下图表明，语文素养是一个由多种因素组成的动态系统，而语文素养的养成过程是一个各种要素相互作用、相长互生的过程。大致可分为四个层级：操作层、实施层、动力层和基础层。听说读写，这是形之于外的显性言语行为；支配这些行为的知能因素是语文知识、语文技能、语文感悟和语文思维；参与和支配这些行为的直接心理因素是语文学习的动机、情感和态度、语文学习的习惯和语文行为的意志；作为言

① 李维鼎著：《语文课程初论》，浙江教育出版社2004年版，第272页。

② 雷实：《谈谈“语文素养”》，《课程·教材·教法》2004年第12期。

语行为的背景要素则涉及到言语主体的思想水平、道德品质、审美情趣、文化品位、知识视野、个性人格、智力发展及具体的语言环境等。①

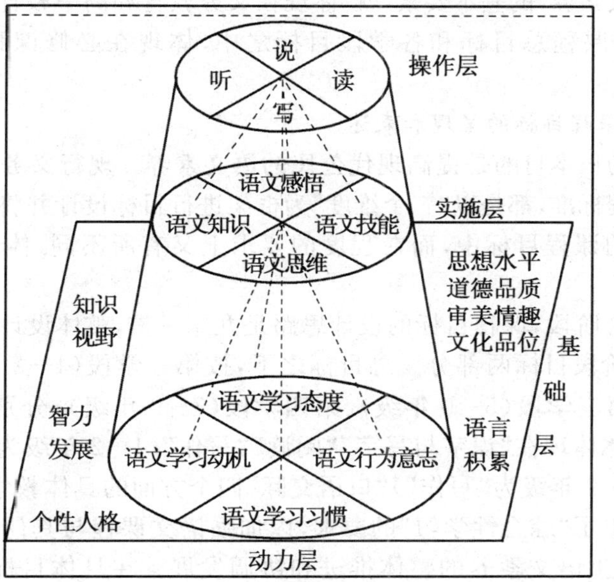

可见语文素养不是一种纯粹的知识或能力，而是一种综合性的涵养。一个人的语文素养是与语文知识的学习、语文能力的发展、认知能力与学习能力的提升、社会文化的积累、情意人格的陶冶等密不可分的。

（二）语文课程目标的三维建构

2001年颁布的《全日制义务教育语文课程标准（实验稿）》和2003年颁布的《普通高中语文课程标准（实验）》在课程目标的设计思路上确立了"知识和能力""过程和方法""情感态度和价值观"三维目标的基本框架。

从"知识和能力"这一角度，所关注的是在语文教学中要培养现代公民所应具有的基本语文知识和语文能力，事实上，这也是一个人语文素养的核心要素。当然，随着社会的发展，语文知识和语文能力的内涵也将随之发生变化。

从"过程和方法"的角度，所关注的是学习主体在言语实践过程中语感和文化的积累、认知能力和学习策略的发展，以奠定其终身学习、终身发展的基础。这也体现了语言学习的实践性质。

从"情感态度和价值观"的角度，所关注的是学生在语文学习过程中高尚的人格

① 参见倪文锦主编：《小学语文新课程教学法》，高等教育出版社2003年版，第18—19页。

情操与审美情趣的发展，并在这样的一种人文熏陶中使学生形成正确的价值观和积极的人生态度。这同样是语文课程目标的重要内容。

这样，“语文素养”的基本要素，就“体现在义务教育和高中教育的两个语文课程标准中，体现在课程总目标和各学段目标之中，体现在必修课程和选修课程目标之中”。[①]

（三）语文课程目标的呈现和表述

语文学科的根本目的是提高现代公民的语文素养。现行义务教育阶段和高中教育阶段的课程标准，都是以“三个维度”为框架进行目标设计并将“语文素养”的内涵体现在具体的课程目标中，而在程度的要求上又有所不同，体现出阶段性和发展性。

在义务教育阶段，课程目标的设计思路是九年一贯，整体设计。整个目标系统分为总目标和阶段目标两部分。总目标之下，按第一学段（1—2 年级）、第二学段（3—4 年级）、第三学段（5—6 年级）、第四学段（7—9 年级），分别提出阶段目标。阶段目标又具体体现在“识字与写字”“阅读”“写作”（1—2 年级为“写话”，3—6 年级为“习作”，7—9 年级为“写作”）“口语交际”四个方面的具体教学内容中。此外，课程标准还提出了“综合性学习”的要求，以加强语文课程与其他课程以及与生活的联系，促进学生语文素养的整体推进和协调发展。在具体目标的表述方面，采用行为目标、展开性目标与表现性目标相结合的方式。这样“三个维度”“四个学段”“五个方面”相互渗透、融为一体、螺旋上升，最终全面达成义务教育阶段语文课程的总目标。

在高中教育阶段，为进一步提升学生的语文素养，并加强对高中学生语文素养目标的整合，现行课程标准的设计者“从‘过程与方法’这一角度切入设计，尝试建立一个关于高中语文课程目标系统的新的语言模型”[②]。课程总目标分“积累·整合”“感受·鉴赏”“思考·领悟”“应用·拓展”“发现·创新”五个部分加以陈述。必修课程和选修课程的目标都在“总目标”的思想基础上进一步展开。必修课程目标按“阅读与鉴赏”“表达与交流”两条线索进行描述；选修课程分别根据“诗歌与散文”“小说与戏剧”“新闻与传记”“语言文字应用”“文化论著研读”五个系列的特点拟定目标。

① 雷实：《谈谈“语文素养”》，《课程·教材·教法》2004 年第 12 期。

② 巢宗祺等主编：《普通高中语文课程标准（实验）解读》，湖北教育出版社 2004 年版，第 79 页。

第二节　义务教育阶段语文课程目标

一、义务教育阶段语文课程的总目标

学校语文教育，尤其是义务教育阶段的语文教育，在人的发展过程中具有重要的奠基功能。它必须为学生打好正确地理解和运用祖国语文的语言基础；吸收民族文化、尊重多元文化，具有稳定而健康的文化心理结构的文化基础；具有基本的学习能力、策略、习惯以及积极地求知与探索的终身学习的基础；以及促进良好的品德修养和审美情趣的个性与人格基础。

教育部2001年颁布的《全日制义务教育语文课程标准（实验稿）》提出了这一阶段语文课程所要达到的总目标，共十条，主要涉及以下几个方面。

（一）个性与人格发展的关注

具体表现在第1条："在语文学习过程中，培养爱国主义情感、社会主义道德品质，逐步形成积极的人生态度和正确的价值观，提高文化品位与审美情趣。"发展这些目标的途径和方法是潜移默化的渗透与熏陶感染，从而生动而又具体地体现出"工具性与人文性的统一"的特点。

（二）文化积累与文化态度的关注

具体表现在第2条："认识中华文化的丰富博大，吸收民族文化智慧。关心当代文化生活，尊重多样文化，吸收人类优秀文化的营养。"对学生在传统文化与其他文化的积累与态度方面所提出的这一要求，体现了培养具有开放的心态和胸襟、广阔的文化视野和博采众长的现代人的愿望。

（三）智力与学习能力发展的关注

主要体现在第3、4、5、10条中。第4条突出强调了"发展思维能力，激发想象力和创造潜能"等智力方面的要求，既适应时代的需要，又符合这一阶段学生思维发展的特点。第3条"培植热爱祖国语言文字的情感，养成语文学习的自信心和良好习惯，掌握最基本的语文学习方法"，第5条"能主动进行探究性学习，在实践中学习和运用语文"，侧重对语文学习过程中的情感态度问题，语文学习能力发展中的习惯、方法与策略问题给予关注。第10条"学会使用常用的工具书，初步具备搜集和处理信息的能力"，则体现出信息社会对语文学习能力的新要求。

（四）语文知识与语言能力发展的关注

总目标的第6、7、8、9条分别从"汉语拼音""普通话""识字与写字""阅读""写作""口语交际"等多个方面对语文知识与能力提出了具体的发展目标。

总之，义务教育阶段语文课程的总目标所追求的是通过三个维度的交融，体现出“工具性与人文性的统一”，进而体现出语文教学改革的方向。同时，从现代公民所应具备的语文素养出发进行整体设计，体现出了鲜明的时代性。

二、义务教育阶段语文课程的阶段目标简析

语文课程的“总目标”与“阶段目标”是总分关系。“总目标”要具体落实到各个学段不同教学内容的教学中，各个学段相互联系，螺旋上升，最终全面达成“总目标”。因此，我们一方面要整体把握“总目标”，也要具体把握“阶段目标”。

现行义务教育阶段语文课程的目标分为四个学段。四个学段的“阶段目标”根据儿童心理和语言发展不同阶段的特点和要求安排，“识字与写字”“阅读”“写作”“口语交际”“语文综合性学习”等各项语文教学内容在不同学段的目标要求上保持一定梯度，循序渐进。这也表明了学生语文素养的提高是一个递次累进、逐渐完善的过程。仅以四个学段“写作”（含“写话”“习作”“写作”）目标要求中的第一项内容而言，第一学段提出了“对写话有兴趣”的要求，第二学段则是“乐于书面表达，增强习作的自信心”，第三学段则发展为“懂得习作是为了自我表达和与人交流”，到了第四学段则是“写作时考虑不同的对象和目的”，很明显地呈现出了梯级发展的轨迹。下表是各学段“识字与写字”教学的目标，同样体现出了循序渐进、梯级发展的阶段特征：

各学段识字写字教学目标

年　级	要求会认的字	要求会写的字	识 字 能 力
1—2	1600—1800	800—1000	学习独立识字
3—4	2500	2000	有初步的独立识字能力
5—6	3000	2500	有较强的独立识字能力
7—9	3500	3000	能熟练地使用字典、词典独立识字

与此同时，不同学段的目标重点也有所体现。比如，由于识字先于阅读，所以在第一学段（1—2 年级）以“识字与写字教学”为重点，而为顺利地进行阅读打下基础；同时，“识、写分开”，旨在集中、快速地解决认字的问题，以使学生能及早进入到阅读状态。又比如，读是写的基础，有一定的阅读积累才可能顺利地展开写作，所以读要走在前面，从多读少写逐步发展到多读多写。故而第一学段只对“写话”提出要求，第二、三学段则安排“习作”教学并提出要求，到第四学段才对“写作”提出目标要求。这表明读与写在不同学段应有所侧重，并体现出写作教学本身在不同学段目标要求上的侧重点也有所区别。

下面就四个学段的语文课程目标作一些具体分析。

（一）第一学段

第一学段是义务教育语文学习的起始阶段，这一学段课程目标的基本内容和特点是：

在语文学习的情感态度方面，非常关注兴趣的培养与习惯的养成。应该说，这是起始阶段的语文学习中必须给予足够重视的一个问题，以便为后续的语文学习从情感体验、学习态度与学习习惯等方面打下良好基础。

汉语拼音一直是小学低年级教学的重点和难点。课程标准将汉语拼音教学定位于“帮助识字、学习普通话和查字典”。据此，在目标的表述中便“降低要求，减缓难度，突出‘工具’的使用价值”①。

识字写字是阅读和写作的基础，是1—2年级的教学重点。要关注学生汉字学习的情感体验、主动识字的愿望等并做出要求，还要对识字写字的量、识字写字的基本能力等做出具体要求。

阅读教学也是小学低年级语文的重要任务。这一学段阅读教学目标的基本要求是：第一，让学生感受到阅读的乐趣；第二，朗读、默读、结合上下文和生活实际了解文中词句的意思等基本阅读能力的发展；第三，关注、引导小学生阅读过程中个性化的认识和情感体验；第四，诵读儿歌、童谣、古诗文，培养语感，积累语言，并对课外阅读的量作出了要求。

在写作教学方面，这一学段定位为“写话”。在目标中主要强调：第一，写话兴趣的培养；第二，写想象中的事物，写出自己对周围事物的认识和感想；第三，乐于运用阅读和生活中学到的词语；第四，会使用四种基本的标点符号。

口语交际教学是以往未引起足够重视的内容。第一学段口语交际教学的主要任务是：养成讲普通话的习惯；培养表达的自信；交际过程中礼貌与态度的养成；基本的倾听能力和复述、讲述能力的培养。

（二）第二学段

在第一学段的基础上，第二学段在识字与写字、阅读、写作、口语交际等方面的目标要求都有了进一步的提高。

在识字与写字方面，在量上稳步推进，在能力要求上进一步提高，并开始提出“毛笔临摹”和“用键盘输入汉字”的新要求。

在阅读教学方面，朗读、默读、对文章的整体感知和对词句的理解方面以及课外阅读的量等，在要求上都进一步提高，同时增加了略读的要求。此外，强调对叙事性作品主要内容的把握，重视复述，并鼓励学生与他人交流、分享自己的阅读感受。

在写作教学方面，这一学段定位为“习作”。目标要求上的基本特点为：增强书

① 郑国民著：《新世纪语文课程改革研究》，北京师范大学出版社2003年版，第99页。

面表达自信;鼓励自由表达;鼓励学生与他人分享自己习作的乐趣;提出习作的修改要求;提出"能用简短的书信便条进行书面交际"的应用文写作要求。

在口语交际方面,进一步提高普通话、倾听能力、讲述能力等方面的要求,并提出转述能力、"就不同意见与人商讨""努力用语言打动他人"的新要求。

(三) 第三学段

小学高年级阶段,识字写字教学不再作为教学重点。在第一、二学段的基础上,识写的量与识字能力的要求都进一步提高,并增加了对硬笔、毛笔书写楷书的要求。

在阅读教学方面,对朗读、默读提出了更高的要求,并新增浏览的要求。对叙事性作品的阅读提出了更高要求,并新增说明性文章的阅读要求。强调在语言环境中理解词语,并鼓励学生在阅读中提出自己的观点。此外,对诵读、课外阅读的要求也有所提高,并提出探索性阅读的新要求。

在写作教学方面,这一学段仍定位为"习作"。目标要求上的基本特点为:对书面表达的目的性意识提出要求;强调写作素材的积累并提出相应要求;突破传统的文体概念,以写纪实作文与想象作文为主,鼓励自由表达;提出学写读书笔记和常见应用文的要求;此外,对习作的量与速度等也提出了具体要求。

在口语交际方面,进一步提出了交际过程中的理解、尊重与语言美等问题并作出要求;对表达的条理、语气、语调等提出了要求;对短暂准备后的独立发言开始提出要求。

(四) 第四学段

第四学段开始进入初中教育阶段,这一学段结束后,学生应基本达到九年义务教育语文学习的总目标要求,具有现代公民所应具备的语文素养。

在识字与写字方面,识写的量应达到总目标所要求的3500(识)和3000(写)的最低限,并具备独立的识字能力。此外,在用硬笔熟练地书写正楷字的基础上,提出了行楷字的书写要求,并要求"临摹名家书法,体会书法的审美价值"。

在阅读方面,要达到朗读、默读的基本能力,并能熟练运用略读、浏览的阅读方法;要能够在理解文章内容的基础上提出自己的看法和疑问;要了解基本的表达方式并能对文学作品、议论文、科技作品、浅易的文言文等不同类型的文章进行阅读;要了解基本的语法知识、文学知识和文化常识;要具有基本的搜索信息的能力和广泛阅读的习惯。

在写作方面,开始进入到"写作"阶段。目标要求上的基本特点为:突出书面表达的交际性特点,要求在写作时考虑不同的目的和对象;强调真实体验、独特感受和真实表达;在多角度观察生活的基础上力求有创意地表达;具备搜索素材、构思立意、列纲起草、修改加工等基本的书面写作能力。

在口语交际方面,则须具备日常口语的基本能力,在各种交际活动中,学会倾听、表达与交流，并能够文明地进行人际沟通和社会交往。

第三节　普通高中阶段语文课程目标

一、普通高中阶段语文课程的总目标

普通高中语文课程目标的建构，必须站在时代的高度，从社会发展与学生自身发展的需要出发，并以语言学、文艺学、教育学等领域的新知识、新思想为依托。从语文素养的整体系统出发，普通高中语文教育应使学生在义务教育的基础上进一步提高语文素养，在课程目标上应着重关注：文化底蕴、文化品位、审美能力的丰富与提升；阅读理解能力、表达交流能力、基本的信息处理能力和较强的学习能力的进一步发展；培养学生具有开放的视野、创新的意识以及一定的探究能力；通过语文学习，应有助于学生自信进取的人生态度、健康高尚的价值追求、强烈的社会责任感的形成。

教育部 2003 年颁布的《普通高中语文课程标准（实验）》在"课程目标"部分提出："通过高中语文必修课程和选修课程的学习，学生应该在以下五方面获得发展"，这五方面是"积累·整合""感受·鉴赏""思考·领悟""应用·拓展""发现·创新"。

积累·整合：主要从高中学生语文学习过程与方法的角度出发，强调了有目的的积累和实践中的整合，并在这样的积累和整合中进一步提高综合的语文素养。

感受·鉴赏：关注现代汉语语感的进一步培养，以及针对文章内容与形式的审美感受力的进一步发展。

思考·领悟：侧重于理性学习、探究学习的要求，对阅读理解能力、语文学习和探究能力以及思考、质疑、探究的良好习惯与思维品质等做出了较为具体的要求。

应用·拓展：侧重于提高和发展语文应用能力的要求。

发现·创新："这一部分对有志于在语文探究、创新方面发展的高中学生提出了更高的要求，学习从语言、文学、文化现象中发现问题，学习思维的创新和表达方式的创新。"①

上述目标在高中语文必修课程目标和选修课程目标中，被进一步具体化。

二、高中语文必修课程目标简析

高中语文必修课程目标分为两个方面，即"阅读与鉴赏""表达与交流"。

---

① 巢宗祺等主编：《普通高中语文课程标准（实验）解读》，湖北教育出版社 2004 年版，第 81 页。

(一) 阅读与鉴赏

1. 阅读与鉴赏的总目标

阅读与鉴赏的总目标是:第一,阅读与鉴赏要促进人的整体协调发展;第二,要发展学生独立阅读的能力,能够用普通话朗读并传达文本的思想感情和自己的阅读感受;第三,注重个性化阅读能力的培养;第四,能够根据不同的目的运用不同的方法阅读不同类型的文本。

2. 文学作品的阅读与鉴赏目标

文学作品的阅读与鉴赏目标包括:第一,对鉴赏的目的与态度的要求,即“积极的鉴赏态度,注重审美体验,陶冶性情,涵养心灵”;第二,对鉴赏能力的要求,即感受、品味、领悟、体验、思考,并能以理性的思考“探索作品中蕴含的民族心理和时代精神,了解人类丰富的社会生活和情感世界”;第三,学习并掌握鉴赏所应具备的相关知识,如文体特征、表现手法、相关背景等;第四,能够以正确的态度和方法阅读中国古代文学作品。

3. 文言文的阅读目标

即“阅读浅易文言文,能借助注释和工具书,理解词句含义,读懂文章内容,了解并梳理常见的文言实词、文言虚词、文言句式的意义或用法,注重在阅读实践中举一反三。诵读古代诗词和文言文,背诵一定数量的名篇”,体现出了对文言文阅读的实际能力和文言文诵读与背诵的重视。

4. 课外阅读的目标

既要扩大阅读视野,提高文化品位,又要达到一定的阅读量。

除上述几方面外,还要注意阅读过程中的相互交流,以及工具书与其他各种信息资源的搜集和使用。

(二) 表达与交流

1. 表达与交流的总目标

高中生的表达与交流应该做到:第一,能在多角度观察生活、丰富自身的基础上,对自然、社会和人生表达自己的感受和思考;第二,能从不同的目的和对象出发,表达自己的观点和情感。

2. 书面表达与交流的目标

这方面的目标包含如下几点:第一,达到基本的书面表达要求,包括观点明确,内容充实,感情真实健康,思路清晰连贯,围绕中心选材,合理安排结构等;第二,力求做到个性化、有创意的表达;第三,在义务教育的基础上,进一步提高记叙、说明、描写、议论、抒情等基本的表达能力,尤其是要学会综合运用多种表达方式进行书面表达,同时进一步提高锤炼语言的能力;第四,具有独立修改自己文章的能力。

3. 口头表达与交流的目标

良好的口语交际能力是现代公民的基本素养，对于高中学生，应增强他们的人际交往能力，使之具有良好的交际态度。在口头表达与交流的基本能力方面应做到：根据不同的交际场所和交际目的恰当地进行表达，并能借助语调、表情、手势等增强表达效果；应具备演讲、讨论、辩论、朗读等基本的口头表达与交际能力。

三、高中语文选修课程目标简析

"高中语文设置选修课，是为了进一步切实提高学生的语文素养，针对不同的学生有所侧重地培养语文应用能力、审美能力和探究能力，促进学生特长和个性的发展，以适应及满足其兴趣和潜能、未来学习和就业的需要。"①高中语文选修课程分五个系列：诗歌与散文、小说与戏剧、新闻与传记、语言文字应用、文化论著研读。

（一）诗歌与散文

培养学生健康高尚的审美情趣是这一系列选修课程的核心追求，而这一目标又是在诗歌与散文的阅读鉴赏过程中达成的。因此必须在保证阅读量的同时，对学生提出诗歌与散文鉴赏的能力与方法上的要求，如：研读文学语言、把握文学形象、探究文学意蕴的能力；感受音乐美、意境美，并调动个体经验体会艺术魅力的能力；用历史眼光和现代观念审视古代诗文的思想内容并作出恰当评价的能力；以及由于诗歌与散文不同的艺术特性所带来的基本的鉴赏方法的掌握等。另外，在这一系列选修课程中还可以尝试性地指导学生进行诗歌、散文的创作，并通过文学社团等渠道进行展示与交流。

（二）小说与戏剧

小说、戏剧是重要的、有着巨大影响力的文艺样式。通过这一系列选修课程的学习，不仅要使学生在文学与审美修养上有所提高，还要加深他们对历史、社会、人生的认识，并能够打开视野，在一定高度上对多元的人类文化作出评价。在学习过程中，应要求学生正确把握小说和戏剧的艺术特性，并学习相应的鉴赏方法，如多视角地解读、人物分析的方法、戏剧冲突的把握、比较阅读的方法等。另外，还可以借助朗读、表演等方式加强对作品的体会，并尝试性地学习小说和剧本的创作。

（三）新闻与传记

新闻与传记属于纪实类作品，这一系列选修课程的目标主要是：要求高中生关注社会生活的变化与发展并能进行理性思考和判断，以培养他们的公民意识和社会责任感；通过传记作品的阅读，使学生获得有益的人生启示；培养学生捕捉信息、处

① 巢宗祺等主编：《普通高中语文课程标准（实验）解读》，湖北教育出版社 2004 年版，第 114 页。

理信息的能力;培养学生根据新闻与传记的特点进行阅读的能力,以及新闻、通讯的基本写作能力。

(四) 语言文字应用

这一系列选修课程的基本目标在于提高高中生语言文字的应用能力,包括口头交际和书面语交际两个方面。具体表现为:能够综合运用各科的知识、能力和方法进行拓展性阅读与交流;提高阅读和写作各种应用文的能力;进一步提高口语应用能力,如演讲、辩论、主持集会等;增强语言文字应用的规范意识,提高语言文字应用的正确性和有效性;学习观察、思考语言文字应用与发展中的新现象、新问题,尝试语言文字应用的创新;学会运用现代信息技术辅助交流。

(五) 文化论著研读

这一系列选修课程的基本目标在于:拓宽学生的文化视野,提高学生思考问题的深度,培养他们文化探究的意识。具体表现为:能够通过各种渠道搜索与所阅读内容相关的作者和文化背景资料并借助它们进行研读;能够把握论著的基本观点、材料,并在此基础上选择重点内容进行探究式学习;在研读过程中,学会以科学的思想方法发现问题、分析问题、解决问题,养成良好的问题意识和反思精神;此外,还要能够结合现实生活和社会发展中的文化现象与问题进行实践性研究与思考。

思考与练习

一、名词解释。

1. 课程目标
2. 语文课程目标
3. 语文素养

二、简述确定语文课程目标的依据。

三、试述义务教育阶段和普通高中阶段语文课程目标的主要内容。

第三章

语文课程标准

第一节　语文课程标准的历史沿革

2001年5月，国务院发布《关于基础教育改革与发展的决定》，要求大力推进基础教育课程改革，调整和改革基础教育的课程体系、结构、内容，构建符合素质教育要求的新的基础教育课程体系。新的课程体系涵盖幼儿教育、义务教育和普通高中教育。教育部于2001年6月和7月先后颁布了《基础教育课程改革纲要(试行)》和各科全日制义务教育课程标准，2003年4月又颁布了《普通高中课程方案(实验)》和高中各科课程标准。《基础教育课程改革纲要(试行)》指出："国家课程标准是教材编写、教学、评估和考试命题的依据，是国家管理和评价课程的基础。应体现国家对不同阶段的学生在知识与技能、过程与方法、情感态度与价值观等方面的基本要求，规定各门课程的性质、目标、内容框架，提出教学和评价建议。"语文课程标准是国家对基础教育阶段语文课程进行基本规范的纲领性文件，是编写语文教材、组织语文教学、进行语文课程与教学评估以及考试命题的依据。本节主要回顾20世纪语文课程标准的演变发展过程。

一、20世纪前期的国文国语课程标准

1904年1月13日清政府颁布的《奏定学堂章程》明显体现出语文课程标准初创时期的特点：规定开设"中国文字""中国文学"等具有"语文"学科特点的课程并提出了基本要求。

1913年3月19日由南京临时政府教育部公布的《中学校课程标准》可以说是我国历史上第一个课程标准。但这还只是课程标准的雏形，只将"学科目"和"学年"分纵横两栏列出一张总表，对每门学科的周时数及教学内容作了明确的规定。这时

"语文"科目叫"国文"。[1]

1923年6月刊布的由全国教育联合会组织新学制课程标准起草委员会起草的《中小学课程标准纲要》,"这是我国首次规定课程标准(在这之前为科目时间表)。"[2]其中:吴研因起草的《新学制课程标准纲要小学国语课程纲要》、叶绍均起草的《新学制课程标准纲要初级中学国语课程纲要》、胡适起草的《新学制课程标准纲要高级中学公共必修的国语课程纲要》、胡适起草的《高级中学第一组必修的特设国文课程纲要》,这几个课程纲要标志着我国语文课程标准结构的基本形成[3],即包括课程的"目的""内容和方法""毕业最低限度的标准"等内容。

1929年国民政府教育部颁布《小学课程暂行标准·国语》、《初级中学国文暂行标准》和《高级中学普通科国文暂行课程标准》,这三个关于语文课程的文件正式叫做"课程标准"。此时,语文课程的名称,小学叫"国语",中学叫"国文"。

1932年颁布的《小学课程标准·国语》、《初级中学国文课程标准》和《高级中学国文课程标准》,被正式冠以"课程标准"的名称。此后至1949年间曾有若干次修订,但总的说来变化不大。

二、20世纪后期的语文教学大纲

1952年由教育部报中央人民政府核准,公布了《小学暂行规程》和《中学暂行规程》,这是新中国成立以后颁发的第一个全面规范中小学课程的政府文件。根据规程的精神,各学科陆续编写了教学大纲。[4] 在大纲草案试用的基础上,1956年教育部颁发《小学语文教学大纲(草案)》、《初级中学汉语教学大纲(草案)》、《初级中学文学教学大纲(草案)》以及《高级中学文学教学大纲(草案)》。这是中华人民共和国建国以后的第一套完整的中小学语文教学大纲。

1958年至1978年20年间,尽管我国的语文教育与我们的国家同时经历了两次大的挫折,但却在挫折的转机期出台了两套意义非同寻常的语文教学大纲,这就是1963年教育部颁布的《全日制小学语文教学大纲(草案)》、《全日制中学语文教学大纲(草案)》和1978年教育部颁布的《全日制十年制学校小学语文教学大纲(试行草案)》、《全日制十年制学校中学语文教学大纲(试行草案)》。这是两套在特定历史时期拨乱反正的教学大纲。

1963年的语文教学大纲由七个部分组成:(1) 语文的重要性和语文教学的目

① 舒新城编:《中国近代教育史资料》(中册),人民教育出版社1981年版,第535页。
② 中央教育科学研究所编:《中国现代教育大事记》,教育科学出版社1988年版,第68—69页。
③ 周庆元著:《语文教育研究概论》,湖南人民出版社2005年版,第142页。
④ 课程教材研究所编:《20世纪中国中小学课程标准(教学大纲)汇编·课程(教学)计划卷》,人民教育出版社2001年版,第3页。

的;(2) 教学要求;(3) 教学内容;(4) 选材标准;(5) 教学内容的安排;(6) 教学中应该注意的几点;(7) 各年级的教学要求和教学内容,其特点表现为:

1. 第一次明确提出语文学科的工具性特点。大纲开宗明义:语文是学好各门知识和从事种种工作的基本工具。明确语文学科工具性特点是对语文泛政治化的纠正。

2. 强调语文基础知识的教学和语文基本技能的训练。这对认识语文课程的目标、提高语文教学质量,产生了深远的影响。

3. 提出了"文质兼美"的选文标准。这个要求改变了1956年大纲偏重纯文学作品及1958年选文粗劣的现象。①

4. 建立了以文章读写为主体的教学内容体系。大纲规定中学语文教学的目的是:"教学生能够正确地理解和运用祖国的语言文字,使他们具有现代文的阅读能力和写作能力,具有初步阅读文言文的能力。"

这是总结汉语、文学分科以及过于强调政治的教训后对语文教学的正确定位。

1978年的语文教学大纲继承了1963年大纲的精髓,体现了拨乱反正的基本意图,体现了先进的教育思想。《全日制十年制学校小学语文教学大纲(试行草案)》在前言中指出语文学科的"重要特点是思想教育和语文教学的辩证统一",这种对语文学科特点——思想性和工具性的全面认识,更加准确地表述了学科性质。大纲专设一章阐述"大力改进语文教学",提出要废止注入式、采用启发式,语文教学不仅要传授知识,而且要培养能力——"培养识字、看书、作文的能力";培养学生使用工具书、预习和复习、教师批改后自觉改正等习惯;还要重视培养观察和思维能力,使学生在提高语文能力的同时发展智力。②《全日制十年制学校中学语文教学大纲(试行草案)》中提出的"思想内容好,语言文字好,适合教学"的选文标准,要求语文知识教学力求"精要、好懂、有用",教学要"提倡启发式"等,在拨乱反正中都起到了很好的作用。

此后,我国又先后颁布了若干套语文教学大纲,其中有代表性的是1986年的中小学语文教学大纲、1992年的义务教育语文教学大纲和1996年的高中语文教学大纲,2000年修订的义务教育语文教学大纲和高中语文教学大纲。

1986年国家教委颁布了经全国中小学教材审定委员会审定通过的《全日制小学语文教学大纲》和《全日制中学语文教学大纲》,这是建国后第一套不加"试用""草案"字样的、正式的教学大纲。编制这套大纲的宗旨是:"降低要求,减轻负担,明确要求"。其主要特点有:

---

① 陈黎明、林化君著:《二十世纪中国语文教育》,青岛海洋大学出版社2002年版,第315页。

② 崔峦:《小学语文教学大纲的比较研究》,《课程·教材·教法》1993年第12期。

1. 语文学科的性质和地位更加明确。《全日制小学语文教学大纲》在“教学目的和要求”中明确提出:“语文学科的重要特点是语言文字训练和思想教育的辩证统一。因此,语文教学要在进行语言文字训练的同时,使学生潜移默化地受到爱祖国、爱人民、爱劳动、爱科学、爱社会主义的教育,培养学生良好的意志、品格和爱美的情趣。”这段话充分诠释了工具性与思想性统一的学科性质。《全日制中学语文教学大纲》开宗明义:“语文是从事学习和工作的基础工具。普通教育阶段的各门学科都是基础学科,语文则是学习各门学科必须掌握的基础工具。语文学得好,对其他学科的学习会产生积极的影响,对于将来从事工作和继续学习也是十分必要的。”这里充分强调了语文学科的基础工具性。

2. 开始重视听说训练和听说能力。在《全日制小学语文教学大纲》中,把长期以来被忽视的听说训练放在十分重要的位置上,科学地提出要“培养学生识字、听话、说话、阅读、作文的能力”,并在第七章“努力改进小学语文教学”中,着重强调了听说训练的重要性。同样,在《全日制中学语文教学大纲》中,加进了“听说能力”,与读写能力相提并论,形成了听说读写四种语文基本能力协调训练、相辅相成的能力训练体系。另外,在语文教学中要“发展学生的智力”“培养健康高尚的审美观”等提法均是第一次出现在大纲中。

3. 教学要求更加明确具体。大纲中除了有知识教学和能力训练的总要求外,还对各年级的教学要求提出了非常明确而具体的要求。如,五年制小学有 39 条,六年制小学有 47 条。调整后的各年级教学要求更加全面、具体、系统,不仅包括汉语拼音、识字、写字、查字典、听话、说话、阅读、作文 8 项教学内容的要求,而且各自形成学年段不同的相互联系的阶梯式、螺旋式上升的训练序列。中学大纲分初、高中总的要求和分年级要求两部分,两部分要求均含“阅读能力”“写作能力”“听说能力”“基础知识”四项。分年级要求各项中又分别提出具体要求。这是以往教学大纲未曾有过的。

4. 适当减少了分量,降低了难度。如小学阶段的识字量由 1978 年大纲要求的 3000 个常用字,改为“认识常用 3000 个左右,要求掌握 2500 个左右”。还提出要减轻学生的课外作业量。中学大纲将教材原有课文 360 篇,规定基本篇目 190 篇,其中初中 110 篇,高中 80 篇。语文知识短文篇幅调整较大,逻辑知识短文不再列入基础知识项;文言文教学,初中只要求熟读、背诵“文言文的一些篇或段”,高中只要求能“借助工具书阅读浅易文言文”;并且指出语文知识“要和课文结合起来,紧密联系学生听说读写实际,着重于运用,不要用名词术语去考学生”。

为配合《中华人民共和国义务教育法》的实施,国家教委于 1992 年正式公布了《九年义务教育全日制小学语文教学大纲(试用)》和《九年义务教育全日制初级中学语文教学大纲(试用)》。这套大纲最显著的特点是:着眼于语文学科在提高中华民族思想道德素质和科学文化素质中的重要作用。这主要体现在以下几个方面：

1. 教学目标突出语文素质内涵。大纲对教学目的的表述："小学语文教学的目的，是指导学生正确地理解运用祖国的语言文字，使学生具有初步的听说读写能力；在听说读写的训练过程中，进行思想政治教育和道德品质教育，发展学生的智力，培养良好的学习习惯。"初中语文的教学目的，"在小学语文教学的基础上，指导学生正确理解和运用祖国的语言文字，使他们具有基本的阅读、写作、听话、说话的能力，养成学习语文的良好习惯。在教学过程中，开拓学生的视野，发展学生的智力，激发学生热爱祖国语文的感情，培养健康高尚的审美情趣，培养社会主义思想品质和爱国主义精神。"

2. 教学要求强调能力培养。在小学大纲中，不仅规定了每个年级的各项能力训练要求，而且可以看出各项能力在各个年级一步步的培养过程，较好地体现了语文基本功训练的阶段性和连续性。在初中大纲里，分别对阅读、写作、听话、说话能力提出了要求，明确了语文教学应以培养学生运用"语文工具"为主要目的，突出了能力培养的重要性。

3. 导向性与灵活性兼备。为了适应义务教育教材"要在统一要求的前提下实行多样化"的新情况，义务教育大纲根据新的课程计划有关活动课程是课程的重要组成部分的精神，新加"课外活动"部分，第一次将语文课外活动列入了教学内容。这对课内外相互促进，形成语文学习的更大空间，促使听说读写能力协调发展既有积极的导向作用，又有自主灵活的拓展余地，大大增强了语文课程的活力。

1996 年，国家教委颁布了与义务教育语文教学大纲相衔接的《全日制普通高级中学语文教学大纲（供试验用）》。该大纲吸收了语文教学改革和语文教育科学研究的众多成果，体现了许多新的精神，改革的力度明显加大。如第一次将语文学科的性质表述为："语文是最重要的交际工具，也是最重要的文化载体"；第一次提出了"发展个性和特长"的要求；第一次将语文课程规定为由学科类课程和活动类课程组成，学科类课程又分必修课、限定选修课和任意选修课；第一次将"能力训练"列为教学内容的首项。为了将能力训练落在实处，还梳理出读、写、听、说能力训练序列，其中阅读 8 项、写作 5 项、听说 5 项，共计 18 项。

根据第三次全国教育工作会议精神和国家课程改革的指导思想，教育部于 2000 年 3 月出台了《九年义务教育全日制小学语文教学大纲（试用修订版）》和《九年义务教育全日制初级中学语文教学大纲（试用修订版）》以及《全日制普通高级中学语文教学大纲（试验修订版）》。这套大纲的主要结构除"导言"外，包括教学目的、教学内容和要求、教学中要重视的问题、教学评估、教学设备等 5 个部分，外加附录。这是上世纪最后一套语文教学大纲，它奏响了新世纪语文课程改革的序曲，为语文新课程标准的制定进行了铺垫，主要体现在以下几个方面：

1. 体现了人本主义的教育思想。大纲没有十分明确地界定语文学科的性质，但确定“语文是最重要的交际工具，是人类文化的重要组成部分”。语文教育的出发点和归宿——“立足于促进学生的发展，为他们的终身学习、生活和工作奠定基础。”（小学大纲语）“发展健康个性，逐步形成健全人格。”“要重视学生思维能力的发展。在语文教学的过程中，指导学生运用比较、分析、归纳等方法，发展他们的观察、记忆、思考、联想和想象的能力，尤其要重视培养学生的创造性思维。”（初中大纲语）在高中大纲中更是有意淡化“工具性”、加强“人文性”，除删去了基础知识和能力训练体系外，还特别强调了语文课在开拓学生的视野、培养高尚的审美情趣、发展健康个性、形成健全人格上的作用。

2. 强调语文实践活动和探究性学习。修订后的大纲以“语文实践活动”取代以前的“课外活动”，既避免课内课外的人为割裂，又强化了语文实践。将“听说训练”改为“口语交际训练”，其用意也在于增强口语的实用性。修订后的大纲强调“要充分利用现实生活中的语文教育资源，优化语文学习环境”，“开展丰富多彩的语文实践活动”（小学大纲语）；“教学过程中应突出学生的实践活动”，“鼓励运用探究性的学习方式”，“沟通课本内外、课堂内外、学校内外的联系，拓宽学习渠道”（初中大纲语）。

3. 增强“教学评估”和“教学设备”导向性。修订后的大纲第一次增加“教学评估”一章，强调“语文教学的评估，要符合语文学科的特点，遵循语文学科自身的规律”；“要重视教师的教学过程和教学效果，不要以学生的考试成绩作为惟一的评估依据”；“对学生的评估，要有利于激励和促进学生语文水平的发展”；“要重视教学评估情况的分析和反馈，以利于改进教学”（小学大纲语）。在初中大纲中则强调：“对学生的评估要重视语文知识积累、语言文字运用能力和语文水平发展的评价，实行定量与定性相结合、客观与主观相结合、笔试与口试相结合，坚持态度情感与知识能力并重，有利于激励和引导学生语文素质的全面发展。”修订后的大纲还增设“教学设备”一章，增加了对电视机、电子计算机、网络设备等“硬件”的要求和对教师使用现代化教学设备、开发教学课件的要求。

第二节　语文课程标准的基本理念

中国语文新课程标准的制定，不仅反映了本国语文课程与语文教学改革与发展的现实需要，而且顺应了国际母语课程改革与发展的潮流与趋势。

一、外国母语课程标准的基本理念①

(一)面向全体学生,努力追求高质量的语文教育,反对平庸,以适应时代发展和国际间的竞争

义务教育是面向所有适龄学生的基础教育,课程标准是针对全体学生提出的课程质量要求。《俄罗斯普通基础教育标准》指出:“普通基础教育国家标准决定了基础教育大纲的最低限度的必要内容,决定了学生可以承受的最高学习负荷量,也决定了对学生和毕业生的要求。”近15年来,一些国家的课程标准明确提出标准“是对优秀的承诺”,而且是“长久的承诺,不是一时的设想”,“是逆教育‘平庸潮流’而动的优秀潮流的显著标准”,因而体现的是“平等与高质量兼得”的“卓越教育”思想。

(二)重视母语课程的文化构成,形成国家观念,培养负责的公民意识和符合时代发展的道德价值观,是母语教学的重要指导思想

每个国家的母语课程标准都强调公民意识,如美国加州标准指出,语言学习“能丰富人的心灵,培养负责的公民,形成国家是一个集体的观念”,法国课程标准的宗旨之一是“使每个学生成为自觉、自治、负责任的公民”;每个国家的母语标准都强调语言学习与文化的关系,如法国强调“给学生提供法国文化的要素”,俄罗斯强调“应向学生介绍俄罗斯文化,并进而介绍世界文化”。体现在国外母语课程标准内容目标中的基本道德价值目标通常有:理解他人、认识自己,顺利交流、团队精神,追求真理,培养审美情趣,负责任、实事求是,学术诚实、慎下判断等等。

(三)促进学生的主动发展,培养学生的独立思考能力,研究能力,观察、分析、解决问题能力

在美国密苏里州的《语言教育课程草案》的几项指导原则中,首先强调“语言学习是个人化的”,“语言学习是一个主动的过程”。因此提出“激发学生自身的兴趣和天赋,他们的语言技巧就能得到最好的拓展和开发”。英国标准在“听说读写”的具体要求中“鼓励学生作出富有想象力的机智的反应”,“对文学作品作出个人的反应”,“理解文章含义,表达出自己独到的见解”,“能选择有特色的表达方式”,“充满自信地听和说”。在美国各州的语言课程标准里,大都将“批判性的思考能力”“分析、判断、评价能力”的培养贯穿各个年级的要求之中。在加拿大安大略省的语言课程标准所包含的三个领域中,均将“独立进行推理、独立进行交流、独立组织观念、独立运用语言规则”作为高水平的首要表现。

---

① 参见巢宗琪等主编《全日制义务教育语文课程标准(实验稿)解读》,湖北教育出版社2002年版,第9—15页;巢宗琪等主编:《普通高中语文课程标准(实验)解读》,湖北教育出版社2004年版,第15—27页。

（四）文学熏陶与语言文字的实际应用并重

各国母语课程标准均规定了相当大的文学作品阅读量。法国课程标准强调“给文学作品以重要地位”。英国课程标准在第一、二阶段要求“让学生尽可能多地接受儿童文学”，到第三、四阶段则详细地列出学生应该读的经典文学作品。

各国母语课程标准同样注重语言文字的应用，强调“在任何领域的学习中，语言都是重要工具”。在美国各州的语言课程标准中，十分强调听说读写的目的性和对象化，突出语言的交际作用，贴近生活。国外标准对语言文字的规范性要求非常具体，就语言知识、运用语言的能力、整体语文水平分细项、逐年级提出目标要求。

（五）在学习方式上注重在实践中学习和研究性学习

在国外母语课程目标中，既重视为实践需要而学习，又注重在实践中学习，以实际应用效果来考查学力水平。在美国一些州的课程标准中，分年级提出了“语文研究性学习的具体要求、实施步骤及方法指导”。

（六）强调语言学习必须与不同领域的内容相结合

“语言是沟通各种学科的桥梁，学生必须学会在不同领域内进行有效的听说读写。所有的教师都必须适时地传授和加强与学生语言交流的技巧”（美国密苏里州堪萨斯城英语标准）。“在选择必读的文学和提供信息的作品以及布置作文时，地方教育董事会、学校和教师应该利用每一个机会把读写和其他核心课程联系起来，包括历史、社会科学、数学和科学。学生通过读写，探索他们自己的存在与他人存在的关系”（美国加州语言标准）。而德国母语课程标准则分年级详细列出“跨学科主题学习内容”。

（七）引进先进技术加强语言学习

加拿大安大略省英语标准提出“要掌握利用相关技术搜集和分析信息的技能”。美国密苏里州语言标准中九大指导原则里的第八条是“语言学习可以通过引进先进技术而得到加强”，“在今天的社会里，科学技术无所不在。科技可以使我们比以往任何时候都要更加快速和有效地进行交流。学生应响应科技的发展，因为它融合了语言、画面、音响和动作，它使所有学生都可以接触到更多的信息。”

（八）课程标准和评价紧密结合

标准是评价的依据。在国外，有的课程标准中就包含了评价。如英国（英格兰和威尔士地区）对义务教育阶段 5—16 岁学生的英语能力，分“说与听”“阅读”“写作”三项成就目标，分层级进行了规定，对学生“应知的”和“应能做的”进行简要而完整的描述。美国的有些州则由教育评估报告处草拟《评价手册》，向学校、教师、家长、学生提供阅读、写作能力评价的详细资料。阅读考试的阅读文章和写作考试的作文题与课程标准规定的目标要求保持着高度的一致性。

上述基本理念对中国新一轮语文课程改革产生了很大影响，在新语文课程标准中得到充分体现。

二、我国语文课程标准的基本理念

（一）以人为本，面向全体学生，以全面提高学生的语文素养，促进人的全面发展为总的目标追求，从三个维度来建构语文课程目标体系

新课程标准充分体现以人为本的教育思想。《全日制义务教育语文课程标准(实验稿)》明确指出："必须面向全体学生，使学生获得基本的语文素养。"《普通高中语文课程标准(实验)》则要求"高中语文课程应帮助学生获得较为全面的语文素养"，"实现本课程在促进人的全面发展方面的价值追求"。围绕这样的总目标，形成了由三个维度构成的课程目标结构，即：知识和能力，过程和方法，情感、态度和价值观；并将课程目标设置成总目标＋阶段目标（义务教育阶段）或必修、选修目标（高中阶段）两大部分。

（二）根据语文课程特点，注重丰富的人文内涵，既要弘扬和培育民族精神，又要尊重理解多元文化，以适应时代发展的需要

新课程标准对语文课程基本特点的界定是："语文是最重要的交际工具，是人类文化的重要组成部分。工具性和人文性是语文课程的基本特点。"在课标理念的表述中，似乎更突出人文性。如，对"正确把握语文教育特点"的阐释："语文课程丰富的人文内涵对学生精神领域的影响是深广的，学生对语文材料的反应又往往是多元的。因此，应该重视语文的熏陶感染作用，注意教学内容的价值取向，同时也应尊重学生在学习过程中的独特体验。"（义务教育课标）"高中语文课程必须充分发挥自身的优势，弘扬和培育民族精神，使学生受到优秀文化的熏陶"，"实现本课程在促进人的全面发展方面的价值追求"。高中课标还在"课程目标"中强调，要"增强文化意识，重视优秀文化遗产的传承，尊重和理解多元文化"。

（三）强调语文课程的基础性、实践性和学生的自主选择性，促进学生均衡而有个性地发展

新课程标准十分强调语文课程的"基础"性，指出："语文素养是学生学好其他课程的基础，也是学生全面发展和终身发展的基础。"（义务教育课标）同时强调"语文是实践性很强的课程，应着重培养学生的语文实践能力，而培养这种能力的主要途径也应是语文实践"。在新课标中，除了加强语文教学中的实践环节，还在义务教育阶段增设了"语文综合性学习"这一块，"以加强语文课程与其他课程以及与生活的联系，促进学生语文素养的整体推进和协调发展"（义务教育课标）。在高中课标里还充分体现了"共同基础与多样选择相统一"的理念，采用了必修＋选修的课程结构，且五个选修系列中的任何一个系列都可设计若干模块，给学生的自主选择和个性发展提供了很大空间。

（四）突出教师和学生在课程建设和教学活动中的主体建构作用，力求实现建设有序、开放而有活力的语文课程的课程理想

与过去的教学大纲不同的是，新课程标准贯穿着不断开发、建设语文课程的新课程发展观，尤其是将教师和学生——这些过去的课程被动接受者变成了课程主动建设者，可以认为这是课程观的重要变革。义务教育课标的“实施建议”指出：“教材要有开放性和弹性。在合理安排基本课程内容的基础上，给地方、学校和教师留有开发、选择的空间，也为学生留出选择和拓展的空间，以满足不同学生学习和发展的需要。”“语文教师应高度重视课程资源的开发与利用”，“学生是语文学习的主人”。高中课标则要求“学校应在课程标准的指导下，有选择地、创造性地设计和实施课程，帮助教师提高水平、发展特长、开发和利用各方面的课程资源，建立互补、互动的资源网络，建设开放、多样、有序的语文课程体系”，“实施建议”中还明确要求“教师和语文课程同步发展”。

（五）着眼创新精神，倡导学习方式的转变，培养学生的创新思维品质和自主探究能力

“积极倡导自主、合作、探究的学习方式”，作为新课程理念写进语文课程标准，这意味着我国语文教学方法论的一次重要突破。这不仅反映了对语文学习规律的科学认知，更是适应时代需要，培养创新型人才的必然选择。课标将这一理念落实在具体的“教学建议”中，如：“阅读教学是学生、教师、文本之间的对话过程”；“阅读是学生的个体化行为”，“要珍视学生独特的感受、体验和理解”（义务教育课标）；要“充分关注学生阅读态度的主动性、阅读需求的多样性、阅读心理的独特性，尊重学生的个人见解，应鼓励学生批判质疑，发表不同意见”（高中课标）。明确指出：“为改变过去强调接受学习、死记硬背、机械训练的状况，特别要重视探究的学习方式”，“引导专题探究，重在培养学生的探究意识和探究能力，让学生体验探究的过程，学习探究的方法”；“应鼓励学生在个人钻研的基础上，积极参与讨论及其他学习活动，善于倾听、吸纳他人的意见，学会宽容和沟通，学会合作和分享”（高中课标）。

（六）强调评价应以课程目标为基准，发挥多种评价功能，采用多种评价方式，提倡评价主体多元化

新课程标准提出了许多课程评价建议，如：要“突出语文课程评价的整体性和综合性，要从知识与能力、过程与方法、情感态度与价值观几个方面进行评价，以全面考查学生的语文素养”；“形成性评价和终结性评价都是重要的，但应加强形成性评价”；“定性评价和定量评价相结合，更应重视定性评价”（义务教育课标）；“提倡评价主体多元化”（高中课标）等等。这些建议集中体现了新的课程评价理念：“课程评价的目的不仅仅是为了考查学生达到学习目标的程度，更是为了检验和改进学生的语

文学习和教师的教学，改善课程设计，完善教学过程，从而有效地促进学生的发展。”（义务教育课标）

第三节　语文课程标准的内容结构

《全日制义务教育语文课程标准(实验稿)和《普通高中语文课程标准(实验)》有着相同的内容结构，都由四个部分组成，即:“前言”“课程目标”“实施建议”以及“附录”。为了更好地理解课程标准的内容结构，我们不妨通过与教学大纲的比较、与国外课程标准的比较来加深认识。

一、语文新课程标准与语文教学大纲的内容结构比较

（一）全日制义务教育语文课程标准与九年义务教育全日制初级中学语文教学大纲(2000)的框架结构比较

<table>
<tr><th colspan="2">课 程 标 准</th><th>教 学 大 纲</th></tr>
<tr><td rowspan="3">前　言</td><td>课程性质与地位</td><td rowspan="3"></td></tr>
<tr><td>课程的基本理念</td></tr>
<tr><td>课程标准的设计思路</td></tr>
<tr><td rowspan="2">课程目标</td><td>总目标:
知识和技能
过程和方法
情感、态度和价值观</td><td rowspan="2">教学目的
教学内容及要求</td></tr>
<tr><td>阶段目标:
第一学段(1—2 年级)
第二学段(3—4 年级)
第三学段(5—6 年级)
第四学段(7—9 年级)</td></tr>
<tr><td rowspan="4">实施建议</td><td>教材编写建议</td><td rowspan="4">教学中要重视的问题
教学评估
教学设备</td></tr>
<tr><td>课程资源的开发与利用</td></tr>
<tr><td>教学建议</td></tr>
<tr><td>评价建议</td></tr>
<tr><td rowspan="3">附　录</td><td>关于优秀诗文背诵推荐篇目的建议</td><td rowspan="3">附录一:古诗文背诵推荐篇目
附录二:课外阅读推荐书目</td></tr>
<tr><td>关于课外读物的建议</td></tr>
<tr><td>语法修辞知识要点</td></tr>
</table>

(二)全日制义务教育语文课程标准与九年义务教育全日制初级中学语文教学大纲(2000)的内容比较

	教学大纲	课程标准	突　破
课程性质	语文是最重要的交际工具,是人类文化的重要组成部分。	语文是最重要的交际工具,是人类文化的重要组成部分。工具性与人文性的统一是语文课程的基本特点。	摆脱长期以来关于语文学科性质的争论,从语文课程的基本特点出发,突出了语文课程致力于学生语文素养的形成与发展的基本功能和为学生的终身学习与全面发展打好基础的奠基作用,决定了它在义务教育阶段的重要地位。
课程理念	没有专门的课程理念论述。	1. 全面提高学生的语文素养 2. 正确把握语文教育的特点 3. 积极倡导自主、合作、探究的学习方式 4. 努力建设开放而有活力的语文课程	体现了为了学生的终身发展的现代课程教育思想;强调了语文课程的特点与全面提高学生的语文素养的必然联系;通过教学方式的革新来培养学生的创新意识和自主探究的学习能力;开放的课程观拓展了语文课程的学习空间。
教学目标	明确提出"教学目的":在小学语文的基础上,进一步指导学生正确地理解和运用祖国语文,提高阅读、写作和口语交际能力,发展学生的语感和思维,养成学习语文的良好习惯。在教学过程中,进一步培养学生的爱国主义精神,激发学生热爱祖国语文的感情,培养社会主义思想道德品质;努力开拓学生的视野,注重培养创新精神,提高文化品位和审美情趣,发展健康个性,逐步形成健全人格。	九年一贯整体设计。在"总目标"之下,按1—2年级、3—4年级、5—6年级、7—9年级四个学段,分别提出了"阶段目标"。 阶段目标从"识字与写字""阅读""写作"(1—2年级为"写话",3—6年级为"习作")"口语交际"四个方面提出要求。此外,还提出了综合性学习的要求。	从三个维度来设计语文课程目标,即:"知识和能力""过程和方法""情感、态度和价值观",三个方面相互渗透,融为一体,有助于促进学生语文素养的整体提高。 "总目标"与"阶段目标"相勾连,体现了语文课程的整体性和阶段性。 "综合性学习"的要求,意在加强语文课程与其他课程以及与生活的联系,促进学生语文素养的整体推进和协调发展。

续 表

	教学大纲	课程标准	突 破
教学内容和要求	阅读、写作、口语交际、语文常识(共22条)。 课文:每学年不少于60篇。精读课文和略读课文一般各占50%。古诗文占30%左右。 课外活动:语文课外活动是语文教学的组成部分。	融于“阶段目标”中,无具体的硬性规定。	
实施建议	提出“教学要求”“教学中要重视的问题”以及在“教学评估”“教学设备”等方面的要求。	教材编写建议 课程资源的开发与利用 教学建议 评价建议	以“建议”的方式,体现了柔性与灵活性,虽然不如“要求”的强制性,但更具有可接受性,也更科学。 “建议”中充分体现了新课程理念,体现了新的语文课程观、教材观、教学观、评价观。
附录	附录一:古诗文背诵推荐篇目 附录二:课外阅读推荐书目	一、关于优秀诗文背诵推荐篇目的建议 二、关于课外读物的建议 三、语法修辞知识要点	以“建议”的方式,给师生自主空间,建议阅读的课外读物涉及多种文体、多个门类,还有阅读总量的建议,说明对课外阅读较以往更为重视。

二、语文新课程标准与国外母语课程标准的内容结构比较

这里将《普通高中语文课程标准(实验)》与美国《俄亥俄州克利夫兰市市立学区英语语言艺术课程说明》、《日本高中国语学习指导纲要》、《韩国语文课程标准》作一比较。

(一)《普通高中语文课程标准(实验)》的内容结构

课程性质:

工具性与人文性的统一,是语文课程的基本特点

↓

课程的基本理念：
全面提高学生的语文素养，充分发挥语文课程的育人功能
注重语文应用、审美与探究能力的培养，促进学生均衡而有个性地发展
遵循共同基础与多样选择相统一的原则，构建开放、有序的语文课程

↓

课程设计思路：

必修课程　语文 1　语文 2　语文 3　语文 4　语文 5

选修课程　系列 1　系列 2　系列 3　系列 4　系列 5

↓

课程目标：
积累·整合；感受·鉴赏；思考·领悟；应用·拓展；发现·创新

必修课程：	选修课程：
阅读与鉴赏	诗歌与散文
表达与交流	小说与戏剧
	新闻与传记
	语言文字应用
	文化论著研读

↓

实施建议：
教学建议
评价建议
教科书编写建议
课程资源的利用与开发

↓

附录：
关于诵读篇目和课外读物的建议
选修课程举例

（二）美、日、韩高中母语课程标准的内容结构①

1. 美国的高中英语课程标准

美国没有统一的学制。高中年级跨度有的地方为9—12年级（如加利福尼亚州），有的地方为10—12年级。英语语言艺术（Language Arts）作为核心课程，由各州或数州联合制定课程标准。各州的英语课程标准，一般是从1年级（或K年级，即学前班）至12年级，通盘设计、循序渐进的发展脉络十分清楚。如俄亥俄州克利夫兰市市立学区《英语语言艺术课程说明》（1994）中“九年级语文课程大纲”的内容结构是：将课程内容分为阅读、写作、视听、口语四大块，分别从“结构方面”“释义方面”“运用方面”、“跨学科方面”对学生提出了具体要求；再就四大块分别确定“教学目标”。如“阅读”：

在结构方面，学生将能够：（1）理解句子结构；（2）认识到对同一篇文章也许有多种理解；（3）辨认各种文学修辞手段，以进行比较和对比；（4）通过对文学要素的识别、分类和讨论，加深对文学作品的理解；（5）发展及使用从上下文、构词法和词源学等方面学到的复杂度不断提高的词汇。

在释义方面，学生将能够：（1）运用适当的预读技巧；（2）理解并解释阅读材料课文的效果；（3）通过阅读理清思维及弄懂文章意义；（4）通过指出并引用文章中具体信息帮助理解文章内容；（5）在阅读中辨认文章的语义要素（如比喻语言、含义、本义、方言等），准确理解文章意义；（6）培养并发展学生对各种文学作品的思考能力；（7）识别各种文学理解形式；（8）自己选择阅读材料进行阅读。

在运用方面，学生将能够：（1）为自娱或获取信息选择阅读材料；（2）阅读各种完整作品；（3）根据不同目的运用各种阅读技巧；（4）参加文学学习小组的活动，包括选择读本、材料和话题；（5）阅读不同版本和风格的选文；（6）发展理解抽象概念和观点之间相互关系的能力；（7）将文学生活与自己的实际生活相联系。

在跨学科方面，学生将能够：（1）比较及对比文学与各文化领域的相互影响；（2）通过文学阅读将跨学科的主题及观点相联系；（3）通过阅读促进跨学科学习；（4）通过阅读增强人权和自由的意识；（5）通过阅读了解和分析各种文化要素、态度、信念和价值观构成，包括同情心、礼节、容忍、诚实、责任心和自律；（6）尊重他人的思想和语言；（7）积极参加群体学习活动。

阅读教学目标：（1）让学生阅读一篇相应水平的小说选文，学生能对小说的语言和小说的要素有整体的理解，具体表现为学生能够做到8点（略）；（2）让学生阅读一篇非小说类文选。学生通过对以下方面的掌握，能够对主要论点、论据以及这些论点的运用和作者的意图有整体的理解，具体表现为学生将能够做到10点（略）；

① 参见中外母语教材比较研究课题组编：《中外母语课程标准译编》，江苏教育出版社2000年版。

(3) 让学生阅读一篇日常性或功能性阅读材料，显示能够确定、查找和利用从图书馆和其他来源获取的信息，具体表现为学生将能够做到2点(略)；(4) 学生将阅读和思考各种形式的材料，包括完整的作品，借助背景知识和文学要素理解和阐释阅读内容；(5) 学生将能够使用不同的阅读方法，如复读、速读等。

2. 日本的高中语文课程标准

1999年11月，日本文部省颁布新的《高中学习指导要领》，并于2003年4月正式施行。其《国语学习指导要领》的特点是：设"国语表现Ⅰ"，以"听、说"及"写作"为中心构成内容，培养学生将正确的说话、写作等应用于社会生活的语言能力。设"国语表现Ⅱ"，以提高"国语表现Ⅰ"的学习层次。设"国语综合"，以提高学生综合运用语言的能力为目的，强调以近代以来的各种文章为载体，加深语言活动，培养表现能力和喜爱读书的态度。设"古典"，强调发展学生的阅读能力，培养亲近古典作品的态度，并可以从古文和汉文中任选一种来学习。具体构架如下：

目标→ 培养准确地理解和恰当地表现国语的能力。使学生在提高交流能力的同时，扩展思考能力，涵养情感，锻炼语言感受，加深对语言文化的关心，培养尊重国语以及提高国语能力的态度。

↓

科目→ 国语表现Ⅰ、国语表现Ⅱ、国语综合、现代文、古典、古典讲读 ——目标、内容、内容处理

↓

有关各科目内容的处理→ (1) 关于教科书；(2) 关于教材资源。

3. 韩国的语文课程标准

韩国的语文课程标准(原题为"国语课教育课程"——译者注)由七个部分组成，即：国语、国语生活、话法、读书、写作、文法、文学。每个部分皆从"性质、目标、内容、方法、评价"五个方面作出规定和进行阐述。如：

"国语生活"的性质：高中"国语生活"是一门根据国民共同基本"国语"课的学习基础，提高国语使用的实践能力的学科。而且，"国语生活"课是用于通过国语实践培养并加强成熟的国民素质的一门课程。因此，此课是提高将国语使用原理或知识应用于实际国语使用的实践的能力，培养能圆满丰富地使用国语的能力和态度的。特别是着重于将来在社会、文化范围里谋求国语生活的时候，从知识、技能和态度方

面主动地成为实践主体。

“国语生活”的目标：培养国语使用的一般素质和在日常生活里创造国语文化的能力，从而培养主动实践国语生活的能力和态度。(1) 认识国语与我们生活之间的关系，了解国语使用的实践价值。(2) 认识国语的规则，正确使用国语和实践国语生活。(3) 理解国语文化，以发展的观点使用国语和实践国语生活。(4) 发现国语的优越性，将它主动地使用和实践于国语生活。(5) 省察国语生活，根据它来培养促进国语发展的态度。

内容则包含“内容体系”和“每个年级的内容”或“各领域内容”。内容体系，如“国语”的内容体系由“听、说、读、写、国语知识、文学”六个领域构成，每个领域又从“本质、原理、态度”三个方面来构建。

在方法方面，不仅有“教学”方法的要求，而且尤其强调了“学习”方法。每个方面均有若干“注意项目”。

此外，每个部分都提出了评价目标、内容及方法。

三、比较中值得我们探讨的问题

(一) 我国的语文新课程标准与语文教学大纲有哪些主要区别？这些区别折射出语文课程将有怎样的发展变化？

“语文课程标准是保证语文教育质量的最低目标，又是对优秀的承诺，力求明确界定可以预期的学习结果，阐述学习的内容，而这预期的结果应是可观察的。因此，标准也是评价的尺度，具有公共性、可完成性、可评估性。”[①]用“课程标准”取代“教学大纲”，首先，将课程价值取向从精英教育转向大众教育，确保了每个受教育儿童所应达到的最基本的教育程度；其二，将课程目标从着眼于“双基”转向学生语文素养的全面提高，确立了知识与能力、过程与方法、情感态度与价值观三位一体的目标结构，是对大纲过于关注“双基”的调整；其三，将课程实施焦点从教师的“教”转向学生的“学”。教学大纲作为教学工作的纲领性文献，教师教学是大纲关注的焦点，因此，对教学内容、教学要求规定得很具体。而课程标准是衡量学生是否达到应该达到的程度的尺度，理所当然地要以学生为焦点；其四，将课程管理从刚性转向弹性。教学大纲对教学作了十分具体的规定，便于教师直接运用，但是“刚”性太强，不利于教师个体创造性及教学个性的发挥，不利于课程的建设和发展。而课程标准只是提出了面向全体学生的一个基本目标，对教学内容、实施、评价及教材编写等只是提出了一些建议，这就给各地的课程管理留下了切合实际、创造特色的灵活空间，这种“弹”性的课程管理更为科学、合理。

(二) 中外语文课程标准有哪些共同特点？我们如何取长补短不断完善我国的

---

① 巢宗祺等主编：《全日制义务教育语文课程标准(实验稿)解读》，湖北教育出版社 2002 年版，第 4 页。

语文课程标准？

作为国家母语课程标准，在目标设计方面，既体现了工具性特点，突出了知识和能力要求，而且还充分关注了语言的文化载体特质及语文的人文价值内涵，提出了人生修养与文化传承方面的目标；在教学内容方面，均围绕着语言的基础知识及阅读、写作、口语交际等语文基本能力来展开；在课程实施方面，强调了主体性、综合性、实践性、创造性等语文属性，并提倡运用现代教育技术来帮助课程的实施等等。

通过与国外母语课程标准的比较，我们应该看到国外母语课程标准有许多值得我国借鉴的地方。如，美国语文课程标准中对阅读、写作、视听、口语等方面的教学要求具体且系统，尤其是在“运用”及“跨学科”方面的要求，既强化了语文的实用价值，又拓展了语文学习、应用的空间。每个方面的目标可实施性强，便于在教学过程中落实，也可以检测。《日本高中国语学习指导要领》将国语课程切分成多科目，类似于我国的“模块”，但这些“科目”之间的联系很紧密，专门在“内容处理”中强调如何“注意它们之间的相互关系”，这就更符合循序渐进的教学原则，也便于教师把握教学要求。韩国语文课程标准中设计了“国语生活”这一大部分内容，由“国语和我们的生活、国语生活和实践、国语生活和国语精神”三个领域构成。这就比我国课程标准中的“综合性学习”要系统、周全得多，加之对各领域内容的具体要求和“教学方法、学习方法”的提示，使之具有了很强的可操作性。另外，韩国课程标准的“内容体系”中还包含有“听、说、读、写”的“原理”和“态度”，以促使学生在能力形成的过程中明白“原理”，生成“态度”。

我国新一轮基础教育课程改革中颁布的两个语文课程标准实验稿，既标志着我国语文教育发展到与世界接轨的新阶段，又意味着处于实验阶段的课程标准仍有不成熟、不完善之处，需要广大的语文教育工作者，尤其是一线的课程实施者不断地研究、实践、总结，提出建设性的修改意见，使课程标准更好地引领我国的语文教育朝着科学（符合语文教育规律）的方向发展。

思考与练习

一、名词解释。

1. 语文教学大纲
2. 语文课程标准

二、谈谈你对语文新课程基本理念的理解。

三、试述我国现行《全日制义务教育语文课程标准（实验稿）》与《普通高中语文课程标准（实验）》的内容结构。

第四章

语文课程内容

第一节　语文课程内容概述

语文课程标准规定了师生所要达到的教学目标，也就为课程内容的确定明确了方向，根据课程目标选择和安排课程内容是语文课程建设的核心问题。一般认为，课程内容是“各门学科特定的事实、观点、原理和问题，以及处理它们的方式”[①]，但是作为母语教育的人文学科，语文课程更为关注母语内在的文化内涵与精神影响，不应只是限于学科的知识体系。因而，我们必须从语文学科自身的特点出发对语文课程内容作一全面、客观的把握。

一、语文课程内容的概念

语文课程内容是指语文学科关于听说读写的知识、技能、方法、态度与价值观等教学内容要素的总和，这些内容要素在以言语作品为载体的言语实践中得以整合。“广义的知识观把知识、技能和策略都统一在同一个‘知识’概念里了。这种知识也就是所谓的‘真知’，不仅包括了‘知’，也包括了用‘知’来指导‘行’。”[②]我们这里所说的语文知识是狭义上的知识，是指关于听说读写的事实、概念、原理、法则之类的陈述性知识，即一种“是什么”和“为什么”的知识；语文技能，是指运用有关听说读写的概念、规则、原理执行某项任务的复杂的言语操作系统。语文知识与技能构成语文课程内容的基本要素。方法，是指语文学习的思维方式与操作方法，符合语文学科特点和规律的学习方式与方法，也是语文课程的重要内容之一。态度与价值观是最能体现语文课程人文内涵与文化特质的内容要素，一方面是指同其他学科一样渗透

① 施良方著：《课程理论：课程的基础、原理与问题》，教育科学出版社 1996 年版，第 108 页。

② 皮连生著：《智育心理学》，人民教育出版社 1996 年版，第 57 页。

在知识、技能与方法中的情感体验与心理倾向，另一方面特指言语作品与言语实践中内含的情感态度、文化特质与精神价值，它们直接构成了语文课程的内容。

关于如何正确理解和把握语文课程内容的概念，我们特作如下的说明。第一，从课程与教学一体化的观点来理解语文课程内容。“课程作为教学事件”与“教学作为课程开发过程”是同一个问题的两个方面，从统一整合的角度看，可以称为“课程教学”[①]，同样的道理，课程内容与教学内容也是不应割裂开来的，它们本身是一个统一的有机整体，它们都是对“教”与“学”的建议或生成。第二，从语文学科自身的特点来理解语文课程内容。作为具有丰富的人文内涵与很强的实践性特征的语文，不能像其他学科那样刻意追求完整系统的学科知识体系，而应当通过言语实践活动让学生自行获得、积累和运用语文知识，锻炼和提高语言运用的能力，丰富和充实自己的人生体验。第三，从不同的层面来把握语文课程内容：第一个层面，是国家课程方案与课程标准规定或建议的课程内容；第二个层面，是教科书在特定的编排中所呈现出来的课程内容；第三个层面，是教师在备课过程中所理解的课程内容；第四个层面，是学生通过对有关课程资源的接触与开发所理解的课程内容；第五个层面，是师生在具体的课程实施中所生成和实现的课程内容。因而，从不同的层面来理解课程内容，我们就会发现，“教什么”与“学什么”绝不只是课程专家与教科书编写者的规定或建议，也是师生参与选择与编排的结果。

二、语文课程内容及其相关概念的辨析

语文课程内容与语文教学内容、语文教科书内容、选文及其内容既有区别也有联系。

语文课程内容与语文教学内容的关系。关于语文课程内容与语文教学内容的关系问题，存在不同的看法，有学者认为“语文课程内容，也就是平素说的语文教学内容”[②]，也有学者认为，二者是不同层面的概念：语文课程内容是课程层面上的概念，是为了有效达成语文课程标准所设定的语文素养目标，语文课程研制者建议“一般应该教什么”；而语文教学内容则是语文教学层面的概念，是指针对具体情境中的学生，为使学生达成既定的课程目标，“实际上需要教什么”，和“实际上最好用什么去教”。[③] 其实，课程与教学并非是两个独立无涉的领域，它们是彼此交叉融合在一起，“课程不再只是一些于教育情境之外开发出的书面文件，而是师生在教育情境中

---

① 张华著：《课程与教学论》，上海教育出版社 2000 年版，第 92 页。

② 王尚文著：《中学语文教学研究》，高等教育出版社 2002 年版，第 108 页。

③ 王荣生著：《新课标与“语文教学内容”》，广西教育出版社 2004 年版，第 20—21 页。

共同创生的一系列‘事件’，通过这些‘事件’，师生共同建构内容与意义。”[①]正如课程与教学的关系一样，语文课程内容与语文教学内容也是不可以截然分开的，课程层面的“教学什么”与教学层面的“实际上需要教学什么”具有内在的一致性：都是课程专家、教科书编写者与师生对“教什么”“学什么”的一种设想或方案。当然，这种对“教什么”“学什么”的设想或方案，在实际的教学情境中会发生不同程度的改变，因而我们把在实际教学情境中发生的教学内容也看作语文课程的内容。所以，课程内容不是一种制度化的可供师生执行的外部要求和规定，同样，教学内容也不是制度化的课程内容在具体教学情境中的执行和呈现。实际上，语文课程内容既包括课程研制者（师生也是课程研制者）对“教什么”与“学什么”的构想，也包括师生在具体的教学情境中对“教什么”与“学什么”的创生。

语文课程内容与教科书内容的关系。语文课程内容要通过语文教科书呈现出来，但我们不能据此认为，教科书的内容就是语文课程内容，也就是说不能认为，教科书上呈现什么教师就应该教什么，学生就应该学什么。语文课程内容要解决的是“教什么”与“学什么”的问题，而教科书要解决的则是“用什么教学”的问题。教科书是以文本形式存在的课程内容的载体，它以特定的编排方式与线索将提示语、选文、注释、练习、综合性学习活动等一些材料要素即教科书的内容组织在一起，它体现了编写者对“教什么”与“学什么”的建议或设想。但是，由于教科书的使用范围较广，不可避免的存在地域的差别，因而教科书对课程内容的建议或设想不可能也不应当具体化、确定化，它需要一定程度的灵活性，以留给师生根据实际的教学情境确定和生成课程内容的弹性空间；此外，作为具有丰富人文内涵的语文学科，语文教科书所给出的材料尤其是那些选文，在某种程度上呈现出意义的“不确定性”，即便是专家的导读、导学，也只能是对师生教学的一种启发和提示，而不能代表权威性的结论，也就是说，语文教科书仅仅是提供一种有待激活的原生材料，而不呈现具体的意见和结论。所以，学生可以借助同一的语文教科书获得不同的内容，而同一内容也可以在不同的教科书里获得。在这个意义上说，教科书不过是一种凭借，教师是“用教科书教”而不是“教教科书”，而“用教科书教”则意味着要从语文教科书里确立“教什么”与“学什么”的具体内容，这显然向语文教师提出了更高的要求。

语文课程内容与选文及其内容的关系。教科书中的选文，是专门用作教学的对象，是学生进行言语实践的依据和载体，具有重要的教学意义，但是选文本身并不是课程内容，选文的内容也未必就是课程的内容。在课程实施中，任何一篇选文都可以根据不同的目的、用途从不同的角度加以解读，从理论上讲，这些从不同的角度解读出的有关听说读写的概念、原理、事实、方法、态度以及选文自身的意义等都可以

① 张华著：《课程与教学论》，上海教育出版社 2000 年版，第 88 页。

确定为课程内容，所以，一篇选文为另一篇选文所替换，而课程的内容却未必更换。选文的内容，即选文自身所负载的信息或意义能不能看作课程内容，这要根据课程目标与实际的教学情境来确定。有的选文就是要学生去感知、理解、鉴赏和评论它的内容，以此来扩大视野、提升境界、净化思想、丰富感情，所以它的内容就是课程的内容；而有的选文则是为有关听说读写的知识、技能、方法等服务的，因而它的内容就不是学生需要学习的课程内容，而凭借它所要掌握的知识、技能、方法等要素才是课程内容。辨清语文课程内容与选文及其内容的关系，可以让我们从一个更高的层面理解叶圣陶"语文教本只是些例子"[①]这一句话，从而把精力从"教课文"转移到"用课文教"上来。

三、语文课程内容的文化内涵

就内涵来讲，语文课程内容具有浓郁的文化品格与文化特质，它是一种意义和价值体系。它蕴含了民族的精神、价值观念与思维方式。它对于学生具有非同寻常的影响与陶冶作用。因而对语文课程内容的掌握绝不单纯是知识接受、技能训练和信息获取，也是在丰富的语言世界里浸润、熏陶、感染民族的精神，认同和超越民族的文化，为人一生的发展奠定精神的底子。

听说读写的言语活动是语文课程内容的重要载体与呈现方式，它表现为汉语言世界里的文化呼吸运动。学生的听与读，从总体上看是一种文化的输入过程，也就是将民族的、传统的、他人的文化内化为自己的精神世界；同时，我们也要看到，这种文化输入过程，不是单纯的被动吸收，它也包含了言语主体的选择、反思、评判与改造，即言语主体在文化的反思中也重组和改造了旧有的、他人的文化。说与写，是一种言语表达行为，从总体上看是一种文化输出过程：将自己的内在的精神展示给世界并试图改变他居于其中的世界。同时，他也在改变着自己，逐步使自己内在的思想系统化、条理化，实现自己情感与思想的丰富和发展。

选文，既是课程内容的载体，也是言语活动的凭借，它包含了丰富的文化内涵，学习选文的过程实际上就是学生汲取文化的营养、建构精神世界的过程。当然，对于任意一篇选文，我们都可以从不同的角度来确定其中的课程内容，比如，选文本身的意义、选文本身的写法特点、选文含有的学法知识等等，都可以成为课程内容。但是，无论选取哪一方面作为课程内容，都不可忽略这样一点：从关注选文"写了什么"开始，直指其内在的精神价值层面，从而让选文起到对学生精神陶冶与文化涵养的作用。即便是对于一些实用性文体的选文，我们所确立的关于"读法""写法"一类的课程内容也并不是与选文的内容相脱节的，也是需要从关注选文的内容开始，然后

---

① 《叶圣陶语文教育论集》，教育科学出版社 1980 年版，第 182—183 页。

进入到语文知识与技能的学习之中。这样在掌握知识和训练技能的过程中，始终伴随了一条不易察觉的潜流：选文内容所呈现的民族智慧、文化观念、科学精神与思维方式等精神价值层面的东西所起到的对学生终身的文化影响。

事实、概念、原理等语文知识，是语文课程的内容要素之一。作为语文学科的特定知识，它们呈现出汉语文特有的文化现象与文化特征。语文知识总是与人的气息、人的生活、人的生命紧密联系在一起，它不能被单纯视为一种静态的知识体系，而应看到其内在的生命意蕴、文化价值。有学者认为，汉语的所有特点都是它浓郁的人文性的体现。“汉民族从不把语言仅仅看作一个客观、静止、孤立、在形式上自足的形象。而把语言看作一个人参与其中、与人文环境互为观照、动态的、内容上自足的表达与阐释过程。”①

从语文课程内容的文化内涵来看，对语文课程内容的学习和掌握，并非是单纯的语言知识学习和语言技术训练，而是要感悟、体验和理解它内在的精神意蕴和它所饱含的文化精神。在听说读写的言语实践中进行情感的陶冶、心灵的建构和文化精神的涵养，是语文课程的文化使命。

四、教师与语文课程内容的生成

与其他学科的课程内容不同，语文课程内容往往并不呈现为一种静态的知识体系，而是与我们一起处于一种变动的关系之中，也就是说它不是那种我们可以直接把握的外在客观对象，而是与我们交互作用。这体现出了语文课程内容预设与生成的统一。说语文课程的内容是预设的，是因为在课程实施之前，课程方案、课程标准、教科书都会对“教什么”“学什么”作出相应的规定与建议，教师与学生也会对此有一个大体的计划或安排。说语文课程内容是生成的，是因为从国家课程方案、课程标准等文件所规定的课程内容，到教科书所建议的课程内容，再到课程实施时师生所实际需要的课程内容，以及学生最终所获得的课程内容，并不是始终同一的课程内容，尽管它具有方向上的一致性，但总体而言是变化的，处于不断生成的过程之中。

对于语文学科来说，内容的生成性更能体现出语文学科的性质和特点。我们知道，国家的课程方案、课程标准以及据此编纂的教科书，以文本的形式规定或建议了语文课程内容，但这只能是一种宏观的方向性的规定或建议，它应当富有弹性，留有空间，正如多尔所说：“一般的指导思想无论来自何处——课本、课程指导、州教育部、专业组织或过去的传统——都需要具有如下特点：一般性、宽泛性、非确定性。”②

---

① 申小龙著：《汉语与中国文化·前言》，复旦大学出版社2003年版，第1—2页。

② [美]小威立廉姆E. 多尔著：《后现代课程观》，教育科学出版社2000年版，第232页。

这就为师生对课程内容的改造、增删和重构提供了空间，从而让师生成为课程内容选择和重构的主体。首先，就教科书中的选文来讲，它所包含的知识、技能、策略、态度、价值观等要素都有可能是课程内容，但究竟选取哪一方面作为课程内容，不同的教师很可能会依据课程目标、学生的实际以及自身的特长作出不同的选择。其次，语文课程的有些内容，如对某些言语作品的阐释，本身就具有不确定性，“一个好的故事，一个伟大的故事，诱发、鼓励、鞭策读者去阐释，与文本进行对话”，“好的故事应具有足够的不确定性以诱使读者参与到对话中来”①，一旦进入课程实施，对言语作品的多种阐释都有可能发生，因为言语作品的意义在很大程度上是师生在与之对话交流中发现和建构的，这实际上就是师生共同创生了课程内容。此外，像事实、概念、原理等实质性的语文知识，虽然可以直接确定为课程内容，但作为语文学科来说，它既然是在丰富的言语实践中抽取提炼出来的，也理应在丰富的言语实践中加以理解、掌握和发展。“任何概念原理体系，不论暂时看起来多么完备与周延，它总是一种过程性、生成性、开放性的存在，总是一种需要进一步检验的假设体系，总是需要进一步发展为更完善、合理的概念框架。”②所以，对于中小学语文课程的实施来说，我们并不去刻意追求静态的、封闭式的、系统性的语文知识，而是关注知识获得的过程，这不仅让学生在丰富的言语实践过程中感悟、自得、整合、融化这些语文知识，而且让学生懂得知识是在争议中协同生成的，从来不存在永恒不变的、一劳永逸的知识。这样，学生就会明白自己在言语实践的当下境域中，生成一种情境化的语文知识并非是不可能的。

既然语文课程内容存在一个生成的过程，那么，它也就对语文教师提出了相应的要求，它要求教师不仅是课程内容的执行者，也应成为课程内容的改造者、创生者。这是因为，任何课程方案、课程标准、教科书所设置、规定或建议的课程内容都要经过教师的理解和阐释，在理解与阐释中教师与课程方案、课程标准、教科书一起确定课程内容，在具体的情境中与学生一起创生课程内容。因而课程内容绝不是外在于教师的、静态的、封闭的、等待被传授给学生的客体，而是与教师共同处于互动关系之中的交往对象。对于教师来说，不存在对既定课程内容的全盘接受，而是需要他据实情对课程内容加以增删、修改、加工与重构。所以说，语文课程“教什么”与“学什么”，教师拥有主动权，这也是当前教师“用教材教”和“教师即课程”的具体体现。对于同一篇选文，同一个言语活动计划，在不同的教师那里可能会呈现出不同的课程内容，这是很正常的现象。同样的道理，即便是不同的教师所确定的同一的课程内容，在具体教学情境中，也会因学生的参与而发生改变。当然，这并不意味着

① [美]小威立廉姆 E. 多尔著：《后现代课程观》，教育科学出版社 2000 年版，第 241 页。
② 张华著：《课程与教学论》，上海教育出版社 2000 年版，第 198 页。

教师可以对课程内容进行随意性处置，任何课程内容的取舍、修改和重建，都不只是教师个性化的行为，而且也是学科自身学理的要求，是教师与课程方案、课程标准、教科书及其编写者，与其他的教师以及学生协同作用的结果，因而不同的教师所选择的课程内容也应存在方向上的一致性。

总之，语文课程内容的这种开放性、生成性的特点，决定了语文教师的教学不只是对既定课程内容的执行，而且也包含了对课程内容的改造和创生，因而它会促使语文教师进一步关注“教什么”与“学什么”，这将会大大地促进语文教师的专业化成长。

现将本节语文课程内容概念、与其他相关概念的辨析以及语文课程内容的生成性图示如下：

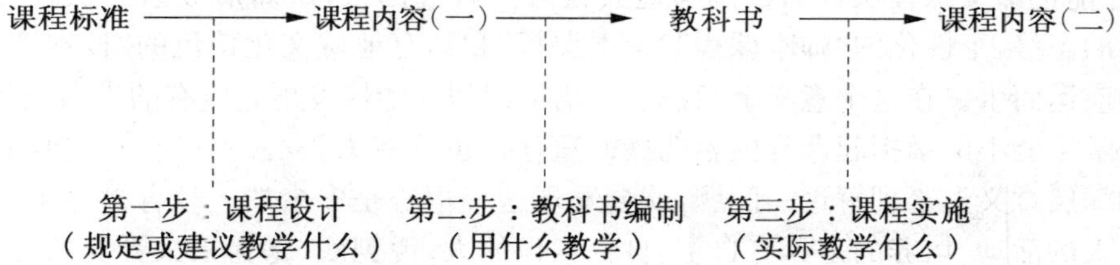

从该图可以看出，语文课程内容始终处于动态的生成过程中：第一步是课程设计环节，指课程标准规定或建议教学什么，目前我国现行语文课程标准没有明确规定或建议课程内容，这就需要将课程标准的目标要求、教学建议转化为相应的课程内容（课程内容一）；第二步是教科书编制环节，指教科书编写者将课程标准所建议的课程内容以什么样的方式呈现出来；第三步是课程实施环节，指师生在解读课程标准、教科书的基础上预设、创生和实现的课程内容（课程内容二），这是课程内容的最终落脚点。

第二节　语文课程内容的选择

课程内容的选择，是根据特定的教育价值观及相应的课程目标，从学科知识、当代社会生活经验或学习者的经验中选择课程要素的过程。[①]

一、语文课程内容选择的主体

就选择的主体来看，教师与学生应当成为课程内容选择的主体，担当起课程内

① 张华著：《课程与教学论》，上海教育出版社 2000 年版，第 191 页。

容选择的使命。构建具有时代性、基础性和选择性的语文课程是基础教育改革的一项重要任务,时代性与基础性体现了语文课程的共同价值取向与面向全体学生的共性要求,选择性体现了对教师个性化教学、对学生个性化学习的重视。只有教师与学生参与课程内容选择,他们才能在真正意义上成为课程的研制者与实施者。赋予师生以课程内容选择权,实际上是语文课程的一场文化革命。选择的依据、选择的内容以及选择的方式,一度被认为是课程专家的事,教师与学生基本没有发言权,教师与学生的任务就是等待他人的选择,然后,接受他人的"馈赠"。教师为了传承他人所选择的课程内容,要揣摩他人的选择意图,然后力求原封不动地传承给学生。这样,教师和学生都缺失了课程内容选择的自主精神与自觉意识。只有赋予师生以课程内容的选择权,让师生作为课程的主人行使选择的权力,才能打破这种被动局面,才能把语文课程从权力控制与他人视域中解放出来,从而形成语文课程多样化发展的态势,个性化的"师本课程""生本课程"和具有地域文化特色的"校本课程"也才会应运而生。在这个意义上,我们说,语文课程才能焕发出它应有的生命亮色。

学生能不能承担起课程内容选择的重任?也许有人担心。其实,只要我们从教育的深层意义上来理解这一问题,就会发现这一担心是多余的。教育是为未来社会培养人的活动,培养的是具有自主、自觉意识的人,说到底,是为未来社会培养主人。一个从小就习惯于等待他人奉献课程内容的学生,从小就被剥夺了课程内容选择权力的学生,是不会具有自主、自觉意识的。只有充分赋予学生以自主选择权,才能真正唤醒和激发他内在的自尊与自主意识,而当学生在行使他们的权力并真正自主地选择自己所需要的学习内容的时候,他们也将自己的情感与智慧倾注其中,因而他们所选择的课程内容也就带有了他们的个性色彩,显示了他们的本质力量。于是,在这样的选择中,他们会生发出作为主人所应有的兴奋与自豪。

当师生被赋予课程内容选择自主权的时候,他们所面临的一个实际问题就是他们应具有怎样的选择力、如何培养自己的选择力。我们知道,语文课程内容是非常丰富的,而这些丰富的内容大多通过言语作品(选文)、言语活动呈现出来的,因此,选择语文课程内容在很大程度上就是选择具有价值、适合学习的言语作品,就是选择一种行之有效的言语活动方式。然而,言语作品浩如烟海,文化的海洋博大精深,语文的外延与生活等同,没有敏锐的洞察力、果敢的判断力,很难作出正确的选择。说到底,课程内容的选择不同于物品的选择,它本身是一种价值的判断与文化的思考,这就需要我们对课程内容的选择,作深入的内在价值观念层面的思考。

二、语文课程内容选择的价值取向

课程内容的选择是一种具有价值取向的行为。学科知识取向的课程观认为,语文课程的内容应是关于听说读写的事实、概念、原理、方法等语文基本知识,它追求的是科学的、完整的语文知识体系；活动取向的课程观认为，语文课程应侧重语文活动，力求在丰富的语文活动中呈现相关的听说读写的知识、技能、方法与态度；学生经验取向的课程观认为，学生个人的言语知识和言语经验以及他在言语交往中所形成的社会经验是语文课程内容的基本构成，任何外来的课程内容，都需要经过学生自身经验的整合；社会生活取向的课程观认为，学生学习语文就是为了适应社会的发展，语文课程内容理应符合、适应社会的需要。

其实，不同的价值取向为我们提供了不同的选择视角，我们不能拘泥于某一取向，而要辩证看待，综合分析，取长补短，作出我们自己的选择。我们要看到，以学科知识为体系建立"科学化"的语文课程内容，注重了学科自身的知识体系，但是忽略了语文课程内容特有的文化特质；以言语活动和学生经验为中心选择课程内容，体现了语文课程的实践性要求，注重了学生的主体地位，但学生在活动中所获得的内容是千差万别的，学生的经验也往往是一些直接的感性经验，因而不利于判断学生掌握了哪些内容，掌握程度如何；以社会生活为取向的内容选择观，将语文课程看成了对社会亦步亦趋的反映与附庸，致使语文课程缺少了自主意识与个性特点。

语文课程内容的选择实际上是一种文化选择，也就是对某种文化的自动撷取或排斥，因而选择本身具有内在的价值取向和价值追求。在传统的工具论课程观看来，语文课程是作为社会文化的载体与器具而存在的，它所选择的课程内容往往是社会伦理、教化所需要的内容，因而在很大程度上语文课程是作为社会文化的附庸而存在的。选择什么，怎么选择，并不是语文课程的事，而是社会的、伦理的、政治的需要，因而，在内容的选择上，语文课程缺少了应有的个性。实际上，语文课程本身即是一种文化的存在，它应具有内在的、自主的文化品格，选择什么样的课程内容，如何选择，是语文课程自主自觉的行为。《普通高中语文课程标准（实验）》在课程内容选择的要求上，强调了两个方面的内容：一是学习个体身心发展的需要；一是语文课程自身的规律与特点。《普通高中语文课程标准（实验）》指出："高中语文课程应遵循共同基础与多样性选择相统一的原则，精选学习内容，变革学习方式，使全体学生都获得必需的语文素养；同时，必须顾及学生在原有基础、自我发展方向和学习需求等方面的差异，激发学生的兴趣和潜能，增强课程的选择性，为每一个学生创设更好的学习条件和更广阔的成长空间，促进学生特长和个性的发展。"这样的课程内容选择取向体现了语文课程的文化本体地位与文化自觉意识，它表明，语文课程在内容选择上已经走出了那种单极的思维模式，正以一种开放的文化心态进行着多元的文化选择。无疑，这样的文化选择能够让学生在立体的言语实践中，在具有丰富文化内涵的语言世界里，得到语文素养的整体提高。

三、语文课程内容选择的原则

语文课程内容的选择要把握好以下四个方面的原则：

（一）着眼于语文课程的发展性要求，关注语文课程内容的基础性与典范性

语文本身是一门基础性学科，它是学习其他学科的基础，也是学生持续发展、终身学习的基础。就知识与能力要素说，语文课程内容的选择必须考虑课程内容的基础性，即选择学生适应未来学习、生活和工作所必备的基础知识、基本技能；就选文要素来说，它应该选取具有启发意义和典范价值的言语作品，为学生的终身发展打造一个精神的底子。

语文知识，实际上是正确反映了听说读写活动规律的言语经验，是人类在言语实践中积累下来的宝贵财富。就广义的知识分类来说，语文技能与狭义的语文知识都可看作语文知识，它们是语文课程的重要内容之一。由于语文课程具有很强的实践性，所以我们并不刻意追求知识体系的完整性、科学性，而是在言语实践中让学生自行掌握，融会贯通。但是，这并不意味着知识的选择不重要，对于课程研制来说，很重要的一项工作就是精选学生终身受用的知识，而且巧妙地呈现在言语活动之中。

陈述性的语文知识只是知识的一种，它是“个人有意识地提取线索，因而能直接陈述的知识”①，它主要回答“是什么”或“为什么”的问题，比如“什么是记叙”这一类的知识；而在语文课程中还有大量的程序性知识，即“个人没有意识地提取线索，只能借助某种作业形式间接推测其存在的知识”②，它主要解决“怎么办”或“如何做”的问题，如“如何进行记叙”的知识。实际上，语文程序性知识就是语文技能，它包括语文的智慧技能与认知策略两个方面。我们认为，在语文课程内容的选择中尤其要突出程序性知识，这是因为：一方面，言语实践活动是语文学习的主要途径，它需要通过亲历性的操作与应用形成学生某项语文智慧技能，即一种语文智力活动方式；另一方面，作为语文实践活动的听说读写，听什么、说什么、读什么、写什么，这“什么”是无穷无尽的，而关于如何听、如何说、如何读、如何写的知识，即认知策略，却是有规律可循、“有法可依”的，所以要引导学生主动修正、调节和控制自己的学习活动，让他们获得一种方法的、策略性的知识。

理解和掌握语文知识与语文技能的目的在于形成和发展学生的语文能力。所谓语文能力，就是成功完成听说读写的言语任务所必需的个性心理特征。选择课程内容，不只是要关注语文知识与语文技能的习得，而且要关注语文能力的形成。“所选择的课程内容应该包括使学生成为社会中一名合格公民所必备的基础知识和基

---

① 皮连生著：《学与教的心理学》，华东师范大学出版社 2003 年版，第 129 页。

② 皮连生著：《学与教的心理学》，华东师范大学出版社 2003 年版，第 129 页。

本技能，同时也要包括学生以后继续学习所必需的技能和能力。”①《普通高中语文课程标准（实验）》也指出：“通过语文知识、能力、学习方法和情感、态度、价值观等方面要素的融汇整合，切实提高语文素养。”语文课程的一项重要任务是培养学生正确理解和运用祖国语言文字的能力。就语文课程内容的选择与呈现来说，语文能力不应是抽象的目标达成，而应落实为具体的知识与技能要素，也就是说，每一项语文能力的发展目标都应化为具体的课程内容。如“阅读应用文，能把握主要内容和关键信息”，这既是对能力目标的要求，也是对课程内容选择的要求，我们可选择相应的言语作品作为载体，把“把握主要内容和关键信息的方法与技能”确立为课程内容。新的语文课程标准在“识字与写字”“阅读”“写作”“口语交际”“综合性学习”等领域都提出了能力目标，相应地我们要把这些能力目标化为具体的课程内容，即某一种具体的知识与技能要素，使学生在学习某一具体的内容中形成和发展自己的语文能力。

选文，是关系到选择何种课程内容问题的重要因素，无论是知识的获得、能力的发展，还是精神的陶冶、情感的体验，都离不开选文这一载体。选取具有典范意义的言语作品是课程内容选择的重要原则。就文学经典来说，它是在文学发展的历史长河中经大浪淘沙所流传下来的具有不朽精神内涵和艺术价值的典范之作。能被称得上经典的，一般应具有独创性、示范性，且经得起时间考验，为不同时代的读者所喜爱，为不同阶层、不同地域的读者所喜爱的文本。刘勰在《文心雕龙》中说：“经也者，恒久之至道，不刊之鸿教也。”超越历史时空，对不同时代、不同地点的人说话，可见经典对人影响之深。因而选取这样的经典之作，也就选择了它可供阐释的广阔空间，它所内含的知识、能力、方法以及情感、态度、价值观等要素都可以依据现实的需要确立为课程内容。就实用文体的选文而言，它也应当是依据典范性标准精选的可供学生学习、模仿和借鉴的篇章，这不仅是指它在言语内容上内含了育人、化人、启迪智慧的因素，而且也指它在言语形式上就是某种典范，是学生学习“怎么读”和“怎么写”的范本。

（二）着眼于语文课程的内涵性要求，关注语文课程内容的文化性与生命性

语文是一种文化的构成，是人类文化的重要组成部分。语文与思想、语文与情感、语文与生活、语文与生命是一个有机融合的综合体，呈现的是一种互生同构、共生共变的系统协同关系。语文课程内容选择的主要标准之一就是要在所选的课程内容的思想内容、审美规范及文化内涵与学生现有的知识、情感与文化发展水平之间形成一种适当的张力，使文本中的思想驱动力、审美张力与文化诱发力成为促进学生精神发展的动力。说到底，语文课程是一种以价值判断和意义阐释为目的的价值活动或文化活动，它具有教育学意义上的文化品格。任何将语文课程内容视为价

① 施良方著：《课程理论——课程的基础、原理与问题》，教育科学出版社1996年版，第111页。

值中立、客观存在的东西的工具论意图，都是不符合语文课程的本质特性的。在语文实践中，学生掌握事实性、原理性知识，学生对语言的运用，对篇章的解读，对文化事实的分析、判断与思考，都是在特定语言情境中的文化行为与生命活动。从某种程度上说，学生作为学习的主体要与他所学的内容融为一体，成为他生命中的一种体验，也就是说，学生是在一种存在论意义上理解生命，提升生命。学生的语文学习不是那种主体认识客体的纯粹认识活动，而是学生在语言的世界里展现和延续自身的生命。学生学习语文，实际上就是在实践一种文化，是外在于学生的客体文化内化为学生心灵的过程，也是存在于学习主体的文化外化为客体文化的过程。在这种双向的运动过程中，主体文化与客体文化得以融合。此时，客体的文化作用于主体的心灵，主体的力量显现在客体文化之中，于是，彼此获得一个扩大了的文化视野。这与那种工具倾向的、技术理性的内容取向是完全不同的。在那种工具性、技术性目标取向的支配下，语文课程成为绝对主义、客观主义的代名词，它用知识的、逻辑的、理性的框架结构来建立语文课程的体系，以语言的某一知识点、技法的某一训练点作为课程的内容，企图建立“科学化”“体系化”的语文课程结构。其实，这种貌似“科学化”的内容选择与呈现方式，是不符合语文学习的内在规律的，因为语文课程被当作了一种技术训练的工具，人被看作了批量生产的产品。这种做法，忽略的恰恰是人置身其中的生活世界与语言世界，忽略的是人的言语实践的自由与自我建构的自由。实际上，语文课程要求选择主体以文化的眼光，精选具有文化内涵与生命活力的课程内容，以此来建设开放、富有魅力、具有生命形态的语文课程，以一种文化整合的目标将知识与能力、过程与方法、情感态度与价值观融为一体，在一种综合实践的活动中实现学生语文素养的整体提高。

（三）着眼于语文课程的建构性要求，关注语文课程内容的过程性与经验性

课程，不应作为静态的“跑道”来看待，而应突出沿着跑道“跑”的过程。就课程的内容选择来讲，它不同于物品的选择，不是把物品从一个地方挑选出来并搬运到另一个地方的那种选择，语文课程内容选择本身就是一种课程建构，它表现为一个动态的发展过程。

语文课程所选择的知识内容，不是那种静态的、封闭的知识体系，而是开放的、变动的、情境化的言语经验及其规律、规则的总结，而人类的言语经验是永远开放的、不断经由否定之否定的经验；言语作品的意义，也并非是作品本身所固有的，而是读者与之共同建构生成的。所以语文课程的内容，无论是关于听说读写的言语经验以及在此基础上总结形成的语言的规律与言语行为的法则，还是言语作品内在的意义，都有一个发展形成的过程，它并不是惟一的、永恒的“真理”。所以，关注语文课程内容的过程性，有两个方面的含义：一是选择语文课程内容必须考虑到所选择内容的复杂性、变动性，并要呈现出这些内容自身发展的过程；二是关注课程内容在

具体教学情境中的生成过程,就某些课程内容来说,选择的过程其实就是课程内容生成的过程。就第一个方面来看,在选择课程内容时,如果仅仅是选择那些现成的结论让学生掌握,那么语文课程的内容是不完整的,学生的发展也是不健全的。"学科的探究过程和方法论具有重要的教育价值,学科的概念原理体系只有和相应的探究过程及方法论结合起来,才能使学生的理智过程和整个精神世界获得实质性的发展与提升。"[①]所以,选择课程内容,就要关注课程内容的过程性,让学生知道,学习的内容并不一直就是现在的这个样子,它与过去不同,而且将来也会与现在不同;即使是现在这个样子,它也只不过是众多认识中的一种,或是不同认识相协同的结果;要让学生知道,有许多要学习的内容是有争议的,它不是一个定论。就第二个方面来看,某些特定情境中的课程内容选择,其实也是课程内容的创生,例如在言语实践中所形成的某些新的言语经验与言语规则,在教学情境中所生成的言语作品的新意义等等,这些带有境域性、个体化特点的内容在这种特定的学习过程中生成、选择并为学生所理解和掌握,最终转化为学生的语文素养。

过程性的语文课程内容总是要转化为学生的言语经验,学生的言语经验本身就是语文课程内容的重要组成部分。这是因为,过程性的课程内容,本身就处于不断的延续发展之中,过去的、他人的言语经验总是要与学生当下的言语经验融合成为一个新的意义整体,构成新的课程内容,并最终形成学生自身的语文素养。而学生的言语经验与过去的、他人的言语经验并没有截然对立的界限,任何当下的学生自身的言语经验总是融过去与现在、他人与自身的经验于一体。所以说,从经验的角度看,课程内容就是一个不断运转、变动、处于过程中的经验统一体。这一过程明确地告诉我们,语文课程内容的选择必须关注学生的言语经验,"学习者的个人知识和经验、学习者在与同伴交往和其他社会交往中所形成的社会经验是课程内容的基本构成。"[②]具体说来,有以下三个方面的原因:第一,学生既有的言语经验构成了他语文学习的预期和指向,学生学习语文的过程就是在既有言语经验的基础上,同化、融合、改造他人的言语经验,并形成自己新经验的过程;第二,学生是学习的主体,也是课程的开发者,他在口语交际、阅读、写作、综合性学习的任一领域都有可能存在独特的认识、体验和见解,换言之,他不仅在接受他人的经验,而且也在创造着自己的经验,即一种知识和文化,因而选择学生的经验作为课程内容,是形成"生本课程"的重要环节,也是尊重学生主体地位、重视学生个性差异的表现;第三,学生的言语经验融入了社会生活经验,它本身也是对社会生活的体验、思考与表达,因而选择学生的言语经验能与广阔的社会生活和丰富的人生意义相联系,起到了对知识与能力、

---

① 张华著:《课程与教学论》,上海教育出版社 2000 年版,第 199 页。

② 张华著:《课程与教学论》,上海教育出版社 2000 年版,第 208 页。

过程与方法、情感态度与价值观的统整作用。

（四）着眼于语文课程的方向性要求，关注语文课程内容的未来性与超越性

课程的根本使命在于为未来社会培养主人，它要引领学生反思和超越现实的存在，追求一种理想的、面向未来的新文化。语文课程是面向未来的课程，它所培养的学生是未来社会的创造者与未来文化的建设者，它应帮助学生获得较为全面的语文素养，以适应未来学习、生活和工作的需要，以开拓和建设理想的新生活。因而，在语文课程内容的选择上，要充分考虑选择那些激发学生主体意识、创造人格与反思精神的课程内容，以起到为未来社会培养主人的目的。

国际21世纪教育委员会报告《教育——财富蕴藏其中》这样说：

> 下一个世纪将为信息的流通和储存以及为传播提供前所未有的手段，因此，它将对教育提出乍看起来近乎矛盾的双重要求。一方面，教育应大量和有效地传授越来越多、不断发展并与认识发展水平相适应的知识和技能，因为这是造就未来人才的基础。同时，教育还应找到并标出判断事物的标准，使人们不会让自己被充斥公共和私人场所、多少称得上是瞬息万变的大量信息搞得晕头转向，使人们不脱离个人和集体发展的方向。可以这么说，教育既应提供一个复杂的、不断变动的世界地图，又应提供有助于在这个世界上航行的指南针。①

那么，语文课程为学生提供的那种复杂的、不断变动的“世界地图”是什么呢？我们认为，所谓“世界地图”就是语文课程所内含的复杂的、不断变动的“知识”——一种广义的语文知识。从本质上讲，这些语文知识是一种人文性知识，即通过认识者个体对于历史上所亲历的价值实践的总体反思呈现出的认识者个体对于人生意义的体验。作为一种反思性知识，人文知识具有非常明显的“个体性”（指个体独特的人生遭遇和内心经历的结果）“隐喻性”（指非逻辑非实证的人生意义体验）和“多质性”（指对于同样意义的问题会出现多种多样的体验和回答）。②

为学生提供这样一个复杂的、不断变动的“世界地图”无疑是重要的，但更为重要的是，要为学生提供有助于在这个世界上航行的“指南针”。语文课程所提供的这样的“指南针”是什么呢？我们认为，那就是学生的独立思考与价值判断的能力，即一种文化反思力与创造力。也就是说，语文课程的内容不仅要包含某种知识与技能要素，而且要呈现出一种引领发展的要求，它让学生有所追求，有所创造，有所批判，有所超越。就与每一个体自我发展的关系来看，语文课程要引领学生的发展，让学生超越自身的实然状态，向着一种应有的状态发展；就与社会的关系来看，语文课程

① 国际21世纪教育委员会：《教育——财富蕴藏其中》，教育科学出版社1996年版，第75页。

② 石中英著：《知识转型与教育改革》，教育科学出版社2001年版，第281页。

要通过培养人引领社会的发展，具体来说，就是让学生成为具有未来意识、主体思想与创造精神的人，从而开拓和建设一种新文化。关注语文课程内容的超越性，就要关注它的未来意义（为未来社会培养主人）与建构本质（建构新的自我与新的文化）。因而，语文课程就是要从关注“教什么”与“学什么”开始，追求一种超越的品质，让学生在语文学习的过程中超越个体，超越社会，从而达到人的“类特性”的境界，即“作为人类的一员真三地体会到人的尊严、人的价值、人的局限，在社会生活中肩负并实现人的使命”。[①] 所以，语文课程所要传承给学生的一项重要内容就是在那错综复杂的“世界地图”中引领航向的“指南针”，即让学生拥有一种反思批判的精神，一种独立自由的人格，一种超越自我与现实的智慧。

思考与练习

一、名词解释。

1. 语文误程内容
2. 语文知识
3. 语文能力

二、为什么说语文课程内容具有文化的内涵？

三、试述语文课程内容预设与生成的关系。

① 石中英著：《知识转型与教育改革》，教育科学出版社 2001 年版，第 312 页。

第五章

语文教材的编制

第一节　语文教材的内涵与功能

一、语文教材的内涵

从课程论的角度看，教材是课程标准制订的课程内容转化为教学活动的产物。它源于实质性的科学、文化、艺术、生活的各个领域，并以计划的形式表现出来。它涵盖了学生在教师指导下通过学习活动，在心理上和实践中主动地掌握普通教育和专业教育的物质对象和观念对象。①

从教学论的角度看，教材的内涵主要从三个方面体现出来：第一，为使学生形成特定的知识体系，所勾画的事实、概念、法则和理论。第二，同知识紧密相关的、有助于各种能力熟练形成的、系统习得的心理作业与实践作业的各种步骤、方式与技术。第三，与知识和能力体系紧密相关的、奠定世界观基础的、表现为信念、政治观、世界观和道德观的认识、观念和规范。②

语文教材这一概念，可以有"泛指"和"特指"两种解释。"泛指"的语文教材范围广泛，包括社会、家庭、学校中对人的语言文字修养产生影响的一切书面、非书面的材料。"特指"的语文教材是指根据课程标准和教学需要编写，供师生在语文教学中使用的材料，主要包括语文教科书、语文教学参考书、语文学习指导书、语文练习册、语文音像材料、教学软件、语文活动材料、教学挂图、幻灯片等。但人们在习惯上，往往将"教材"与"教科书"（即课本）等同使用，也称"语文教科书"为"语文教材"。

---

① 陈旭远著：《新课程推进中的问题与反思》，首都师范大学出版社 2004 年版，第 67 页。

② 钟启泉、崔允漷、张华主编：《为了中华民族的复兴，为了每位学生的发展——基础教育课程改革纲要（试行）解读》，华东师范大学出版社 2001 年版，第 187 页。

语文教科书在语文教材中占据核心地位。语文课程与教学改革的一项重要任务就是确立新的语文教科书编制的理念与原则，并加以实施，编写文质兼美，体例创新，内容丰富，适合教学的语文教科书。

二、语文教材的功能

语文教材的功能是指语文教材在语文教学过程中起到的作用和效能。

（一）语料积累、语感培养、语言示范功能

积累语言材料是提高语文素养的必由之路。积累丰富的语言材料可以培养语感，促进学生在学习活动中进行深切的体验与感悟，能有效地承传文化，认识语文现象，把握语文规律，生成新的话语，丰富语文知识，发展学生识字与写字、阅读、写作、口语交际以及语文综合性实践活动的能力，顺利实现知识与能力、过程与方法、情感态度与价值观三个维度的目标，提高学生的思维能力和思想文化修养。

语文教材具有语感培养的功能。所谓语感即语言感受能力。叶圣陶说："不了解一个字一个词的意义和情味，单靠翻检字典辞典是不够的，必须在日常生活中随时留意得到真实的经验，对于语言文字才会有正确丰富的了解力。"[①]《全日制义务教育语文课程标准（实验稿）》要求"丰富语言积累，培养语感，发展思维"，"在教学中尤其要重视培养良好的语感和整体把握的能力。"《普通高中语文课程标准（实验）》强调"具有良好的现代汉语语感，努力提高对古诗文语言的感受力"。实现培养学生良好的语感能力目标的重要途径之一，便是借助语文教材。学生学习语文教材，能在感悟到知识的逻辑性、语言的艺术性、情感的丰富性、文化的多元性的同时，形成良好的语感能力。

语文教材的课文系统、作业系统、知识系统等对学生学习语言具有示范作用。语文教材选取古今中外文质兼美的作品作为教材的主体，它们对学生学习语言具有导向性、示范性。通过语文教材作业系统的训练，学生循序渐进地学习语言，将课文和知识系统与训练结合，能有效提升学生掌握和运用语言的能力，提高学生的语文素养。

（二）扩展知识、提高能力、开发智力功能

语文教材具有扩展知识的功能。语文教材包含了丰富的听说读写知识、语言知识、文体知识、文学知识和异彩纷呈的思想文化，而且牵涉到社会和自然领域的百科知识。学生学习语文教材时，大量获取各科知识，激发好奇心和积极探究的愿望，锻炼了学生的思维，开阔了视野，为语文素养的全面提高打下厚实的基础。

叶圣陶在论述语文教材的功能时曾说："国文教学的目标，在养成阅读书籍的习

---

① 《叶圣陶语文教育论集》，教育科学出版社1980年版，第267页。

惯，培植欣赏文学的能力，训练写作文字的技能。这些事不能凭空着手，都得有所凭借。凭借什么？这就是课本或选文，有了课本或选文，然后养成、培植、训练的工作得以着手。”①这段话阐明了语文教材具有发展学生语文能力的功能，包括培养学生搜集和处理信息的能力，学会对教材中的信息进行识别、筛选、接受、贮存、加工、应用的能力，并使学生逐步具备可持续发展的信息素养。语文教材还具有发展学生思维的能力，培养学生的形象思维、逻辑思维、集中思维、发散思维、直觉思维、创造性思维的能力，促进学生各种思维能力的和谐发展。

语文教材本身就是可以进行多元解读和意义建构的文本，因而又具有开发师生智力潜能的功能。

（三）涵养德性、陶冶情感、完善人格功能

《全日制义务教育课程标准（实验稿）》指出：“培养学生高尚的道德情操和健康的审美情趣，形成正确的价值观和积极的人生态度，是语文教学的重要内容，不应把它们当作外在的附加任务。应该注重熏陶感染，潜移默化，把这些内容贯穿于日常的教学过程之中。”语文教材不仅能使学生扩展知识、提高能力、开发智力，而且能使学生在学习的过程中获得丰富的精神营养，培养健全的个性、完美的人格，形成正确的世界观、人生观、价值观。

《普通高中语文课程标准（实验）》强调“注重语文应用、审美与探究能力的培养，促进学生均衡而有个性地发展”。语文具有重要的审美教育功能，高中语文课程应关注学生情感的发展，让学生受到美的熏陶，培养自觉的审美意识和高尚的审美情趣，培养审美感知和审美创造的能力。”语文教材中的文章，蕴含着作者的审美感受、审美鉴赏和审美创造，具有丰富的自然美、社会美、人文美、科学美，有利于学生获得美的感性认识，构建审美意识，发展审美能力。

第二节　语文教材编制的新理念及构成要素

一、语文教材编制的新理念

传统的语文教材的编写，注意由浅入深、循序渐进，注重知识的呈现、学科的知识系统。而新课程突出强调以学生的发展为本，倡导一种新型的自主、合作、探究的学习方式。因此，以知识呈现为设计主旨，与讲授式教学和接受式学习相适应的原有教材已经不能适应新课程的要求。《基础教育课程改革纲要（试行）》对新课程教材的设计和呈现方式提出了新的要求，即以学生的学习为中心，为自主、合作、探究

① 《叶圣陶语文教育论集》，教育科学出版社1980年版，第19页。

式学习提供支撑。可以说，是以事实性知识的呈现为中心，还是以学生的学习为中心，成了新旧教材的分水岭。《全日制义务教育语文课程标准（实验稿）》与《普通高中语文课程标准（实验）》强调语文教材编制的规范化、多样化、民族化、现代化、生活化、人文与科学统一、社会发展与学生发展并重等要求，表明了语文教材编制的理念创新。

（一）语文教材编制应具有正确的指导思想和鲜明的时代特色

语文课程承担着为国家培养合格公民、社会主义建设者和接班人的重任。因此，语文教材编写要“以马克思主义为指导，坚持面向现代化、面向世界、面向未来”，语文教材必须承传中华民族的优秀文化，吸收世界的先进文化成果，并为促进全体学生的全面发展服务。

语文教材应具有开放的意识，充满活力，体现时代的精神和追求；选文应贴近时代生活、学生的个人生活、家庭生活；教材应具有现代意识，“代表中国先进文化的前进方向”，反映时代的新观念，让学生接受新思想，形成符合时代精神的价值观。教材还应及时反映语文研究和其他领域的最新成果，传播新知识、新方法。语文教材要充分注意以信息技术为基础的新的学习方式，应重视现代信息技术的运用。

（二）语文教材编制应符合学生身心发展的特点和语文能力形成和发展的规律

语文教材的编写应以促进学生的发展为中心，充分考虑学生发展的不同阶段、已有认知水平、学习的兴趣和生活经验。新教材的编写要能激发学生的学习动机，改变知识的呈现方式，提高对学生的吸引力和挑战性，能引导学生进行观察、猜测、想象、联想、推理、判断、对话、反思，为改进学生学习方式提供保证，充分激发学生的参与意识，使学生获得成功感。

新教材要适合学生现有的发展水平，选文应考虑题材、体裁的丰富多样，考虑学生不同的学习兴趣，有利于学生个性化学习。新教材要贴近学生生活，实践性强，扩展知识面，增加学习内容的广度，要注意从生活、社会现象和问题情境出发引出学习内容。在编制练习时要特别强调联系生活和社会实践，学以致用。

新教材在组织和安排上可以有多种方式，但应符合学生认知发展的规律，由浅入深，由易到难，螺旋上升；并以学生喜闻乐见的方式呈现内容，以激发学生的学习兴趣，调动学生学习的主动性和积极性。

（三）语文教材应注重培养学生的创新精神和实践能力

语文教材编制应着眼于学生的可持续发展，为学生的发展提供基础知识，有利于形成基本能力，并注重未来发展的可能性。因此，新教材要创设问题情境，使学生自主探究，以激发学生的好奇心、求知欲，达到发展学生个性品质的目的。

新教材编写要有利于教与学方式的变革，要合理安排语文综合性实践活动，以利于培养学生的创新精神和实践能力，也利于“形成学生良好的个性和健全的人格”。教学内容的组织，应有利于学生自主、合作、探究式学习和语文综合性学习。教材中的练习设计要有利于巩固学习成果，有利于学生的思考和探究。同时，多种多样的体验性活动和研究性专题的设计也应成为新教材的着力点。①

(四) 语文教材应具有多元性、开放性和弹性

语文教材应为师生对教学资源的开发留下足够的空间，有利于学生学会学习和个性化学习，也应有利于激发教师的创造性，使语文教学充满生命的活力。追求多元性有两层含义：一是教材编制要打破“一纲一本”，提倡“一纲多本”；二是教材内容要丰富多样，涉及自然、社会、艺术、科学、文学等人类生活的领域，既继承发展中华民族的优秀文化，又借鉴吸收外国的优秀文化。追求开放性和弹性，注重语文教材的非线性思维特征。具备开放性和弹性可以适应不同地区不同程度的学生个性化学习的需要，师生能创造性地根据教学的实际情况开发利用教材，能根据文本进行多元化解读，师生拥有创造性处理和学习教材的空间。教材还要及时吸收现代科学与人文研究的最新成果，教材内容应拥有许多“节点”，通过这些“节点”学生能触类旁通、深化、延展，与课外学习资源建立有效联系，开阔学生的视野，启迪学生的多元思维，丰富学生的知识，增强学生的问题意识。

二、语文教材的构成要素

语文教材的内容是依据语文课程标准所规定的课程内容、语文教育的特点和要求、教师的教学需要、学生身心发展水平以及语文能力形成和发展的规律来确定的。语文教材，准确地说语文教科书，一般是由四个互相联系的内容要素构成：课文系统、知识系统、作业系统、助读系统。

(一) 课文系统

课文是语文教科书的主体内容，具有独立的系统性，区别于其他学科的教科书。其他学科的教科书，多以知识系统为主，辅之以作业系统。语文教科书中的课文系统，是学习知识，培养能力，发展思维，开阔视野，涵养道德情操，建构文化的凭借。课文系统是语文教科书的一大特色，在语文教科书中的地位举足轻重，其作用是多元的。

首先，课文是语文教学的凭借和示例。课文是语文教学的主体内容，包含了听说读写等语文能力发展的基本规律、方法和技巧。文质兼美的课文在立意取材、遣词造句、布局谋篇、语法修辞等方面均是学习的典范，内容涵盖了自然美、社会美、科学美、艺术美等诸多方面，大量阅读优秀课文，有利于学生智力开发，思维拓展，情感陶冶；有利于学生由感性认识向理性认识的发展；有利于学生从语文初级知识技能

① 参阅陆志平著：《语文课程新探》，东北师范大学出版社 2005 年版，第 107—109 页。

向语文高级知识技能和专业知识技能的发展；有利于学生正确理解和运用语言文字的基本规律，提高听说读写的能力。

其次，课文系统是提高语文能力，积累语感，培养反思批判精神的桥梁。优秀课文不仅包含丰富的语文知识，而且承担着提高学生的语文能力的重任。课文是学生从语文感性认知过渡到语文实践能力的中介，起着桥梁的作用。阅读古今中外的名家名篇和各种文体的经典课文，有利于学生汲取丰富的营养，提高语文素养。阅读与写作紧密联系，课文中包含了写作的基本规律和高超的写作技巧与方法，在教学过程中，学生能够从课文学习中循序渐进地提高写作能力。在语文学习训练中，学生进行多边的交流与对话，积累语言素材，培养语感，有利于学生正确地理解和运用祖国语文。在合作讨论和质疑问难的过程中，培养学生的问题意识，变被动接受为主动学习，鼓励学生创造性思维，使之具备开放的视野和探究的精神。总之，学习课文有利于学生反思性学习和教师反思性教学。

再次，课文系统有利于实施各种隐性教育。优秀课文承载了本国本民族和世界各地其他民族的百科知识、历史传统、人生体验、民族精神、人文道德等知识和文化的养料，有利于“弘扬和培养民族精神，使学生受到优秀文化的熏陶，塑造热爱祖国和中华文明、献身人类进步事业的精神品格，形成健康美好的情感和奋发向上的人生态度”。[①] 在教学过程中，隐性的教育目标具有弥散性、普遍性、持久性、积极性的特征，是预期性和非预期性的统合，具有潜移默化的特点。课文中包含了丰富的情感、态度、价值观的内容，因此，学习课文有利于学生认识自然、认识社会、认识自我、规划人生，实现隐性教育目标，促进学生的全面发展。

（二）知识系统

语文知识系统是指语文教科书所提供的语文基础知识体系。它包括四个方面的知识：听说读写知识、语言知识、文章知识和文学知识。在语文教学中，学生学习语文基础知识的根本目的是运用知识指导实践，形成听说读写的能力，提高语文素养。因此，编入语文教科书的知识必须密切结合语文运用的实践，有利于学生正确理解和运用祖国的语言文字。编写语文知识时应考虑三个原则：

1. 规范性原则

语文知识非常庞杂，要选择语言实践中规范性的语文知识，坚决摒弃语文知识中的垃圾。语文知识的选择还要处理好规范性和创新性的关系，及时吸收对学生持续发展有帮助的成熟的现代语文知识。

2. 选择性原则

语文知识是动态发展的。因此，语文知识系统的组成要素的变化会影响语文知

---

① 中华人民共和国教育部制订：《普通高中语文课程标准（实验）》，人民教育出版社 2006 年版，第 2 页。

识系统的整体功能。编写语文教科书应精选语文基础知识，以形成系统完整、逻辑严密、功能齐全的语文知识系统。但对其系统性、完整性的理解，又不应该统得过死，要根据学生的学习需求和教科书编写的目的、要求，保持一定的灵活性和开放性。

3. 实用性原则

编入语文教科书的知识应该遵循精要、好懂、有用的原则，能很好地结合课文，联系实际，具有多样性、逻辑性和实用性，以利于学生学习、应用，也有利于教师进行教学、指导。

（三）作业系统

语文作业系统也叫语文实践活动系统或训练系统，是指教科书为帮助学生复习巩固知识，顺利实现知能转化，提高语文素养，而依据语文课程与教学目标，有组织、有计划、有针对性设计的各种思考与训练的内容体系。它有利于教师检测教学效果、调控教学目标，也有利于学生自测学习效果、调整学习目标、反思学习过程。作业系统从语言表达上可分为口头作业和书面作业两种形式；从学习方式上可分为记忆性作业、理解性作业、应用性作业和开放性作业。

作业系统设计首先应考虑基础性。作业系统能体现与单元或课文有关的语文基础知识、基本能力和基本方法的应用，起到记忆、练习、巩固、理解与思考的作用。其次，应该注重序列性。作业安排要有计划，有序列，循序渐进，螺旋上升。语文知识与能力、情感态度与价值观的内容在作业系统中要前后勾连，分层推进，整体优化。再次，作业要有开放性和启发性。语文作业设计要有开放的视野，紧密联系科学发展的前沿，联系社会生活和学生自身的生活实践，多角度建构语文知识与能力，多元化理解与思考问题，能够使学生有所启迪，有所发展，培养学生的批判性反思意识和独立自主学习的能力。

（四）助读系统

助读系统是教科书为帮助学生阅读课文，培养和提高学生的自读能力而设计的一系列材料。助读系统一般包括下列五类内容：(1) 注释类，包括注释、作者简介、选文出处、课文背景介绍等；(2) 提示类，包括单元提示、预习提示、助读提示等；(3) 评点类，包括旁批、总批、题解等；(4) 目标类，包括学习重点、难点等；(5) 图像类，包括插图、图表、多媒体课件等。按照奥苏伯尔的先行组织者原理，助读系统为学生的学习作好了铺垫降低了学习的难度，有利于学生自主学习。

助读系统对学生的语文学习发挥着重要作用。概括起来包括三个方面：一是辅助阅读。助读系统为教师的教学设计和实施提供了帮助，特别是为学生学习和阅读文本提供了多方位的支持，有利于学生开展自主学习、合作学习、探究学习。二是有利于培养学生的自学能力，养成自学习惯，激发学生的学习兴趣。三是助读系统不仅包含了丰富的知识，而且指明了课文的重点、难点、疑点和阅读文本的方法等，成为学生认知结构发展的重要成分。

第三节　语文教材的结构类型

语文教材的结构类型是指经过分类的语文教材的组织结构形态。语文教材的课文系统、知识系统、作业系统和助读系统以不同的组织形式编排，就会形成不同的结构类型，语文教材的基本结构类型主要有分编型和合编型两种。

一、分编型语文教材

分编型语文教材指的是按照语文课程内容要素的不同性质和种类，分编为自成体系的多种并行的教科书，供教学时单独使用或配套使用。分编型语文教材分为两分法和多分法。两分法有按照汉语和文学两个体系分别编排的，也有按照文言文和白话文分别编排的；多分法通常是按照语文课程内容要素的各个系列分类编排的。从编辑思想上看，由于分编型语文教材出现的历史背景不同、教学的需求不同、编者的思路不同，大致分为以下两类。

（一）教学分科，教材分编

此类语文教材编写早在辛亥革命后的1912年就出现了，当时的教育部颁布了《中学校令施行规则》，规定中小学一律开设“国文”课，除了作文、习字的要求之外，还要学习文字源流、文法要略、文学史等科目。采用的教材除了国文课本外，《文字源流》、《文法要略》等语文科的教材也都编成并使用。20世纪50年代中期，我国中学实施汉语、文学分科教学，1956年教育部颁布了《初级中学汉语教学大纲（草案）》、《初级中学文学教学大纲（草案）》和《高级中学文学教学大纲》（草案）》，出现汉语和文学分编的教材。文学课本按文学史和文学体裁编写，汉语课本按汉语知识体系编写。语文科实际上被分为两门学科，各有教材。最近新课程改革过程中，实行国家、地方、学校三级课程管理体制，也出现了一些此类地方自编语文教材和校本语文教材。

（二）教材分编，教学并进

这种语文教材是将识字与写字、阅读、写作、口语交际、语文综合性实践活动、语文知识等语文课程内容分编成独立的课本。常见的有阅读与写作分编，阅读与表达分编，阅读、写作与语文知识分编等。高中语文新课程教材则分为必修与选修两个部分，选修部分又分为诗歌与散文、小说与戏剧、新闻与传记、语言文字应用、文化论著研读五个系列，每个系列均由若干种教材构成。

分编型语文教材的优点主要是：相对独立的语文内容自成体系，眉目清楚，序列分明，系统性强，逻辑严密，内容详实完备。教学中容易把握各部分内容的纵向逻辑联系，便于简化头绪，理清教学线索，由浅入深、循序渐进地施教。同时有利于学生有针对性、系统地学习。其缺点在于：分编的语文教材难以相互协调和配合，很容易出现单科独进的弊病，造成顾此失彼的局面，不利于学生整体语文能力的发展和语文素养的提高。分编型语文教材还有可能加重教师和学生的负担。

二、合编型语文教材

合编型语文教材指的是把语文课程内容综合编成一套的教科书。长期以来，我国的语文教材建设以合编型教材为主流，它主要有主次配合式和综合组元式两类。

（一）主次配合式合编教材

这种合编教材以某些语文教学内容为主体，辅之以其他方面的内容，重视语文内容安排上的主次配合。在语文教学过程中，以培养某些语文能力为主导，兼顾语文能力的整体发展。阅读、写作、口语交际、语文综合性实践活动、语文知识等教学内容的某一方面都可以作为语文教材编写的主体，其他内容为补充。例如，以培养阅读能力为主、以学习语文知识为辅的合编教科书，在编排时或按文体、或按题材、或按阅读能力发展的内在线索，把课文组合成单元，以培养学生的阅读与鉴赏能力为主。同时，在课文的各单元之间，穿插编入有关的语文基础知识短文，这些短文自身能形成较为完整的语文知识系统，也为学习课文提供了必要的知识背景。这种主次配合式合编教科书也存在不足：它显然有利于语文教材中占主导内容方面的语文能力的发展，而不利于各方面语文能力的齐头并进、均衡发展。如果处理不当，在教学过程中，学生容易形成语文的强势能力和弱势能力，其间的鸿沟较难弥补。

（二）综合组元式合编教材

这种合编教材在一个单元中包含识字与写字、阅读、写作、口语交际、语文知识、语文综合性实践活动等多方面的语文教学内容，这些内容在特定教学目标的统率下，彼此联系，形成听说读写综合训练的整体。同时把课文系统、知识系统、作业系统、助读系统组合起来，在各系统内部与系统之间产生纵向和横向上的联系。这种合编教材的优点在于包容性大，充分体现语文教材的系统性和综合性，有利于全面培养学生的语文素养。不足之处在于：编制难度大，如果处理不当，各方面教学内容难以实现系统性与综合性的统一，容易成为语文教学内容的“大杂烩”。

思考与练习

一、名词解释。

1. 语文教材

2. 分编型语文教材

3. 合编型语文教材

二、简述语文教材的功能。

三、你对叶圣陶“语文教本只是些例子”这一观点是如何理解的?

第六章

语文新课程教科书评介

第一节　小学语文新课程教科书评介

一、基本情况

小学阶段的语文新课程教科书主要有3种，分别由人民教育出版社、江苏教育出版社、北京师范大学出版社出版发行（分别简称人教版、苏教版、北师大版）。

（一）指导思想

教科书编写的指导思想决定着教科书编写的方向，是教科书编写的灵魂所在。人教版、苏教版、北师大版的编写指导思想在叙述上虽然有所不同，但在统一的新语文课程标准的观照下，都突出了对于语文素养的共同追求，可谓殊途同归。

就指导思想而言，人教版教科书在低年级着眼于对学生进行全面的语文启蒙教育，中高年级致力于全面提高学生的语文素养。值得一提的是，低年级的启蒙教育不只是局限于学习拼音、识字写字这样单维的认知教育，而是通过多种形式把知识与能力过程与方法、情感态度与价值观融为一体，从三个维度全面提高学生的语文素养。如一年级的上册就安排了富有教育意义的儿歌、内容丰富的课文；从一年级的下学期开始，这种倾向更加明显，表现为教材以专题组织单元，每册教科书设8个单元，分为8组，每个专题的内涵都比较宽泛，贴近儿童生活，体现时代特点，蕴含教育价值。

同样，苏教版教科书也着眼于全面提高学生的语文素养，具体表现为尊重儿童身心发展的特点，遵循母语教育的规律，坚持民族化、现代化、简约化的教材建设方向，着力培养学生热爱祖国语文的思想感情，指导学生正确地理解和运用祖国语文，丰富语言积累，培养语感，发展思维，使他们具有适应实际需要的识字写字能力、阅读能力、写作能力和口语交际能力，提高学生的文化品位和审美情趣，培养良好的个性和健全的人格，促进其德、智、体、美的和谐发展。

北师大版教科书则力图解决三个问题：一是学习语文的兴趣问题，让学生喜爱语文；二是学习语文的方法问题，让学生会学语文；三是人文性和工具性的统一，让语文学习的过程既是学习语言文字的过程，又是启迪心灵、陶冶情操的过程。以“兴趣先导、学会学习、整体推进、文化积累”作为其编写的指导思想。

（二）编写体例

所谓教科书编写体例，指的是一套教科书的整体构想与设计。新课程教科书，无论是小学、初中还是高中，在编写体例的安排上，无不继承了我国教科书编写以选文为主体、进行综合教学的传统，也就是说，所有的教科书都采用了文选综合型体例。但是，在这样一个大的共同前提下，不同单位出版的教科书，在体例的具体构想上，又体现出了各自的不同认识和追求。

如人教版小学语文教科书，一年级上册从汉语拼音入手，结合汉语拼音的学习安排识字和读儿歌的内容；拼音之后是形式多样的识字课和内容丰富的课文；从一年级下册开始，教科书则以专题组织单元，以整合的方式组织教科书内容。每册教科书设8个专题，分为8组。稍有不同的是，在一年级下册和二年级上册中，每组当中都含有1课识字，此后的各册则没有专门的识字课文，全部由主题课文所构成，每一个主题单元中，都由导语、课文和语文园地等几个部分构成，几个部分相互联系，构成一个有机整体。

苏教版小学语文教科书力图以“尊重儿童发展的特点，遵循母语教育的规律”为原则来安排教科书结构。为此，该教科书的每一册大都包含四个部分，低年级各册的四个部分是：培养良好的学习习惯、识字、课文和单元练习；中高年级各册的四个部分是：培养良好的学习习惯、课文、习作和单元练习。从小学生开始接触语文，教科书就为他们安排了学习习惯的学习内容，意在有计划、分层次地指导学生养成良好的学习习惯；汉语拼音教学虽仍放在一年级上册，但在内容编排和呈现方式上却独具匠心：创设了帮助儿童学习声母、韵母的情境图和语境歌，把学习拼音字母寓于故事之中，并辅以琅琅上口的语境歌，化难为易，寓学于玩，既增加了学习的情趣，又渗透了文化素质教育，较好贯彻了课程标准关于拼音教学“以活动和游戏为主，与学说普通话、识字教学相结合”的“趣味性”要求。其他部分如课文编选、习作安排和单元练习也都有自己的考虑，尤其是在习作安排上，注意体现读写结合，采取了“长短结合”“大小结合”的编写策略。所谓“长短结合”，是说一方面要致力于长期积累，另一方面也要“因课制宜”，搞一些模仿性的迁移训练，即长线贯穿始终，短线相机渗透。所谓“大小结合”，是指课本既有专项的习作练习（大作文），也有随课文安排的“小练笔”（小作文）。大作文自成系列，小练笔机动灵活，从而形成整套教科书的作文体系。在每一单元后安排的综合练习，不仅在编排上自成体系，而且与本单元的课文具有一定联系；每次单元的综合练习，都含有“学习字词句”“写字”“读读背背”“口语交际”“综合性学习”等几个板块，旨在通过各种形式的练习，复习巩固所学课文知识，懂得运用语言文字的一般规律，全方位提高语文能力。

北师大版小学语文教科书在编写体例的设计上更多了一份自己的创意。首先，教科书设计了丁丁和冬冬两个儿童形象，并让这两个儿童形象贯穿全书，同学生一起学习，一起成长，既拉近了教科书和学生的距离，又提高了儿童学习的兴趣；其次，对拼音教学的内容和位置做了调整，把汉语拼音教学放在第一学期第五单元至第八单元，改变了以往教科书第一册一开始就学习拼音的做法，而是先让学生学习部分代表汉字文化的象形字和一些常用字，以解决儿童学习语文一开始就学拼音所带来的枯燥乏味、难度大的问题；第三，整套教科书采用“主题单元”的编排方式，先确定贯彻1—6年级的主题领域，然后确定每个年级、每册的主题单元，每个主题单元一般有2—3篇主体课文（选择与主题相关的各种类型、各种体裁的作品）和一个“语文天地”。“语文天地”内含巩固及扩展练习、课堂与课外的活动、“金钥匙”（学习习惯、方法、策略等）、“自检”（自我检查的意识、习惯和方法）等几项，每一主题单元构成一个相对完整的学习单位。

（三）文本选择

新课程教科书在课文的选取上具有一个显著的共同倾向，那就是尽可能地把那些贴近学生生活、反映现实世界、具有时代特色的鲜活的语文材料选进课本中来。因此，三套教科书都在课文的选取上进行了较大幅度的更新。

人教版新编选的课文占全部课文的一半以上，在继承人教版教科书一贯的典范性标准的前提下，更注重时代特点和现代意识。如《赞美》中，小刺猬和小松鼠互相赞美，互相从对方的赞美中获得自信，体验快乐；《从现在开始》中，狮子想另选兽中之王接替自己，最受欢迎的是让大家“按照每个人自己喜欢的方式过日子”的小猴。这些选文洋溢着浓浓的人文情感，富有现代意识，彰显时代特征。

苏教版的课文大多是新面孔，少有传统课文。少用传统课文，并不是因为这些传统课文不好，而是编者们相信：“在中华文化的典藏中，在世界文明的宝库中，一定还有更好的东西，发掘文化精品、语言精粹奉献给儿童，这是语文教科书编写者的天职。”选文中不仅有“香港回归”“北京申奥”“神舟飞船上天”“东方明珠电视塔”这样的新题材，更重要的是渗透了“珍惜资源、保护环境”“关注自然、关爱生命”等与现代生活息息相通的意识和价值观。

北师大版的新课文占课文总数的三分之二以上。编写组在选编课文时主要考虑到现代社会的发展需要，使课文符合时代精神，体现现代社会的思想、观念，特别是对人类、自然环境的关注和全球意识，以及对多元价值观的理解和尊重。其中第一册编入现代儿歌 17 首，第二册、第三册分别选编新课文 22 篇。正因为教科书编者的这一共同追求，从而使得课文的面貌呈现出从未有过的多姿多彩，洋溢着勃勃鲜活的时代气息。

二、新教科书体现的编制意识

（一）兴趣牵引意识

兴趣往往是学习的先导。孔子说："知之者不如好之者，好之者不如乐之者。"(《论语・雍也》)心理学的研究也表明，儿童在感到安全和愉快的环境中，有可能自我激发，往往产生一种"认知内驱力"。如何充分发挥学生的认知内驱力？如何诱发学生的兴趣？三种版本的教科书在这方面可谓各具匠心。

人教版为了引导学生利用汉字规律，感受祖国文字的优美，安排了内容丰富、形式多样的识字课。一年级上册中有象形字、会意字、事物归类识字等内容，一年级下册以后，更多采用了韵语的形式，如合辙押韵的成语、词组、新三字经、对子歌、猜谜语、谚语、数量词编成的韵语、拍手歌等。如《口耳目》一课，"口耳目，羊牛兔。日月火，木禾竹。"几个整齐排列的象形字，渗透着祖国汉字的造字规律，传递着中华文化的精华。又如一年级下册的识字 6："一只海鸥，一片沙滩，一艘军舰，一条帆船。一畦秧苗，一块稻田，一方鱼塘，一座果园。一道小溪，一孔石桥，一竿翠竹，一群飞鸟。一面队旗，一把铜号，一群'红领巾'，一片欢笑。"不同量词和名词组合而成的一幅幅多彩的图画，蕴含着丰富的文化内涵。学生在识字、学词的同时，感受到此情此景的和谐优美，感受到祖国语言文字的迷人魅力。学生通过学习这些意境优美的识字课，不仅认识了汉字，而且积累了优美的语言，丰富了知识储备，并受到文化的熏陶。从人教版的呈现方式来看，在教科书中，单元前的导语、课文后的练习以及"语文园地"中的要求，都是以学习伙伴的口吻来叙述的，非常亲切自然，增强了教科书的亲和力，使教本真正成为学生的学本。如在《邓小平爷爷植树》的课后引导学生：植树节快到了，我们去植树吧！这样设计，既灵活又实用，对促进学生独立思考、启发学生质疑问难、引导学生投身实践，起到很好的导向作用，有利于激发学生的学习兴趣。更有特色的是，从一年级下册开始，在"语文园地"里设置"展示台"，鼓励学生展示课外认识的字，引导学生注意生活中的字，不但为巩固课内识字开拓了良好的途径，而且使他们有意识地在生活中学习语文，成为学习语文的有心人。

同样是着眼于培养学生的兴趣，苏教版的编排又采取了别样的策略。如为了帮助学生轻松掌握"b、p、m、f"四个字母，教科书安排了一幅情境图，意思是小朋友跟着爸爸上山看大佛，爸爸教育孩子要爱护大佛。同时配有一首语境歌："爸爸带我爬山坡，爬上山坡看大佛，大喇叭里正广播，爱护大佛不要摸。"这种图文并茂的设计，很容易激发学生的学习内驱力，从而达到良好的教学效果。

以“兴趣先导”为首要指导思想的北师大版在这方面更有创意。教科书设计了贯穿全书的丁丁和冬冬两个儿童形象，和学生一起学习，并且选择最新当代儿童文学篇目，作适当修改(如《太阳》、《小鱼的梦》)，或根据教学需要自编课文(如《冬冬读课文》、《小母鸡种稻子》、《冬天是个魔术师》)，目的是希望儿童更有兴趣学习语文。

(二) 科学合理意识

注重科学、追求合理是各版本不约而同的选择。如：人教版在“识字”的要求上，一是适当降低数量，二是承认学生差异。编写组根据几份常用字表的对比研究，选择出最常用、出现频率最高的字要求学生认读。据统计，一年级上册要求认读的400字可以覆盖儿童常用读物的50%以上，整个低年级要求认读的1800字可以覆盖儿童常用读物的90%以上，从而保证学生可以尽早将所识汉字运用到阅读中去，既提高了汉字学习的效率，又巩固了汉字学习的成果。对于“写字”这一块，一年级上册只要求写100个笔画最简单的字，一年级下册要求写250个。

北师大版充分利用教育科研的优势，积极采纳有关科研工作者“小学语文教材等级字表”的研究成果，认识到儿童的阅读用字和习作用字的区别、儿童认字和写字不同的认知规律，进而对识字写字的起始时间、字数、选字、指导方法、评价等方面作出通盘考虑，提出识字数量“上不封顶下保底”，第一册要求学生会写150个字，认读350个字；第二册要求会写230个字，认读430个字，力图尽可能科学地安排识字写字的教学序列。

(三) 编排整合意识

语文学科是一门综合性强的学科，承载着传授知识、培养能力、训练思维、陶冶情操等任务。传统的语文教科书为了兼顾到方方面面，编写体系往往繁冗杂乱。与此形成鲜明对比的是，三种版本的语文教科书以其强烈的整合意识成为“化繁为简”的表率。

人教版从一年级下册开始，即以主题单元的形式编排课本。编者以整合的方式组织教科书内容，每册都设8个专题，分为8组。如从一年级下册到五年级下册共设置了72个专题，依次是：多彩的春天，家庭生活，保护环境，快乐的夏天，动脑筋想办法，我们的生活多么幸福，我们都有好品质，有趣的自然界；美丽的秋天，丰富多彩的学校生活，热爱祖国，怎样看问题、想问题，友好相处、团结合作，关爱他人，保护环境、爱护动物，热爱科学；春天里的发现，奉献与关爱，爱祖国、爱家乡，用心思考、勇于创造，美丽神奇的大自然，培养优秀的品质，正确看待问题、善于思考，走进科技的世界；多彩的生活，名人故事，心中的秋天，细心观察，灿烂的中华文化，壮丽的祖国山河，科学的思想方法，献出我们的爱；感受大自然的美好，爱护周围环境，怎样看问题、怎样想问题，丰富多彩的儿童生活，可贵的亲情、友情，神奇的科技世界，国际理解和友好，神话故事、传说；自然奇观，观察与发现，中外童话，作家笔下的动物，我国的世界遗产，人间真情，成长的故事，科技成就；走遍千山万水，以诚待人，大自然的启示，战争与和平，热爱生命，田园生活，执著的追求，故事长廊；我爱阅读，月是故乡明，学习说明性文章，生活的启示，遨游汉字王国，父母之爱，不忘国耻、振兴中华，走近毛泽东；走进西部，永远的童年，语言的艺术，他们让我感动，中国古典名著之旅，走进信息世界，作家笔下的人，异域风情。这些专题贴近儿童生活，体现时代特点，蕴含教育价值，把知识与能力、过程与方法、情感态度与价值观融为一体。从四年级开始，编者还在其中的两个单元中安排了综合性学习的内容，从而使专题学习的内容与形式更加丰富多彩。

北师大版的主题单元的设计，亦有自己的考虑。他们先确定贯彻1—6年级的主题领域，然后确定每个年级、每册的主题单元。编者把21世纪前半期中国人的生存发展所面临和待解决的三大问题作为贯穿始终的三大主题领域，即"人与自然""人与社会""人与自我"的关系。教科书从这三大领域当中，选择有奠基意义的内容来设计主题单元。从"人与自然"的维度，设计了《大海》、《太阳和月亮》、《冬天》、《动物》、《植物》、《星空》、《夏天》、《秋天》、《春天的脚步》、《雨》、《水》、《色彩》、《声音》、《奇观》、《家园的呼唤》、《母亲河》、《海底世界》、《可爱的生灵》、《观察与发现》、《走进森林》等几十个单元，意在使学生通过这些单元的学习，热爱自然、亲近自然、了解自然、保护自然，树立起处理好发展与保护环境关系的意识。从"人与社会"的维度，设计了《劳动》、《朋友》、《祖国》、《合作》、《诚实》、《小英雄》、《我和我们》、《尊重与平等》、《奉献》、《读书》、《书信》、《亲情》、《师生》、《民族之花》、《方寸世界》、《话语》、《规则》、《智谋》、《破除迷信》、《龙》、《遗迹》、《战争》、《美与丑》、《岁寒三友》、《地球家庭》等单元，力图通过这些单元的学习，培养爱亲人、爱家乡、爱祖国的情感，提高学生的文化品位和审美情趣，提高学生思考和文化选择能力，为处理好人与他人、人与社会、不同文化间的关系奠定基础。从"人与自我"的维度，设计了《手与脑》、《梦想》、《成长》、《好习惯》、《立志》、《尊严》、《面对错误》、《时间》、《岁月》、《乐趣》、《珍惜》、《收获》、《往事》、《愿望》、《好奇》、《书》、《生命》、《告别童年》等单元，旨在使孩子逐渐树立正确的个人意识，使孩子的心理健康成长。

苏教版最显著的特色就是简——结构简明，内容简约，练习简便。如低年级各册内容简化为四个部分：培养良好的学习习惯、识字、课文和单元练习（一年级上册设有汉语拼音部分）；中高年级各册也整合为四个部分：培养良好的学习习惯、课文、习作、单元练习。整套教科书力求脉络分明、便利教学。

宏观上如此，即使从微观的角度来看，编排的整合意识也显露无遗。这里，我们以苏教版为例来做些说明。如苏教版二年级上册有这样一篇识字课文：

骏马　秋风　塞北
杏花　春雨　江南
椰树　骄阳　海岛
牦牛　冰雪　高原

这篇识字课文，分开来看，是一个个相对独立又相互关联的词语，经过整合，很像是一首音韵和谐的绘景诗，寥寥24字，勾勒出一幅气势恢弘、景象万千的中华锦绣山水长卷图。学生学习这种整合性的课文，既学了字，又认识了事物，并且在诵读的过程中自然而然地感受到祖国的辽阔和壮美。

第二节　初中语文新课程教科书评介

一、基本情况

初中阶段的语文新课程教科书主要有3种，分别由人民教育出版社、语文出版社、江苏教育出版社出版发行(分别简称人教版、语文版、苏教版)。

(一) 指导思想

新课程实验教科书的编写，都以贯彻《基础教育课程改革纲要(试行)》精神，落实义务教育语文课程标准理念为旨归。

人教版教科书力图构建语文的综合实践体系，贯彻工具性与人文性相统一的精神，以利于全面提高学生的语文素养；改变过于强调接受式学习、机械训练的现状，积极倡导自主、合作、探究的语文学习方式，注重培养学生的创新精神；遵循语文教育规律，不刻意追求语文知识的系统性和完整性，突出学生的语文实践活动，使学生在实践中学习语文；力求富于开放性和弹性，给地方、学校和师生留有广阔的活动空间。

苏教版编写者在教科书编写伊始，就确立了六条编写理念，以具体落实新课标的精神，让学生在语文实践中学习语文，以此来构建崭新的语文综合实践系统。这六条新理念依次为：以人的发展为本，面向全体学生，全面提高学生语文素养，为学生的终身学习、发展奠定基础；尊重语文教育的客观规律，体现民族语文的特点；坚持工具性与人文性的统一，既注重丰富语文教科书的人文内涵，重视对学生精神领域的深广影响，又注重科学而严格的读写听说语文基本技能训练；加强整合优化，将知识技能、情感态度、价值观融为一体，不断提高学生的语文素养，构建全方位开放的语文综合实践系统；确认学生是学习和发展的主体，教科书设计要能激发学生学习语文的主动意识，有助于学生自主独立学习，在自我构建的过程中获得能力；压缩课本体积，扩大教科书容量，拓展语文学习资源，既要减轻过重的学习负担，又要提高教学质量和效果。这六条理念中，主编洪宗礼认为最主要的是三条：人本理念，即以人的发展为本，全面提高学生语文素养的理念；整合理念，即坚持人文与科学的统一，继承和发展的统一，情感态度与价值观、过程与方法、知识与能力的统一；主体理念，即确认学生是学习与发展的主体的理念。

语文版教科书遵循以学生为主体、发展、开放、有机统一、螺旋式上升的原则，以构建新的语文能力实践体系为宗旨，将教学目标的三个维度（知识与能力、过程与方法、情感态度与价值观）有机地融于教学内容的五个方面（识字写字、阅读、写作、口语交际和综合性学习），关注学生终身学习的需要，重视学生语文素养的整体提高。

（二）编写体例

在编写体例方面，人教版按“人与自我”“人与自然”“人与社会”三大板块来组织，以体现语文反映生活的规律。因为他们“理解的生活”，即“包括自我、自然以及社会三个方面，三者构成了一个完整的世界”。教科书以三大板块为基础，分成若干个单元进行编排。单元涉及的内容十分广泛，前四册安排如下：

		第一单元	第二单元	第三单元	第四单元	第五单元	第六单元
七上	阅读	感悟人生	理想信念	自然景物	科学世界	人间亲情	想像世界
	综合性学习·写作·口语交际	这就是我	漫游语文世界	感受自然	探索月球奥秘	我爱我家	追寻人类起源
七下	阅读	成长足迹	热爱祖国	名人传记	文化艺术	探险传奇	动物世界
	综合性学习·写作·口语交际	成长的烦恼	黄河，母亲河	我也追“星”	戏曲大舞台	漫话探险	马的世界
八上	阅读	战争生活	凡人小事	建筑园林	科学世界	古代生活	古代生活
	综合性学习·写作·口语交际	世界何时铸剑为犁	让世界充满爱	说不尽的桥	走上辩论台	莲文化的魅力	怎样搜集资料
八下	阅读	人生轨迹	心灵之声	关爱自然	民风民俗	古代生活	古代生活
	综合性学习·写作·口语交际	献给母亲的歌	寻觅春天的踪迹	科海泛舟	到民间采风去	古诗苑漫步	背起行囊走四方

围绕这些主题，编写者选编了一组组题材相似而体裁、写法、语言、风格各异的文章，既生动有趣又含义丰富，可以充分调动起学生学习的兴趣，并使他们从中获得对生活的感悟与理解。

苏教版的特点在于教科书结构的多元整合。所谓教科书结构的整合，主要指改革单一文选式教材的传统模式，构建多元、多维、多角度的，以培养学生综合语文实践能力为目的的系统。这个系统包括围绕主题将读写听说统整的“合成单元”，其中有开放的作文、语文综合实践活动、名著推荐与阅读、口语交际，以及引导探究性语文学习的专题，即问题与讨论（如七年级下册专题《荷》）。每册书设有6个合成单元，每单元4篇课文，教师可根据语文课程标准的要求和教学实际，自行安排精读、略读的篇目和比例；另编1至2篇“诵读欣赏”课文，让学生在大体理解文意的基础上熟读成诵，获得语感，丰富语文积累。接着“以读导写”，设计供选写的开放性作文题，让学生有创意地表达。单元最后编写“口语交际”或“综合实践活动”。“名著推荐与阅读”和“问题与讨论”等专题穿插在单元之间。各部分内容纵有系列，横有联系，若即若离，相互为用，使单元和全册书都是有机的综合体。如七年级上册的六个单元分别为亲近文学、金色年华、民俗风情、多彩四季、走进科学、奇思妙想，这六个主题即包含了人与社会、人与自然、人与文化和人与自身等四个方面的内容。编写者首先安排了“亲近文学”单元，意在为学生“打开一扇门”，激发他们热爱文学的情趣，接着以“金色年华”单元展示充满生气的青少年生活，再以“民俗风情”“多彩四季”两个单元让学生体验社会的民俗风情和大自然的美丽风光，然后安排了“走进科学”单元，力图在几篇科学作品的学习中，感受并学习先贤们的科学精神、科学思想、科学方法和科学知识，最后又以一个“奇思妙想”单元，把学生从现实生活引入想象世界。正是在学习内容的不断更替和变化之中，不断地把学生引入新的学习情境之中，从而使学生在阅读中始终有新鲜感、新奇感、追求感和愉悦感，不必再困扰于洋洋洒洒的课文分析和无休止的机械语文训练之中。苏教版教科书构建的“合成单元”，不仅把语文内部的读写听说融合在一起，而且使语文与社会生活、平行学科紧密联系，形成时空开阔的跨学科跨领域的语文综合实践系统，或曰“互联网”。其价值在于大大淡化了学科中心和片面追求语文知识系统完整的旧观念，使情感态度与价值观、知识与能力、过程与方法实现了和谐的统一，以获取整体综合语文教学效应。

语文版对于单元的设计，仍坚持长期以来所盛行的以文体组织单元的做法。每册课本都设七个单元（五个现代文单元、两个文言文单元），单元内部安排了阅读、口语交际、写作、写字、综合性学习等五大模块；各个模块之间有机结合，互相渗透，最大限度地开掘教科书的文本资源，实现资源共享。每个单元的前面有二三百字的单元说明，或介绍单元学习的内容，或提示学习的重点、学习方法。阅读由课文、注释、思考与练习、字词积累等组成。每册教科书一般安排30篇课文，现代文每单元4课，文言文每单元5课；同一单元内的课文，又有精读和略读之分，二者的比例基本上是一比一。注释主要介绍背景资料、解释生字生词，帮助学生扫清阅读障碍。思考与练习主要从整体把握、理清思路、提炼要点、品味语言、开放拓展等几个方面设计，一般精读课文设计四五道题，略读课文设计两三道题，意在引导学生认识课文的人文精神体现在哪里，课文的呈现方式好在哪里；引导学生体会课文的语言好在哪里，从而逐步学会选择恰当的词语、句式等进行表达；引导学生联系经验世界、现实世界和想象世界，对课文作出富于个性的反应，扩大和深化对生活、对世界的认识，由此，引导学生学会精读、略读、浏览等阅读方法，逐步提高阅读的理解能力、欣赏能力和评价能力。口语交际、写作、综合性学习、写字的内容尽可能围绕阅读展开。口语交际每册安排7次，写作每册安排7次，写字每册（七年级上下册、八年级上下册）安排2次，综合性学习每册安排3次，其中2次社会实践性专题，1次探究性学习专题。写作设计注意将单元整篇写作、课后片段写作、课外练笔作综合考虑，协调安排。整篇写作多结合单元阅读教学内容进行设计，注意写作和阅读之间的有机联系；同时，跟文体组元的编排体例相适应，重视多种表达方式的协同训练。口语交际设计注意结合单元学习内容、学生的生活实际和社会"热点"设置话题，激发学生的参与兴趣；注意通过分梯度、分层次提出活动的具体要求，提高活动的可操作性，确保学生互动交际；注意引导学生培养表达、交流、沟通的能力，增强自信心，学会运用人际交往技巧，解决在社会生活中遇到的实际交际问题。综合性学习设计注意联系单元学习要求，拓展学生视野，密切语文同生活的联系，注重实践性和应用性；注意引导学生通过探究性学习，大致了解、掌握科研的一般规范，培养创新思维和探究兴趣。

（三）文本选择

新课程教科书在课文的编选上，都注重体现一个"新"字。苏教版的新课文占到了65%，语文版的新课文比例更高。课文之新，不仅仅体现在数目上，更体现在其有利于全面提高学生的语文素养，符合"文质兼美，适合学生阅读"的选文原则上。各家都注意既选取传统的名家名篇，又选取充满现代气息的中外精品佳作，从而把富有文化内涵和充满时代生活气息这两个方面有机地结合在一起。以语文版教科书为例，该教科书既选取了毛泽东、鲁迅、冰心、老舍、郭沫若、艾青、郑振铎、丰子恺、余光中、王力等名人大家富有文化内涵的作品，也选取了黄蓓佳（《心声》）、林莉（《小巷深处》）、漆孝诗（《基因畅想》）、王滨（《少年爱因斯坦》）、王晓雨（《珍奇的稀有动物——针鼹》）、刘成章（《走进纽约》）、秦文君（《选举风波》）等饱含时代气息的文章。即使是对于文言文，也重视从现实意义的角度选取体现我们民族精神和优秀传统文化的、难易适度的新课文，如《期行》、《乘船》倡导诚信，《戴震难师》鼓励怀疑、探索，《包拯》倡导廉洁。同时，在文章选取上，注重体现多样文化，重视吸收人类文明成果，所选国外名人名作，如《我的老师》、《犟龟》、《第一千个球》、《巨人和孩子》、《鹤群》、《山米和白鹤》等，都是富有文化内涵而又充满时代气息的作品。

二、新教科书体现的编制意识

（一）学生主体意识

新课程强调自主、合作、探究的学习方式，凸显了学生主体意识。这不仅要体现在具体的课堂教学中，而且要体现在教科书的编制中。

在这方面，苏教版可谓代表。为了让语文教科书成为“帮助学生自主学习之本”“引导学生学会学习之本”“促进学生创造性学习之本”，苏教版对教科书的目标和范文系统、导读系统、注释系统、操作系统等作了较大改革，其最终目标在于转变学生的学习方式，突出学生的主体地位。以“目标和范文系统”为例，教科书的安排有较大的弹性。每册书的主体课文一般只有24篇，学生可以自主确定学习目标、学习重点以及精读和略读的篇目及比例。“探究练习”中部分题供选做。有的单元留空1—2篇，让师生自荐课文。八年级以后的每册书编了一个机动阅读单元，学生可自由选读，也可全部自选课外读物代之。“名著推荐与阅读”中的“精彩片段”供学生选读，学生也可另选片段选读。范文的这种安排，有较大的弹性，为学生自主阅读创造了良好条件，有利于发挥学生的主体性。同样，在“导读系统”中，教材只对作品出处、重要作者和必要背景作适度的介绍，不再编写阅读指导、预习提示等助读内容，不再设定单元教学目标和单篇教学重点，给予学生更多的自主选择权和自主开发权。对于“注释系统”中注释的安排，教科书以最低量为追求目标，具体原则为：凡学生可以通过工具书或资料自己查到的字词一般不注；凡根据语境推导或通过与同学合作能弄懂的词语一般不注；凡不影响整体理解的生僻词语一般不注；凡应在其他学科中解决的专用词语一般不注。“操作系统”更能体现这一特点。每课的“探究·练习”，设计了3至4个题目，引导学生独立阅读，自己探求答案。整体感知题注重让学生发表自己的独特感受和创造性见解；多解创意题是开放式的设计，多解即不求答案统一，创意即要有自己的独到见解。所有这些都突出了学生的主体地位，有利于提高学生的学习兴趣，培养学生的学习能力。

（二）综合培养意识

通过综合性学习活动来提高学生的语文素养是这三套教科书的一大亮点。综合性学习主要体现为语文知识的综合运用、听说读写能力的整体发展、语文与其他学科的沟通、课堂学习与实践活动的紧密结合，它有利于学生在感兴趣的自主活动中全面提高语文素养。

以人教版为例。全套书一共36次“综合性学习”，所设计的活动主题，都是与学生“学习和生活相关的问题”，学生“学习和生活中感兴趣的问题”，学生“自己身边的、大家共同关注的问题”以及社会生产、生活问题。如七年级上册的“这就是我”“我爱我家”“感受自然”“漫游语文世界”，八年级上册的“世界何时铸剑为犁”“让世界充满爱”“说不尽的桥”“莲文化的魅力”。这些主题，使学生的语文学习与生活全方位地结合起来，在学习语文的同时，从“人与自我”“人与自然”“人与社会”三大关系中发展个性。又如，七年级上册的“探索月球奥秘”，就要求学生搜集、研究关于月球的资料，参观访问天文台、天文馆，开展关于月球知识的擂台赛，写出以月球为话题的作文。这些活动蕴含以下几个方面的学习目标：了解有关月球的基本自然现象和人文现象，培养科学探索精神和人文精神、合作精神；继续学习利用图书馆和互联网获取资料的方法；能用科学的语言条理清楚地介绍科学现象；在有所遵循的基础上展开想象和联想，进行写作练习。这样富有特色的综合性学习确实可以起到"一箭多雕"的作用，使学生在三个维度上都得到提高。

（三）资源拓展意识

纵观各套教科书，都可以感受到鲜明的资源拓展意识。

人教版倡导"大语文"观念，体现了语文的开放性特点。开放性，指教科书的内容和形式都注意沟通教科书内外、课堂内外和学校内外，使语文学习同其他课程的学习、书本学习和实践活动紧密结合。语文教科书不仅是知识的载体，更重要的是使学生以语文教科书为切入点，从教科书引发开去，全方位地学习语文。如综合性学习系统的设置中，以"月亮"为话题的"探索月球奥秘"，以"女娲造人"为引子的"追寻人类起源"，探究的视角可以延伸到历史、未来，延伸到文学、科学，延伸到生物、天文、物理，延伸到生活的各个方面，从而实现了语文课程与其他课程、课内学习与课外实践的结合。

苏教版的拓展方式别具一格。首先，它设置了"名著推荐与阅读"环节，它打破了历来课堂上只能读单篇文章的惯例，把整本书的阅读引入课堂，扩大了学习资源，丰富了语文积累。除此之外，"综合实践活动"是进行资源拓展的另一重要渠道。它通过某一主题活动把读写听说综合在一起，集实践性、知识性、趣味性于一体。如七年级上册第三单元的"走进图书馆"，巧妙地设计查书目、看期刊、读报纸、上网等四项活动。这样一来，各种课外资源被充分地调动起来，生活的源头活水潺潺地流进课堂。

第三节　高中语文新课程教科书评介

国家教育部制定的《普通高中课程方案（实验）》，对普通高中的课程设置作出了重大的改革。改革的主要内容为课程由学习领域、科目、模块三个层次构成。每门课程均分为必修和选修两个部分；同时，研究性学习活动是每个学生必修的课程。普通高中课程设置的巨大变化，必然带来课程教科书编制的巨大变化。首批通过初审的五套高中语文教科书，分别由人民教育出版社、语文出版社、江苏教育出版社、广东教育出版社、山东人民出版社出版发行（分别简称人教版、语文版、苏教版、粤教版、鲁人版）。

一、人教版

（一）基本情况

人教版高中语文教科书包括5册必修课教科书和16门选修课教科书。5册必修课教科书，每册都由四个部分组成，即“阅读与鉴赏”“表达与交流”“梳理探究”“名著导读”。

“阅读与鉴赏”包括精读课文和略读课文，旨在形成从课内到课外、校内到校外、单篇文章到整本书回环结合的阅读系列。每册的“阅读与鉴赏”都由四个单元构成，四个单元中，前两个单元侧重于“品味与赏析”，后两个单元分别侧重于“思考与领悟”“沟通与运用”，体现了编者对学生语文素养的一个螺旋加深、滚动提高的过程意识、渐次发展意识。每个单元由三个板块构成：“单元提示”“课文”和“研讨与练习”。其中的“单元提示”主要说明单元教学要求以及学习重点、难点与学习方法，为师生的教与学提供有益的启迪和帮助；“课文”大都为名家名篇，注重经典性，兼顾时代性；“研讨与练习”突出学习要点，体现开发性，为教师和学生提供了自由发挥的平台。

“表达与交流”内含“写作”和“口语交际”两个板块。写作的教学内容安排了专题写作、在课文后的“研讨与练习”中的写作练习和与“梳理探究”结合在一起的综合性、研究性写作练习等三种训练形式。其中的写作专题，每册四个，5 册共 20 个。口语交际的训练也安排了三种形式，分别是结合课文学习进行的朗读、背诵、复述、讨论等练习，结合“梳理探究”中的专题实践活动进行的练习和专门的口语交际单元练习。

“梳理探究”实为特意安排的一些语文专题活动。这些专题涉及语言、文学、文化等多个领域，有的侧重于对已学内容的梳理，便于在长期积累基础上的巩固与整合；有的着眼研究，以培养学生的思考、探究能力。

“名著导读”每册都有安排，每册介绍两部名著，共介绍了《论语》、《大卫·科波菲尔》、《家》、《巴黎圣母院》、《红楼梦》、《高老头》、《莎士比亚戏剧》、《谈美》、《三国演义》、《堂吉珂德》等 10 部名著，旨在激发学生课外阅读的兴趣，养成阅读经典和优秀作品的习惯。

（二）特色点评

1. 稳妥而与时俱进的编辑指导思想

作为一家老资格权威型的出版社，在新的形势下既坚持自身多年来所形成的良好传统，又顺应新的课改理念和要求，追求新颖鲜明的时代特色，是人教社高中语文教科书编写的基本指导思想，用他们自己的话来说，就是所谓的“守正出新”。“守正”，就是坚持以马克思主义和科学的教育思想为指导，严格遵循中学语文教育的基本规律，注意继承我国高中语文教科书编写的优良传统和成功经验，适当考虑中学语文课程和教科书改革的实际。因此，他们并没有全盘推翻以往的教科书体例，也没有改变基本的教学内容，而是力图保持教科书体例的大体稳定，便于一线教师在教科书使用上的衔接过渡。“出新”，就是在整体上落实高中语文课程标准的基本理念，突出现代教育科学的理论方法，体现鲜明的时代特征和丰富的文化内涵；在教学上注意语文学科工具性与人文性相结合的特点，在内容体例和呈现方式上力求做到不拘一格、新颖活泼，并留有充分的选择空间和开发余地，以满足不同学校的实际需要；同时，努力适应新时期高中学生身心发展的特点，具有鲜明的时代性、扎实的基础性和灵活的选择性，有利于学生自主学习、合作学习和探究学习。

2. 语文素养型的立体化的教科书系统

高中语文教学作为基础教育的最后一个阶段，必须进一步提高学生的语文素养。而语文素养的提高，不可能是孤立、单线条的教学所能实现的，必须以整体性、综合性的教学来推动和提升。正是考虑到语文素养形成和提高的这样一种内在要求，编写者有意识地精心经营教科书的"立体系统"，在内容安排上充分注意其综合性，以积极促进语文素养的有效提高。教科书内容系统的立体化、综合性，主要体现在三个方面：首先是在教学目标上，综合了知识与能力、过程与方法、情感态度与价值观三个维度，力避或侧重工具性或侧重人文性那种偏于一端的积弊；其次是在课程内容上，既综合了语文课程本身的各种要素，又综合了语文课程与其他课程，还综合了课内学习和课外学习、课堂教学和实践活动，旨在打破教学内容上一直存在的孤立封闭的不良倾向；第三是在过程和方法上，综合了多种多样的学习途径和方式方法，力图通过不同的学习过程的展开和运用，通过不同学习方法的使用和体验，促使学生逐步形成适应自身特点的富有个性的学习方式。如赏析的过程与方法（"情感与意象""情趣与理趣""含英咀华""感受与共鸣"等）、领悟的过程与方法（"提要钩玄""质疑解难""融会贯通"等）、应用的过程与方法（"博观约取""知人论世""概括与归纳"等）。

二、语文版

（一）基本情况

语文版高中语文教科书包括5册必修课教科书和14门选修课教科书。必修教科书每册包含4个单元。单元的内容分为"阅读与鉴赏""表达与交流"以及综合性的"探究性学习"三个系列，其中以"阅读与鉴赏"为主线，将三个系列的内容综合编排，意在把读写听说活动有机整合起来，做到互相促进、整体提高。

作为单元主体的"阅读与鉴赏"，其选文仍按文体组织。在所有20个单元当中，现代文单元12个，文言文单元8个（文言散文5个，古典诗词曲3个）。各类文体具体构成是：文学作品单元7个，小说、散文、现当代诗歌（中外各半）单元各2个单元，戏剧单元一个；实用文体单元5个，新闻、传记、说明文、政论和文论单元各1个；文言散文单元5个，其中，写人记事、抒情言志、写景状物、议论说理与先秦诸子单元各1个；古典诗词曲单元3个，其中，《诗经》、《楚辞》、汉魏六朝诗合为一个单元，唐诗单独一个单元，宋词、元曲（散曲）、宋元明清诗又合为一个单元。每个单元都由4篇课文构成,3 篇精读,1 篇略读。每单元后设“单元链接”,提供与单元主题或文体有关的阅读材料。

除了“阅读与鉴赏”之外,“表达与交流”和“探究性学习”两个系列,一般分别安排在课文学习之后。其活动内容既同阅读教学内容和单元学习要求有一定联系,又有一定的独立性。

(二) 特色点评

1. 集时代性与经典性于一体的原创性课文的开发

选取什么样的文章供高中生学习,在语文版编写者看来,“是语文教科书改革的核心内容之一”。从这一认识出发,他们下大力气去开发原创性的课文,力图以一个较为崭新的文本面貌,来体现新课程所倡导的新理念。经过努力和广泛开掘,一批适应时代发展与学生终身发展需要、文质兼美的新课文展现在教科书之中,受到了全国中小学教材审定委员会的高度评价,认为“新的选文多为名家经典之作,具有典范性,内涵丰富,文字精美,为中学生提高语文素养提供了一个坚实可靠的基础”。这些选文中,既有反映现实生活、体现时代精神和现代意识的文章(如反映“神舟”五号上天的通讯《英雄潇洒走苍穹》、哲学家张岱年对民族文化传统进行总结和反思的《文化传统与民族精神》、美国经济学家曼昆谈经济学原理的《人们如何作出决策》、爱因斯坦谈教育根本目的的《培养独立工作和独立思考的人》),也有顺应当代高中生心理特点和阅读兴趣以促使他们对社会和人生进行思考的作品(如能够激起学生阅读兴趣的鲁迅的小说《铸剑》、记叙中华民族在强敌和危险面前从容镇定的乐观主义精神的汪曾祺的散文《跑警报》、揭示青少年成长的心路历程的美国儿童作家奥台尔的小说《黑珍珠》);对于外国作品则注意选取反映不同风格、不同流派的人类优秀文化的文字(如柏拉图的《苏格拉底之死》、美国思想家梭罗《瓦尔登湖》的片段《寂寞》、英国作家兰姆的代表作《古瓷器》、拉美魔幻现实主义作家马尔克斯的《巨翅老人》等),以扩大学生视野,引导他们尊重和理解世界多样文化;而对于文言文的选取则注重弘扬优秀民族文化、凸显民族精神的篇章(如在教科书的最后一个单元专门编排了先秦诸子文章,从诸子中选取了最有代表性的孔、孟、老、庄四家),有助于他们对民族传统文化的了解,形成一定的民族文化底蕴。

2. 集语言学习与文学鉴赏于一体的课后习题的设计

语文教学尤其是高中语文教学,如何处理好语言和文学的关系,使工具性与人文性真正有机统一,而不是彼此割裂、二者偏废,一直是人们在实践中未能很好解决的重要问题。语文教科书作为教学之本,理应为教学实践走出困境提供有效的凭借。对于这一重要问题的解决,语文版通过课后习题的设计作出了积极的尝试。整个习题的设计,贯穿着把语言能力的培养与文学鉴赏密切结合,也即把工具性与人文性有机地统一起来的意图:第一,把理解语言文字作为解读课文的基础,引导学生从语言的品味、应用入手，对文本进行体验、感悟和鉴赏；第二，引导学生关注现实语言生活，从生活中学习语言；第三，文言文学习既注意古今汉语的辨异，更注意古今汉语的沟通，把学习古代汉语和准确把握现代汉语结合起来；第四，引导学生结合自己的经验世界和想象世界，通过体验、感受、比较、迁移等方式，对作品进行多角度和个性化的阅读。如第一册第十五课《淝水之战》第二题，让学生把《资治通鉴》、《世说新语》、《晋书》三书对谢安听到捷报时的细节描写进行比较，通过描写的细微差别体会史家的不同态度并得出自己的结论。

三、苏教版

（一）基本情况

苏教版高中语文教科书包括5册必修课教科书和16门选修课教科书。必修课教科书以人文话题为统领，着眼于学生精神世界的建构与拓展，分别从“人与自我”“人与社会”“人与自然”和“语言文化”4个向度设置专题，共20个。具体安排如下：

	人与自我	人与社会	人与自然	语言文化
必修一	向青春举杯	获得教养的途径 月是故乡明	像山那样思考	
必修二	珍爱生命	和平的祈祷 历史的回声 慢慢走，欣赏啊		
必修三	号角，为你长鸣	祖国土 文明的对话		寻觅文言津梁
必修四	一滴眼泪中的人性世界 我有一个梦想			笔落惊风雨 走进语言现场
必修五	此情可待成追忆	直面人生	科学之光 我们头上的灿烂星空	

这里的专题大致类似于过去的单元，但与单元有一定的区别。单元由单篇课文组成，课文是根据体裁或题材组合的。专题则主要由学习板块组成，板块突破了“一篇一课”的模式，将选文及研习、探究和活动方案等学习材料组合在一起，形成既相对独立又相互联系的学习单位。整个专题的内部构成主要有以下几个部分：

专题名称：对专题内容起标志性作用。如“像山那样思考”，清楚地显示出本专题将围绕着思考展开。

导语：用简洁明了的语言引导学生进入专题学习情境。如“像山那样思考”的导语为:“大自然是美的源泉:它崇高而又优雅,雄浑而又柔和;它时而狂放不羁,时而静谧深远……人类一直思考应该如何与自然相处,尤其在物质文明日益进步的今天,人与自然的关系更需要我们深切关注。”

学习板块:每个专题由两至三个学习板块组成。如“向青春举杯”专题即包括三个板块:“吟诵青春”“体悟人生”“设计未来”。在“吟诵青春”中,安排了毛泽东《沁园春·长沙》、食指《相信未来》和江河《让我们一起奔腾吧》;在“体悟人生”中,安排了杨子《十八岁和其他》、张洁《我的四季》;在“设计未来”中,安排了马克思《青年在选择职业时的考虑(节选)》和毕淑敏《我的五样》。

积累与运用:侧重对文本记诵、课外语文活动等提出要求并给予指导。

写作:教科书中的“阅读与鉴赏”“表达与交流”等内容是融为一体的。口语交际、小练笔大多结合专题的具体情境来安排。每个专题设“写作”,包括“写作观”“写作指导”“写作实践”等项。其中“写作实践”安排一次大作文。

(二) 特色点评

1. 以人文话题统领专题,促进学生语文素养的整体提高

从上表可以看出,教科书编者给每一专题都赋予了标题,这种标题,编者自我命名为“人文话题”。人教版高中语文教科书的每一单元,也都有个标题,但标题反映的内容大概是两个方面,或着眼于课文学习的对象因素,如“情感与意象”“情节与语言”等;或着眼于课文学习的方法因素,如“感受与共鸣”“质疑解难”等。苏教版专题的命名显然不同于人教版,标题所反映的内容,是专题内所选课文在表达内容上的一个大致倾向,如模块一的第一个专题选入的有关教学材料,都与青春年华有着密切关系,因而编者取名为“向青春举杯”,意在激励青年学生感受青春,激扬青春,让青春焕发出夺目的光彩。该专题由三首诗歌和四篇文章组成,虽各具特色、异彩纷呈,但同是以青春为圆心,从不同角度启发正值韶光的年轻人,步伐稳健、充满自信地踏上青春之路,扬帆驶向未来的征程。“吟诵青春”以诗歌的形式,展现不同时代青年人精神风貌的特征。“体悟人生”借助换位思考的方式,帮助学生处理好与父母的关系;引导学生对人生进行思考,以正确的态度面对人生的考验。在“设计未来”板块中,指引学生走上希望的田野,设计人生的舞台。该专题教学的安排,旨在让学生感受青春的多姿多彩,启发他们规划自己的人生蓝图,从而实现精神成长。显而易见,这样的学习专题一般围绕某一方面的内容展开,把各种有助于探索学习的材料(如选文、背景资料、问题设计、思路、讨论题、音像资料、图表、索引等)有创意地进行组合,加强了与学生生活、社会生活的联系,拓宽了学习的范围和视野,从而统领了积累与整合、感受与鉴赏、思考与领悟、应用与拓展、发现与创新等方面的发展目标,较为综合而有效地提高了学生的语文素养。

2. 创新教科书的呈现方式,引导学习方式和教学方式的变革

苏教版编者在必修教科书的呈现方式上进行了大胆创新,设计了"文本研习""问题探讨""活动体验"三种着眼于学习过程的结构方式,对教师教学行为和学生学习方式提出了建议。"文本研习"提供经典性的阅读文本,创设阅读对话情境,引导学生参与阅读对话,表达交流阅读的体验、感受和思考,侧重于提高学生解读文本、鉴赏作品的能力。"问题探讨"着眼于培养发现问题、探讨问题的意识,引导学生发现问题、分析问题、解决问题,进而能提出有价值的问题。"活动体验"引导学生围绕专题人文内涵和学习要求,结合具体学习材料,开展丰富多样的语文活动,在活动中体验,在活动中思考,在活动中探究,在活动中提高综合的语文素养。如必修一中四个专题,"向青春举杯"设计为活动体验,"获得教养的途径"设计为问题探讨,"月是故乡明"和"像山那样思考"设计为文本研习。

四、粤教版

(一) 基本情况

粤教版高中语文教科书包括 5 册必修课教科书和 14 门选修课教科书。5 册必修教科书单元安排如下:

册别	第一单元	第二单元	第三单元	第四单元
模块	活动	文体	文体	语体
语文 1	认识自我	传记	散文 1	古典诗歌 1
语文 2	体验情感	诗歌	散文 2	文言文 1
语文 3	感悟自然	科学小品	小说 1	古典诗歌 2
语文 4	关注社会	议论文	小说 2	文言文 2
语文 5	走近经济	新闻	戏剧	文言文 3

"三线两结合"是粤教版教科书的主要特色。所谓"三线",就是用活动、文体、语体三条线组编单元;所谓"两结合",就是用活动与阅读结合,写作与口语结合来安排活动,促成阅读、写作、口语的语文能力和自主、合作、探究的学习能力的培养。这样安排的好处有三:一是理清了中学语文的文体,体现了语文知识的时代性。这套教科书不再以过去的记叙文、说明文、议论文、应用文的文体分类,而是根据课程标准提出的论述类、实用类、文学类文体分类,并把实用类文体中的新闻、传记、科学小品组成与论述类、文学类文体并列的一类独立文体。这是文体上与时俱进的体现。二是以活动和文体兼顾安排单元,体现语文学科的人文性。教科书从人与自我、人与他人、人与自然、人与社会、人与经济 5 个方面,设计了认识自我、体验情感、感悟自

然、关注社会、走近经济5个活动单元，分别作为每一册的第一单元。而每一册的其他三个单元的主题题材内容，尽量与活动单元的内容互相呼应，互相兼顾，努力体现语文学科的人文性的一面。三是强调文言文的基础性，弘扬民族文化传统。为了达到读懂浅易文言文、继承和弘扬优秀的民族文化的目的，教科书按文体和时代把古代诗文集中编排成5个单元，其中古典诗歌2个单元，文言文3个单元。这样的编排使教科书的时代性与传统性得到了很好的结合。

（二）特色点评

1. 以阅读作为提高语文素养的突破口

从上文的单元安排表可以看出，粤教版必修教科书中阅读单元的比例占到了四分之三。编写组精心构建了三个层级的阅读系统。最重要的一个层级是基本阅读，每册两个现代文单元，每单元3课，古诗文单元每单元4课，共10课，5册共50课。第二个层级是扩展阅读，每单元2课，每册8课，5册共40课。与此相同层级的还有参考阅读，每册3课，5册共15课。第三个层级是推荐阅读，5册共推荐了《三国演义》、《红楼梦》、《家》、《呐喊》、《彷徨》等10部著作。值得指出的是，为了强化阅读方法的指导，在5册必修教科书的“点击链接”栏目中，安排了10篇介绍阅读的理论、习惯和方法的短文，如第一册第四单元安排了短文《诗无达诂》，旨在说明阅读过程就是“读者参与作品审美对象并生成意义的再创造过程”。

2. 以活动促进阅读、写作、口语交际能力的培养

粤教版5册必修教科书共安排了5个单元活动和15个表达活动，具体如下：

模　块	单元活动	表达交流活动		
册　别	第一单元	第二单元	第三单元	第四单元
1	认识自我	展现七彩人生	打开心灵之门	寻觅节日诗情
2	体验情感	少年情怀都是诗	“平凡之中见新意”小论坛	文言虚词的整理积累
3	感悟自然	做一个科普使者	一起来编故事	珠联璧合觅佳趣
4	关注社会	社会自由谈	“赞·弹·改”读书活动	常见文言句式整理积累
5	走近经济	到新闻视窗“亮相”	粉墨登场乐一回	妙语奇思尽挥洒

把活动纳入教科书和教学计划，以改进语文能力的培养方式，是这套教科书的一大特色。当然，无论是哪一类活动，设计都集中在语文性上，即使是“走近经济”活动单元，也让学生在了解经济问题的同时，受到了查找资料、问卷调查、专题访谈、实

地考察的锻炼，最后还要写出一篇调查报告之类的文章。

五、鲁人版

（一）基本情况

鲁人版高中语文教科书包括5册必修课教科书和13门选修课教科书。必修教科书采用以人文话题切分与组合模块单元的整体结构方式。5册分解成20个与学生的生活与情感密切相关的人文话题，涉及人生、情感、生活、自然、社会、艺术、科技、文化等领域。它们不是按照知识能力点编排，而是按照学生身心发展的规律和学生现实生活的需要把20个话题组成一个呈现序列，不同领域的话题相互间隔，同一领域的话题在5册中循环出现，构成了20个既相对独立又内在关联的单元，每册包括4个单元。这种结构方式突破了传统单元设计中“课”的概念，以共同的话题把单元内的所有文本卷入一系列的语文实践活动，以活动为中心促进听说读写能力的提高，整体提高学生的语文素养。同时，突破了选文的文体限制，把文体知识的学习和文体表达的训练同各种各样的语文活动结合起来，以语文的应用学习和实践学习促进文体写作能力技能的提高。此外，它还突破了文白分编，把文言文与白话文按照话题的需要编在同一个单元，在与白话文对比参照性的阅读对话中，使文言文教学获得更多的情境动力和思想动力，有助于消除学生厌学和畏难的情绪。

（二）特色点评

1. 以学生自主学习为中心的活动型教科书结构的设计

所谓活动型教科书结构的设计，就是以学生的自主学习活动为中心来编排教科书。具体而言，学生的自主学习活动包括：话题点击的情感与兴趣活动、文本阅读的整体感知活动、体验与探究、对话与感悟活动、应用与创新及文本扩展活动等。活动型教科书结构的设计，首先强调学生的自主。学生的主体性阅读、自主性写作、自我体验与探究、对话与感悟、主动应用与创新等等，都是学生主体生命活动的形式，它实现了教科书结构的主体化。活动型教科书结构的设计，同时强调学生的活动，其本质就是把学生作为学习活动的实践者，就是引导学生在广泛的语文实践中学语文、用语文，逐步掌握运用语言文字的规律。具体活动包括文本阅读活动、利用有关的学习资源进行拓展性学习活动、社会实践活动等。这样的教科书充分体现出语文课程的实践性特点，有利于实现“以活动促发展”的目的。

2. 以培养语文素养为旨归的活动性学习设计

在旧的课程指导思想的影响下，传统的语文教科书往往只注重从“知识和能力”这一维度去进行设计，导致了语文课程平面产品的出现。鲁人版教科书注重从知识和能力、过程和方法、情感态度和价值观三个方面立体化地设计语文学习活动，以使学生得到全面发展。活动性学习设计注重学生整体的语文素养的提高，实质上就是对学生心理进行完整性建构，对学生进行完整性教育。

六、新教科书体现的编制意识

(一) 凸显人文意识

在《全日制义务教育语文课程标准(实验稿)》提出的“全面提高学生的语文素养”的基础上，《普通高中语文课程标准(实验)》进一步提出“充分发挥语文课程的育人功能”，突出了语文课程人文性的一面，强调了语文课程在育人中的重要作用。纵观各套教科书，我们不难发现人文意识在熠熠生辉。如人教版的选文偏重于文化内涵丰富的文学作品，以求在培养阅读能力的过程中，努力使学生形成正确的情感态度和价值观。下列人教版必修第二册“阅读鉴赏”选文，可窥一斑而知全貌。

第一单元

1 荷塘月色 朱自清

2 故都的秋 郁达夫

3* 囚绿记 陆蠡

4* 瓦尔登湖 梭罗

第二单元

5 《诗经》二首

氓

采薇

6 离骚 屈原

7* 孔雀东南飞(并序)

8* 诗三首

涉江采芙蓉 《古诗十九首》

短歌行 曹操

归园田居 陶渊明

第三单元

9 烛之武退秦师 《左传》

10 荆轲刺秦王 《战国策》

11* 鸿门宴 司马迁

12* 召公谏厉王弭谤 《国语》

第四单元

13 就任北京大学校长之演说 蔡元培

14 我有一个梦想 马丁·路德·金

15* 在马克思墓前的讲话 恩格斯
16* 近代科学进入中国的回顾与前瞻 杨振宁

（二）强化探究意识

现代社会要求人们思想敏锐，富有探索精神和创新能力，对自然、社会、人生有更深刻的思考和认识。高中学生身心发展渐趋成熟，已具有一定的阅读表达能力和知识文化积累，促进他们探究能力的发展已成为高中语文课程的重要任务。

人教版主要通过教科书中“梳理探究”部分的专题活动来培养学生的探究能力，具体安排如下：

第一册	第二册	第三册	第四册	第五册
优美的汉字	成语：中华文化的缩微景观	交际中的语言运用	逻辑和语文学习	文言词语和句式
奇妙的对联	修辞无处不在	文学作品的个性化解读	走近文学大师	古代文化常识
新词新语与流行文化	姓氏源流与文化寻根	语文学习的自我评价	影视文化	有趣的语言翻译

语文版教科书专门设置了综合性的探究性学习系列，共安排 10 次，每册 2 次。内容大体可分为研究性专题和体验性活动两类，前者包括“历史人物大家谈”“古代作家人生态度探究”“走近小说人物”“民俗文化探究”“先秦诸子思想与现代社会”；后者包括“热点新闻的采写”“家乡的石头会说话”“走进经济生活”“广告语面面观”“我看流行语”。这些设计注意面向社会语文生活，既同单元学习要求有联系，又拓展了学生视野，激发了学生的探究兴趣和创造潜能。

（三）发展个性意识

《普通高中语文课程标准（实验）》指出：“高中语文课程应遵循共同基础与多样选择相统一的原则，精选学习内容，变革学习方式，使全体学生都获得必需的语文素养；同时，必须顾及学生在原有基础、自我发展方向和学习需求等方面的差异，激发学生的兴趣和潜能，增强课程的选择性，为每一个学生创设更好的学习条件和更广阔的成长空间，促进学生特长和个性的发展。”因此，各种版本的选修课教科书便特色纷呈，每套教科书的选修部分都有 5 个系列 10 多种教科书，为学生的个性发展提供平台。如果说这是选修课的性质使然的话，那么在各版本的必修教科书中同样做到这一点，确属难能可贵。如人教版“阅读鉴赏”部分“研讨与练习”的设计，精读课文一般有四道题，略读课文两至三道，部分题型和内容设计为开放式，为教师和学生留有发挥的空间；“表达交流”部分的“写作练习”设计若干个参考题目，学生可以选做；“梳理探究”部分的专题活动，不同地区、不同学校可以有选择地开展，这些措施都为发展学生的个性创造了条件。

思考与练习

一、说说中小学新课程语文教科书课文选编的价值追求。

二、任选一种新课程语文教科书，评述其特色。

第七章

语文课程资源

第一节　语文课程资源概述

一、语文课程资源的概念

一般认为，课程资源的概念有广义和狭义之分。广义的课程资源指有利于实现课程目标的各种因素，如生态环境、人文景观、国际互联网、教师的知识等；狭义的课程资源仅指形成课程的直接因素来源，如教材、学科知识等。本书所使用的是相对广义的课程资源概念，指的是形成课程的因素来源和必要而直接的实施条件。

人们对课程资源的认识有一个发展的过程。在现代课程论诞生之初，当时的社会文化发展状况使得课程资源往往局限于书面知识，以及一些与学校教育直接相关的教育设施，如图书馆等。随着科技的进步和社会的发展以及学校教育范围的拓展，更多的资源可以影响、支持并构成课程要素，从而成为课程资源的一部分，如网络、生态环境和人文传统等。因此课程资源的概念是在不断地发展和丰富的，社会的进步和课程意识的提高为课程资源的开发和利用开拓了越来越大的空间。

语文课程资源指形成语文课程的因素来源和必要而直接的实施条件，“包括课堂教学资源和课外学习资源，如教科书、教学挂图、工具书、其他图书、报刊，电影、电视、广播、网络，报告会、演讲会、辩论会、研讨会、戏剧表演，图书馆、博物馆、纪念馆、展览馆，布告栏、报廊、各种标牌广告，等等。”“自然风光、文物古迹、风俗民情、国内外的重要事件、学生的家庭生活以及日常生活话题等也都可以成为语文课程的资源。”①

二、语文课程资源的类别

（一）素材性课程资源和条件性课程资源

这是按照语文课程资源的功能特点来划分的。素材性课程资源是可以直接进入课程，成为课程素材或来源的那些对象；条件性课程资源则只是间接作用于课程的那些对象。素材性课程资源是学生学习和掌握的对象，如知识、技能、经验、活动方式方法、情感态度和价值观及培养目标等；条件性课程资源则决定着学生学习和掌握的水平、课程实施的广度和效益，如人力、物力、场所、媒介、设备、设施、环境，以及对于课程的认识状况等。当然，把语文课程资源划分为素材性课程资源和条件性课程资源更多地是为了说明问题的方便，两者并没有截然的界线。现实中的许多课程资源往往既包含着课程的素材，也包含着课程的条件，如图书馆、博物馆、实验室、互联网络、人力和环境等资源就是如此。

（二）校内课程资源和校外课程资源

这是按照语文课程资源空间分布的不同来划分的。凡是学校范围之内的课程资源就是校内课程资源，它是一直被关注的，以至被认定是难以改造、不可变更的那部分资源；超出学校范围的课程资源就是校外课程资源，这是以往常常被忽略不计、视而不见的，以至被贬斥的那部分资源。校内课程资源可以包括素材性课程资源和条件性课程资源，校外课程资源也同样包括了这两种资源。目前，校内课程资源的开发和利用仍然占据主要地位，但是随着现代课程的开放度的加大、社会资讯的日益电子化、人文学科学习背景的扩展，校内和校外课程资源的划分界限逐渐被打破，从而在很大程度上使得课程资源，特别是素材性课程资源的广泛交流和共享成为可能，校内外课程资源相互转化的可能性也就越来越大。

（三）课程资源的其他类型划分

由于划分标准的不同，语文课程资源还可以划分出许多不同的类型。按照资源的组合方式，可以分为“单纯资源”和“复合资源”，如一本词典就是单纯的课程资源，而一座图书馆、学校的整个环境就是相对复杂的复合资源；按照其在课程中所起作用，可以分为“核心资源”和“边缘资源”；按照其呈现形态，可以分为“显性资源”和“隐性资源”，如已经成型的教材、教具等就属于“显性资源”，而社会、家庭相对就属于“隐性资源”；按照其发展的先后，可以分为“传统资源”和“现代资源”；

---

① 中华人民共和国教育部制订：《全日制义务教育语文课程标准（实验稿）》，北京师范大学出版社2001年版，第15页。

甚至借用电脑行业的术语，还可以把它分为“软件资源”和“硬件资源”，如此等等。

三、语文课程资源的分布

我们可将语文课程资源的主要分布状况作如下图示：①

语文课程资源基本分布框架

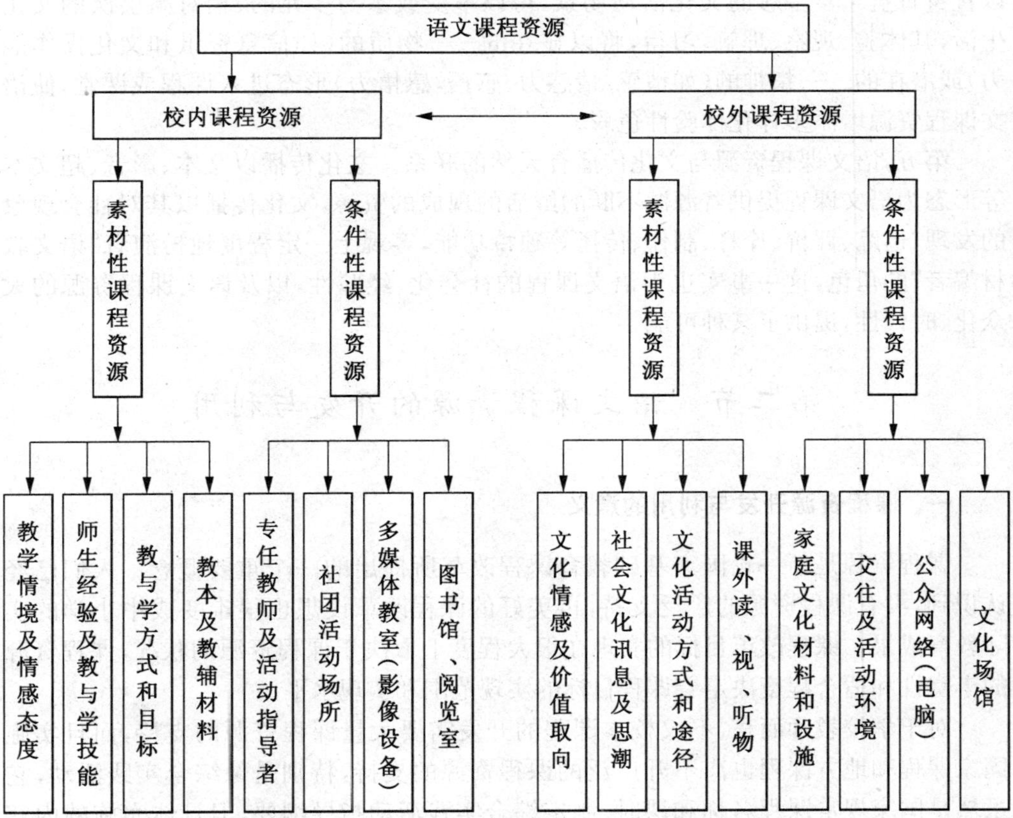

从上图语文课程资源的分布状况，我们至少可以得到以下认识：

第一，语文课程资源与学生的日常生活有直接的联系。学生进入课题或课堂，本身就已携带着各自不同的课程资源，学生的每个个体作为课程的建设者，发挥着语文的课程资源的作用。

第二，语文课程资源与家庭文化有千丝万缕的联系。社区家庭文化背景、家长文化修养、家庭文化设施，在对学生熏染的同时，对学生的语文课程理解发生影响，

① 区培民主编：《语文课程与教学论》，浙江教育出版社 2003 年版，第 54—55 页。

进而成为了语文课程条件性资源的重要因素。

第三,语文课程资源与社会信息、公众网络信息有紧密的联系。它们不但从价值观、审美观、文化选择取向、言语或语言方式等侧面,对语文课程目标和学科能力发展产生意义,而且通常会自然、自发、随机地转化为课程资源。

第四,语文课程资源与学生生活场景有相辅相成的联系。社会的发展使学生得以置身日益丰富多彩的文化活动场景,得以享受或参与多元的、相对高层次的文化生活,其体验、观察、理解、习得,将以显在的——物质的(如信息资讯和文化操作能力)或潜在的——精神的(如情感/情感力、感悟/感悟力)形态进入课程或课堂,使语文课程资源增添多样化体验性色彩。

第五,语文课程资源与文化传播有天然的联系。文化传播以文本、影音、超文本等形态为语文课程提供着源源不断的鲜活的现成的资源,文化传播以其对社会现象的发现、追踪、评价、诠释、制作、传扬等独特功能,客观上一定程度地扮演着"语文教材编者"的角色,这一事实也为语文课程的社会化、经验性,以及语文课程资源的大众化、时代性,提供了某种可能。

第二节　语文课程资源的开发与利用

一、课程资源开发与利用的意义

课程资源是新一轮国家基础教育课程改革所提出的一个重要概念。人们已经认识到,没有课程资源的广泛支持,再美好的课程改革设想也很难变成中小学的实际教育成果。课程改革目标的实现在很大程度上取决于课程资源的状况,课程资源的丰富性和适合程度决定着课程目标的实现范围和实现水平。

对于学校教师而言,不仅校本课程的开发需要大量课程资源的支持,而且实施国家课程和地方课程也离不开广泛的课程资源的支持,特别是像综合实践活动,它虽然是国家规定课程名称和课时、制定综合实践活动指导纲要,但具体实施的内容和形式则完全要由学校来决定,是在实践过程中动态生成的,这就需要对课程资源有充分的认识和便捷的获取途径。否则,课程改革的许多目标就会落空。

特别应该看到,课程资源的开发和利用对于转变课程功能和学习方式具有重要意义。一方面,可以超越狭隘的教育内容,让师生的生活和经验进入教学过程,让教学"活"起来;另一方面,可以改变学生在教学中的地位,从被动的知识接受者转变成为知识的共同建构者,从而激发学生学习的积极性和主动性;同时,还可以开阔教师的教育视野,转变教师的教育观念,从而更好地激发教师的创造性智慧。可以说,课程资源的作用比以往任何时候都更加重要了。

二、课程资源开发和利用的筛选机制及原则

从当前我国课程改革的趋势来看，凡是有助于创造出学生主动学习和和谐发展的资源都应当加以开发和利用。但究竟哪些资源才是具有开发和利用价值的课程资源，还必须通过筛选机制的过滤才能确定。从课程理论的角度讲，至少要经过三个筛子的过滤筛选才能确定课程资源的开发价值。第一个筛子是教育哲学，即课程资源要有利于实现教育的理想和办学的宗旨，反映社会的发展需要和进步方向。第二个筛子是学习理论，即课程资源要与学生学习的内部条件相一致，符合学生身心发展的特点，满足学生的兴趣爱好和发展需要。第三个筛子是教学理论，即课程资源要与教师教学修养的现实水平相适应。

为使课程资源的筛选机制更好地发挥作用，必须注意两个重要原则，即优先性原则和适应性原则。优先性原则考虑的是，学生需要学习的东西很多，远非学校教育所能包揽，因而必须在可能的课程资源范围内和充分考虑课程成本的前提下突出重点，并使之优先得到运用。适应性原则要求的是，课程资源的开发利用和课程的设计不仅要考虑学生的共性，更要考虑特定学生对象的特殊性和具体情况。应该说，这些筛选机制和原则对于课程资源的开发和利用具有重要意义。因为这些筛选机制和原则能够保证符合课程目标和具有教育价值的要素进入学校课程或作为学校课程的条件而支持课程的开发与实施，保证课程资源应有的教育意义。

三、语文课程资源的宏观开发和利用

（一）开发与利用自然资源

自然资源是语文课程取之不尽的资源。自然资源指自然世界中的自然形态（日月星天、风雪雨霜、绵绵山岭、茫茫大海）和人工形态（海堤水库、农田果园、防护林带、园林花卉）。教师在开发与利用自然资源时，可以启发学生走进大自然，观察、体验大自然的美妙与神奇，还可以结合识字教学、口语交际、阅读、写作、语文综合性学习等活动，让学生走进大自然收集有关素材，这样做，不仅可以培养学生热爱大自然的思想感情，还可以为学生的语文学习积累丰富的表象。

（二）开发与利用社区资源

《全日制义务教育语文课程标准（实验稿）》要求学校“争取社会各方面的支持，与社区建立稳定的联系，给学生创设语文实践的环境，开展各种形式的语文学习活动”。社区语文课程资源包括：语文教育人才资源（大中小幼教师、离退休老教师、文化艺术干部、新闻传媒干部等）、社区文化艺术场馆（图书馆、博物馆、纪念馆、展览馆等）、社区文化艺术设施（布告栏、黑板报、读报窗、宣传廊等）、社区文化艺术活动（报告会、演讲会、朗诵会、故事会等）、社区文化艺术环境（建筑雕塑、园林花卉、标牌广

告等)。教师开发与利用社区语文课程资源时,首先要注意引导学生联系生活学语文,要有目的地把课内学习与课外学习有机结合起来,充分利用社区语文教育资源,增加学生学语文、用语文的机会。例如,鼓励学生主动参加社区举办的报告会、演讲会、朗诵会、故事会等,引导学生把从社区中发现的问题写成建议或报告。其次,要充分发挥社区的人才资源优势,开设相应的语文选修课程。第三,要注意引导学生用语文服务社区,如自办手抄报宣传社区内的好人好事,当文字医生纠正社区内的错别字,争当读报员为社区里的老人读报,等等。这样做,不仅可以提高学生学语文和用语文的能力,而且可以增强学生的公民意识和社会责任感。

(三)开发与利用学校资源

学校是学生学习的主要场所,蕴藏着丰富的语文课程资源:一是物化的课程资源,如校园文化环境与设施(书画走廊、黑板报、读书窗、宣传栏、校史展览馆等)、图书馆(各类藏书、画册、报刊杂志、音像资料、网络资源等)。二是人的课程资源,这里主要指教师和学生,因为他们是学校课程资源的主体。教师在开发与利用学校语文课程资源时,除了结合课文和课堂教学引导学生利用学校的课程资源外,还应开展形式多样的实践活动,让学生最大限度用好学校的课程资源,使学生个体的动态的课程资源与学校静态的物化课程资源得到有机整合。例如,可以通过写字、查字典、词语接龙、成语故事、诗歌朗诵、手抄报、征文、主题演讲等活动,让学生走进图书报刊和网络世界,提高学生学语文和用语文的能力。

(四)开发与利用家庭资源

语文课程的家庭资源主要包括两个方面:一是物化的文化环境与设施,如家庭藏书、报刊杂志、集邮册、工艺品、音像资料、电脑器材等;二是学生家长。应该说,近几年来,学校对家长的作用越来越重视,但主要停留在家长能为学校办学提供哪些帮助,或者如何配合学校教育孩子上,至于如何把家长视作一种不可缺少的课程资源进行开发与利用,学校还没有引起足够重视。事实上,家长中有各种各样的人才,有的家长是某一领域的专家,有的家长在某一方面有专长。因此,如何开发与利用家长的课程资源,是当今课程改革中值得关注的问题。在语文课程家庭资源的开发与利用上,一方面可以充分发挥家长的特长优势,为孩子开设相应的选修课程,如有的家长喜欢集邮,并对集邮有一定研究,教师可建议家长为孩子开设“集邮与文化”课程;有的家长喜欢收集文物古董,教师可建议家长为孩子开设“文物与中外文化”课程。这样做,既丰富了学生的知识,又发展了学生的个性特长。另一方面可以鼓励家长和孩子利用周末时间开展丰富多彩的娱乐活动,如猜谜语比赛、讲童年故事比赛、我眼中的爸爸妈妈(或孩子)演讲比赛、读书知识竞赛、朗诵比赛、课本剧表演赛等等。开展这些活动,不仅可以提高学生学语文、用语文的能力,而且可以让学生真切体验到家庭的温暖,受到潜移默化的亲情教育。

四、语文课程资源的微观开发和利用

（一）语文教材的开发和利用

与纸质印刷时代的要求相适应，教材一直是我国学校教育的主要课程资源，以至于人们常常误以为教材就是惟一的课程资源。一提到开发和利用课程资源，就想到要订购教材，或者编写教材，甚至进口国外教材。的确，教材（主要是教科书）直到现在依然是重要的课程资源，而且倡导和开发课程资源，并不是主张不要教科书了，也绝不是否认教科书的重要性和严肃性。但从课程资源以及时代发展的要求来看，教材不但不是惟一的课程资源，而且其作用呈相对下降的趋势。所以在认识上要打破教材作为惟一课程资源的局限，合理构建课程资源。就教材本身而言，教材的编写应从学生兴趣和经验出发，根据学生的心理发展特点，精选对于学生终身学习必备的基础知识与技能，及时反映社会、经济、科技的发展，尝试以多样、有趣、富有探索性的素材展示教育内容，并且能够提出观察、实验、操作、调查、讨论的建议。长期以来，中小学课程资源的结构比较单一，除了教材成为惟一的课程资源外，在课程资源的开发主体、基地、内容、条件等方面也很单一，而且未能形成有机整体。因此，为了适应地区差异、不同学校的特点，以及学生的个别差异，为学生提供更多的选择性，就必须充分发挥地方、学校和教师乃至学生、学生家长等在课程资源开发中的主体作用。学校和教师对于教材的使用，应该更多地把教材作为课程资源来使用，根据自身实际创造性地使用教材，用出个性化的风格和特点，而不是生搬硬套地教教材。

语文新教材在语文课程资源的开发和利用上提供了许多新思路。例如设置"综合性学习"单元，提供语文课外学习资源，并为语文课程资源的开发和利用铺路架桥。人教版教材综合性学习课题"这就是我"，运用图片、音像资料、个人作品展示等多种形式展现自己的风采，让学生从"自我"中发掘自我教育的课程资源，并与同学共享；"漫游语文世界"要求根据个人的兴趣爱好，分成不同的小组（也可以单独一人），在家里、校园里、社会上学习运用语文，它实质上就是语文课外学习资源开发与利用的实践活动；"感受自然""我爱我家""探索月球的奥秘""追寻人类的起源"等综合性学习课题，都是把语文学习的"触须"伸向人生、人类、家庭、社会、科学自然等各个领域；许多语文综合性学习活动，或给予课题的导向，或给予方法的引导，或提供研究开发的路径，包括提供网址和工具书等，其根本指向都是为了帮助师生开发利用语文课内外学习资源，充分发挥课内外语文资源的课程教育功能。苏教版的"合成单元"的设计思路是，围绕主题词把读写口语交际（或综合实践活动）加以优化整合，使之彼此渗透，相互联系。如七年级上册第一单元，围绕"亲近文学"这个主题，先编入中外四位名家的一组文学作品，作为主题课文；接着编入供诵读的古代诗词四首和现代诗三首，让学生在大体理解、感悟、品味的基础上熟读成诵；作文“导写”语，指点学生自己借鉴单元课文归纳出“有感而发”的写作要旨，并自由地选题作文；最后，组织“我爱文学”综合实践活动。这样的优化整合设计，显然有利于提高学生的语文整体素质和语文学习效率。

（二）语文活动空间的开发和利用

作为语文课程的条件性资源，语文课程实施的活动空间的开发利用，就目前的学校一般建设状况而言，可以由班级教室开放至校内其他场所（如图书馆、阅览室、录像室等）。这不仅仅是一种方便使用资料的空间的转换，还应注意到这一转换的其他功能，仅就学生这一活动主体而言，它所生发的教学影响就有：

1. 学习心理的调适和优化

在特定空间中，学生语文学习活动有三大变化特点：(1) 知觉管道变化——如由侧重听觉转向侧重视觉、由侧重视知转向侧重听知；(2) 认知对象质和量变化——如由纸质文本转向数字文本或超文本、由单一文本转向众多文本；(3) 教学目标“软化”——如由听说读写“清晰”指标转向综合感受体验思考“模糊”指标。上述这些特点，对于学生的认知动机、兴趣，尤其是在学生学习的直接兴趣（对活动过程、学习对象本身的兴趣）和认知的内驱力（认知内驱力是一种掌握知识、技能和阐明、解决学业问题的需要），无疑将产生积极影响。在语文课堂学生直接兴趣和内驱力普遍低迷的学科环境中，语文学习空间资源应该视为一个较为有力的改善因子。

2. 学习行为的改造和优化

在特定活动空间中，学生的语文学习基本脱离了一般课堂模式，进入个体性控制和支配时间、完成任务的相对自主状态；同时，学习材料的载体变化，也使学习行为不再拘泥于“二本”（课本、笔记本）操作；更重要的是，学习过程中的人际交流与合作获得了较为自由、较为充分的理由和时空，由此造就的研究性氛围，既利于学生体验研究行为的过程和研究工作的情感，也利于学生自我养成良好的学习行为品质（如自控、自我定向、自测，搜索、筛选、贮存和转译信息，观察、感悟、体会学习对象等）。

3. 学习情感的培养和升华

在特定的活动空间中，如下因素对于学生的学习情感具有一般教室所无法达到的影响力：(1) 学习场所的物质环境和氛围——电脑、张贴板、录像设施、图书资料等造成的学术性、研究性、现代化等气氛，易于使学生产生对学习活动的敬畏和肃然感，利于诱发学习的严谨、积极、投入、自尊等态度。(2) 学习场所的人文环境和氛围——在研究、展示、观察、观摩、鉴赏等过程中，学习对象的内容与形式、学习者们所发表的言语或文本的内容，其审美品位、文学旨趣、文化意蕴、思维品质和指向等，无不散发出雅正、高格的气息，氤氲于其中的学习者最能得到情感上与情绪上的审美陶冶熏染。(3) 学习的操作性条件——各活动场所提供了技术物质基础并要求实施多种操作化课业，在电脑上的打字、写作、搜索、交谈等操作，利用张贴板发布问题、研究成果、质疑、批评和评论、演艺以及充当主持人、评论员、播音员、辩手等角色，在一系列操作性很强的体验性学习中利于培养学生的自主精神、自我意识，激发学生的主动发展，从而由学习情感滋养个性情感，完善自我人格。(4) 学习的社会性条件——活动空间的环境变换、学习方式变换，打破了普通教室教学空间的课堂社会关系构成，学生之间、师生之间的交往面扩大了，交往的灵活性增强了，交往的可能和必要也有所增强；信息交流、认知互动、合作互助、互为导师给课堂社会关系带来的"学会关心""学会认知""学会做事""学会共同生活""学会发展"新局面，有利于促进学生的身心平衡，有利于促进学生热爱学习集体的健康的学习情感的生长。

（三）教师资源的开发和利用

语文教师作为语文课程的条件性资源，首先，担当着语文课程内容的载体角色——教师的教学形象、言语形态和语言能力、人格力量和情感品质，是传输语文课程信息、增益语文课程内容、达成语文教育教学目标的重要而不可或缺的基础性条件；其次，教师对于各类各种资源的发现、鉴赏、开发、改造、利用的识见和能力，更直接决定了该执教者所在班语文课程的资源应用效益。面对同样的社会文化信息、相同的文本，面对学生的学习经验、学生的课堂思维表现，不同的教师有不同的反应，或重视、关注、惊奇、激赏而加以合理利用，或无视、漠然、不解、不闻而轻轻放过，正所谓"一千个语文教师就是一千个哈姆雷特"。

语文教师作为语文课程的素材性资源，其自身的教学语言(诠释、评价、描述、分析等)构成了课程的主要内容部类，这一部类的教育教学品质由教师的学养、智能、慧心、知识，由教师的学历、学力，由教师的审美经验、阅读经验、教学经验所决定，教师的课堂教学"话语"本身即是课程素材、即已加工了的课程资源；而那种无个性无自我无引申、内容干瘪苍白、就课文说课文的教学语言，实质上是一种以"教师语言"为临床特征所反映的语文课程素材性资源匮乏的教学病态，在日益重视课程资源的课程改革过程中，语文课程资源的"教师要素"正亟待引起关注和研究。开发和利用语文教师资源，可以借助于建立教师工作档案袋的手段，即时记录教学实效，及时反思总结，教师在教学中点点滴滴的经验与教训都是财富。

（四）学生资源的开发和利用

学生作为课程资源，其开发和利用要注意以下几个方面：

1. 研究学生现有的语文基础与兴趣

课程目标的确定首先必须了解学生的现有状态，掌握他们已经具备了哪些知识、技能，他们目前的价值判断标准是什么等；其次还要注意他们之间的个体差异，设计多种方案。只有这样，才能真正做到因材施教，为适应不同层次学生的学习需求，制订相应的课程目标、课程内容、实施策略和评价方法。例如，为学生准备《红楼梦》阅读研究资料，就应该考虑到学生的不同情况，既要准备《红楼梦》原著，也要准备如周汝昌的《红楼小讲》一类的研究书籍。有的学生没有阅读过《红楼梦》，可以让他们先看原著；有的学生已经看过作品，可以让他们直接看研究著作。研究学生的基础与兴趣有利于开发和利用与之相切合的教学方式，教学方式和学习方式本身也是重要的课程资源。

2. 挖掘学生的情感资源

体验在语文学习中的作用是不可忽视的，而国家课程所提供的体验感受的空间相对有限，国家课程是刚性课程，它要求比较划一，学生个性难以张扬。语文校本课程的开发可以与学生情感资源的开发构成一个互动关系。例如诗歌教学，在校本课程"诗歌鉴赏"中，可以更多地强调个性化解读，强调与作品中的情绪对接，内化为自己的感受。

3. 激发学生的自学能力、管理能力、交往能力

小组学习、调查研究等将成为学习的常用方式，在这种主动、多元的学习中，学生的自学能力、管理能力、交往能力等都会得到全面发展。

（五）网络资源的开发和利用

网络是现代社会的标志，它不仅是课程资源共享的途径和手段，而且它本身已成为一座具有巨大的发展潜力的课程资源库。网络资源的开发在于突破传统课程的狭隘性，在相当程度上突破时空的局限。网上充足的资源可以使思路更开阔，多媒体强大的模拟功能可以提供实践或实验的模拟情境和操作平台，网络便捷的交互性可以使交流更及时、开放，所以可以重复利用网络这一巨大的信息载体，进行课程资源的开发和内容重组。语文教师可以通过网络使学生以独特的方式进行语文学习，学生也可以在适合自己的时间、地点获得有关语文学习的资料。

校园网是最直接的课程资源，要鼓励学生合理利用网络，查找相关资料，筛选有用信息，通过校园网走进"地球村"，分享现代科技带来的方便与快捷。教师与学生都可以贡献自己的体验、经验、成果等为他人服务，使之成为共享的课程资源。但是，语文课程如何在引入应用网络资源的同时，对网络资源实施控制，进而达到信息能力培养的理想境界，尚有待于更多的探索和实践。

第三节　语文地方课程与校本课程

一、语文地方课程

（一）地方课程的含义

地方课程（也称地方本位课程）是在国家规定的各个教育阶段的课程计划内，由

地方教育行政部门或其授权的教育部门在一定的教育思想和课程理念的指导下，依据当地的政治、经济、文化、民族等发展需要而开发的课程。地方课程在充分利用地方教育资源、反映基础教育的地域特点、增强课程的地方适应性方面，有着重要价值。地方课程是一个课程管理概念，是相对于国家课程和校本课程而言的，是宏观课程结构中的重要组成部分。

从地方课程与国家课程和校本课程的关系来看，一方面，地方课程既是国家课程目标在特定社区条件下的具体化，又是对国家课程的补充；另一方面，地方课程是研制校本课程的重要依据，校本课程不能完全脱离地方课程资源和社区发展实际来体现学校特色，它需要将地方课程具体化。因而可以说，地方课程是沟通国家课程与校本课程的桥梁。从课程与学生、社会的关系来看，地方课程也是联系学生与社会的纽带。密切学生与社会实际和社会生活的联系是地方课程的重要功能。

一般说来，课程管理体制主要有两大类型：中央集权制和地方分权制。例如美国的课程管理体制就是典型的地方分权制，它是地方课程开发最早的国家之一。早在16世纪，从欧洲殖民者踏上美洲大陆开始，美国就有了移民自办教育的传统，各个宗主国的办学模式和教育思想的不同决定了美国学校具有多元化的特征，即课程管理和实施的高度分散和多样性，地方课程合法化并且高度发达。我国自20世纪50年代至80年代初一直采用苏联的课程管理模式，即由中央对全国的课程进行统一管理。在60—70年代，我国各县市中小学课程结构中曾经设计过地方课程，如乡土历史、乡土地理，编写了一些具有特色的地方课程教材。1986年开始酝酿的第7次基础教育课程改革，对地方管理课程的权限作了探讨，并终于在1992年颁发的《九年义务教育全日制小学、初级中学课程计划(试行)》中，第一次把课程分为“国家规定课程”和“地方安排课程”。“地方安排课程”就是“地方课程”的萌芽。1996年3月印发的《全日制普通高级中学课程计划(试验)》第一次将“课程管理”作为课程计划中的单独一部分列出，规定：“普通高中课程由中央、地方、学校三级管理。”2001年新一轮课程改革在课程管理政策的改革上迈出了更大的步伐，明确提出“地方课程”，并规定其与综合实践活动、校本课程三者合计占义务教育总课时的16%—20%，同时规定，省级教育行政部门负责“规划地方课程”。

(二) 语文地方课程的开发

1. 强化地方课程资源意识

语文课程改革的主要课题之一是要强化课程资源意识，因地制宜地开发和利用各种课程资源，保证课程改革的顺利实施，实现课程改革的预期目标。课程的质量取决于课程资源的丰富程度，以及开发和利用的水平。乡土资源是课程资源的重要组成部分，它包括文化资源、历史资源、自然资源和地理资源等。充分挖掘和利用乡土资源，可以为地方课程和校本课程的开发构建厚实的平台。《全日制义务教育语文课程标准（实验稿）》指出："各地区都蕴藏着自然、社会、人文等各种语文资源。要有强烈的资源意识，去努力开发，积极利用。"《普通高中语文课程标准（实验）》还指出："各地区、各学校的课程资源是有差别的，各学校应该认真分析本地和本校的资源特点，充分利用已有的资源，积极开发潜在的资源。"

2. 开发语文地方课程形式的多样化

语文地方课程资源丰富多彩，如文物古迹、风景名胜、名人逸事、风俗民情、神话传说、方言俚语等等。开发语文地方课程的形式也是多种多样的，比如编写乡土教材和校本教材作为国家教材的补充。这样可以开阔学生的视野，扩大学生的知识领域，增加阅读量，培养学生热爱家乡、热爱祖国的思想感情。可以自编课文，可以节选有关地方文化的史籍，还可以选编若干在当地生活过的文学家、诗人的作品等。有条件的学校可以自己组织编写，也可以由教育主管部门牵头，组织各方面的力量，联合专家、学者共同编写。当然，语文地方课程的开发不能局限于编写教材，更重要的是教师能把地方文化资源合理地、有机地结合进自己的教学，作为教学内容必要的扩展、延伸和补充，在讲课时能信手拈来，开阖自如。

二、语文校本课程

（一）校本课程的含义

校本课程（也称学校本位课程）是以学校教师为主体，在具体实施国家课程和地方课程的前提下，通过对本校学生的需求进行科学的评估，充分利用当地社区和学校的课程资源，根据学校的办学思想而开发的多样性的、可供学生选择的课程。校本课程也是一个课程管理的概念，是相对于国家课程和地方课程而言的，是国家课程计划中一项不可或缺的组成部分。

对于校本课程的源头，有的学者认为，早在古希腊时期和我国的春秋战国时期，苏格拉底和孔子便以学校为场所，通过教育现场中的师生互动设计课程，是为校本课程开发的肇始。[①] 尽管课程权力下放和以学校为场所开发课程已经有着很长的历史，但校本课程的提出及其理论的出现还是在 20 世纪 60—70 年代西方结构主义课程改革失败之后的事情，校本课程作为对这次课程改革的反思的产物蓬勃兴起。受政治经济因素的影响，到了 80 年代末，校本课程的发展却有回归中央之势，校本课程一度出现衰退的迹象。进入 90 年代，社会变迁加剧，为了与时代同步，校本课程才再度受到关注和重视，成为世纪之交各国课程改革的口号。从 90 年代末直到今天，校本课程开发进入转型期，许多国家和地区都试图根据本国和本地区的实际情况，在集权与分权之间找到一种动态的平衡和最佳结合点与生长点，即由中央拟订全国课

① 张嘉育著：《学校本位课程发展》，台湾师大书苑有限公司 1999 年版，第 1 页。

程纲要，制订学校办学绩效指标，校本课程放在国家课程的脉络中思考。课程管理体制呈现国家课程、地方课程和校本课程三级管理协调发展的趋势。

在我国，从20世纪50年代初开始，在课程决策上全面移植苏联的教育模式，采取单一的国家课程管理模式。80年代中期，各中小学开展的第二课堂、第二渠道、校外课外活动等等，就是校本课程开发的雏形。进入90年代后，我国的课程论学者开始提出国家、地方、学校"三级课程管理"的设想。第一轮课程改革把课程决策权部分下放给地方教育主管部门（上海、浙江、广东等）与一些示范性实验学校，在课程计划中明确提出"三大板块"（必修课、选修课和活动课）。1999年6月，中共中央国务院召开全国教育工作会议，会议明确提出：调整和改革课程体系、结构、内容，建立新的基础教育课程体系，试行国家课程、地方课程与学校课程。2001年6月印发的《基础教育课程改革纲要（试行）》更明确提出："改变课程管理过于集中的状况，实行国家、地方、学校三级课程管理，增强课程对地方、学校及学生的适应性。"这意味着校本课程开发正式成为我国课程体系中的一部分。

（二）语文校本课程的开发

1. 校本课程开发的条件

校本课程开发是以学校为基地并基于学校突出师生特点和学校特色的课程开发策略。它首先需要与之相适应的课程决策与管理机制。我国基础教育三级课程管理体制的确立，为中小学进行校本课程开发创造了广阔的政策空间。就学校自身而言，进行校本课程开发大体上需要具备四个方面的基本条件：

第一，学校拥有一定程度的课程自主权。这是校本课程开发的首要条件，即学校拥有法定的专业自主权。校本课程是课程权力重新分配的产物，其前提是课程权力下放给学校，使个体学校拥有课程开发的权力。

第二，学校要有明确的办学理念。明确的办学理念就是学校在充分认识和科学研究本校独特的历史传统、人文背景和资源优势等的基础上而提出的有关学校发展的思想观念和方针大计，它对培养什么样的人有很大影响。明确的办学理念实际上就是学校发展的一种理想、一种努力的方向，它折射出一定的教育哲学。例如，江苏省锡山高级中学提出，学校的学生要"做站直了的中国人"，这种办学指导思想反映了锡山高中独特的教育理念，从宏观上指导着校本课程的实践。

第三，要有参与、民主、开放、合作的学校氛围。因为校本课程开发是一种集体的事业，需要校长、教师、学生、家长等的合作、理解、支持与交流。校本课程开发不是"一言堂"，不是压制不同意见、拒绝交流与合作的事情。学校为了成功地进行校本课程开发，必须努力营造良好的氛围。为此，学校要有一个民主的组织结构和管理机制，广大教师才能精神愉快、畅所欲言，积极投入校本课程的开发。

第四，教师的专业能力和工作时间以及财政支持和资金投入也是进行校本课程开发的重要条件。

2. 语文校本课程开发的方法

探讨语文校本课程开发的方法，是确保语文校本课程开发成功的关键因素与重要保障。根据我国的国情与学校的现状，语文校本课程开发可以考虑下列方法：

(1) 合作开发法

语文校本课程开发在我国还是一个新的课题，无论是相关的课题开发的理论研究，还是课题开发的实践都还不够成熟，单个学校独立进行语文校本课程开发可能面临着不少困难，因此，通过合作的方法联合开发是一条切实可行的途径。

一是与高等院校和科研机构合作。语文校本课程开发涉及到课程目标的制订、课程内容的选择与组织、课程的实施与评价等一系列课程的基本问题。为此，学校要积极寻求高等院校和科研机构的帮助与支持，借助他们的研究力量，共同合作开发。语文校本课程开发不仅是学校教师的责任，而且是课程专家的责任。没有课程专家的参与，难以实现真正的语文校本课程开发。课程专家本来就应该是课程开发共同体中的一个分支，而不是在这一共同体之外的某个所谓的"指导"群体。

二是校际之间的合作。语文校本课程开发涉及到校内外的许多方面，需要大量的课程资源作为保障。从目前我国的办学力量来看，单个学校难以完全独自胜任语文校本课程开发的工作，因此，可以采用校际联合开发的方法。在此基础上，各个学校再根据自身的特点和优势，在具体的实践中不断调整、充实和完善，逐步形成具有本校特色的语文校本课程。然后，由个别学校的独立活动再扩展到地区网络，从而促进学校与学校之间的合作与交流，最后实现校际之间的良性互动。

(2) 课题研究与实验法

办学条件较好的学校，可以借助课题研究与实验方法，以课题研究的形式带动语文校本课程的开发，进行语文校本课程开发的探索研究。课题研究与实验可以由一所学校独立承担，也可以由几所学校合作承担。课题的级别可以是市级、区(县)级或者校级，也可以是某一项课题中的子课题，甚至可以首先作为校级课题进行研究与实验，以积累经验，然后再逐步改进并进行更大范围的开发。

(3) 对口支援法

师资水平较高、办学条件较好、地理位置优越的学校可以采用前两种方法进行语文校本课程开发的试点工作。对那些师资水平较低、办学条件较差、周边可凭借的课程资源较少的学校来说，可以采用与上述学校对口支援的方法进行语文校本课程开发。对口支援工作要着力解决受援学校的"软件"问题。支援学校帮助受援学校搞好师资培训，并向受援学校无偿提供闲置的教学仪器设备、教具和图书资料等。

(4) 过渡法

过渡法是指规范学校原有的选修课和活动课，逐步过渡到语文校本课程。当前，我国语文校本课程开发，主要集中于活动课和任意选修课这一领域。从严格意义上说，学校现在自己开设的“选修课和活动课”并非就是语文校本课程。但是，这些课程和活动毕竟为从事真正意义上的语文校本课程开发奠定了一定的实践基础。鉴于此，那些已开设了选修课或活动课的学校，应该从规范这些课程和活动的设计、实施和评价等环节入手，进行多层次的评估和整合，将活动课和选修课逐步引入到语文校本课程开发的运行轨道。

思考与练习

一、名词解释。

1. 课程资源
2. 地方课程
3. 校本课程

二、简述课程资源开发与利用的原则。

三、为什么要开发语文地方课程和语文校本课程？

第八章

识字写字教学

第一节　识字写字教学目标

一、识字写字教学目标的确定

（一）正确认识识字写字教学

识字写字是儿童学习汉字和书写汉字的过程，一般分为识字和写字两个既相互独立又相互关联的阶段。识字的主要特征是对汉字的形音义的认识、感知、联想的过程。它侧重于汉字量的积累和质的提升。在古代一般确定2000个左右的识字量，现代教学也保持这样的数量，例如历次的教学大纲和最新的课程标准都规定为大约2000个汉字；在质的要求上，不同的教学阶段主要体现为读准字音、认清字形、掌握字义、把握汉字的基本笔画、笔顺、偏旁与部首以及间架结构等。识字写字教学是指教师把有关字的读音、释义和写法等知识、技能传授给学生的活动过程。

人的语文学习是伴随人的一生的，也是一个长期而复杂的过程。这个长期的过程大约可以分为三个阶段，从出生到学校前教育阶段（侧重家庭教育）；学校教育阶段（侧重中小学）；学校后教育阶段（主要指社会学习）。第一阶段也可以称为发蒙阶段（启蒙阶段），这个阶段是儿童语言学习起始阶段，最初是语言的熏陶感染，学习听话、讲话，认识身外的世界，建立概念和联系，思维得到初步的发展。儿童在这个阶段初步接触到一些汉字，包括简单的认字和学习写字，大量的识字时期一般是在学校教育阶段。因此，学校教育阶段（尤其是初期）是识字写字的最重要时期。这是一个承前启后的关键期，语文素养的全面形成不是一蹴而就的，它必须经历一个循序渐进的发展过程，而识字写字即是为将来大量读写和全面语文素养形成打基础的阶段。所以，识字写字是启蒙教育的重要内容，也是人的终身学习和全面发展的重要前提。学校教育的高级阶段(启蒙后教育),是识字的丰富和发展阶段,也是写字技能形成和运用的重要阶段。学校后教育阶段则是运用和完善的阶段,这个阶段识字写字显然不是学习的重点,但是继续学习和终身发展都离不开识字写字的基础和能力。

(二)识字写字教学的心理基础

识字写字教学的重要前提是要弄清楚儿童认知心理与汉字之间的关系。儿童对外部世界的感觉主要表现为直观性,认识的耐力较差,持久性较弱。汉字的基本特点是形音义的组合。从形体结构的角度看,汉字的形体结构由基本的笔画按一定的数量、度量和空间组合,构成偏旁部首而形成汉字。它的表意性特点十分显著,形是具体的、可感的,而意义是抽象的。所以儿童识字初期对复杂的字形掌握有一定难度,对建立意义的抽象概念比较困难,其实完成了从形象思维到抽象思维的飞跃。对于书写汉字来说,则表现为空间组合与字里行间排列的困难。比如字的总体结构的把握,偏旁部首的位置错乱,字体大小不均,行列不齐。从读音的角度看,汉字的读音是复杂的,既有多音现象,更有方言障碍,因此,初期识字给儿童一个标准读音是十分关键的。从字义的角度看,汉字的意义复杂,一个字本身往往存在多义性,同时在不同的语言环境中则表现为动态的变化,意义变化莫测。所以,汉字的意义教学除了注意静态的孤立的平面的意义,也要关注动态的联系的立体的意义。儿童识字时,要把汉字和它所代表的事物或事物间的关系联系起来,使汉字的形音义三个基本因素紧密联系,互相沟通,最后达到会读、会解、会写、会用的程度。

二、识字写字教学目标的内容

考察语文新课程可知,识字写字的教学目标主要集中体现在九年义务教育阶段,《全日制义务教育语文课程标准(实验稿)》对识字写字的教学目标进行了具体的规定。

首先是总目标:"培植热爱祖国语言文字的情感。学会汉语拼音。认识3500个左右汉字。能正确工整地书写汉字,并有一定的速度。"

其次,课程标准对识字写字阶段目标又进行了更为具体的规定。

第一学段(1—2年级)

1. 喜欢学习汉字,有主动识字的愿望。

2. 认识常用汉字1600—1800个,其中800—1000个会写。

3. 掌握汉字的基本笔画和常用的偏旁部首,能按笔顺规则用硬笔写字,注意间架结构。初步感受汉字形体美。

4. 养成正确的写字姿势和良好的写字习惯,书写规范、端正、整洁。

5. 学会汉语拼音。能读准声母、韵母、声调和整体认读音节。能准确地拼读音节，正确书写声母、韵母和音节。认识大写字母，熟记《汉语拼音字母表》。

6. 能借助汉语拼音认读汉字。能用音序和部首检字法查字典，学习独立识字。

第二学段(3—4 年级)

1. 对学习汉字有浓厚的兴趣，养成主动识字的习惯。

2. 累计认识常用汉字 2500 个，其中 2000 个左右会写。

3. 会使用字典、词典，有初步的独立识字能力。

4. 能使用硬笔熟练地书写正楷字，做到规范、端正、整洁。用毛笔临摹正楷字帖。

5. 有条件的地方，可学习使用键盘输入汉字。

第三学段(5—6 年级)

1. 有较强的独立识字能力。累计认识常用汉字 3000 个，其中 2500 个左右会写。

2. 硬笔书写楷书，行款整齐，有一定的速度。

3. 能用毛笔书写楷书，在书写中体会汉字的优美。

第四学段(7—9 年级)

1. 能熟练地使用字典、词典独立识字，会用多种检字方法。累计认识常用汉字 3500 个，其中 3000 个左右会写。

2. 在使用硬笔熟练地书写正楷字的基础上，学写规范、通行的行楷字，提高书写的速度。

3. 临摹名家书法，体会书法的审美价值。

识字写字在四个学段里形成连贯的循序渐进的达成过程，主要有以下几个方面的目标期待：其一，情感、习惯。识字写字本身是一种文化的认同，汉字是记录汉语的符号系统，汉字是民族文化的重要组成部分，因此，“培植热爱祖国语言文字的情感”成为重要的目标追求。良好习惯是培养健康情感的基本条件，也是形成能力的基本保证，因此习惯的养成贯穿在四个学段的全程当中。其二，能力。识字写字的能力包括识字、写字、学会汉语拼音、检索字典词典、汉字输入、快速书写等。其三，审美。美的魅力来源于汉字本身的结构和文化内涵，美的表现在于对汉字的欣赏和书法形态。识字写字是学生语文素养的基础，也是发展其他素养的前提。

第二节　识字写字教学方法与策略

一、识字写字教学的历史发展

(一) 古代的识字写字教学

识字写字既是教学内容，又是实践技能。我国早在西周时期就有识字写字教材《史籀篇》，汉代有代表性的是《急就篇》，以后又有广为流传的《三字经》、《百家姓》、《千字文》等。

汉字是中国古代劳动人民在汉民族特有的文化背景下创造出来的，一开始就带有民族文化的印记，这也就决定着汉字教学有自己独特的要求。古代识字教学有两点值得注意，一是识字教材的编写，一是识字教学的方法。

古代识字教材的编写充分利用汉字的结构特点和音韵声律的特点，注意依形识字，依声缀文，同时又将社会、自然、历史、道德、文化整合到一起，形成整齐押韵、优美简洁、内容广博、富有教育意义的教材。例如《三字经》，三言韵语，琅琅上口，“昔孟母，择邻处；子不学，断机杼”，“养不教，父之过；教不严，师之惰”，“玉不琢，不成器；人不学，不知义”。

古代识字教学的方法以集中识字为主。集中识字是识字为先的教育理论的具体实践，是启蒙教育的重要组成部分。集中识字是效率很高的识字方法，一般用两年左右的时间就能掌握两千多个汉字，有两千多个汉字就可以基本解决阅读的问题。无论在古代还是在现代，阅读的基础字量都是两千左右。古人识字有多种方法，集中识字只是其中之一，还有分散识字、随文识字等等。在今天的小学低年级，集中识字还有其地位。

(二) 现代的识字写字教学

1904年清政府颁布的《奏定学堂章程》规定在初等小学开设“中国文字”课，主要内容是识字。其教育要义如下：

> 中国文字　其要义在使识日用常见之字，解日用浅近之文理，以为听讲能领悟、读书能自解之助，并当使之以俗语叙事，及日用简短书信，以开他日自己作文之先路，供谋生应世之需要。①

初等小学堂学制五年，每年都有中国文字的教学要求，但是其比较侧重汉字的知识和字法、词法等的教学。比如，注意了词类的区分，讲积字成句、积句成章的方

---

① 课程教材研究所编：《20世纪中国中小学课程标准(教学大纲)汇编·语文卷》，人民教育出版社2001年版，第5—6页。

法等。

随着现代学校的迅速兴起，学校制度得到完善，每个时期的语文（或国文、国语）学科课程标准或教学大纲都规定了识字写字教学的具体目标和要求。总体上看，十分重视识字写字教学，把这项教学任务与学生其他素养的形成连接起来，确立了识字写字教学的基础地位。

二、识字教学方法与策略

（一）识字教学方法

建国以后，我国十分重视识字教学，人们总结出两种基本的识字教学方法，就是集中识字和分散识字。中国当代识字教学方法还有很多：注音识字法，部件识字法，意义分类识字法，奇特联想识字法，听读识字法，猜认识字法，韵语识字法，字谜识字法，趣味识字法，字族识字法，字根识字法，汉字标音识字法，字拼法识字法，成群分级识字法，字理识字法，立体结构识字法，快速循环识字法，双拼计算机辅助识字法，多媒体电脑辅助识字法，四结合识字法等。各种识字方法都是在具体的汉字教学的基础上不断总结发掘出来的，它们的一个最基本的原则就是充分利用了汉字的特点，或结构、或意义、或音韵。现将最主要的几种识字教学方法简单介绍一下。

1. 集中识字

集中识字简单地说就是在儿童启蒙阶段用两年左右的时间集中认识 2000 个左右的汉字。这是我国古代传统的识字教学方法。建国以后我国的语文教育继续沿用这种识字教学方法，并且不断地进行改造。1958 年辽宁省黑山县北关实验学校以及 1960 年以后北京景山学校等都进行了集中识字的教学改革。基本的做法是：先识字后读书，边识字边读书。识字量大约为 2500 个。集中识字的教学一般采用“分散难点，逐步占有”的方法。教学时，音形义统一，以形为主；认读写结合，以认为主；字词句联系，以字为主。逐步形成“集中识字—大量阅读—分步习作”的发展体系。[①]

这种集中识字的方法是有科学的依据的。现代教育家陈鹤琴最早采用科学的方法对汉字的字频进行统计研究，发现了字频规律。据后来专家研究成果显示，从汉字的覆盖频率来看，掌握 500 多个常用汉字，覆盖率就高达 80%；掌握 900 多个常用汉字，覆盖率达 90%；掌握 1350 个常用字，覆盖率则达到 95%；掌握 2400—2500 个常用字，覆盖率就达到 99%。[②]

---

① 苏立康主编：《小学学科教学论（语文）》，科学出版社 1998 年版，第 144 页。

② 王宁主编：《汉字学概要》，北京师范大学出版社 2001 年版，第 141 页。

集中识字的具体方法主要有如下一些:(1) 分类看图识字;(2) 以歌词带同音字的方法,即“同音归类法”;(3) 利用汉字的构字规律形成基本字带字的方法;(4) 看图识字;(5) 以词带字;(6) 会意字归类比较识字;(7) 形近字归类比较识字;(8) 反义词归类比较识字。

集中识字的优点在于识字的效率比较高,对汉字的结构和意义理解比较深刻。但是,对于汉字在特定语境的意义理解重视不够,遗忘率比较高。

2. 分散识字

分散识字也叫做“随课文识字”。小学语文特级教师斯霞从 1958 年开始实验这种随课文分散识字方法。主要做法是:坚持以语言教学为中心,把识字、阅读、写作有机地结合起来;以识字为重点,运用“字不离词,词不离句,句不离文”的教学原则,随课文分散识字,把音形义的教学有机地结合起来,精讲多练,识写结合,讲练结合。分散识字的教学步骤是:先集中时间学习汉语拼音,掌握汉语拼音。然后通过看图识字,学习一些字形简单、字(词)义好懂的独体字,同时进行笔画名称、笔顺规则的教学。

分散识字的优点是:随课文识字,可以使字词句文联系紧密,避免孤立分离,容易形成概念,记忆长久;有助于识字、写字和口语交际的综合,促进思维的发展。但是也会对识字量、识字速度产生一定影响。

3. 集中识字与分散识字相结合

这种方法是集合了这两种识字教学方法的优点,克服两种识字教学方法的缺点而形成的一种方法。通常有两种做法,一是先集中,后分散;二是分散为主,部分集中。

(二) 识字教学策略

识字教学的策略选择应该体现课程标准的基本精神,《全日制义务教育语文课程标准(实验稿)》对识字教学提出了如下建议:“识字写字是阅读和写作的基础,是1—2 年级的教学重点。”“识字写字的教学要求应有所不同,1—2 年级要多认少写。”“识字教学要将儿童熟识的语言因素作为主要材料,同时充分利用儿童生活经验,注重教给识字方法,力求识用结合。运用多种形象直观的教学手段,创设丰富多彩的教学情境。”

因此,我们在具体的教学情境当中应该选择合理有效的策略。比如,在 1—2 年级,应该多识字,少写字。为什么要多认少写,那是因为儿童的身体发育还不成熟,手的骨骼发育稚嫩,不能长时间握笔。又如,在识字教学中,要充分利用儿童已有的生活经验,采用直观的形象的教学,在丰富多彩生动活泼的教学情境中进行。儿童对周围的事物充满着好奇,乐于学习了解新鲜的东西,所以根据生活、根据儿童的天性是教学策略选择的基本条件。

同时要借鉴传统的分进合击的方法。千百年来的传统语文教育主张分进合击，即不追求认、讲、写、用的一步到位，而是四者先各走各的路，到了一定程度才合而为一。众所周知，传统的识字教学是先让学生读《三字经》、《百家姓》和《千字文》，开始认的是“人之初，性本善。性相近，习相远……”而开始写的则是“上大人，孔乙己……”认和写不是同步的，讲和用也不是同步的，认、讲、写、用更不是同步的。“为什么有那么一段时间，要各走各的路呢？因为各有各的特点，各有各的规律、步调。一切从客观事物的实际出发，当分则分，当合则合，别看都是‘字’，认、讲、用、写可并不是一回事。”[①]如果说这是侧重根据汉语言文字本身的特点做出的选择，那么外在的客观推动力则来自学生语文学习的实际需要。学生开始学习的强烈欲望是尽快能够阅读，但是如果识字速度很慢，识字量很少，根本无法实现阅读的要求，时间拖得越长，学生的阅读兴趣和要求无法满足，会产生严重的不良影响。因此，只能是先解决认读问题，尽可能快一些认识一定数量的字，能够初步形成阅读能力。根据这样的现实需要，开始阶段以认为主，在讲、写、用方面的速度放慢。这样做解决了主要矛盾，随着阅读能力的发展，讲、用、写也会及时跟上。例如对一个字字义的理解会在多种语言环境的阅读过程中逐渐发展，而试图通过一次学习就完全解决理解字义的问题几乎是不可能的。另外学生读得多了，自然有表达的要求，去写去用。与此相反，每学一个字都要求达到认、写、讲、用，其结果必然是相互牵掣，互扯后腿，只能是一齐放慢速度。[②]

三、汉语拼音教学策略

课程标准对汉语拼音教学的要求十分具体明确，总体要求是学会汉语拼音。学会汉语拼音的目的主要是为说普通话服务的。在阶段目标中则对学会汉语拼音与说普通话的关系进行详细的分析，比如读准声韵调等。另外，学会汉语拼音能使用按照音序和部首编排的工具书。很显然，我们通过对汉语拼音教学目标的分析，可以清楚地看出它的价值。汉语拼音教学是一种辅助教学手段，学习它本身不是目的，而是要通过学习汉语拼音达到会说普通话和使用工具书的基本目的。

《全日制义务教育语文课程标准（实验稿）》对于汉语拼音教学提出了如下建议：“识字写字是阅读和写作的基础，是1—2年级的教学重点。”“汉语拼音教学尽可能有趣味性，宜以活动和游戏为主，与学说普通话、识字教学相结合。”

汉语拼音教学具有基础性和早期性的特点。它是为读写服务的，需要在小学低

① 张志公著：《传统语文教育教材论》，上海教育出版社1992年版，第41页。

② 郑国民：《小学识字与写字教学改革的基本理念》，《学科教育》2002年第11期。

年级完成。所以它的重点应放在1—2年级。不宜太早，也不宜太迟。从实际的情况看，目前中小学汉语拼音教学存在着周期太长的现象，甚至有到了高中阶段依然重汉语拼音教学的情况。造成这种状况的根本原因是对汉语拼音教学的认识模糊，没有弄清教学的目的和要求。除了《全日制义务教育语文课程标准(实验稿)》规定的汉语拼音教学的内容外，我们不要添加任何超越课程标准的要求，人为增加学生的学习负担。从教学方法的角度看，应该在趣味和游戏当中进行，杜绝艰深难懂的理论，拒绝侧重汉语拼音知识的教学。

四、写字教学策略

课程标准对写字教学的目标主要有以下几个方面的规定：其一是姿势和习惯。对学生从小开始就进行严格的书写训练，首先是写字的姿势和习惯。比如握笔的姿势，坐与立的身体姿势。习惯不仅包含规范、端正、整洁，而且还应该包括喜爱与经常性等。规范侧重字形与写法，不写繁体、异体、古字、不规范的简化字等；端正是字的间架结构和字的基本布局的要求，是字的形体美观的要求；整洁是书写的视觉效果的要求，主要是整齐与清洁，一个人的基本语文素养的主要标志与写字的习惯尤其是整齐与清洁关系十分密切。其二是字体(书法的体式)。中小学阶段突出了楷书和行书两种体式的要求。这主要是为正确的交流做准备的，工作生活中的文字交流首先是正确，确保信息的准确性，其次是交流的速度要求，要保证快捷的速度。其三是硬笔和毛笔以及键盘输入。硬笔、毛笔及键盘输入是书写的工具，作为现代社会的学生，不仅要掌握传统的也是生活中普遍使用的硬笔与毛笔，还要掌握现代的输入工具。硬笔是基本的工具，是生活中使用最为普遍的工具，所以使用硬笔书写应该是所有学生具备的素养；毛笔是古老的书写工具，但是在现代生活也还有它的存在空间，主要是书法方面，作为经常性的书写工具来说它的地位已经大大减低，主要由于其书写条件和书写速度的限制，总体上不是很方便；键盘输入是计算机时代的书写的特殊形式，在今天计算机已经十分普及的情况下，学生的语文素养也应该与时俱进，小学阶段就很好地掌握键盘输入法。其四是速度和审美。学生的写字速度一直是教学的较高要求，但是速度必须建立在正确、规范的基础上；审美是写字教学的更高追求，是汉字的文化性和艺术性的要求。

《全日制义务教育语文课程标准(实验稿)》指出："识字写字是阅读和写作的基础，是1—2年级的教学重点。""识字写字的教学要求应有所不同，1—2年级要多认少写。""写字教学要重视对学生写字姿势的指导，引导学生掌握基本的书写技能，养成良好的书写习惯。"

写字教学的策略选择，要明确写字教学的基础地位，它是1—2年级的教学重点，并且持续到四个学段的全过程。在1—2年级，要“多认少写”，适度写字，做到轻松而又有一定的量，然后是结构的要求，规范、端正，再后是速度与美的要求。教学中，必须坚持课程标准的指导性意见，重视写字的姿势与习惯。

五、书法教学策略

语言文字是文化的重要组成部分，是一个民族文化物化的成果，是民族心理积淀的成果。汉字与拼音文字存在着巨大的差异。汉字本身负载、蕴涵着丰富的信息。仅以汉字的形体而言就异常复杂。“汉字的构形，从其所以构成的各种要素，到这各种要素的组合方式，从单个汉字的孤立形态，到成篇汉字的整体构象，都要比其他文字复杂得多。”[①]根据汉字的音、形、义及其相互关系，写字的过程不能简单地认为是为了有效地进行书面交流的需要而掌握字形的过程，同时也是体会和认识民族文化的过程，要在这个过程中增强学生对祖国语言文字的热爱和对中华民族文化的理解。另外，写字可以陶冶学生的性情，培养审美能力。“与其他任何一种文字的书写相比较，汉字的书写无疑是具有最多的讲究，因而也是最需花费心智的一种活动。与此相应，在世界各民族文字之林中，惟有汉字的书写才能形成人类最伟大的艺术门类之一——书法。”[②]

《全日制义务教育语文课程标准（实验稿）》对书法教学的目标有清楚的表述，“在书写中体会汉字的优美”；“临摹名家书法，体会书法的审美价值”。书法教学的目标包含了书写的要求和审美的要求。写字强调的是实用性和技能性，要求写得正确、规范、整洁；书法强调的是艺术性和审美性，重在艺术的创造和艺术的鉴赏。书写侧重一般的规范要求和技能的训练，对理论的要求不高；书法的基本方法是临摹和长期的艰苦训练，同时要有很高的书法理论水平，讲究风格和流派。书写是最基本的要求，又是通往书法艺术境界的初阶。书写的技能是语文素养的基本要求，而书法艺术则是语文素养的理想。

写字教学是书法教学的前提和基础，书法教学是写字教学的美的境界和高级追求。但是，书法教学不是写字教学的必然追求。因为，写字是所有学生必须掌握的技能，而每一个学生未必都要成为书法家，实际上也不可能。书法教学应该培养学生书写汉字的兴趣，让学生感受汉字的文化魅力，体验汉字的形体与结构的美，理解汉字的象形、指事、会意等特点，观赏和临摹优秀的书法作品。

---

① 刘志基著：《汉字文化综论》，广西教育出版社1996年版，第137页。

② 刘志基著：《汉字文化综论》，广西教育出版社1996年版，第137页。

思考与练习

一、名词解释。

1. 集中识字

2. 分散识字

二、请说说你对汉字识字教学方法科学性的理解。

三、试论述写字教学的要求。

第九章

阅读教学

第一节　阅读教学目标

阅读，是通过书面语言获取思想或体验情感的心理活动，是读者与作者以文本为凭借的对话。阅读对于人的发展具有极为重要的意义。自有文字以来，人的知识主要不是靠耳闻目睹，而是来自于阅读。每个人的生活时空都是极其有限的，但阅读却可以使我们的思想“上下几千年，纵横数万里。”印刷术的发明，极大地加强了文字读物的社会意义，读书成了一个人文化成长的必由之路。正如美国纽约大学教授尼尔·波兹曼所言，印刷术和阅读区别了成年和童年。只有通过阅读，通过继承人类文化传统，取得与社会对话的文化语境，才能实现从童年到成年的转变，才能成长为一个社会意义上的人。① 电视的发明并没有降低阅读的重要性。诚然，电视画面有其生动性的优点，然而与看电视相比，阅读更具选择的主动性、内容的经典性和系统性。网络的诞生和发展甚至增强了阅读的意义。人们不仅可以读书读报，而且可以读屏。网络信息的丰富、迅即和资源共享的特征，使得阅读已经成为现代人生活中更加不可或缺的内容。

阅读的重要意义决定了阅读教学的重要意义。学生语文素养的形成和提高，主要来自于阅读教学。语文课程目标中的绝大部分因素与阅读教学相关。在阅读教学中，学生可以获取知识、培养阅读能力并借以提高写作能力和口语交际能力，得到学习方法，形成学习习惯，并使情感、态度、价值观得以发展。正因为如此，阅读教学在语文教学中具有举足轻重的地位，历时最长，课时最多。阅读教学在语文教学中最具有代表性和典型意义。语文课程理念更多地体现在阅读教学中。要了解和评

① 参见[美]尼尔·波兹曼著：《童年的消逝》，广西师范大学出版社 2004 年版。

价一位语文教师的教学状况和教学水平，在大多数情况下，是观摩其阅读教学。甚至要了解和评价一个时代的语文教学，也主要是看阅读教学。

一、课程标准对阅读教学目标的表述

《全日制义务教育语文课程标准（实验稿）》在“课程总目标”中要求：“具有独立阅读的能力，注重情感体验，有较丰富的积累，形成良好的语感。学会运用多种阅读方法。能初步理解、鉴赏文学作品，受到高尚情操与趣味的熏陶，发展个性，丰富自己的精神世界。能借助工具书阅读浅易文言文。九年课外阅读总量应在400万字以上。”对各学段阅读教学目标规定如下：

第一学段（1—2年级）

1. 喜欢阅读，感受阅读的乐趣。

2. 学习用普通话正确、流利、有感情地朗读课文。

3. 学习默读，做到不出声，不指读。

4. 借助读物中的图画阅读。

5. 结合上下文和生活实际了解课文中词句的意思，在阅读中积累词语。

6. 阅读浅近的童话、寓言、故事，向往美好的情境，关心自然和生命，对感兴趣的人物和事件有自己的感受和想法，并乐于与人交流。

7. 诵读儿歌、童谣和浅近的古诗，展开想像，获得初步的情感体验，感受语言的优美。

8. 认识课文中出现的常用标点符号。在阅读中，体会句号、问号、感叹号所表达的不同语气。

9. 积累自己喜欢的成语和格言警句。背诵优秀诗文50篇（段）。课外阅读总量不少于5万字。

10. 喜爱图书，爱护图书。

第二学段（3—4年级）

1. 用普通话正确、流利、有感情地朗读课文。

2. 初步学会默读。能对课文中不理解的地方提出疑问。

3. 能联系上下文，理解词句的意思，体会课文中关键词句在表达情意方面的作用，能借助字典、词典和生活积累，理解生词的意义。

4. 能初步把握文章的主要内容，体会文章表达的思想感情。

5. 能复述叙事性作品的大意，初步感受作品中生动的形象和优美的语言，关心作品中人物的命运和喜怒哀乐，与他人交流自己的阅读感受。

6. 在理解语句的过程中，体会句号与逗号的不同用法，了解冒号、引号的一般用法。

7. 学习略读,粗知文章大意。

8. 积累课文中的优美词语、精彩句段,以及在课外阅读和生活中获得的语言材料。

9. 诵读优秀诗文,注意在诵读过程中体验情感,领悟内容。背诵优秀诗文50篇(段)。

10. 养成读书看报的习惯,收藏并与同学交流图书资料。课外阅读总量不少于40万字。

第三学段(5—6年级)

1. 能用普通话正确、流利、有感情地朗读课文。

2. 默读有一定的速度,默读一般读物每分钟不少于300字。

3. 能借助词典阅读,理解词语在语言环境中的恰当意义,辨别词语的感情色彩。

4. 联系上下文和自己的积累,推想课文中有关词句的意思,体会其表达效果。

5. 在阅读中揣摩文章的表达顺序,体会作者的思想感情,初步领悟文章基本的表达方法。在交流和讨论中,敢于提出自己的看法,作出自己的判断。

6. 阅读说明性文章,能抓住要点,了解文章的基本说明方法。

7. 阅读叙事性作品,了解事件梗概,简单描述自己印象最深的场景、人物、细节,说出自己的喜欢、憎恶、崇敬、向往、同情等感受。阅读诗歌,大体把握诗意,想像诗歌描述的情境,体会诗人的情感。受到优秀作品的感染和激励,向往和追求美好的理想。

8. 学习浏览,扩大知识面,根据需要搜集信息。

9. 在理解课文的过程中,体会顿号与逗号、分号与句号的不同用法。

10. 诵读优秀诗文,注意通过诗文的声调、节奏等体味作品的内容和情感。背诵优秀诗文60篇(段)。

11. 利用图书馆、网络等信息渠道尝试进行探究性阅读。扩展自己的阅读面,课外阅读总量不少于100万字。

第四学段(7—9年级)

1. 能用普通话正确、流利、有感情地朗读。

2. 养成默读习惯,有一定的速度,阅读一般的现代文每分钟不少于500字。

3. 能较熟练地运用略读和浏览的方法,扩大阅读范围,拓展自己的视野。

4. 在通读课文的基础上,理清思路,理解主要内容,体味和推敲重要词句在语言环境中的意义和作用。

5. 对课文的内容和表达有自己的心得,能提出自己的看法和疑问,并能运用合作的方式，共同探讨疑难问题。

6. 在阅读中了解叙述、描写、说明、议论、抒情等表达方式。

7. 能够区分写实作品与虚构作品，了解诗歌、散文、小说，戏剧等文学样式。

8. 欣赏文学作品，能有自己的情感体验，初步领悟作品的内涵，从中获得对自然、社会、人生的有益启示。对作品的思想感情倾向，能联系文化背景作出自己的评价；对作品中感人的情境和形象，能说出自己的体验；品味作品中富于表现力的语言。

9. 阅读科技作品，注意领会作品中所体现的科学精神和科学思想方法。

10. 阅读简单的议论文，区分观点与材料（道理、事实、数据、图表等），发现观点与材料之间的联系，并通过自己的思考，作出判断。

11. 诵读古代诗词，有意识地在积累、感悟和运用中，提高自己的欣赏品位和审美情趣。

12. 阅读浅易文言文，能借助注释和工具书理解基本内容。背诵优秀诗文80篇。

13. 了解基本的语法知识，用来帮助理解课文中的语言难点；了解常用的修辞方法，体会它们在课文中的表达效果。了解课文涉及的重要作家作品知识和文化常识。

14. 能利用图书馆、网络搜集自己需要的信息和资料。

15. 学会制订自己的阅读计划，广泛阅读各种类型的读物，课外阅读总量不少于260万字，每学年阅读两三部名著。

《普通高中语文课程标准（实验）》对高中语文必修课程“阅读与鉴赏”的目标规定如下：

1. 在阅读与鉴赏活动中，不断充实精神生活，完善自我人格，提升人生境界，逐步加深对个人与国家、个人与社会、个人与自然关系的思考和认识。

2. 发展独立阅读的能力。从整体上把握文本内容，理清思路，概括要点，理解文本所表达的思想、观点和感情。善于发现问题、提出问题，对文本能作出自己的分析判断，努力从不同的角度和层面进行阐发、评价和质疑。根据语境揣摩语句含义，运用所学的语文知识，帮助理解结构复杂、含义丰富的语句，体会精彩语句的表现力。

3. 注重个性化的阅读，充分调动自己的生活经验和知识积累，在主动积极的思维和情感活动中，获得独特的感受和体验。学习探究性阅读和创造性阅读，发展想像能力、思辨能力和批判能力。

4. 能阅读论述类、实用类、文学类等多种文本，根据不同的阅读目的，针对不同的阅读材料，灵活运用精读、略读、浏览、速读等阅读方法，提高阅读效率。

5. 能用普通话流畅地朗读，恰当地表达文本的思想感情和自己的阅读感受。

6. 学习鉴赏中外文学作品，具有积极的鉴赏态度，注重审美体验，陶冶性情，涵养心灵。能感受形象，品味语言，领悟作品的丰富内涵，体会其艺术表现力，有自己的情感体验和思考。努力探索作品中蕴涵的民族心理和时代精神，了解人类丰富的社会生活和情感世界。

7. 在阅读鉴赏中，了解诗歌、散文、小说、戏剧等文学体裁的基本特征及主要表现手法。了解作品所涉及的有关背景材料，用于分析和理解作品。

8. 学习中国古代优秀作品，体会其中蕴涵的中华民族精神，为形成一定的传统文化底蕴奠定基础。学习从历史发展的角度理解古代作品的内容价值，从中汲取民族智慧；用现代观念审视作品，评价其积极意义与历史局限。

9. 阅读浅易文言文，能借助注释和工具书，理解词句含义，读懂文章内容。了解并梳理常见的文言实词、文言虚词、文言句式的意义或用法，注重在阅读实践中举一反三。诵读古代诗词和文言文，背诵一定数量的名篇。（可参考附录一《关于诵读篇目和课外读物的建议》）

10. 具有广泛的阅读兴趣，努力扩大阅读视野。学会正确、自主地选择阅读材料，读好书，读整本书，丰富自己的精神世界，提高文化品位。课外自读文学名著（五部以上）及其他读物，总量不少于150万字。（可参考附录一《关于诵读篇目和课外读物的建议》）

11. 注重合作学习，养成相互切磋的习惯。乐于与他人交流自己的阅读鉴赏心得，展示自己的读书成果。

12. 学会灵活使用常用语文工具书，能利用多种媒体搜集和处理信息。

二、阅读教学目标分析

（一）获取知识

阅读教学的直接目标在于使学生通过阅读获取知识。学生在阅读教学中获取的知识，大致可以区分为显性知识和隐性知识。这里所说的显性知识指的是课文内容所呈现的知识，隐性知识指的是隐含在课文形式中的知识。

语文教材中的显性知识包括自然科学知识和社会文化知识。这些知识具有常识性、零散性、丰富性、生动性的特点。学生接触这些知识，其意义在于扩大文化视野，吸收文化营养，汲取文化智慧，从中获得对自然、对社会、对人生的有益启示。因而，教学中不应执著于知识本身。

语文教材中的隐性知识，或者说是关于方法的知识，即语文知识，包括文字知识、语言知识、文章知识、文学知识和阅读方法策略知识。语言知识应当包括语形知识、语义知识、语用知识。学生获取这些知识,其目的在于形成和提高语文能力。在教学中,教师应当引导学生感悟和理解这些知识,把握语言规律,更为自觉地指导言语实践。这里应当强调的是语用知识。课程改革之前语文教学的失误,与其说是过于重视知识,不如说是教给学生的知识过于机械,过于僵化,甚至是无用的知识。只有把语文教学从语形、语义的层面提高到语用的层面,才能有效地提高语文教学的质量。

语形、语义、语用是现代语言学的概念。三者不是并列的三个方面,而是语言研究或语言分析的三个层面。如果我们只是关注符号与符号之间的关系,那么我们是在进行语形学的研究,如果我们进而关注符号与其所指之间的关系,那么我们是在进行语义学的研究;如果我们再进一步研究符号与其使用者之间的关系,那么我们就是在进行语用学的分析了。例如,鲁迅的《祝福》中,有“祥林嫂,你放着罢!”和“你放着罢,祥林嫂!”这样两句话。有的教师只是告诉学生前者是一般语序,后者是特殊次序,主谓倒装。这样的教学是贴标签似的教学,这样的知识是僵死的、无用的,因为学生并不知道前边为什么要用一般语序,后边为什么要用倒装句。如果上升到语用层面分析,分析符号及与使用者之间的关系,我们就会知道,这两句话都是四婶阻止祥林嫂摆祭器。在四婶看来,祥林嫂是个不祥的女人,她认为祥林嫂碰祭器是亵渎神灵的,于是要阻止她。第一次留点客气,有话好好说,于是就用了一般语序:“祥林嫂,你放着罢!”第二年,祥林嫂又去帮着摆祭器,这一次四婶不再留客气,急切地要阻止她碰祭器,急切到了连称呼“祥林嫂”的时间都容不得,马上直奔主题“你放着罢”,然后再补足称谓“祥林嫂”,于是就成了我们所看到的那个倒装句“你放着罢,祥林嫂!”捐了门槛,本已坦然的祥林嫂分明地感到了这话的不同寻常,于是“像受了炮烙似的缩手”,“直是一个木偶人了”。这就是精神虐杀。这样的语用知识就是活的,是对指导学生的言语实践切实有效的知识。

(二)培养能力

阅读教学最主要的目标在于培养学生的阅读能力,并借以提高学生的表达能力。阅读能力可以区分为认读能力、解读能力和鉴赏能力三个层级。

认读能力,指的是对文本字、词、句的感知能力,是正确、流利地通读文本的能力。认读能力主要包括识字量、切分词语的能力和把握句子结构的能力。首先是识字量。学生的识字量主要是在阅读教学中增加的,因此,每篇课文的阅读教学都应当把学习生字、准生字作为一项不可或缺的任务。其次是切分词语的能力。汉语书面语实行词的连写,不像印欧语系那样词和词之间有明确的界限,这使得切分词语的能力成为认读能力的必要条件。切分词语的能力既与词汇量有关,也与阅读经验有关。再次是把握句子结构的能力。只有正确地把握句子结构,才能不读破句,才能正确、流利地通读文本。正确地把握句子结构,需要一定的语法知识为基础,也需要阅读经验的积累。

解读能力，即在认读的基础上理解文本的能力，包括理解词句的能力、理解段落的能力和理解篇章的能力。理解词句，既要把握词义，又要体会词彩；既要能够领会不同句类、句型的表达功能，又要能够领会各种表达方式的表达作用。要善于捕捉那些富有表现力的词句，特别是对表现中心起重要作用甚至是关键作用的词句。例如，鲁迅《孔乙己》中，“孔乙己是站着喝酒而穿长衫的唯一的人。”表明了孔乙己既不同于长衫主顾又不同于短衣帮的特殊身份。“大约孔乙己的确死了”表面看似矛盾，其实，“大约”指未能亲见，“的确”指命运的必然，两个方面是辩证的统一。

理解段落，主要是把握句与句之间的关系。把握句子在段落中的地位和作用，弄清有没有中心句，哪个是中心句，有没有起句、结句（首句未必是起句，末句未必是结句），各起什么作用。例如，《吕氏春秋·察传》第一段：“夫得言不可以不察。数传而白为黑，黑为白。故狗似玃，玃似母猴，母猴似人，人之与狗则远矣。”首句作为起句提出论点：必须审查传言。第二句提供论点：传言经过多次传播，可能严重失实，甚至与事实全然相反。读者可能要问，黑白的区别是这样鲜明，反差是如此强烈，何以竟至于黑白颠倒。于是第三句说明其原因在于事物的渐变性，量变的积累引起了质变。末句作为结句，说明愚蠢的人们不懂得这个道理，这是他们犯错误的原因，既有客观因素，又有主观因素，带有总结的性质。有人认为，文章提出论点之后，举了两个例子，这显然是一种误读。他们不明白这里的黑白之说、人狗之说正是我国古代文化中常用的形象化议论。

理解篇章，是在理解词句、理解段落的基础上对文章的整体把握。包括提炼中心、理清脉络、体味语言等。所谓整体把握，是说要理解局部与局部、局部与整体之间的关系。整体是各局部的有机统一，而并非机械相加。整体大于部分之和。例如，《孔乙己》中，孔乙己到咸亨酒店来买酒，先前是“排出九文大钱”，后来是“摸出四文钱来”，这反映了孔乙己命运的发展变化。再如《论雷峰塔的倒掉》结尾“活该”两字独立成段，就提高了它在篇章中的地位，加强了它的分量，把作者对法海倒行逆施的深恶痛绝和对其可悲下场的嘲弄表现得淋漓尽致。

鉴赏能力，即鉴定和欣赏文本的能力。所谓鉴定，即辨别和确定事物的真伪优劣；所谓欣赏，即享受、领略事物的美好和趣味。鉴定，原是对文物和艺术品而言。因而，阅读当中的鉴赏，首先或主要是对文学作品而言。但又不局限于文学作品，因为非文学作品，特别是其语言，也有艺术性的问题。如果说认读和解读是理性的，那么，鉴赏则是伴随着情感的。然而，鉴赏又并非全是情感的，因为鉴定仍以理性为主，欣赏中的领略同样离不开理性。对于课文的鉴赏，不外乎内容和形式两个方面。就内容而言，可能是因其思想深刻或新鲜，也可能是因其情感特殊或别致。例如，恩格斯《在马克思墓前的讲话》中说：“他一生有过许多敌人，而我敢说，却未必有一个私敌。”这是一种伟大的、高尚的人格，当读者为这种人格魅力所打动而深思的时候，也可以领略到恩格斯这篇悼词思想的深刻。就形式而言，从微观上说，可能是因其表达鲜明而生动，从宏观上说，可能是因其构思的巧妙，或布局的妥帖。例如，朱自清的《春》中“小草偷偷地从土里钻出来”，这一描写是那样的生动逼真，让我们眼前一亮，心里一动。当然，在很多情况下，或者说最好是内容和形式相统一的。例如余光中的《乡愁》，我们陶醉于作者所创造的意象：“一枚小小的邮票”“一张窄窄的船票”“一湾浅浅的海峡”，很难说究竟是内容还是形式，或者说它既是内容又是形式。其实，上面所举两例同样如此。前者，我们一方面为马克思没有一个私敌的人格魅力所感动，为作者恩格斯的深刻思想而动心，同时，也为作者从人格角度构思和以对比方法来表现这种人格的语言艺术所折服。后者，我们既感动于生机勃发的春天，又感动于朱自清描写语言的生动逼真。

认读、理解、鉴赏是阅读的三个层次，后面的层次必以前面的层次为基础，同时又覆盖前面的层次。认读能力、解读能力、鉴赏能力是阅读能力的三个层级，后面的同样以前面的为基础并覆盖前面的。一般来说，中学的阅读至少应达到解读的层面并应尽可能地带有鉴赏的因素。

阅读教学还需培养学生的表达能力，即写作能力和说话能力。表达能力的培养，主要靠两种方式，一是在阅读中获得启发和借鉴，二是表达训练本身。因而，培养表达能力，也是阅读教学的重要目标。教师应当引导学生在阅读中获取表达的营养。一个优秀的语文教师应当清楚学生写作能力发展的规律和现状，以便在阅读教学中自觉地引导学生有针对性地汲取写作的营养。例如，学生写作记叙文描写较为薄弱，那么阅读教学中就应注重分析文本中的描写。再如，学生写作议论文的难点在于运用理论论据，那么，议论文的阅读教学就应加强理论论据的分析。又如，学生写作象征性抒情散文常见的毛病是写不好象征物而常常使得抒情较为牵强，因而《白杨礼赞》的阅读教学应把握的重点不在白杨树的象征意义而在白杨树的形象。

（三）陶冶情操

陶冶情操，同样是阅读教学的重要目标。阅读教学的这一目标，其实也是语文课程的重要目标，是语文课程区别于其他课程的重要特点。语文课程对于陶冶情操具有得天独厚的条件。语文教材中那么多鲜活的人和事、这些人和事表现出或蕴含着的丰富情感、这些人和事所在的生动的自然和社会环境，为学生陶冶情操提供了很好的条件。这些人物的情感、态度、价值观对学生情感、态度、价值观的发展提供了生动的榜样或参照。在所有的课程中，语文课程对于人的情感发展的功能是最大的、无与伦比的、无可替代的。政治课也有其德育功能，然而人的情感发展远非政治说教所能奏效。历史课中也有人和事，但作为史实存在的这些人和事是较为概括的，不具体，不生动。理科的陶冶功能更是无法与语文相比。大学中文系的文学教育，其陶冶功能也远不如中小学的语文课程。一方面，大学课程的主要价值在于学术性，另一方面，情感发展的最佳年龄是中小学阶段。

明确了陶冶情操的目标，阅读教学就不仅要让学生清晰思辨，受到哲理的启迪，而且要让学生沉浸其中，受到情绪的感染。应当通过朗读、想象和教师的点拨、激发，再生情境，创造氛围。

在阅读教学中陶冶情操，应当对于语文课程目标中的情感目标成竹在胸。在语文课程的总体目标中，与陶冶情操相关的，大致有以下内容：(1) 培养爱国主义情感。(2) 形成积极的人生态度和正确的价值观。(3) 体认中华文化的丰厚博大。(4) 提高文化品位和审美情趣，形成关心当代文化生活，尊重多样文化的态度。(5) 养成实事求是、崇尚真知的科学态度。(6) 感受汉字、汉语的优美，培植热爱祖国语言文字的情感。(7) 培养喜欢阅读的情感。

在阅读教学中陶冶情操，应当从课文的实际出发，从课文的文化内涵和情感基调出发，而不应当牵强附会。例如，《背影》应当让学生感受深挚的父子之爱，《阿Q正传》应当让学生体会作者哀其不幸、怒其不争的热烈情怀。《爱莲说》旨在“出淤泥而不染，濯清涟而不妖”的操守，《夜游承天寺》意在恬淡宁静的境界。《唐雎不辱使命》中，面对强权威胁的英勇气概何其慷慨！《将相和》中，面对同僚羞辱的避让行为又何其大度！

（四）发展思维

发展思维也是阅读教学的重要目标。在发展语言能力的同时发展思维能力，这是语文课程目标的重要内容，也是语文课程的重要策略。语言和思维互为表里，这使得思维能力和语言能力的发展往往是相伴相随的，尤其是在基础教育阶段这个思维和语言的主要发展期。语文课程发展思维的目标主要是在阅读教学中达成的。这一方面是因为阅读教学是语文教学的主要方式，另一方面是因为阅读教学与学生的认知生长关系最为密切。词语的积累、句式的习得、篇章结构的学习都与思维的发展密切相关。知道“草绿”“果绿”“墨绿”“葱心绿”这些词语，其思维显然要比只知道“绿色”更为丰富，知道“色调”“色泽”也比只知道“颜色”思维更加深刻。形容词的学习，往往和对事物性状的认识相伴，程度副词的学习往往和对事物程度的认识相随。从施事主语句到受事主语句的学习，从肯定句到否定句的习得，从主动句到被动句的把握，思维无疑是发展了。从顺叙到倒叙，从简单叙述到夹叙夹议，思维显然也是发展了。

作为阅读教学的重要目标，发展思维不应当是消极被动的，而应当是积极主动的、自觉的。在小学和初中阶段，一方面是激发想象力，另一方面是初步掌握科学的思想方法。想象，作为一种形象思维，是一种最天真的思维方法，是各种思维的基础，想象丰富的人，其思想较为饱满圆润。想象贫乏的人，其映象表征系统就缺乏活力，其符号表征系统也就先天不足。想象，本来是儿童思维的特质或潜能，但若不注意激发和培养，很容易被埋没。中小学以叙事性课文为主，这对于激发和培养想象力很有好处。诗歌也是培养学生想象力的好教材。以想象的方式再现作者创造的形象和意境，也是诗歌学习的好方法。魏书生老师在张志和《渔歌子》的教学中，引导学生先想象有山有水、水中有鳜鱼、岸上有桃花、天上有白鹭、田里有穿蓑戴笠劳作的农民的画面，然后在想象中给这幅画涂上色彩，最后让画面动起来。学生兴趣盎然。

科学的思想方法，主要是逻辑思维。逻辑是人类长期思维实践最重要的经验总结和理论成果，是思维的基本方式和基本法则，是民主和法制的共同基石。概念准确、判断合理、推理有效是正确思维的基本要求。初中的说明文，特别是议论文教学是培养逻辑思维的好机会。在叙事类课文的教学中，同样应当注意逻辑思维的培养。以鲁迅的《一件小事》为例："忽而车把兜住一个人，慢慢倒地了……跌倒的是一个女人，花白头发，衣服都很破烂……我料定着老女人并没有伤。"其中的"人""女人""老女人"概念使用非常准确。车跑得快，对车把上兜住的人尚未注意，因而只能是"人"，一看方知是一个"女人"，看见"花白头发"知道是一个"老女人"。对事物的表达是和对事物的认识相一致的。学生若能仔细阅读课文，进行反思，必能受到启发。在阅读教学中，对课文的理解，教学过程中的讨论，应当引导学生持之有故，言之成理。

高中的阅读教学，则以培养学生的逻辑思维和辩证思维为主，要增强思维的严密性、深刻性和批判性。具有这些特性的思维可概称为批判性思维。批判性思维的培养既是教育的题中应有之义，也是时代发展的必然要求。批判性思维的发展是社会文化活跃的重要表现。在阅读教学中培养批判性思维的最好方法是探究和质疑。作者要表达的思想是什么，这一思想是否正确，作者为这一思想提出的理由是什么，理由本身是否成立，这个或这些理由是否能支持这个思想，支持度有多高，都是应当深思的。在课堂对话中，同样应当如此。任何思想都没有受到质疑的豁免权，任何思想都有为自己辩护的权利，这就是批判性思维的精髓。批判性思维不仅需要遵守逻辑法则，而且也与辩证法相关。认识事物的不同方面以至整体，理解事物的相互联系，了解事物的历史过程和特定条件，同样是批判性思维不可或缺的内容。

（五）形成习惯

阅读教学的又一个重要目标，就是形成良好的阅读习惯。培养良好习惯，是许多具有真知灼见的教育家的共同主张。英国教育家洛克认为："一切教育都归结为养成儿童良好的习惯。"[①]现代著名语文教育家叶圣陶先生指出："必须使一切方法化

① [英]洛克著：《教育漫话》，上海教育出版社2000年版，第65页。

为自身的习惯,那才算贯彻了学习国文的本旨。”①随着终身教育思想的提出和学习型社会的倡导,良好的阅读习惯显得更为重要。《全日制义务教育语文课程标准(实验稿)》也提出了养成语文学习良好习惯的课程目标。良好的阅读习惯至少应当包含下面这些内容:(1)阅读的习惯。(2)独立阅读的习惯。(3)边读边思考的习惯。(4)在阅读中及时使用工具书查阅生字生词的习惯。(5)写读书笔记的习惯。(6)默读的习惯。(7)对精彩内容吟诵甚至背诵的习惯。(8)探究和质疑的习惯。良好的阅读习惯要在阅读教学中认真引导,逐步培养。从这个意义上说,一篇课文的学习过程也许比这篇课文的本身的学习结果更为重要。在教学中,教师不可为了学生一时的成绩,急功近利,而淡忘或忽视了学生良好阅读习惯的培养。

(六)积累言语

阅读教学的另一个重要目标是语言积累。语言能力的形成是一个通过感悟、模仿、积累而逐步发展的过程。因此,言语的积累十分重要。积累大量的言语材料是学生形成和发展语言能力不可或缺的必由之路。有了这些规范的、经典的、优秀的言语材料,学生头脑中就会形成相应的语言模块,就便于他们言语的模仿和再生。阅读教学过程应当是学生积累言语材料的最好过程。读课文,是积累言语材料的最好方式。任何讲解、分析、讨论都无法替代对言语材料的直接感知。不仅要读,而且要反复地读。精彩的言语材料要吟诵,甚至达到背诵的程度。咀嚼玩味,也是积累言语材料的好方法。通过咀嚼玩味,体会言语材料的妙处。通过诵读和品味,达到“其言皆若出于吾之口”(《朱子读书法》)的境界,这言语材料就成了学生自己的东西了。摘抄,是另一种积累言语材料的好方法。把最精彩的词、句、段摘抄下来,一方面便于经常翻阅,另一方面在摘抄的过程中,以不同的符号承载信息,可以加强感知的效果。

(七)阅读教学目标的辩证性

对阅读教学目标的理解和把握应当具有辩证性。首先,阅读教学目标应当全面把握。各种目标都是为了学生语文素养的全面提高,缺一不可。因而在阅读教学实践中不能顾此失彼。其次,阅读教学目标的各个方面,学生语文素养的各个方面是互相渗透互相作用的。如“体认中华文化的丰厚博大”,其中既有获取知识的因素,也有陶冶情操的因素。再次,上面所列六个方面的目标也是相对的。对于人的全面发展而言,对于全面提高学生的语文素养而言,阅读教学的目标是无法罗列穷尽的。无论列出多少条,都只能是择其要者而言之。

① 《叶圣陶集》第13卷,江苏教育出版社1992年版,第85页。

第二节　阅读教学方法

一、朗读

朗读是书面语言的有声化，是变无声文字为有声语言的阅读方式。朗读也是一种朴素的阅读教学方法。

朗读教学的意义在于：第一，帮助学生理解课文的思想内容，体验课文的情感，感受文章的气势和韵味。第二，促进书面语和口语的联系和沟通。通过朗读，可以使学生在口头上逐渐习惯书面语言的规范、条理和简洁、典雅的语言风格，自然地吸收书面语言，提高口语水平。第三，培养朗读能力。朗读能力的培养本身就是阅读教学的重要目标之一，而朗读能力的培养，必须通过朗读教学。第四，学生的朗读质量是衡量他们学习课文所达程度的重要标尺。学生对课文的理解和体验，能够在朗读中反映出来。

朗读一般有如下要求：

（一）吐字清晰

朗读首先要求是吐字清晰。所谓清晰，是指发音字字清晰可辨，不含混，不吞字。吐字清晰的基础是音量足够大。如果没有足够的音量，就不可能是清晰的，也就失去了朗读的意义。有些学生，特别是胆怯的学生，往往声音很小，听不清。教师从一开始就应当严格要求，热情鼓励。这不仅是朗读能力培养所必需，而且也是人格塑造不可忽视的因素。音量足够大的标志是教室里每位学生都能毫不费力地听清。

（二）发音正确

发音正确有两方面的意义。一是指认识字，该读什么音就读什么音，不读成别的字。二是指要按普通话的规范来读。推广普通话，是国家的基本国策。普通话规定，“以北京语音为标准音”。方言区的教师，特别是偏远地区的教师，应当确立使用普通话的观念，加强自身的普通话修养，并在教学中坚持引导学生使用普通话。在朗读教学中，对于学生读错的字音，教师应及时地正字正音。正字正音的具体方式有两种。一种是即错即停，待纠正后再读下去；一种是待全文读完再集中纠错。前一种方式的优点是纠错更显明，更扎实。其缺点是可能会破坏朗读的整体感，影响课堂的情感氛围。因此，这种方式应用在一篇课文的教学之初试读的阶段。后一种方式容易产生的问题是，若错误较多就可能记不住。如果这样，教师可随时将读错的字写在黑板上。正字正音应当首先让学生来做，需要时，教师再作补充和调整。

（三）停顿合理

停顿，是句子当中、句子之间、层次之间和段落之间的语音间歇，是语言节奏的重要表现。停顿对于传情达意具有重要的作用，错误的停顿可能会改变内容的意思，甚至使词句变得难以理解。

停顿有语法停顿和心理停顿的区别。语法停顿一般与段落、标点相一致。停顿的大小依次是段落、句号、分号、逗号、顿号。例如，范仲淹《岳阳楼记》共分五个段落，段与段之间在内容和情感上有较大的转换，停顿应当长些。段落内部的停顿，我们以第三段为例：

> 若夫霪雨霏霏，连月不开；阴风怒号，浊浪排空；日星隐曜，山岳潜形；商旅不行，樯倾楫摧；薄暮冥冥，虎啸猿啼。登斯楼也，则有去国怀乡，忧谗畏讥，满目萧然，感极而悲者矣。

在两个长句之间应作稍长的停顿，在各分句间应作较短的停顿，在小分句间应作更小的停顿。

应当说，语法停顿中也有心理停顿的因素，但心理停顿还常表现在与段落、标点不一致的地方。在句中的非标点处也可以有心理停顿。以鲁迅《记念刘和珍君》为例：

> 始终微笑的和蔼的刘和珍君/确是/死掉了，这是真的，有她自己的尸骸为证；沉勇而友爱的杨德群君/也/死掉了，有她自己的尸骸为证；只有一样沉勇而友爱的张静淑君/还在医院里/呻吟。当/三个女子从容地转辗于文明人所发明的枪弹的攒射中的时候，这是怎样的一个惊心动魄的伟大呵！中国军人的屠戮妇婴的伟绩，八国联军的惩创学生的武功，不幸/全被这几缕血痕/抹杀了。

这一段中，在“刘和珍君”“杨德群君”“张静淑君”之后应有停顿，在两个“死掉了”“呻吟”和“抹杀”之前应有停顿，在“当”和“不幸”后应有停顿。

（四）速度适宜

速度，也是朗读的重要因素。速度的确定既与思想内容相关，也与文本形式相关。一般来说，韵文，特别是古典诗词应慢些；描写，特别是景物描写应慢些；记叙中的说明、人物对话、情调低沉的内容应慢些，欢快的情调、快速的动作、紧张的场面、迅猛发展的进程应快些。例如：

> 她爱诗，并且爱教我们读诗。直到现在我还记得她教我们读诗的情景，还能背诵她教我们的诗：
>
> 圆天盖着大海，
黑水托着孤舟，
远看不见山，
那天边只有云头，

也看不见树，

那水上只有海鸥……

这是《我的老师》中的一段。前面的散句可稍快些，后面的诗句适当慢些。

（五）重音得当

重音，就是把句子中的某个音节读得重些、强些，以此突出这个词语。重音是朗读的重要因素。重音把握不准，会严重影响朗读的效果。重音的确定难度较大，需要在教学中着力指导。

重音可分为语法重音和逻辑重音。汉语的语法重音一般在句末。述宾谓语句的重音在宾语上，“把”字句的重音在动词及其连带成分上。例如：

(1) 弟弟打碎了**杯子**。

(2) 弟弟把杯子**打碎**了。

前者重音在“杯子”上，后者重音在“打碎”上。

逻辑重音一般在新信息上，或者是强调信息上。例如：“有亭翼然临于泉上者，醉翁亭也。”重音当在“醉翁”上，因为“醉翁”是新信息。

表示强调的重音往往有言外之意。例如：

(1) **我**不会写诗。

(2) 我**不**会写诗。

(3) 我不**会**写诗。

(4) 我不会**写**诗。

(5) 我不会写**诗**。

这里的五个句子内容完全相同，但不同的重音能显示不同的言外之意。第一句重音在“我”上，其言外之意是“别人会写”。第二句重音在“不”上，其言外之意是“谁说我会写啊”。第三句重音在“会”上，其言外之意是“不是我不愿意写”。第四句重音在“写”上，其言外之意是“我会读诗”。第五句重音在“诗”上，其言外之意可能是“我会写小说”。

（六）语调鲜明

语调，就是语音的高低、强弱、快慢的变化，也就是人们常说的抑扬顿挫。既然是一种变化，语调这一因素就要比其他因素更为复杂，更需要综合考虑文章的思想情感，更需要在实践中细心体会。一般说来，喜悦、兴奋、活泼、紧张、坚决的情绪应当读得高昂而响亮。宁静、平淡、疑虑、抑郁、忧郁的情绪应当读得舒缓而幽沉。文学作品的朗读，应当把人物语言与叙述语言区别开来，人物语言高些，叙述语言低些。

（七）方式多样

朗读教学可以有教师范读、学生单读、齐读和分角色朗读等不同的方式。

教师范读。凡适于朗读的课文，教师多半应当范读。其作用有二：一是感染学生，帮助学生更好地体会和理解课文的思想感情；二是示范，为学生做出朗读的榜样。范读是最有价值的朗读指导，对于培养学生的朗读兴趣，形成班级朗读的风气作用很大。范读可以是全篇的，也可以是片段的。片段的朗读还可以和讲解、点拨结合起来。播放“朗读带”是教师范读的替代形式，但这种方式不可能也不应当替代教师的全部范读。

学生单读。学生单个朗读，是最普遍的朗读方式。学生单读也可以有全篇和片断的区别。在试读阶段，多数是读片段。几个学生前后接续，读完全篇。对试读的指导一是正字正句，二是朗读规范和朗读技巧，三是对课文的理解，朗读技巧应当和对课文的理解结合起来。学生单读的基本原则是每个学生均有机会。

齐读。齐读的意义在于：一是使每个学生都得到练习的机会；二是形成热烈的气氛，互相感染；三是有利于协调动作，增强集体感和责任感。齐读的方式是有条件的。从课文来说，比较适合于诗歌和优美的散文。从时机来说，应在学生理解课文之后。那种一上课就让学生齐读的做法是盲目的，不足取的。

分角色朗读。剧本或人物多、对话多的课文可以组织学生分角色朗读，每人承担一个角色，另有一名学生读叙述性的内容。分角色朗读在实施前应当有所准备。

二、默读

默读是最普遍、最经常的阅读方式，是阅读的基本方式。默读是阅读训练的终极目标。默读的意义在于：第一，有利于正确而深入的理解，并可以按照自己特定的理解轨迹以自由的阅读速度进展。第二，因其不需要通过发音器官，可加快阅读速度。第三，有利于培养自觉的阅读态度和习惯。第四，默读能力关系到其他各科学习的质量。默读也是一种朴素的阅读教学方法。

默读的基本特点在于不出声，是一种内隐的活动，没有外部标志，因而应当从默读的质量，即对文本的感悟与理解程度来了解和指导学生的默读。默读的基本要求是正确、迅速、适当。第一是正确无误地感知和理解文本，否则便失去了默读的根本意义。第二是迅速地完成阅读任务，否则便不能发挥默读的长处。第三是有针对性地、灵活地运用通读、摘读、跳读等不同的具体方法。

默读教学的要点有：第一，标记生字词和准生字词，及时翻阅工具书，并记下所得结论。第二，标记有疑问的内容，及时向老师或同学请教。第三，默读前可提出思考题，以便带着相关问题读。第四，可配合默读摘抄精彩的词句段。第五，进行速读训练。或限定内容缩短时间，或限定时间力争获得更多的信息。第六，随着年级的升高，逐渐加大默读与朗读的比例。

默读能力的提高应当循序渐进。各学段有不同的指导要点。

小学一、二年级：主要训练不出声、不指读。引导学生结合语境了解课文中词句的意思，并积累词语。

小学三、四年级：初步学会默读。会使用注释或字典、词典查阅生字生词。能体会关键词句在表情达意方面的作用。能对课文中不理解的地方提出疑问。能初步把握文章的学习内容，体会文章表达的思想感情。能在默读后进行复述。在理解语句的过程中体会句号与逗号的不同用法，了解冒号、引号的一般用法。学习略读，通过略读初知文章大意。

小学五、六年级：默读有一定的速度，默读一般读物每分钟不少于 300 字。能体会词句的表达效果。能理解文章的表达顺序。能把握要点或梗概。在理解课文的过程中，体会顿号与逗号、分号与句号的不同用法。学习浏览，扩大知识面，根据需要搜集信息。

初中：养成默读习惯，阅读速度每分钟不少于 500 字。能熟练地运用略读和浏览的方法。对课文的内容和表达有自己的心得，能提出自己的看法和疑问。了解叙述、描写、说明、议论、抒情等表达方式。结合课文学习语法、修辞。了解相关重要作家、作品知识和文化常识。

三、讲述

讲述法是以教师的叙述和说明方式来达成教学目标的方法。这是一种古已有之的教学方法，也是普遍采用的教学方法。

讲述法的优点在于：第一，可传授新知，并保持知识的系统性和深刻性。第二，教师寥寥数语就能讲清问题，简便易行，时间较为经济。第三，有利于笔记训练，增强文字表达能力。第四，能面对大多数学生，在较大程度上适应班级教学。第五，能够在较大程度上显示教师在知识理解和语言运用等方面的示范作用。

其缺点在于：首先，不利于学生主动学习。其次，交流反馈差。再次，无法照顾个别差异。

讲述法既有优点，又有缺点。不能认为只有讲才能发挥教师的主导作用；也不能认为讲就是不尊重学生的主体地位。关键是要运用适时而得当。

运用讲述法应当遵循如下原则：

（一）适时性

讲述法适宜的运用时机在于：第一，在单元教学或一篇课文的教学之初，说明学习目的和意义之时。第二，介绍重要作家和时代背景之时。第三，讲解某些重点难点之时。第四，激发情感、创造氛围之时。第五，补充某些必要的内容之时。

（二）必要性或重要性

所讲内容应当是学习过程中解决问题所必需的，或者是对于学生的知识建构很重要的内容，确实使学生得到知识的满足，受到思想的启迪和情感的熏陶。例如，课文作者，并非每一位都要介绍。重要的作家，也并非介绍得越多越好。魏书生老师在教学《〈论语〉六则》时，告诉学生孔子是联合国教科文组织公布的人类历史上十位最伟大的思想家之一，既扩展了学生的知识，又使他们由于对孔子的崇敬激发了学习的兴趣。

（三）启发性或感染性

教师的语言应当清晰明白，简明扼要，生动有趣，能使学生受到启发，或者受到感染。一位小学语文老师在讲"善"字时对学生说："'善'这个字很有意思。你们看，上面是一个'羊'字，下面是一个'口'字，中间很像一个'草字头'。这就是'小羊口里含青草'。"学生很容易就记住了"善"字的写法。一位中学语文老师讲朱自清的《春》，讲到春雨"像牛毛，像细丝，像花针"时说："'像牛毛'，写出了春雨的细而绵密，'像细丝'写出了春雨的细而牵连不断，'像花针'写出了春雨的细而发亮。三个比喻，既写出了春雨'细'的共同点，又写出了春雨其他方面的多种特质。"启发学生仔细读书，深入思考。

四、问答

问答法是通过提问和回答来进行教学的方法。问答法也是一种古已有之的教学方法，同时又是一种较有生命力的教学方法。它对于激发和促进学生的思维具有重要意义。尽管如此，在理论上，我们不能把问答法和启发式混为一谈。启发式是一种教学思想、教学原则。启发式的教学方法可以有多种，问答法只是其中的一种，并且形式主义的问答，在本质上也与启发无缘。

问答法的优点在于：第一，能够唤起注意，活跃思维，养成敏捷思考、迅速回答问题的习惯。这是问答法的主要价值所在。第二，学生有提问的机会，有分辩的余地，有利于培养积极主动的学习态度。第三，有利于口语训练，养成说话能力。第四，反馈及时，便于教师调整教学。

其缺点在于：第一，教师的提问不可能适合所有学生的理解程度。第二，一次问答，通常只限于一个学生，如果组织不好，很可能使很多学生处于消极状态。第三，不利于系统知识的传授，也不利于保持知识的完整性。

问答法既有优点，也有缺点。关键是要扬长避短，运用得恰当，运用得巧妙。

运用问答法应当贯彻如下原则：

（一）问题有价值

教师提出的问题应当有意义，能使学生在思想上受益，在实践中受用，要力戒为问答而问答。例如有的教师在教《七根火柴》一文时，问学生："我们平时在家做饭，除了用米、用水之外，还要用什么啊？"教师的本意在于让学生说出"火"来，以便从"火"引导到"火柴"。然而这是一个很糟糕的问题。即使学生能回答"火"，又有什么意义呢？何况学生完全可以回答“锅”“灶”等。显然，这一问题的提出，反映了教师想当然的心理，同时也反映了为提问而提问的盲目性和随意性。

（二）应以思考性问题为主，以记忆性问题为辅

好的教学应当是在有疑处释疑，在无疑处设疑。目的是活跃思维，既有利于眼前问题的解决，又有利于思维的发展。因此，所提问题应当以思考性的为主，以记忆性的为辅。思考性的问题可以有选择、比较、因果、解释、评价等多种不同的形式。例如教《一件小事》时问：“一件小事为何从国家大事写起？”这是关于因果关系的思考题。“我和车夫对待老女人的态度有何不同？”这是比较性的思考题。“车夫行为所表现出的品质是助人为乐，同情弱者，还是勇于负责？”这是选择性的思考题。

（三）问题应当大小适当，难易适中

这是说，所提问题应当切合学生的思想水平和实际能力，既不能让学生不假思索地回答，也不应是他们力所不能及的或无从下手的。常见的毛病是大而无当或琐细不堪。前者如“这篇文章的主题思想是什么？”“这篇文章有哪些写作特点？”后者如“这篇文章的作者是谁啊？”甚至是教师说前半句，让学生说后半句，或者只留一个词让学生说。这样的问题丝毫不能激发学生的学习兴趣。有些问题虽然较大，但较为容易回答，也是可以的。例如，“读了这篇课文，你有什么体会？”或“你能谈谈自己的收获吗？”

（四）问题应有启发性

有启发性的问题才能更好地引导思维。钱梦龙老师在《愚公移山》的教学中提出了这样一个问题：“来帮忙的小男孩儿多大了？”这个问题意在引导学生关注“始龀”中的“龀”字。有位老师在《琐忆》的教学中，提出了这样一个怪问题：“人是怎样变成猴子的？”学生们一下愕然。因为进化论的常识告诉他们，人是不能变成猴子的。可作者为什么说有人变成了猴子呢？难道是鲁迅不懂得进化论的常识？学生很快排除了这种可能，那么一定是另有深意。通过仔细阅读和思考，学生们终于明白，这是作者在讽刺某些人的反动和倒退。

（五）所有的学生应均有机会回答

教育的一个重要原则就是为了每一个学生的发展。这一原则体现在课堂提问上，就应当让每个学生都有机会回答问题。因此，所提问题应当有不同的层次。而且，同样一个问题，如果有两个以上的学生能回答，应首先选择水平较低的。与此相关的是，必须先提出问题，再选定回答问题的学生。如果先指定回答问题的学生，然后再提问题，既不够尊重这位学生，也使其他同学降低了思考问题的积极性。

（六）教师语言简明，态度亲切

语言简明是为了便于学生集中思想，另一方面，问题一旦提出，就不宜重复，目

的是养成学生注意倾听的习惯。态度亲切，体现了教师的关怀与信任，对学生是一种无声的鼓励。

（七）恰当评价

评价是教学的重要手段。给学生好的评价可以增强教学功能，扩展教学效果。运用问答法，在学生回答之后，也应该给予恰当的评价。所谓恰当，至少有这样三层意思：第一，应以鼓励为主，多表扬少批评。特别是对于较少回答问题或学习水平较低的同学，更应给予鼓励。只要有合理因素，都应当肯定。对于观点正确、思想深刻、很有见地，甚或有创见的回答，更应当热情赞扬。当然，对于回答中的错误，也应当指出。这不仅对学生的知识建构有益，而且对人格发展同样有益。不能经受否定和挫折的人格是不健全的。第二，评价应当适时和适量。所谓适量，是指并非每一位学生的回答都必须作出评价，如果那样，就过于机械了。所谓适时，是说评价可适当滞后。对于回答错误的学生不妨让他在其他同学的回答中或在自己进一步的思考中提高认识。即使是肯定性的评价也可滞后，这是为了不过早地对问题作出定论，以便其他同学发表不同的意见。第三，既要评价内容，又要评价形式。评价形式是语文课程的特殊要求。无论问题的内容是什么，表达形式都是语文的东西，当然不能撇开不管。

（八）要鼓励学生提问

问答不仅指教师问学生答，还应当包括学生问教师答或同学答。教师提出问题的目的是让学生在无疑处生疑，进而思考。如果学生自己能提出问题岂不更好？学生提出的问题一定是他最感兴趣的，这样的问题若能得到解决，学生的自我建构就更顺畅。当然，有些问题可能水平不高，或者无关宏旨，这时教师在回答问题的同时，要争取把学生的思维引导到更积极的方向。这一点，我们可以学学梅行愫的榜样。茅盾笔下的主人公梅行愫为宣传民族气节，讲到了江南才女柳如是因丈夫叛变而投河自尽，听者有人问，“哎呀！她死了吗？”梅行愫答道：“不，她没有死，她被人救了。但这并不重要。”“但这并不重要”这句话很重要，因为它可以使听者游离的思绪回到主题上来。

五、讨论

讨论法，是在教师指导下，通过学生对话的方式实现教学目标的方法，是把独立阅读变为集体阅读的方法。讨论法是作为讲述法的对立物出现的，具有反传统的特色。在提倡对话的时代，讨论法更有其积极的意义。

讨论法的优点在于：第一，将自学发展为教师指导下的互学，扩展见识，加深理解，弥补个人阅读的不足。第二，容易形成生动活泼的学习氛围，培养相互切磋的风气。第三，发展判断力。第四，提高口语交际的水平。

其缺点在于：第一，容易顾点失面。讨论内容相对集中，势必影响其他方面的学习。第二，不利于基础知识的学习。第三，讨论若流于肤浅，则易浪费时间。

运用讨论法应当坚持如下原则：

（一）要把握好讨论的主题

这是讨论法实现其特有价值的关键所在。选择讨论主题的标准，最主要的是富有认识意义或实践价值，通过讨论能扩展或深化认识，提高思维水平。例如："狂人到底狂不狂？""失街亭的主要责任在马谡，还是在诸葛亮？""曹刿是一个什么样的形象？"等。教师要始终把握好讨论进展的方向，因势利导，既不放任自流，作无谓的争论，也不硬性阻止，抑制讨论的兴奋点。

（二）从文本出发

讨论的主题应从文本出发，并紧扣文本，而不能游离文本。讨论的目的在于加深对文本文化内涵和表达形式的理解。如果游离了文本，则与初衷相背。以《期行》（语文版实验教材七年级上）为例，有的教师在学生刚刚初知文本时就组织学生长时间地孤立地讨论诚信问题。如"什么叫诚信？""为什么要诚信？""我们应当怎样诚信？"等问题。这实际上只是把课文当作讨论问题的引子，整个教学成了政治课、泛文化课，而已经不是语文课了。而有的教师则组织学生讨论：陈太丘、陈的朋友、陈的儿子元方共同看重的是什么？让学生在讨论中悟出诚信的重要。在此基础上进一步讨论："既然他们都很看重诚信，为什么会产生矛盾？"学生们返归文本，在文本中寻求答案，他们明白了矛盾产生于"期日中"，"日中"是一个较模糊的时间概念，通过讨论他们领悟到钟表的重要，领悟到科学技术为人类生活带来的便利和进步。这样的讨论才是语文课的讨论。

（三）既要尊重学生对文本的多元反应，又要尽可能寻求共识

学生对文本文化内涵的反应是多元的，正所谓智者见智，仁者见仁。这是语文教育的重要规律，强求一致，就违背了规律。但这并不意味着不能寻求共识。对某些问题，对一个问题的某些侧面，对文本中的有关文化内涵，读者能够取得共识，这同样是社会文化的一个规律，何况，语文教学是有目的的主动行为，更应当在可能的情况下达成共识或寻求共识。

（四）要倡导持之有故、言之成理

持之有故，言之成理是任何对话的基本原则。阅读教学中的讨论同样如此。这不仅因为只有坚持这一原则才能形成正确的结论，获取有价值的思想，而且因为确立持之有故、言之成理的观念，养成持之有故、言之成理的习惯，提高持之有故、言之成理的能力，本身就是阅读教学中的讨论和阅读教学的重要目标。在讨论中，教师应当进行积极的提倡和引导。特别应当引导学生仔细读课文，在文本中寻求自己思想的理由，也应当引导学生利用自己的生活经验和在政治、历史、地理等其他相关课

程中学到的东西作为理由来证明自己的观点。例如，在《犟龟》的教学中，在认识到犟龟有一种坚持不懈的精神之后，教师让大家讨论，“犟龟是否谁的意见也不听？”开始，同学们几乎是异口同声地说“是”；再问的时候，声音小了，有的同学在摇头；第三次问的时候，有几位同学说“不是”。问其理由，他们说，课文中写着蜗牛告诉他方向走反了，小乌龟就回过头了，向正确的方向走了。下一个环节的讨论更是如此。教师提出的问题是：“小乌龟这样坚持不懈，他实现自己的愿望了吗？”有的同学说：“没有，因为小乌龟的愿望是参加狮王二十八世的婚礼，而狮王二十八世已经战死了。”有的同学说：“小乌龟实现了自己的愿望，因为他的愿望是参加有史以来最热闹的婚礼，而他参加的狮王二十九世的婚礼正是有史以来最热闹的婚礼。”

（五）应当引导学生调动生活经验

学生的生活经验是一种课程资源，是一种认知基础或条件。在讨论中，教师应当引导学生调动生活经验，借助文本情境，重新建构。在讨论中联系生活实际，并非对号入座。比如讨论诚信问题，就说“我们应当诚信”，讨论责任问题，就说“我们应当有责任感”，课文中的人物机智勇敢，就说“我们要向某某学习，也要机智勇敢”，课文中有科学家的故事，就说“我们要好好学习，将来用知识报效祖国”。这样的讨论不仅流于肤浅，而且容易养成说空话、说套话的恶习。

（六）要让更多的同学参与讨论

讨论的目的不仅在于讨论的内容，而且在于讨论本身。因此，应当引导更多的同学参与讨论。有位老师上课时，发现坐在最后一排的一个小男孩从来不发言，当大家都举手争取发言时，就对大家说：“还有哪位同学还没有发言机会？同学们，我们把机会让给他好不好？”在大家的鼓励下，这个腼腆的小男孩终于说话了。为了让更多的同学参与讨论，不妨采取分组的方式，先组内讨论，然后各组派代表全班交流。

讨论和问答的外延有一定的交叉，如果一个问题有多名同学回答，甚至有碰撞和反复，也就成了讨论。

六、提要

编写阅读提要，就是将课文内容的全部或局部，提纲挈领地区分为若干部分，用标题式的语句揭示出来。这是一种分析理解课文内容结构和写作思路的方法，是阅读教学中经常采用的行之有效的方法。

编写阅读提要是理解课文、发展思维和语言运用的综合训练。其意义首先在于对课文内容加深理解，巩固记忆。为了编写提要，就要仔细阅读课文，深入思考。这是单靠熟读和重复记忆所难以奏效的。编写阅读提要的过程就是理解课文的过程，提要也就是理解课文的某种结果。其次，编写阅读提要是一种很严格的思维训练，主要训练抽象和概括的逻辑思维能力、分辨主次的能力和分析综合的能力。再次，编写提要也是一种语言运用的训练。对课文内容的理解，如何用自己的语言准确概括地表达出来，是一种很重要的遣词造句的功夫。

编写阅读提要的要求在于：第一，准确无误地表达原意。每个小标题应能概括这一部分或这一层次的全部内容，同时又不把其他段或其他层次的内容概括进来。第二，合乎逻辑。提要应当有条理，有层次感，恰当处理纵向的、横向的各种关系。第三，语言简洁和谐。能用一个词表达则不用短语，能用短语则不用句子。同时，各小标题之间应当尽可能繁简相称，结构相应。这三个方面是相互联系、相互统一的。例如，陶铸的《理想的阶梯》，其中心论点为“理想的阶梯属于努力奋斗的人”，有三个分论点：“理想的阶梯属于刻苦勤奋的人”“理想的阶梯属于珍惜时间的人”“理想的阶梯属于迎难而上的人”。一、三两个分论点各用了一个自然段，第二个分论点用了两个自然段。有的同学在写分论点提要时写出了四点内容：“理想的阶梯属于刻苦勤奋的人”“理想的阶梯属于珍惜时间的人”“时间是无情的”“理想的阶梯属于迎难而上的人”。这一提要的错误或缺点与上述三个方面均有关系。“理想的阶梯属于珍惜时间的人”，本来是对两个自然段的概括，现在只用它来概括其中的一个自然段，这是不准确。第三点是第二点内部的东西，不在一个平面上，两者并列，这是逻辑关系不和谐。一、二、四三点句式相同，第三点与这三句不一致，不相应相称，这是语言表达不和谐。

阅读提要可有不同的种类，如人物描写提要、环境描写提要、故事情节提要等。例如：

例 1. 祥林嫂的外貌描写提要

眼睛

头发

脸色

神情

衣着

例 2.《荷花淀》情节提要

话别

探望

遇敌

例 3.《杨修之死》情节提要

阔	心甚忌之
一盒酥	心恶之
君在梦中	愈恶之
世子之争	愈恶之

出城之试　　大怒

答教之备　　大怒

作为一种阅读教学方法，编写提要的运用应当是灵活的，有弹性的。

(一) 并非每篇课文都必须编写提要

有的课文结构很简单，甚至各部分之间有明显的标志(空行或小标题等)。有的课文是节选的，语篇特征不鲜明。有的课文在结构方面的可借鉴性较弱。有的课文不分析结构，对其他因素的理解和学习影响不大。有的课文，可以另外的方式分析结构。诸如此类，都可以不编写提要。

(二) 编写何种提要当因文而异

不必说叙事类课文不可能编写论据提要，议论文不可能编写情节提要，即使同体裁的课文也应当有所区别。例如小说《在烈日和暴雨下》可编写环境描写的提要，而不宜编写人物描写的提要；小说《杨修之死》则应编写情节提要，而不宜编写环境描写提要。甚至同一篇文章的不同部分的提要也可不尽相同。例如《在烈日和暴雨下》，前半部分的提要应当显示烈日下的各种事物，后半部分的提要应当显示暴雨的发展过程，前者是横向的，后者是纵向的。

(三) 阅读提要可以有繁简详略的区别

例 4.《最苦与最乐》阅读提要

一、①—② 未尽责任是人生最大的痛苦。

二、③ 尽责任是人生最大的幸福。

三、④—⑤ 人生当勇于负责，而不能逃避责任。

例 5.《看云识天气》的提要

看云可以识天气

如何看云识天气

　　云的形状与天气的关系

　　　　晴天将持续的云

　　　　雨雪天气即将来临的云

　　云的光彩与天气的关系

看云识天气的局限

例 6.《春》的提要

一、① 盼春

二、②—⑦ 绘春

　　② 总写

　　③—⑦ 分写

　　春草图

春花图

春风图

春雨图

迎春图

三、⑧—⑩ 赞春

例 4 是略要，例 5、例 6 是详要。

（四）同一篇课文可以有大同小异的两种甚至多种提要

例如《春》的结构提要，除上文所列提要，还可以作如下的处理：

例 7. 盼春

绘春

总写

分写

春草

春花

春风

春雨

迎春

赞春

两者的区别在于"迎春"一节所处层次不同。

（五）编写提要的教学过程可以有不同的设计和处理

有时可让学生独立编写，有时可在结构的讨论分析中自然形成。有时可轻描淡写，节约时间；有时可重彩浓墨，甚至千锤百炼，舍得花时间。花大力气重点处理的提要应选择那些值得花工夫的课文，例如朱自清的《春》。有人会认为像《春》这样的美文，让学生花时间编写阅读提要，似乎不协调，似乎可惜了，似乎教学太理性化了。其实这是一种误解。鲁迅先生曾评价朱自清的散文"漂亮而缜密"，《春》是很典型的。只见漂亮而不见缜密，就没有彻底读懂这篇佳作，没有充分理解其一般文化价值和语文教育价值。当然，《春》的阅读教学应当通过朗读、讨论等方法引导学生充分感受和领悟其中的美妙春景和精彩语言。但同时也应当引导学生理解文章的缜密，从而获得思维水平的提高和布局谋篇能力的飞跃。在教学中，可在学生对文章"漂亮"有相当感悟的基础上，告诉学生鲁迅的评价，并组织学生通过编写提要的方法理解文章的"缜密"，进而理解两者的统一。教师可让学生当堂独立编写结构提要，教师巡堂，了解情况，选择有代表性的几种提要请学生写在黑板上或打在屏幕上。全班讨论选取其中一两个最好的，然后大家共同讨论，修改完善。比如，下面的提要是比较容易写出的：

例 8. 盼春

绘春

春草

春花

春风

春雨

赞春

在此基础上让大家讨论,还有什么缺点。若不能发现问题,教师可让学生读第 7 自然段,问:“这一段的内容为什么在提要中未得到反映?”“这一段的内容应如何概括?”“这一段的内容应安排在提要的哪个位置?”学生可能回答:“迎春”或“春天里人们的活动”,安排在“春雨”之后。但从提要的基本要求来看,“迎春”与“春草”“春雨”结构不相衬,“春天里人们的活动”又与“春草”“春雨”字数相差悬殊。调整的结果可以是“迎春图”,与“春草图”“春花图”“春风图”“春雨图”并列。对提要进一步的完善,关键在对课文第 2 自然段的关注和理解。第 2 自然段在提要中未能反映,应当补上。关键是这一内容如何概括?安排在哪个位置?就其内容而言,显然当在“绘春”之下。如何概括呢?“春山”吗?还有水呢。“春山春水”吗?还有太阳呢。结论应当是“春天的轮廓”。内容明确了,位置也就清楚了。当是“绘春”下的第一层“总写”,而草、花、风、雨合起来是第二层“分写”。于是《春》的结构提要就成了:

例 9. 盼春

绘春

总写

分写

春草图

春花图

春风图

春雨图

迎春图

赞春

在编写这一结构提要的过程中,学生对文章的内容了解更全面,理解更深入。特别是对第 2 自然段的关注和理解更为重要。如果让学生用几句话写春草或春雨,也许并不难,而写春天的轮廓却很难,非大手笔不能为。请看朱自清笔下春天的轮廓,作者首先选择了最有代表性的几个大事物:山、水、太阳。然后各用一个谓词,山是“朗润”,水是“涨”,太阳的脸是“红”,接着又辅以趋向动词“起来”,既增强了动态感,又使句式齐整一致。有点,还要有面。所以是“一切都象刚睡醒的样子,欣欣然张开了眼”。拟人的辞格又使景象异常生动。在提要完成后,教师可以引导学生一齐朗读第 2 自然段,感受和领略语言大师的功力。

七、阅读教学方法的辩证性

对于阅读教学方法,应当有辩证的认识。

首先,每一种教学方法都有其特定的内涵。不同的方法之间可能有共性,也有其本质的区别。无论是共性还是差异,都不应当夸大或缩小。例如,有人只认为讨论教学是对话教学,而认为问答教学不是对话教学,那是狭隘地理解了对话。但有人把默读教学也叫做对话教学,则是对对话教学的理解过于宽泛了。诚然,孤立地看,我们可以认为默读是学生与文本、与作者的一种对话。但作为一种教学方法则不能称之为对话教学。如果默读也是对话教学,那就没有不是对话教学的了,“对话教学”的概念也就不存在了。

其次,任何一种教学方法的长短优劣都是相对的。没有绝对好的教学方法,也没有绝对不好的教学方法。过去人们有对“满堂灌”的批评,后来又有对“满堂问”的批评,课程改革以来,又有对“满堂闹”的批评。这都是因为对某种方法的不恰当使用,而不是这种方法本身的错误。课程改革以来,人们更多地批评“讲”的缺点,但没有任何人曾经证明“讲”一无是处。在我们的文化生活中有“听君一席话,胜读十年书”的说法,就足以证明“讲”有其特殊的价值。

再次,具体到某一篇课文,也没有绝对合适的教学方法。正所谓“教学有法,教无定法”。这么多的教学方法,为我们提供了选择的可能。关键在于运用。要获得良好的教学效果,至少应具备三个条件:第一,对每一种教学方法的特质有清醒而深入的理解。第二,有运用各种方法的能力素养和经验。朗读水平低的教师不可能有好的朗读教学,不会讲的教师无论什么时候、什么内容都讲不好。第三,要审时度势,扬长避短,用得恰当,用得巧妙。

另外,每一种教学方法的价值和作用都是有限的。因此在教学实践中,各种方法应当互相配合,综合运用。不知道读的重点何在,可以提问激疑。对问题有不同的看法,可以展开讨论。讨论出现僵局,就细读课文。读不懂,就讲几句,点拨一下。讲了一点儿,再读一读,体会一番,思考一下,更好地领悟思想的深邃或语言的奥妙。就这样灵活机动,游刃有余。正所谓“运用之妙,存乎一心”。

还需要说明的是,阅读教学方法是很多的,上面所列六种,只是择其要者而言之。另外还可有复述、比较、批注、写读书笔记和写读后感等。

第三节 阅读教学过程

一、探究阅读教学过程的意义

教学过程，是教学理论和教学实践中具有根本意义或关键意义的因素。教学理论和教学实践中的其他各种因素，都与教学过程有着千丝万缕的联系。课程性质及其把握在教学过程中体现，教学目标在教学过程中达成，教学内容在教学过程中展开，教学方法在教学过程中选择和运用。阅读教学过程同样如此。

“教学过程”是教学理论和实践中最有魅力的字眼。这种魅力首先来自于“过程”这一概念的哲学意味。过程，是物质运动在时间上的持续性和空间上的广延性，是矛盾存在和发展的形式。任何事物都表现为过程，任何事物都是过程。在辩证法面前，除了发生、消灭和过程，什么也不存在。如果我们把发生和消灭也看作过程中最前面和最后面的一个点，那么，除了过程，什么也不存在了。从过程来认识事物，才能把握事物的来龙去脉，探索事物的规律。

教学过程的魅力还来自于教学过程的实在性、生动性、丰富性和复杂性。在教学的各种要素中，最具实在性的便是教学过程，离开了教学过程，教学内容便失去意义，教学目标便成为虚幻的东西，课程性质也变得空洞了，教学方法也失去了价值。也正因为这样，人们常常把教学过程直接称之为教学。教学过程是教学各要素中最生动的东西，教学内容是静态的，教学目标是想象的，课程性质是形而上的，教学方法是抽象的，惟有教学过程是活生生的，富有动态感，充满了灵性。教学内容尽管也可以用丰富、复杂来形容，但对于充满了不确定因素的不可重复的教学过程而言，其丰富性和复杂性显然要逊色得多。也正因为如此，上观摩课、研讨课，成了最切实的教学研究方式，在教研活动中，人们最感兴趣的就是听课。

语文教学变项最多，不确定因素最多，因此，语文教学过程也就更有魅力。在语文教学中，阅读教学作为教学过程的特点最鲜明，因而阅读教学过程也就最丰富多彩。

二、阅读教学过程模式的历史发展

教学过程的研究已有三百年的历史。最早提出教学过程思想并有明确主张的是捷克教育家夸美纽斯。夸美纽斯提出，教学应从直观开始，以练习结束。后来，瑞士教育家裴斯泰洛齐也提出了类似的主张。

第一个阶段性鲜明的教学过程模式是德国心理学家和教育家赫尔巴特提出的，他的教学模式是“明了——联想——系统——方法”。首先是明了学习内容或需要解决的问题。然后是将学习内容与旧知联系起来，打破结构的平衡。接着是获得新的结论并进行认知的重构，建立新的平衡。最后是运用新知解决问题，通过练习切实掌握方法。

第一个带有语文教学特点和阅读教学特点的教学过程模式是赫尔巴特的学生莱因提出的。他的模式是“预备——提示——比较——概括——应用”。莱因模式的意义不仅在于带有语文教学特点，而且作为教学过程的特点更为鲜明。赫尔巴特的模式带有较强的心理学倾向，而莱因模式则更体现出教学论倾向。

对我国语文教学影响最大的国外教学过程模式是苏联文学教学的模式。这一模式理论上是三个阶段：“起始——阅读分析——结束”。在实践上则表现为“介绍作家和时代背景——解释生词难句——朗读——分析人物形象——分析故事情节——概括主题思想——总结写作特点”。这一教学模式对我国语文教学的影响主要是负面的。其弊端在于：首先，介绍作家时代背景过多，对提高学生的语文素养缺乏切实的意义。第二，把主题思想看得太重，一方面忽视了语言形式的学习，另一方面对文化内涵的理解又过于狭隘。第三，把语言形式的学习局限于几条干巴巴的所谓写作特点，学生把写作特点作为僵死的知识来记忆，缺乏对语言形式的具体而切实的感悟和理解。第四，朗读多，默读少。其实许多小说并不适于朗读。第五，讲得太多，缺少学生对课文的亲自感知和领悟。第六，程式化倾向严重。教学过程应当有大致的模式或程式，但一旦完全程式化，就僵死了。这一教学模式对我国语文教学的影响是深远的。在教学实践中，许多教师代代因袭，直到目前的课程改革才有较大改观。

在我国现代语文教育史上，较早提出教学过程模式的是黎锦熙。1921 年，语言学家、语文教育家黎锦熙提出了“三段六步”式，即“理解（预习、整理）——练习（比较、应用）——发展（创作、选用）”。黎先生的教学模式中有丰富的内容，可惜从“三段六步”的概括中未能清晰地显示出来。这一模式的最大价值在于它的学生视角，每一段、每一步都着眼于学生的活动。

1925 年，作家、语文教育家朱自清先生提出了“四步教段”。第一步，学生报告预习结果。第二步，学生复述课文大意。第三步，研究情思与文笔。第四步，口问或笔试。这一模式的最大价值在于“研究情思和文笔”。“情思和文笔”是语文课程和语文教学中特有的东西。“研究情思和文笔”的提法和思想凸显了语文课程、语文教学，特别是阅读教学的特点和规律。在语文教育史上的各种阅读教学模式中，没有哪一种模式有这样鲜明的语文特色。这一思想，在今天看来仍然熠熠生辉，值得我们认真学习和发扬。

20 世纪 70 年代，在国内影响较大的阅读教学模式是北京 31 中提出的“读——画——批——写”。第一步是学生自读课文，第二步是画出重点词语，第三是在课文旁边写批注，第四步是写读书笔记或分析文章。这一模式看似简单，却有不少优点。首先，学生视角，体现了学生本位的教育思想。其次，可操作性强，每一步都有切实的做法，易于学生习得方法和养成习惯。再次，写批注的方法继承了我国传统文化中的读书方法。第四，写读书笔记或分析文章既巩固发展了阅读成果，又将读和写密切结合起来。

20 世纪 80 年代以来，在国内影响较大的阅读教学模式当数魏书生的"六步式"和钱梦龙的"导读式"。著名语文特级教师魏书生提出的"六步式"是"定向——自学——讨论——答疑——自测——自结"的概括。这一教学模式的理论基础是信息论和控制论。其特点是目标明确，效果清晰。其鲜明的理性特征，体现了对语文教学科学化的追求。这一教学模式的缺点在于未能反映语文课程和语文教学的特殊规律。语文教学的目标是多元的，语文教学的功能是多元的，学生对文本文化内涵的反应也是多元的，学生语文素养的发展是立体的、非线性的。学生从文本中获取哪些营养，进行怎样的知识建构或重构，有较大的随机生成性，很难明确定向，其学习效果也很难在短时间内测定。著名语文特级教师钱梦龙的"导读式"是"自读——导读——复读"的概括。这一教学模式是"以学生为主体，以教师为主导，以训练为主线"语文教学思想的实践框架。其优点在于鲜明地显示了语文阅读教学的特点，其问题在于"复读"与"自读""导读"不在同一平面上。

三、阅读教学过程的基本框架

阅读教学过程的探究可以有不同的思路，因而，也就可以形成不同的教学模式。这里谈到的是阅读教学过程的基本框架，那就是"初读——精读——复读"。

（一）初读

初读，即对课文的初步阅读，初步感知。初读的基本内容是通读一遍课文。在初读阶段，教师的指导主要有如下四点。

一是导入。教师应设计简短的、富有启发性的导语，激发学生的学习兴趣，引导学习的主要方向。例如，有位教师在《孔乙己》的教学中设计了如下的导语："鲁迅生前有两篇自己最喜爱的作品，你们知道是哪两篇吗？……其中一篇就是我们将要学习的《孔乙己》。"导入作为一般教学过程的一个教学环节，导语并不是在所有课文的教学中都必须存在，有时可以是零导语。

第二是指导学生在阅读过程中画出生字词，看相关注释，画出疑难之处，尤其是在小学和初中学段。这是一种阅读方法，也是应当养成的阅读习惯。

第三是指导学生查阅字典、词典。查阅工具书的意义首先在于理解课文之必需。并非所有的生字词在课下注释中都能查到，因为教材一般只对第一次出现的生字词作注释，而学习有个反复的过程，有些字词以前学过一次，现在淡忘了，就应当重新查。有些字词，初学时，在文中是一个义项，现在碰到它又是一个义项，也需要查。查阅工具书更重要的意义在于查阅工具书本身。查阅工具书是最基本的语文自学方法、自学能力和自学习惯。要引导学生自学，要教给学生方法，要培养自学能力，就应当从查阅工具书做起。要引导学生养成在教室里准备工具书或随身带工具书的习惯，小学可用《新华字典》，中学可用《现代汉语小词典》。

第四是范读。适于朗读的课文，可在这一阶段进行范读。范读可在学生自读前、导语后，以配合导语引起学生学习兴趣。也可在自读后，以加强学生对课文的感知，并反思自读情况。

初读课文的阶段，过去很多人称之为“预习”。预者，预先也，事先也。“预习”这一概念的使用可能有两种不同的文化预设。一种是，正式的教学就是讲。因而将学生预先自学将要讲授的功课称之为预习。随着教育观念、教学思想的进步，这一预设已经不成立，因而，这一意义上的“预习”已经是一个荒谬的概念。另一种预设是，把正式的教学看成是课堂上的事情，因而将学生课前的自学称之为预习。这一预设有较大的合理性。问题在于，在学生课业负担很重的背景下，语文的预习往往是靠不住的。学生有很多的数学、物理之类等着交的书面作业需要做，往往无暇翻阅语文书。如果有半数学生，哪怕四分之一的学生没有预习，那么下面的教学环节不可能是成功的、高质量的。如果这样，还不如把学生初读课文的时间放到课堂上来。

（二）精读

所谓精读，就是精细地读，精深地读。就是仔细、深入地揣摩研究课文，了解课文的精微。在精读阶段要领会课文的思想感情、布局谋篇、遣词造句等。概括地说主要应弄清三个相关的问题：“写了什么”“怎样写的”“为什么这样写”。

这三个问题是因文而异的。就记叙文而言，写了什么，指什么人、什么事、什么物、什么景、什么意义；怎样写的，指顺叙还是倒叙，叙述还是描写，比喻还是白描等。就议论文而言，写了什么，指表达了什么观点或主张，提出了哪些论据或理由；怎样写的，指如何论证，如何组织结构，语言有什么特点等。就说明文而言，写了什么，指说明了什么事物，说明了这一事物的什么特点，说明了哪些方面；怎样写的，指运用了怎样的说明方法，是如何运用这一方法的等。为什么这样写同样如此，如为什么用倒叙而不用顺叙，为什么用演绎论证，为什么用分类别的说明方法等。

这三个问题既是宏观的，也是微观的，是宏观与微观的统一，整体与局部的统一。这里再举几个微观的例子。《雄伟的人民大会堂》中说：“宴会厅的面积有七千多平方米，相当于一个足球场那么大。”这是写宴会厅的规模，使用了列数字和作比较的说明方法。因为列数字可以使读者对宴会厅的规模有准确的了解，而作比较则可使读者得到直观的印象。又如：臧克家《闻一多先生的说和做》有“他走在游行队伍的前头，昂首挺胸，长须飘飘”的句子。这是写作为革命者的闻一多先生，表现他英勇无畏的气概。这是一种概括性的描写，适合于叙事散文，既不同于人物小传中的概括叙述，又不同于小说中的详细描写。这样的概括性描写，像电影的特写镜头，一个民主斗士的形象跃然纸上。句式整散兼行，长短错落，读来琅琅上口。

这三个问题是有层次的，有先后顺序的。首先是写了什么，然后才是怎样写的，最后是为什么这样写。不清楚写了什么，无所谓怎样写的，不明白怎样写的，也就谈不上为什么这样写。对于阅读水平较高的人来说，这三个问题的时间界线不那么明显，甚至几乎是同时的，但作为认知过程却仍然有这样的顺序。这里的层次性也是辩证的，例如，一件事情，既可以认为属于写了什么，也可以认为属于怎样写的，即选择怎样的材料来表现主题或中心思想。

在精读阶段，要综合运用多种教学方法，朗读、默读、复述、编写提要、讲解、问答、讨论，互相渗透，巧妙配合。精读阶段的起步并无定式。这一阶段的第一个环节可以是学生质疑。学生在初读阶段遇到的疑难问题，应当得到及时的解决。精读阶段也就从学生质疑开始了。如果学生所提问题比较重要，正好为讨论提供了一个切入点。如果学生所提问题不太重要，那么在解决这些问题之后，再按照教师设计好的教学思路展开。有些语文课不重视学生质疑，这是一种误区。承认学生在语文学习中的主体地位，就应当认真把握好质疑这一环节。在学生问题较多的情况下，哪怕一堂课全部用来解决学生提出的问题，也是值得的。

精读阶段的第一个环节也可以是试读。试读其实是对初读阶段学习效果的一种检测和加强。在试读过程中正字正句，以求认读的程度高一些，为解读和鉴赏打下更好的基础。难度较大的课文更应这样做。有时，试读之后还可辅之以范读。教师的范读既可以在学生自读之前，也可以放在精读阶段试读之后。在前主要是为了激发兴趣，在后主要是为了矫正和提高。

精读阶段的第一个环节还可以是复述。复述是一种易于操作又行之有效的阅读教学方法。课文的内容，复述出来，就在相当程度上成为学生自己的东西。一般的复述，既可自己组织语言，也可兼用课文中原有的词句。前者是用自己的语言表达课文的内容，后者则是在一定程度上借用课文的语言表达课文的内容。因为当学生用自己的语言和课文中某些词句来表达的时候，本质上已经是学生自己的语言了。之所以不作硬性的规定，是为了降低难度，让学生以适合于自己的方式学习。善于思考、表达能力强的学生可能自己组织的语言比重大些，长于记忆的同学可能会多借用一些课文中的原词原句。在小学高年级和初中，复述可用得多一些，甚至一堂课上可以有不止一名同学复述，这样还可以比较复述的质量，互相启发。通过复述，学生对课文的了解会更多，在这一基础上再来作进一步的探究，会更加顺畅。

（三）复读

复读的意义主要是加深理解，强化记忆，融会贯通，内化迁移。复读阶段的基本内容仍然是读。可朗读,可默读,可诵读,可抄读。凡适于朗读的课文在复读阶段均可齐声朗读,在朗读中进一步感受文章的气势和韵味,感悟字里行间的意味。篇幅不太长的课文应朗读全文,以求加强整体的感受和领悟。不适于朗读的课文则可默读。凡应当背诵的课文还可诵读,直至背诵的程度。精彩的片段或很短的课文不妨抄读。所谓抄读,是边读边抄,并不等于抄写。狭义的抄写是看几个字抄几个字,而不顾句子的结构。抄读则应以完整的句子为单位边读边抄。

在复读阶段,还可做相应的练习。课文后的"思考和练习"是编者对练习的指导和提示,应当充分利用,但不要把课文后的"思考和练习"当作孤立的任务。其实在精读阶段,教师应把"思考和练习"中的相关内容有机地组织在教学过程中,在复读阶段再做,不过是水到渠成的事。除了利用教材,教师亦可创造性地设计相关练习。钱梦龙老师在《愚公移山》的复读阶段设计了一个很巧妙的断句练习:

甲乙两生共读愚公移山生甲掩卷而长息曰甚矣愚公之愚年且九十而欲移山山未移而身先死焉能自享其利乎生乙曰愚公之移山也盖为子孙造福非自谋其私也故以利己之心观之必谓愚公为不惠若以利人之心观之则愚公乃大智大勇之人也生甲亡以应生乙复曰今欲变吾贫穷之中国为富强之中国其事之难甚于移山若我十亿中国人人人皆为愚公则山何苦而不平国何愁而不富生甲动容曰善哉君之所言愚公不愚我知之矣①

其中不少词语和句式正是学生在课文中刚刚学过的,学生将学到的知识迁移到新的问题和情境中,通过解决问题,更好地实现知识的内化和重构。其中的思想也与课文相通,或者说是课文文化内涵的拓展。

写读书笔记,也是复读的好方法。这种方法起初有较大的难度,一方面教师应加强指导,另一方面可偶一为之。随着年级的提高和能力的发展,逐步增加写读书笔记的次数。

四、阅读教学过程中的几对辩证关系

语文教学变项多,矛盾复杂,因而特别需要辩证思考。离开了辩证思考,语文教学的科学性和艺术都将不复存在。语文教学中的矛盾有学生学习基础与教学目标之间的矛盾,师生关系的矛盾,启发引导与感染熏陶之间的矛盾,理解与感悟的矛盾等。这里将要阐述的是与阅读教学过程的流程或程序关系最为密切的几对辩证关系。

(一)形式与内容

任何文章都是形式与内容的辩证统一,不存在没有形式的内容,也不存在没有

① 教育部师范教育司组编:《钱梦龙与导读艺术》,北京师范大学出版社 2006 年版,第 128 页。

内容的形式。但对于形式与内容的关系却可以有不同的理解。一般人读文章，是通过文章的语言形式了解文章的内容，即文章负载的信息或思想感情。学生阅读数理化、政史地等教科书，也是通过这些教科书的语言形式获取思想内容或曰知识。因而文章的内容是矛盾的主要方面。而在语文教学中，情况是不一样的。我们知道，语文课程和语文教学的主要目标，或者说语文独立设科的基本出发点在于培养和提高学生理解和运用祖国语言文字的能力。因此，文章的语言形式是矛盾的主要方面。所以，文章的语言形式可以或者应当成为语文教学的主要内容。这就是语文教学中形式与内容辩证关系的基点。这正如书法。一首唐诗既可以用柳体来写，也可以用欧体来写，唐诗是内容，柳体或欧体是形式。但当我们欣赏或研究书法艺术的时候，情况就发生了变化。柳体书法艺术既可以用一首唐诗来表现，也可以用一首宋词来表现，这时，柳体书法艺术就成了我们欣赏或研究的内容，而唐诗或宋词却成了柳体书法艺术赖以存在的形式了。

由对语文教学中形式与内容辩证关系的基本认识，我们可以提出阅读教学过程的基本模式：形式——内容——形式。这里有三个点和两个阶段。第一个点“形式”，指课文实在的语言形式，第二个点“内容”指课文的思想感情，第三个点“形式”指语言运用的规律、方法和技巧。第一个阶段“形式——内容”是通过课文的语言形式把握课文的思想感情，即以文明道。第二个阶段“内容——形式”是通过课文的思想感情来反思课文的语言形式，领悟语言运用的规律、方法和技巧，即因道悟文。

这里应当强调的是第三个点“形式”，也就是对课文语言形式的领悟应当是阅读教学过程的落脚点。那种“生字词——段落大意——中心思想”的教学过程是不完整的，不健全的。

要达到第三个点“形式”，就必须先把握第二个点“内容”，离开了一定的内容，语言形式的成败优劣、高雅俚俗就无从谈起。我们说孔乙己“排出九文大钱”中的“排”字用得好，是因为它生动地表现了孔乙己进学不成又不会营生的迂腐穷酸的性格特征。阿Q到酒店是“掏出满把铜的和银的，往桌上一扔”，我们说“扔”字用得好，是因为它表现了阿Q流氓无产者的习气。词典里的“排”或“扔”，就无所谓好或不好。我们说“明月松间照，清泉石上流”这个句子很美，是因为它生动而工整地表现了美妙的自然境界。我们说“三军可夺帅，匹夫不可夺志”这个句子很美，是因为它鲜明而工整地表现了美妙的精神境界。因此，把握课文的思想内容是理解和鉴赏课文语言形式的必要条件。我们也可以说，把握课文的思想内容是理解课文语言形式的一个手段，从内容到形式的过程就是学生因道悟文的过程。当然，把握课文的思想内容本身也是目的，并且是阅读教学的重要目的，因为语文课程有获取知识和陶冶情感的目标和任务。

接下来的问题是，要把握第二个点“内容”，就必须从第一个点“形式”入手，从课文的语言形式中读出思想内容。从形式到内容的过程就是学生以文明道的过程。教师的责任是引导和帮助学生进行有效的阅读。除教给学生方法，还要在困难的地方给以点拨，而不是把课文的内容直接告诉学生。长期以来，阅读教学实践中的主要弊端就是忽视了这个语文教学的基本规律和基本原则，就是教师把课文的思想内容告诉学生，讲给学生听，而不是由学生从语言形式中读出来。因此，《全日制义务教育语文课程标准（实验稿）》明确指出："阅读是学生的个性化行为，不应以教师的分析来代替学生的阅读实践。"

（二）整体与局部

任何事物都是整体和局部的统一，课文也是如此。主题、材料、结构、语言等各种要素，开头、结尾、中间等各个部分，记叙、说明、议论、抒情等各种表达方式统一为有机的整体。从整体到局部再到整体，是人们认识事物的基本规律。因此，阅读教学的基本模式应当是"整体——局部——整体"。即从整体开始，获得对课文的具体感知，然后通过分析，理解课文的局部，抽象出某些深刻的东西，最后通过综合，由抽象上升到整体，获得整体的理解把握。在语文教学的实践中，主要的弊端是多局部而少整体。有的语文课缺前面的"整体"，因此局部的分析理解是架空的，学生不能从整体出发去理解局部，因而对局部的理解是孤立的。有的语文课缺后面的"整体"，局部的分析不经过综合、抽象上升到整体，学生不清楚各局部之间的有机联系，因而对局部的理解是僵化的，对课文的把握是零散的、支离破碎的。缺少整体把握的阅读教学主要有两种表现形式。一种是孤立地讲课文的主题、材料、结构、语言这些要素，学生不明白这些材料与主题之间是怎样的关系，这样的结构与主题之间、与材料之间是什么关系。学生得到一些僵化的知识，不能获得规律的启示，也无法把这些知识转化为能力。另一种是孤立地、一段一段地讲下去，学生不清楚段与段之间的内在联系，每一段在整篇课文中的地位。

从整体上把握课文，应当表现在不同的层面上，文章写了什么，应当整体把握，文章怎样写的，也应当整体把握。因而，对课文的理解应当是一层一层地剥，而不是一段一段地切。以《看云识天气》为例："这一段写的是什么？——卷云。卷云像什么啊？——像羽毛、像绫纱。——这是什么修辞方法？——比喻。"这样教学，就没法教下去了。因为下面写卷层云像白色的绸幕，再下面写高层云像毛玻璃，每一段都讲这是比喻吗？如果不讲，又何以这一段讲那一段不讲呢？毛病就出在这位老师的教学是一段一段地切的。另一位教师是一层一层地剥的：先引导学生分析结构。第一部分，提出看云可以识天气；第二部分，如何看云识天气；第三部分，看云识天气的局限。然后重点分析第二部分。文章从云的形状和云的光彩两方面来写云和天气的关系。其中重点分析云的形状与天气的关系：这里写了哪几种云？——卷云、高积云、卷积云、积云、卷层云、高层云、雨层云、积雨云。作者是如何分类的呢？——分为两类：前四种是晴天将持续的云，后四种是雨雪天气将来临的云。这是第一层，分析写了什么。第二层，文章是怎样写的呢？——从结构上说，是总分总的结构。文章的主体部分采用了分类别的说明方法。先把云和天气的关系分为云的形状与天气的关系和云的光彩与天气的关系，前者又分为晴天将持续的云和雨雪天气将来临的云。分类别是为了清晰地说明。具体说明各种云的时候还运用了什么说明方法？——打比喻。然后由学生各自找出认为生动贴切的比喻。为什么要用这种方法？——为了说明得形象直观，便于读者把握各种云的特点。这样一层一层地剥，每一层都是整体与局部的统一。有些观摩课只讲课文的一两个部分，说前两个部分是昨天讲的，或者说后两个部分明天再讲。这样的安排是不合理的，毛病也是一段一段地切。如果一层一层地剥，无论几个部分，不可能讲不完。两层讲不完可以讲一层，明天再讲下一层，但每一层都是完整的。

（三）阶段性与连续性

教学过程必然表现为一个个的环节或一个个的阶段，这就是教学过程的阶段性。然而教学过程又应当有连续性，应当是阶段性与连续性的统一。这里说的连续性不仅指各阶段在时间上的前后相连，而且指各阶段、各环节有内在的联系和教学语言上的照应。在语文教学实践中，主要的弊端并不是分不出阶段，朦胧一片；而是往往只注意教学过程的阶段性，而忽视了各阶段、各环节的连续性。以《背影》教学为例。下面的过程是合理的：

同学们，我们对课文进行了默读和朗读，大家看课文表达了一种怎样的思想感情？

——父子挚爱。（这是从形式到内容）

这种情感是我们在生活中经常体验到的，有时也想把它表达出来，却往往苦于表达不出来。那么我们来看看朱自清这位著名的现代散文家、语言大师，是怎样表达这种情感的。（从内容到形式的开始，或者说两个大阶段之间的转换过渡）

我们先来看这篇文章是什么体裁？

——有说记叙文的，有说散文的。说记叙文的看到了文章的叙事性，说散文的看到了文章的抒情性。结论：这是一篇叙事散文。

既然这是一篇叙事散文，那么我们看主要写了什么事？（主题与材料之间的关系）

——车站送别。

请同学们找出这件事情在文章中的起止。（内容与结构之间的关系）

——从第3自然段到第6自然段。

在这一部分，同学们最喜欢的或者说最感人的是哪一段？

——第6自然段。

为什么最喜欢这一段？

——这里有生动的人物描写。（内容与语言的关系）

有哪些人物描写？

——动作描写、语言描写、心理描写。

请同学们分别找出来分析。

——学生找出具体的描写词句进行分析。

……

课文还写到了什么事？（这又是材料问题）

——回家奔丧。

为什么要写回家奔丧？

——交代车站送别的背景，定下全文的感情基调。（材料与主题的关系）

还写了什么事？

——南京一日。（这又是材料问题）

写南京一日，为何不写南京见闻？

——因为与主题关系不大。

既然关系不大，为何要写？

——为了表明心绪不佳，无心游览观赏。含而微露正是行文的艺术，是一种含蓄美。（材料、主题、语言均有关系）

课文还有哪些段落没分析到？

——第1自然段和最末自然段。

各写什么？

——开头点题，点出“背影”。结尾归题，使主题思想得到升华。（这又是结构问题）

下面是不合理的教学过程：

刚才我们分析了体裁，现在我们来分析题材。（未能显示两者之间的联系，“题材”的说法太生硬）

……

上面我们讨论了题材，现在我们来分析结构。（未能显示两者之间的联系，“结构”的说法太生硬）

（四）预设性与生成性

任何阅读教学过程都应当是有目的有计划的教学过程，教学过程中的许多东西是预设的，表现出鲜明的预设性。阅读教学过程又具有生成性特点。这一过程是获取知识、体验情感、领悟语言规律的生成过程。现代教育思想、教学理念非常重视阅读教学过程的生成性。以往的语文教学过分重视预设性，而往往忽视其应有的生成特征。这样的语文教学往往是专制的、僵化的、缺乏灵性的。课程改革以来，阅读教学的实践发生了重要的变化。与此相关的第一种情况是，改变了预设的内容或预设的方向，更多地关注了文化内涵的探讨，但重预设轻生成的特点没有变。第二种情况是，越来越多的教师重视了语文教学的生成性。这是了不起的进步，也是课程改革的重要成就。然而新的问题也随之而来。有些教师过多地注意了生成性反而忽视了预设性，甚至认为，注意预设性是错误的教学观念。这样的阅读教学往往表现为教学过程缺乏明确的目标和方向，缺少必要的引导，教学过程杂乱无章，显示了较大的盲目性和随意性。可喜的是，也有一些教师在实践中不断反思，认识到语文教学过程应当是预设性和生成性的统一。没有预设性，阅读教学目标也就失去了意义。那么，我们究竟应当如何来认识预设与生成的辩证关系呢？首先，阅读教学的预设性使得阅读教学成其为教学，否则，无论怎样的生成，都只是阅读而已。教师出于对教育的理解、对语文教学的理解和对文本的深刻理解，确定了一篇课文的阅读教学目标，选择了相应的教学方法，可以使阅读教学过程中的生成更积极、更有效。第二，好的预设，应当将生成包含其中。更明确地说，教师在备课的时候，在设计教学的时候，应当考虑到学生在学习这一文本时各种可能的情况，并准备相应的不同对策。第三，任何预设都不可能估计到可能发生的全部情况，因此，在教学过程中，教师必须及时地调整教学，以适应情况的变化。无论强调阅读教学的预设性还是强调生成性，都要求教师对文本有深入的理解。有人认为，强调教学的生成性，就不必认真备课，这是一种误解。离开了对文本的深入理解，面对教学过程中学生认知生成的生动局面，教师就会手足无措。语文教学的现实情况告诉我们，相当多的教师解读文本的能力亟待提高。

（五）常式与变式

阅读教学过程应当有其基本模式，如“初读——精读——复读”“形式——内容——形式”“整体——局部——整体”等。这些基本模式可称之为常式，在这些常式的下面还可以有更小的常式。但这些常式可以也应当有一些变通、调整，形成变式。好的变式是一种艺术，一种创造，有些变式可以发展成为常式。语文教学就应当在这样的调整和创造中发展进步。

这里介绍著名语文特级教师于漪的一个创造。于漪老师的《晋祠》教学，是带着《中国名胜辞典》上的。教学之初，于老师用几句热情洋溢的话赞美祖国山河，引导学生每人说一处名胜古迹。接着便很自然地引出晋祠。于老师读“晋祠”辞条，让学生听写，并且比赛谁记得完整准确。再加上标点，看有几个句子。然后阅读课文，找出每个句子对应的部分。在教学的最后，引导学生思考：“辞条和课文都是写‘晋祠’，一个几十字，一个上千字，究竟哪一个好？”讨论的结果是都好，各有各的用处。

于老师的这一教学设计是十分巧妙的：既训练了口语交际，又熏陶了爱国情感；既学了课文，又进行了比较阅读；既练习了听写，又很自然地引导了课外阅读；既开阔了文化视野，又培养了听说读写的基本功。整个教学过程构思简洁，却又波澜起伏，学生兴趣盎然，语文素养的提高水到渠成。

思考与练习

一、名词解释。

1. 阅读
2. 阅读能力
3. 阅读教学
4. 阅读教学目标

二、你对阅读教学过程和方法或教学模式有何自己的见解？

三、你是如何理解多元解读的？

四、任选一篇课文，编写一份教案。

第十章

写作教学

第一节　写作教学目标

写作，也称作文，指用经过自己构思、自己组织的语言来表情达意的书面形式。写作训练，是运用书面语言反映客观现实，表达思想感情，培养表达能力的综合训练。写作教学，是教师指导学生选取材料、整理思路、提高书面表达能力的教学、训练活动。

我国古代，语文与经学、史学等结合在一起，没有真正意义上的语文阅读教学和口语交际教学，但却有真正意义上的文学创作以外的写作教学。汉魏六朝，出现了许多新的文章体裁，其中有大量的实用文体，于是，配合识字教学与宏观意义上的阅读教学，教习实用文的写作教学应运而生，其经常采用的训练方法就是模仿前人的作品。隋唐时期，随着科举考试的盛行，出现了一些为科举服务的写作参考书，如供"检事"用的《琱玉集》、《类林》等，供"看文体"用的《兔园策府》、《龙筋凤髓判》等。明清时期，八股文流行，于是，围绕八股文进行的教学、训练活动风行于各地学子之间。

就我国的语文考试而言，科举时代一篇作文定终身；"文革"以前的语文高考，也以一篇作文的考核为主；当今的各级语文考试，100 分者作文占 40 分，120 分者作文占 50 分，150 分者作文占 60 分。写作教学在语文教学中的地位由此可见一斑。

在美国，自 20 世纪中期的"写作危机"后，社会各界对中小学作文教学进行了深刻的反思，提出了一些颇有借鉴意义的"作文教学法"。在现代发展教育观的推动下，苏联教育家赞科夫主张对传统的作文教学进行根本的改革。苏联教育家苏霍姆林斯基在大量教学实践的基础上，形成了科学的作文教学思想，他为各个年级推荐的自己设计的 233 个作文题，实际上就是写作训练体系。

与口语交际教学相比，写作教学要"幸运"得多，因为它一向被放在语文教学的重要地位，很少被轻视过。就写作教学的流派而言，有主张阅读教学和写作教学必须相互结合的结合论者；有主张听说读写四种能力都重要，应该并举的并举论者；有主张阅读应与写作分科的分科论者；有主张以作文为中心安排语文教学的中心论者；有主张写作教学必须培养学生的观察能力、分析能力、表达能力，并按这三种能力建立训练体系的能力论者等，都将学生的写作教学放在重要位置。

一、课程标准对写作教学目标的表述

《全日制义务教育语文课程标准（实验稿）》将九年义务教育分为四个学段，规定了义务教育阶段写作的总目标和四个学段的目标，并将第一学段定名为“写话”，第二、三学段定名为“习作”，第四学段定名为“写作”。其具体表述如下：

总目标

能具体明确、文从字顺地表述自己的意思。能根据日常生活需要，运用常见的表达方式写作。

第一学段（1—2 年级）·写话

1. 对写话有兴趣，写自己想说的话，写想象中的事物，写出自己对周围事物的认识和感想。
2. 在写话中乐于运用阅读和生活中学到的词语。
3. 根据表达的需要，学习使用逗号、句号、问号、感叹号。

第二学段（3—4 年级）·习作

1. 留心周围事物，乐于书面表达，增强习作的自信心。
2. 能不拘形式地写下见闻、感受和想象，注意表现自己觉得新奇有趣的或印象最深、最受感动的内容。
3. 愿意将自己的习作读给人听，与他人分享习作的快乐。
4. 能用简短的书信便条进行书面交际。
5. 尝试在习作中运用自己平时积累的语言材料，特别是有新鲜感的词句。
6. 根据表达的需要，使用冒号、引号。
7. 学习修改习作中有明显错误的词句。
8. 课内习作每学年 16 次左右。

第三学段（5—6 年级）·习作

1. 懂得写作是为了自我表达和与人交流。
2. 养成留心观察周围事物的习惯，有意识地丰富自己的见闻，珍视个人的独特感受，积累习作素材。
3. 能写简单的纪实作文和想象作文，内容具体，感情真实。能根据习作内容表达的需要，分段表述。
4. 学写读书笔记和常见应用文。

5. 能根据表达需要，使用常用的标点符号。

6. 修改自己的习作，并主动与他人交换修改，做到语句通顺，行款正确，书写规范、整洁。

7. 课内习作每学年16次左右。40分钟能完成不少于400字的习作。

第四学段(7—9年级)·写作

1. 写作时考虑不同的目的和对象。

2. 写作要感情真挚，力求表达自己对自然、社会、人生的独特感受和真切体验。

3. 多角度地观察生活，发现生活的丰富多彩，捕捉事物的特征，力求有创意地表达。

4. 根据表达的中心，选择恰当的表达方式。合理安排内容的先后和详略，条理清楚地表达自己的意思。运用联想和想象，丰富表达的内容。

5. 写记叙文，做到内容具体；写简单的说明文，做到明白清楚；写简单的议论文，努力做到有理有据；根据生活需要，写日常应用文。

6. 能从文章中提取主要信息，进行缩写；能根据文章的内在联系和自己的合理想象，进行扩写、续写；能变换文章的文体或表达方式等，进行改写。

7. 有独立完成写作的意识，注重写作过程中搜集素材、构思立意、列纲起草、修改加工等环节。

8. 养成修改自己作文的习惯，修改时能借助语感和语法修辞常识，做到文从字顺。能与他人交流写作心得，互相评改作文，以分享感受，沟通见解。

9. 能正确使用常用的标点符号。

10. 作文每学年一般不少于14次，其他练笔不少于1万字。45分钟能完成不少于500字的习作。

《普通高中语文课程标准(实验)》对高中语文必修课程“表达与交流”中有关写作的目标规定如下：

1. 学会多角度地观察生活，丰富生活经历和情感体验，对自然、社会和人生有自己的感受和思考。

2. 能考虑不同的目的要求，以负责的态度陈述自己的看法，表达真情实感，培育科学理性精神。

3. 书面表达要观点明确，内容充实，感情真实健康；思路清晰连贯，能围绕中心选取材料，合理安排结构。在表达实践中发展形象思维和逻辑思维，发展创造性思维。

4. 力求有个性、有创意地表达，根据个人特长和兴趣自主写作。在生活和学习中多方面地积累素材，多想多写，做到有感而发。

5. 进一步提高记叙、说明、描写、议论、抒情等基本表达能力，并努力学习综合运用多种表达方式。能调动自己的语言积累，推敲、锤炼语言，表达力求准确、鲜明、生动。

6. 能独立修改自己的文章，结合所学语文知识，多写多改，养成切磋交流的习惯。乐于相互展示和评价写作成果。45 分钟能写 600 字左右的文章。课外练笔不少于 2 万字。

二、写作教学目标分析

由上可知，全日制义务教育语文课程标准规定中小学生写作教学的终极目标是“能具体明确、文从字顺地表述自己的意思。能根据日常生活需要，运用常见的表达方式写作”，高中语文课程标准谨慎地提到高中生应“力求有个性、有创意地表达”，但是，实际操作时我们往往用过高的目标去要求学生。

中小学生怕写作文的原因，大概有二：其一，感到没什么可写；其二，偶尔发现有东西可写，却不知怎样才能写好。我们认为，所谓的“感到没什么可写”实际上也是一种“却不知怎样才能写好”，因为一些“不会”写作文的中小学生与同学说起自己的某一次经历，或者与别人争辩某一问题时都能振振有词、头头是道。所以说，中小学生怕写作文的根本原因不是“没有生活”，而是“不会用笔表现生活”。

叶圣陶先生说：“写作就是说话，为了生活上的种种需要，把自己要说的话说出来；不过不是口头说话，而是笔头说话。各人有他要说的话，我写作是我说我的话，你写作是你说你的话，并没有话而勉强要说话，或者把别人的话拿来，当作自己的话，都是和写作的本意相违反的。写成的文字平凡一点，浅近一点，都不妨事；胸中只有这么些平凡的经验和浅近的情思，如果硬要求其奇特深远，便是勉强了。最要问清楚的是：这经验和情思是不是自己胸中的？把它写出来是不是适应生活上的需要？如果是的，那就做到了一个‘诚’字；写作和说话一样，‘立诚’是最要紧的。”[①]说话人人会，既然如此，谁不会写作文？从小到大，谁不是把话越说越好呢？既然如此，谁不能把作文越写越好呢？培养、提高学生的写作能力，最为重要的是以下三个方面。

（一）认识世界

这一目标涉及到“阶段目标(1—2 年级)”的第 1 条、“阶段目标(3—4 年级)”的第 1—2 条、“阶段目标(5—6 年级)”的第 1—2 条、“阶段目标(7—9 年级)”的第 2—3 条、“高中(必修)课程目标·表达与交流”的第 1—2 条。文章是客观世界的反映，要写好文章就必须准确地认识客观世界，这种认识是一种全面的、客观的认识；而所谓

① 《叶圣陶论语文教育》，河南教育出版社 1986 年版，第 81 页。

"全面",是一种辩证的"全面"。在认识过程中,只有选好自己的立足点,才能抓住所要反映的事物的关键,才能翔实地占有一切相关材料;在认识过程中,要使自己的观点、看法和主张具有正确性,就要在分析事理时坚持辩证法。从某种意义上说,所谓真切地认识世界,主要由材料的取舍来体现。

(二) 整理思路

这一目标涉及到"阶段目标(5—6 年级)"的第 3 条和第 6 条、"阶段目标(7—9 年级)"的第 4—7 条、"高中(必修)课程目标·表达与交流"的第 3 条和第 5 条。文章不是字词句的随意堆砌,应按一定的章法排列。要使文章的条理清楚,就得注意它的开头与结尾、段落与层次、过渡与照应,这就牵涉到学生本身思路的清晰。从某种意义上说,所谓整理思路,主要通过材料的安排以及文章的构思(即谋篇布局)来体现。

(三) 锤炼语言

这一目标涉及到"阶段目标(1—2 年级)"第 2—3 条、"阶段目标(3—4 年级)"的第 5—7 条、"阶段目标(5—6 年级)"的第 5—6 条、"阶段目标(7—9 年级)"的第 8—9 条。虽然说在义理、考据和辞章三者之中,辞章排第三位,但就一篇具体的文章而言,对辞章的要求却是最高层次的要求。一些使人"眼睛一亮"的习作,往往得益于语言的完美。然而学生习作中,语言平淡如白水的现象比比皆是。从某种意义上说,所谓锤炼语言,主要由遣词造句(包括标点符号的运用)来体现。如能有计划地多做范句接受、范句模拟的练习,有计划地多背诵一些名家名篇,有计划地多做一些造句训练,自然能"下笔如有神"了。——当然,这个工作最好在平常的阅读教学中进行,这里不一一赘述。

第二节 写作教学方法

写作教学是一项系统工程,为使这一工程顺利进展,就必须遵循正确的教学原则,因为教学原则是教学的依据。能遵循写作教学的原则,并不等于就能达到写作教学的目标;要达到写作教学的目标还必须注意写作教学的方法。方法的多样化又能激发学生的写作兴趣,让习作者主动培养自己的能力。

一、写作教学的原则

教学原则是根据教学理论和教学实际而制定的、教学时必须遵循的原理、法则,是对教学工作的基本要求,是进行教学的依据。随着教学理论的不断发展,随着教学实践活动的不断深入,对教学原则的探索也不应停步。

(一) 文道结合的原则

写作文本身就是一个净化学生思想,提高学生思想道德水平的过程。学生想些什么,一般来说作文中都有反映。所以在作文训练中加强学生思想道德品质的培养,也就顺理成章。然而,在作文训练中如何把握这一原则,却是颇为棘手的问题。长期以来,衡量的往往是一种宁左勿右的尺度,过分地强调作文的思想性,致使学生无所适从,更何谈提高学生的写作水平！这个问题,本章第三节"立意"部分还将稍作阐述。

(二) 密切联系实际的原则

此实际,一指阅读教学的实际,就是说,配合课堂阅读教学进行写作训练。如阅读教学涉及的是写景文,那么,就应做写景训练;如阅读教学涉及的是驳论文,那么,就应作驳斥敌论的训练。这种训练既可是模仿性的,也可是联想性的。此实际,又指学生生活的实际,就是说,写作训练要符合学生学习、生活的实际,要让学生有话可说,这就要求教师深入学生、了解学生。此实际,似乎还应指考试的实际,1999 年起,全国高考开始采用"话题作文"的形式,所以必须使学生懂得什么是话题作文,话题作文有哪些特点,写作话题作文应注意些什么,并坚持训练。

(三) 循序渐进、反复训练的原则

由浅入深,由易入难,逐层递进,步步为营,这种循序渐进的学习训练方法,完全符合人类的认识规律。作文教学也应遵循这一规律,制订严密的计划进行作文训练。任何一种内容或形式的作文,虽然说学生在训练时能够掌握,但一般写后即束之高阁,如此很可能前功尽弃。"温故而知新",对一些即使已经学会的东西,过一个阶段也需要做一些强制性的练习,这样才能使学生的写作技能呈螺旋式上升趋势。

(四) 突出重点,兼及其他的原则

"使学生会写",是中小学写作教学的终极目标,但却是一个比较抽象的目标。实际上,这个终极目标是由"认识世界""整理思路""锤炼语言"三个较为具体的目标组成的,而这三个目标又分别体现为许多个阶段目标,每个阶段目标又通过一次次的作文课来实现,一般来说,一次作文只能重点解决一个"小"目标,所以,这条原则也可理解为"一课一得"的原则。

常见这样的作文课:教师在黑板上写下题目(或话题)后,紧接着写下诸如"题材新颖""主题鲜明""中心突出""详略得当""选材必须与××有关""不写错别字"等五六条要求。不知命题者是否考虑过,这么多的要求,习作者真能达到吗?我们认为,每次作文,从"作"的角度来看,只能预设一个"小"目标,这样,才有达到的可能。那么,究竟从哪个角度预设怎样的目标才恰当呢?还是让我们分析一下上述作文教学的三个较为具体的终极目标。上面我们说过,"锤炼语言"的目标,一般应该在阅读教学中实施。当前的中小学写作教学,对第一个终极目标——认识世界(搜集素材)的把握一般尚可;但由于受一些脱离实际的语文教学观的影响,对"整理思路"(谋篇布局)的把握就乏善可陈了。而事实证明,中小学写作教学的突破口,应该就在"整理思路”上；因为它“可操作性”强，在写作教学的过程中能看到明显的进步，能不断激发学生写作的积极性。所以，我们认为应该从“整理思路”出发预设目标，解决这个“一得”。

二、写作教学的一般方法

（一）入门写作训练

这里指的是写通句子的训练，一般要求在小学进行；但一些基础较差的初中生，也应该进行这方面的训练。由于是针对性较强的因材施教，故宜放在课外进行。可采用记日记等形式，只求写通说清。

（二）单项写作训练

又称片段写作教学、“小作文”，指的是为了培养某一方面的写作能力而进行的教学、训练活动。这种活动应贯穿在整个语文教学过程中，可配合阅读教学、课外活动进行。这种训练应有严密的计划，遵循循序渐进的原则，切忌随心所欲。语文教学所要培养的各种写作能力几乎都可进行单项训练。从某种意义上讲，单项写作训练也是一种句群写作训练或语段写作训练，应注意学生所作片段短文中的内部逻辑关系。

（三）综合写作训练

也称“大作文”。相对而言，综合写作训练是入门写作训练与单项写作训练的归宿，是写作的一般能力与写作的特殊能力相结合的教学、训练活动，也就是写成一篇完整的文章的教学、训练活动。

（四）强化写作训练

有些高中生写作基础较差，特别对议论文简直无从入手。对此，教师可采用强化训练的方式，要求学生在较短的时间内掌握议论文的基本程式，过程如下：

首先是立论训练。面对所供材料，分析其含义，归纳出一点作为中心论点（暂不必作多向思维），这一步通常需做 20 多段材料的训练，用时两至三天。

其次是提炼分论点训练。先要弄清在并列式议论文中，分论点与中心论点之间主要是因与果的关系（一般是三因一果），如中心论点（果）为“困境出人才”，那么分论点（因）就可以是“困境培养意志”“困境使人学会思考”“困境能激发人的创造力”等；然后在第一步练习的基础上选取 10 题，为中心论点各提炼三个分论点。必须注意分论点与中心论点之间的因果关系，避免各分论点之间的重复雷同。一般来说，三至四天可完成此项训练。

再次是寻论据训练。在第二步练习的基础上选出 5 题，为每一分论点寻找正反事实论据一对和道理论据一个，这些论据尽可从学过的课文和掌握的知识中翻检。用时一至两天。

第四为列提纲训练。在第三步练习的基础上选出1题，把原材料、中心论点、各分论点及所属诸论据等纳入引论、本论、结论的基本程式中，如：

好学才能成才

——由孔子的话所想起的

一、引论：由孔子“三人行，必有我师焉”引出中心论点——好学才能成才。

二、本论：

1. 好学能培养人谦虚的美德。(1) 孔子学礼于老子，得知天外有天，又学于师襄等。(2) 某人不好学，夜郎自大，一事无成。(3) 学然后知不足。

2. 好学能扩大人的知识面。(1) 孔子好学，终成大学问家。(2) 井底蛙不好学，引出千古笑话。(3) 吾生也有涯，而知也无涯。

3. 好学能得到别人的尊重。(1) 李氏子蟠得到韩愈的尊重。(2) 某人拒绝学习，受人鄙视。(3) 学习不分年龄大小，好学的受到尊重。

三、结论：呼应孔子的话，总结全文。

如此再做两题以求巩固，共需两至三天。

最后为成文练习。有以上提纲，何愁写不出一篇议论文！选其一而作，可用时一天。

引导学生掌握议论文基本程式的每一步，教师必须倾注大量的心血，应仔细批阅学生习作，引导订正，直至掌握；当然，学生也应付出加倍的劳动。不过，文无定法，掌握基本程式仅仅是第一步，最终还应引导学生跳出模式，进入自由王国。

三、供料式半命题作文的写作教学方法

研究写作教学的方法，必须关注作文命题的形式。1949年以来高考作文的命题大致有以下几种情况：

其一为命题作文。如1960年全国卷的“我在劳动中受到了锻炼”、1962年全国卷的“雨后”、1982年全国卷的“先天下之忧而忧，后天下之乐而乐”、1988年全国卷的“习惯”等。

其二为半命题作文，即命题者只提供了“半”个题目，另“半”个题目要求考生自由选择。如1973年全国卷的作文题目是“记一个在三大革命运动中成长的先进青年”，究竟记哪一个人，考生可以自己选择。

其三为供料作文，要求考生根据具体要求就命题者提供的文字、画面进行写作。如1979年全国卷要求将何为的《第二次考试》改写为“陈伊玲的故事”，1983年全国卷要求就漫画《挖井》写说明文一篇、议论文一篇，1985年全国卷要求就一段文字写一封“给《光明日报》编辑部的信”，1990年全国卷要求就一对孪生小姑娘进玫瑰园的

材料写读后感。

其四为话题作文。如 2004 年江苏卷要求就“水有水的性格——灵动，山有山的性情——沉稳。水的灵动给人以聪慧，山的沉稳给人以敦厚。然而，灵动的海水却常年保持着一色的蔚蓝，沉稳的大山却在四季中变化出不同的色彩”这一段话，以“水的灵动，山的沉稳”为话题写一篇作文。

纵览作文命题的轨迹，不难发现这样一个大致的趋势：命题作文→半命题作文→供料作文→话题作文。实际上，半命题作文可以看作是命题作文的一种特殊情况；供料作文与话题作文都可以看作是特殊情况的半命题作文；而话题作文也可以看成是特殊情况下的供料作文。总之，作文题的内涵越来越丰富，学生自由发挥的余地越来越大。

当前，无论考试还是平时训练，供料式半命题作文占有越来越大的比重，早已超过了半壁江山。该类作文品种繁多，作法各异，下面就学生具体操作时可能发生问题的几种形式作分析探讨。

（一）评论与读后感

众所周知，议论文写作中，占比重最大的就是读后感写作，但是，教与学的双方还是难以适从，因为不少人将广义的读后感与狭义的读后感混为一谈。

我们知道，读了文章（或看了电影、图画……）后心中有些想法，将它写出来，就成了一篇读后感；但这种读后感是广义的读后感。一般地说，广义读后感可分为评论和狭义读后感（即一般所谓的读后感，本文以下所称的“读后感”即指此）两类。评论与读后感同属议论文，都要由阅读原材料生发感想。不同的是：

评论是就事论事，针对原材料发表看法，或辩证地表明态度。读后感则是借题发挥，顺着原材料的某一点生发开去。

评论是指手画脚，对原材料说三道四，或褒或贬。一般不必联系实际生活，主要从原材料中取材作为论据进行论证，当然也不反对引用一些旁证材料，但所占篇幅不宜过大。读后感则是顺水推舟，仅是借用原材料一下，其目的是说自己想说的话。故必须联系实际生活，所联系部分要占全文的大半，当然也可用原材料中的内容作论据。虽然说是借题发挥，但文章的首尾（甚至当中）一般都应与原材料紧密呼应。

评论的一般结构是：引论部分提出全文的中心论点；本论部分主要以原材料中的内容作为论据，从不同的角度对中心论点进行论证；结论部分呼应中心论点。读后感的一般结构是：引论部分先简介原材料，借之引出自己想说的话，即全文的中心论点；本论部分生发出去，主要以生活中的事例作论据，从不同的角度对中心论点进行论证；结论部分回归到原材料，并重申中心论点。当然，这只是“一般”结构，真正行文时可有所变化。

（二）由画入“诗”说

根据一幅画写文章，是近年来作文训练的常见形式。写议论文，无非是上文所说的评论与读后感两种形式，这里不再赘述。写说明文，自 1984 年与 1996 年两次高考以后，已成为平时训练的热点，无非是将图中的内容尽可能客观地介绍出来，使未见过这幅图画的人看了文章就知道这幅图画的内容，这里也不再赘述。下面重点讨论的，是看似容易的、经常在小学语文教学中出现的根据图画写记叙文。

18 世纪德国戏剧理论家莱辛在《拉奥孔》一书中，第一次明确区分了画和“诗”在反映现实上的区别。他指出绘画之类的造型艺术反映现实时是选择最精彩的“固定的一瞬间”，而“诗”所描写的则是时间上连续不断的行动。莱辛所说的“诗”，就是叙事性的文学作品；我们所说的记叙文，描写的也是“时间上连续不断的行动”，所以也可以认为是“诗”。

如果要将一篇记叙文用画的形式表现出来，此画必须反映最精彩的“固定的一瞬间”，如一些小说中优秀的插图；如果要根据一幅画写一篇记叙文，就是由画入“诗”，也应从最精彩的“固定的一瞬间”入手，而不是从想象中的故事的开端写起。具体做法是：先将画面所表现的一瞬间用文字描写出来，再想象回顾画面一瞬间以前的内容，最后想象展望画面一瞬间以后的内容，即可告竣。也就是说，应该用倒叙，而不是用顺叙的手法去表现。

（三）缩写、扩写、改写、续写

缩写就是将一篇较长的文章经过压缩，使之成为一篇较短的文章。缩写要保留原文的体裁和主要内容，为不失原文本意，甚至可以保留原文精彩的词语。要求首尾相连，结构完整。一般的做法是，先归纳各个段落（或者各个句子）的大意，用过渡性语句（或词语）将它们连缀成文。较为理想的做法是，先大致算出原文的总字数和各段落（或各句）的字数，然后根据要求的字数，将各部分按比例缩小，然后连缀成文。

扩写就是将一篇简短的文章添枝加叶，使之成为一篇有一定文采的、不失原意的、较为丰满的长文章。与缩写一样，扩写也可用将各部分按比例扩大的方法。

续写就是顺应原文的人物、情节、线索、观点等继续写下去，写出新的结局。续写应是情节、线索的合理延伸，人物性格的合理发展，观点材料的合理补充。续写必须忠于原作，即符合原文的内容和形式。如续写《变色龙》，就可让奥楚蔑洛夫再“变”上一变，让那件大衣再脱下穿上一次，并继续用对话来表现人物的性格。

改写就是对原材料的再创作。有语体、体裁的改变，改文言为白话，改诗歌为散文，如将辛弃疾的《西江月》改为抒情散文；有结构的改变，改倒叙为顺叙，改侧面描写为正面描写，如将《第二次考试》改为《陈伊玲的故事》；有表达方式的改变，改记叙为说明，改叙述为描写，如将郦道元的《三峡》改写成介绍三峡地理状况的说明文。改写尽管可以展开联想与想象，对原作作较大的改变，但主体应“就地取材”，不能丢掉原作另起炉灶。

(四) 话题作文

从1999年开始,连续多年高考全国卷、地方卷语文试题用了“话题作文”的形式。1999年的“假如记忆可以移植”掀起了轩然大波,一时间从小学到大学、从学生到教师都移植起了“记忆”,全国也因而掀起了一阵科幻读物热。然而,对于话题作文这一“新生事物”却鲜有深入的思考,除了少数专家外,大多数人尚未意识到话题作文与以往的供料作文有哪些本质的区别。直到2000年全国卷的“答案是丰富多彩的”粉墨登场,大家才真正感受到了话题作文的新意。

话题作文之“新”主要体现在以下几个方面:

首先是“有范围又似无限制”。命题者提供的话题只是给了你一个说话的由来,至于怎么说则有充分的自由,这样,留给考生的写作空间一下子扩大了许多。大到对宇宙、历史的思考,细到对生活琐事的反省,深到对内心世界的剖析;天地一下子变得宽阔了。当然,这个“无限制”是相对的,如果把“移植记忆”理解为“移植记忆力”,那就偏题了。

其次是“有话题却无命题”。凡文章都有题目,命题作文有题目可循,评论与读后感虽说有时也要自拟题目,但实际上囿于所供材料,拟题的范围仍是狭窄的。而话题作文则不同,一般只提供范围,要求题目“自拟”。拟题是学生充分施展才能的一个机会,一个好的题目能使文章生色不少,遗憾的是我们相当一部分学生不会拟题。在这几年高考中,现抄话题充文题的考生比例大得惊人。所以,在平时的写作教学中加强拟题训练,是摆在语文教师面前的一个刻不容缓的任务。

再次是“不限文体”。就话题作文而言,1999年尚有“除诗歌以外”的限制,而2000年以来则全部放开。由于天地宽广,可以写小说、散文、甚至可以写诗歌、剧本,也就是说,考生甚至可以在考场中进行文学创作,于是好文章(作品)纷至沓来。这也是一种新意。但是,“不限文体”并不是说可以乱写一气,当选中一种文体后,就得按这种文体进行规范操作。所以说,话题作文的基础还是记叙、说明、议论三种文体的写作训练,只有抓好了这三种文体的训练,才能以不变应万变。

值得一提的是,话题作文似乎已走到了“山重水复”的地步,如2001年全国卷的“诚信”,2006年江苏卷的“人与路”,就很容易出现将已有之作改头换面以充数的现象。所以说,“话题作文向何处去”,是摆在广大语文教师面前的一篇命题作文。

第三节 写作教学过程

写作教学要与写作的一般过程同步。广义的写作教学过程,泛指教学设计里里外外的各种含有作文因素的教学活动,包括指导学生观察生活、搜集素材、培养文风等方面的教学活动;狭义的写作教学过程,指的是作文的前前后后,教师帮助学生明确写作的目的要求、指出选材的角度、打开作文思路、指出文章缺点、点明改进方向等一系列教学活动,主要有审题指导、选材指导、立意指导、谋篇布局指导、批改指导、讲评指导等。这里讨论的是后者。

一、审题

审题,就是对命题的意义与要求作仔细的周密的审查、分析,弄清命题者的主要意图与基本要求的活动。只有正确理解、深刻领会了题意,文章才有写好的可能。除了常规性的寻找题眼确定题材外,教师指导学生如何在作文考试审题时突破定势错觉,是一个值得研究的问题。

德国心理学家缪勒、舒曼和苏联心理学家乌兹纳捷认为,由一定心理活动所形成的准备状态,决定同类后继心理活动的趋势,从而形成人们的心理定势,而这种定势,往往是一种错觉。

众所周知,多读、多写、多练,是提高作文水平的重要途径。一般中小学生所读的范文总有数百篇甚至上千篇,习作也有数十篇乃至上百篇,对一些常见作文题,一般均能驾轻就熟,一挥成文。然而,一旦形成思维"惯性",就可能导致审题失败,由于受特殊心理的支配,这种情况在考试时尤为突出。

例 1. 某省一次高中毕业会考的作文要求考生就一幅漫画写一篇观后感。画面为长方形,中央为一树桩,四周 12 个背对树桩的人席地而坐,各自凝视前方,像在企盼着什么,画外音为"听说有人在这捡兔子发了财"。大约有 1/3 的考生一拿到题目即欣然命笔,但视其文章,无非是"莫把偶然当必然""坐等失良机"之类,出了偏差。究其原因,是定势错觉、思维"惯性"使然。这些考生都读过《韩非子》中守株待兔的故事,一般都写过或准备过该文的读后感。殊不知,新"守株待兔"非旧"守株待兔"。

例 2. 某市初中毕业会考作文题要求根据一段材料写读后感,材料如下:"一只蜜蜂要酿造 1 公斤蜜.必须在 100 万朵花上采集原料。假如蜜蜂采蜜的花丛同蜂房的距离平均是 1.5 公里,就得飞上 45 万公里,差不多等于绕地球赤道飞行 11 圈。"大约一半考生一看到"蜜蜂"就联想到课文《荔枝蜜》,大书特书教师或其他人员的奉献精神,结果离了题。

例 3. 某地高考作文题是"善假于物",不少考生即套用旧作,洋洋洒洒,大谈主观与客观的关系,对"善"这一题眼却视而不见。

上面分析了三个考试作文审题失误的典型事例,很清楚,导致失误的罪魁祸首就是定势错觉。因噎废食,平时不读不练显然错误;解铃还需系铃人,以"定势"克服定势错觉,是一个切实可行的办法。平时训练经常提醒学生,考试作文题虽欲使学生有话可说，但一般都回避平时训练的热点，即使未曾回避，也与平时的热点略有不同。如此在学生思想中形成“惯性”——人为制造的“惯性”。应时时提醒学生，考试时，对那些似曾相识的题目尤其应引起警惕。拿起题目的第一步，不是仓促下笔，而要先把它与熟知的旧题作一番比较，同中求异。上述例 1 中，如先比较一下新旧“守株待兔”，就能很快地发现等兔者已变为“12”，捡兔之事已由往事变为“听说”，那么，这幅画的主旨“一窝蜂似地盲从只能一事无成”也就呼之欲出了。上述例 2 如拿到题目先来个同中求异，就立即能发现此材料与以往掌握的明显不同，表现的是蜜蜂的勤劳和博采众长，基本与“奉献精神”无关，这样，审题的偏差就可避免了。至于例 3 只要在“善”上做文章，问题也会迎刃而解。

二、选材

中小学生作文的选材一直就是写作教学的难点。

“汝果欲学诗，功夫在诗外。”(陆游《示子遹》)学写文章何尝不是？先要在“文”外下工夫，也就是需要生活实践，需要在生活实践中积累写作素材。这里有一个如何真切地认识生活的问题。这里所说的“生活”，指的是学生司空见惯而往往被忽视的“生活”——家庭生活、学校生活、课余生活。饮食起居、邻里亲情、校园喜怒、花鸟虫鱼，何尝不能成为写作的素材？关键是当今那些教作文者和学作文者（尤其是前者）能否从“重大题材”“严肃主题”中解放出来。写教师，完全可以写写他的日常生活；写同学，完全可以写写某次恶作剧；写自己，完全可以写写生活琐事、饲养某小动物的经过、对某一现象的不成熟的看法，等等。另外，邻里纠纷、街谈巷议、都市风情、田园野趣、晨雾朝露……都可成为写作的素材。

生活的一大内容是读书。英国作家约翰·卢保克说：“书籍所赋予我们的思想比现实生活所赋予我们的更加生动活泼，正如倒影里面反映的山石花卉常常要比真实的山石花卉更加多姿迷人一样。”①不可否认，中小学生生活实践的机会少于成年人，但他们可以间接地从书中寻找写作素材；实际上，从书中找出的素材往往比实际生活中的更典型、更精彩。这里介绍几种可能未被认为是“书”的书籍。

一为武侠小说。港台一带，金庸、梁羽生等优秀武侠小说作家作品中的内容早已被当作创作的原材料，放进文学著作和影视作品。当然，也可把这些内容作为中小学生写作的素材。本来，金庸等作家的作品就深受中小学生的欢迎，如在此基础上加以引导，定能为中小学生的作文增色不少。

二为蒙学读物。我国古代对儿童进行启蒙教育的教材统称蒙学读物，主要有《千字文》、《三字经》、《龙文鞭影》等等。如《龙文鞭影》，全书共辑录两千余则典故，

① [英]约翰·卢保克：《读书的乐趣》，《读书》1997 年第 6 期。

堪称典故大全，面广量大。视其内容，中国古代文明史中的著名人物无不在书中留下足迹，其人文内涵可谓丰富！全书四字成句，两相对偶，琅琅上口，易记易背。然而，这些为无数优秀人才启蒙的读物曾被当作封建糟粕而受到批判抵制。如今，一方面苦于作文没有素材，一方面却将那些蒙学读物束之高阁，那就不是“浪费”一词能够表述的了。

三为类书。类书，指辑录各门类或某一门类的资料，按照一定的方法编排，便于寻检、征引的一种工具书。古人编的有《艺文类聚》、《古今图书集成》等等；现代人编的有《中小学作文材料辞典》、《古典诗词百科描写辞典》等等。作为一个中小学语文教师，可适当教学生一些类书知识，让他们学会简单的查检方法。那么，学生在有所感受，写自己想写的文章时，就不会为某些素材的匮乏而不知所措了。

考试的压力、繁重的课务、家长的脸色和某些教师的训斥，可能使学生没有机会涉猎那些“闲书”。那么，也可将视点放到自己手中的语文书上，去“天经地义”地看“正经书”。主要由一篇篇课文组成的语文教科书，本身就是一本小小的百科全书。语文课文涉及面极广，古今中外、天文地理、名人逸事、凡人琐事等等无所不包，只要作一番整理归类，不少内容都可作为写作的素材，可谓“就地取材”；而整理的过程，又是巩固所学知识以及培养归类能力的过程。“一举而三役济”，何乐而不为！

明确了选材的范围，并不等于教会了学生选材，教会学生选材，还必须经过长期的训练，必须根据学生的具体情况，制订严密的、科学的、循序渐进的计划。

三、立意

立意，指通过对题目语言形式的分析和思考，深入地、准确地斟酌题目的旨意，以确立文章的中心意思。

对“立意”，《全日制义务教育语文课程标准（实验稿）》在第四学段（7—9 年级）课程目标中谨慎地用了“力求有创意地表达”，《普通高中语文课程标准（实验）》如是说：“力求有个性、有创意地表达”。中小学生，尤其是小学生、初中生，能通顺地写出自己的喜怒哀乐，已经是“内容具体”了，语文老师如能从这里引导学生写作，则能逐步提高其写作兴趣及写作能力；如一味要求深挖主题，就只会让他手足无措，对写作失去兴趣，最终完全丧失信心。

语文教师在作写作立意指导时，必须尊重学生实际，求真而不求假，坚决反对为深挖主题而胡编乱造。也就是说，在遵循“文道统一”的原则时，应排除“左”的干扰，不能把所谓的“思想性”放在第一位，要鼓励学生“我手写我心”，写出自身的喜怒哀乐即可。

当然，在对有一定写作基础的学生（特别是高中生中的佼佼者）进行作文立意指导时，教师可有更进一步要求，即引导学生对写作材料作多角度、多侧面的观察与分析，从不同角度找出其属性，然后进行比较筛选，得出全新的见解。如对王安石《伤仲永》的故事，既可从“先天聪明卖弄不得”立论，又可从“后天学习十分重要”立论，还可从“鼠目寸光要不得”立论……这样，通过有效的训练设计，就可开发学生的多角度思维能力，提高其整体写作水平。

四、谋篇布局

长期以来，我们注重的是“内容决定形式”，文章的“形式”似乎成了可有可无的附庸。殊不知，中小学生的生活经历有限，可作为作文内容的素材并非取之不尽，用之不竭。在这种情况下，教会学生如何通过变迁形式来变迁内容，比要求学生去深入体会他们根本没有的生活更为有效、也更符合实际。在写作教学中，我们必须重视形式所具有的巨大作用！

由于给文章一个尽可能完美的形式是最重要的工作，所以，必须设计严密的训练计划。此计划应以课程标准为基准，既要配合教材的单元要求，又要联系学生的生活实际。平时必须按计划进行写作训练，不能或为配合形势，或因长官意志而使计划受挫。每次计划，即各次作文如何指导，需预做准备，稳中有变。

写作计划的制订和实施，应按照中小学生思维发展的规律，以谋篇布局的“点”为单位组成严密的单元教学计划（体现阶段目标），一个单元解决一个有关谋篇布局的“点”；而每次作文课解决的是单元中的一个“子”问题甚至“孙”问题（即实现一个小目标），对其他问题可以少涉及甚至不涉及。如此步步为营，数年积累，大多数学生就能尽可能完美地写出自己的喜怒哀乐（体现终极目标）。“中小学写作教学难”的问题，也能在很大程度上得到解决。以下为就记叙文写作训练设计的计划，可供参考：（此计划分为四大板块，各板块分为若干个具体单元，各单元又分为若干“子”问题。）

思维板块：分为联想（相似联想、相反联想、横向联想、纵向联想）、想象（幻想想象、再造想象）两单元。

叙事板块：分为记叙要素（清晰交代、含糊交代、时空转换、角色替代）、事与人（一事一人、多事一人、一事多人、多事多人）、倒叙（典型倒叙、简单倒叙、环环相套）、插叙（往事插入、相关插入、分层插入）、线索（人物线索、事物线索、事件线索、情感线索）诸单元。

写人板块：分为基本方法（肖像描写、语言描写、动作描写、心理描写、神态描写）、侧面描写（旁人转告、旁人反应、周围人物、有关物件、环境烘托）、叙述人称（第一人称、第三人称、人称转换）诸单元。

描景板块：分为写景顺序（时间顺序、空间顺序、逻辑顺序）、动静互衬（以动写静、以静写动、动静共处）、观察位置（定点定景、移步换景、定景换点、定点换景）、视角变化(鸟瞰俯视、点面变化、晦明变化、感官转移、虚实相间)诸单元。

五、批改

作文后指导的第一步是批改。作文批改是审题指导、选材指导、立意指导和谋篇布局指导的继续和深入,是对学生进行更有针对性的细微的辅导,是提高学生写作能力的重要一环。作文批改也称为评点、修订或评语,是一种传统的写作教学方法。批,是指出学生习作的优缺点和原因;或褒,或贬,或辩证分析。从形式来看,有眉批(写于作文本边上特地留出的空白处,指出习作的局部问题)和总批(写于学生习作的末尾,指出习作全局或整体存在的问题)两种;改,是帮助学生改正习作中的缺点和错误。一般来说,批,适用于整体,如观点不正确,材料不充足,结构有问题等;改,适用于局部,如字、词、句及标点运用上的错误。作文批改有一些常用的符号。

常用作文批改符号

1. 增补。将需要增补的文字嵌入增补的地方。 需要
2. 删除。将不必要的文字、词语删除。
3. 保留。表示被删除的文字还要保留。
4. 换位。表示将两个部分位置互换。 你们两家需要互相支持和理解。
5. 紧接。用在需要连接的地方。其作用是将分成两个自然段的文字连接起来。
6. 换行。将原来合并在一个自然段的文字分成两个自然段。至于另一个问题……
7. 褒许。赞扬一些写得特别好的语句。
8. 考虑。表示语句有些问题,需要斟考虑。 ?
9. 错别。再错别字下画衡线(或打叉),同时在右侧空白处画半方框。
10. 后移。表示顶格的文字需要后移,空出两个字的距离,以示另一段。

作文批改有三个要求：其一，紧扣本次习作的基本要求。如安排学生用“移步换景”的方法写一篇游记，那么在批改时就以“移步换景”为重点，能“移步换景”者，承认其合格，甚至毫不吝啬地给以高分；未掌握“移步换景”者，重学重作，直至合格为止。至于学生习作中的其他问题，一般可少问甚至不问，实行“一作一得”，循序渐进，系统化地培养学生的习作能力。其二，尊重学生的劳动。多鼓励，多肯定，切忌讽刺挖苦，有可能伤害学生的话坚决不说，即使是批评，也要用比较含蓄的语句。其三，多批少改。实际上，一般学生对教师的改不怎么在乎，教师最好用批语指出问题，让学生自己改。

批改的方式方法颇多，从批改主体来看，有传统的教师批改法，有印发材料后的师生共同批改法，有学生自行批改法。总之，要让学生认识到本次习作的成功及不足之处。

六、讲评

作文讲评是写作教学过程的小结，是对学生的习作实践全面检查了解后的再指导，它比作文前的指导和作文后的批改更深入、更全面，能使学生从写作理论高度去认识自己习作中的得失。“个别批改，统一讲评”，说的是讲评不同于批改，因为它面对的是全班学生。作文讲评也有三个要求：一为计划性，每次讲评都必须围绕本次习作的基本要求进行，与本次习作的基本要求关系不大或没有关系者少讲甚至不讲，绝不能漫无边际，毫无重点地什么都讲，什么都评。二为普遍性，所讲评的问题为本次习作中普遍存在的问题，而不是仅存在于个别学生习作中的问题。三为理论性，不仅就事论事，还要就文论理，归纳规律，以指导日后的写作。

作文讲评可按不同的逻辑范畴分为多种方式。最常见的有以下几种：

综合讲评。这是最基本的方式，教师对全班学生作文进行概括分析，肯定优点，点明缺点，指出提高方向。此法宜选择一两篇代表中等水平的习作朗读分析，或选取数篇代表不同层次的习作朗读分析，以点带面。

专题讲评。即抓住习作中的一两个主要问题，结合有关理论知识深入讲评，如文章的开头、结尾、构思、某一方法的使用等等。

对比讲评。既可将本次习作与范文对比，也可将习作的原稿与修改稿对比，又可将教师的“下水”作文与学生习作进行对比，还可将优劣两篇习作进行对比。当然，运用优劣对比法，应避免伤害学生的自尊心，必要时，教师可自造一篇失败之作作对比材料。

思考与练习

一、名词解释。

1. 写作

2. 写作能力

3. 写作教学

4. 写作教学目标

二、你对写作教学过程和方法或教学模式有何自己的见解?

三、结合你的写作实践,谈谈你对写作能力发展规律的认识。

四、你觉得学生作文的评语该如何写?

第十一章

口语交际教学

第一节　口语交际教学目标

口语交际，是交际双方或多方在特定的语境中，为了特定的交际目的，借助标准的有声语言和相应的态势语言进行听、说互动，双向或多向交流的一种实践活动。口语交际教学是教师引导学生在口语交际活动中，规范口语表达、提高口语交际能力、培养口语交际素养的教学。

口语教学最早可追溯到春秋时期。孔子教学，授以讲说论辩之术。孔子甚至提出“不学诗，无以言”（《论语·季氏》），把口语作为最终旨归。当时的说话训练盛极一时，这是与当时的社会需求相适应的。这一时期，游说之风盛行，列国纷争，使节往来，口语交流的需要大于文字交流。在宋代以前，学校考试中还有口试一项，说话训练仍有一定的地位。宋代以后，学校教育排斥了口语教学，人们就越来越不重视说话训练。

“五四”前后，受西方口才学、演讲学的影响，人们又关注起口语教学。像庾冰、赵裕仁、何仲英等都认为应重视中学口语教学，此后，黎锦熙、叶圣陶、朱自清、朱光潜等都对口语教学发表过自己的看法。但这一时期，把口语教学定位于以说为主，忽视了听，而且在当时的教育者看来，说写不分。

建国后，叶圣陶、吕叔湘、张志公等极力呼吁重视口语教学，在他们看来，语文能力包括“听说读写”四项基本技能，口语教学就是进行“听说”训练，故口语教学常称为听说教学。1992 年中小学语文教学大纲对听话训练和说话训练都列出了具体的训练目标。2000 年修订的语文教学大纲改称“口语交际”。2001 年颁布的《全日制义务教育语文课程标准（实验稿）》进一步将使学生“具有日常口语交际的基本能力”列入语文课程的总目标。

当今世界各国母语课程标准和海外华语圈的课程标准也表明：对口语交际能力

的重视已成为各国语文教学的强烈共识。无论是日本、加拿大、英国、法国、俄国等教育大国和强国，还是香港、澳门、台湾、新加坡等有华语教育的地区和国家，莫不如此。

一、课程标准对口语交际教学目标的表述

《全日制义务教育语文课程标准(实验稿)》根据口语交际的特点和各阶段学生的认知规律，从现代公民必须具备的口语交流能力的角度，提出了口语交际的总目标和各阶段的教学目标：

总目标

具有日常口语交际的基本能力，在各种交际活动中，学会倾听、表达与交流，初步学会文明地进行人际沟通和社会交往，发展合作精神。

第一学段(1—2 年级)

1. 学讲普通话，逐步养成讲普通话的习惯。
2. 能认真听别人讲话，努力了解讲话的主要内容。
3. 听故事、看音像作品，能复述大意和精彩情节。
4. 能较完整地讲述小故事，能简要讲述自己感兴趣的见闻。
5. 与别人交谈，态度自然大方，有礼貌。
6. 有表达的自信心。积极参加讨论，对感兴趣的话题发表自己的意见。

第二学段(3—4 年级)

1. 能用普通话交谈。在交谈中能认真倾听，并能就不理解的地方向人请教，就不同的意见与人商讨。
2. 听人说话能把握主要内容，并能简要转述。
3. 能清楚明白地讲述见闻，并说出自己的感受和想法。
4. 能具体生动地讲述故事，努力用语言打动他人。

第三学段(5—6 年级)

1. 与人交流能尊重、理解对方。
2. 乐于参与讨论，敢于发表自己的意见。
3. 听他人说话认真耐心，能抓住要点，并能简要转述。
4. 表达要有条理，语气、语调适当。
5. 能根据交流的对象和场合，稍做准备，做简单的发言。
6. 在交际中注意语言美，抵制不文明的语言。

第四学段(7—9 年级)

1. 能注意对象和场合，学习文明得体地进行交流。
2. 耐心专注地倾听，能根据对方的话语、表情、手势等，理解对方的观点和

意图。

3. 自信、负责地表达自己的观点，做到清楚、连贯、不偏离话题。

4. 注意表情和语气，使说话有感染力和说服力。

5. 在交流过程中，注意根据需要调整自己的表达内容和方式，不断提高应对能力。

6. 讲述见闻，内容具体、语言生动。复述转述，完整准确、突出要点。

7. 能就适当的话题作即席讲话和有准备的主题演讲，有自己的观点，有一定说服力。

8. 课堂内外讨论问题，能积极发表自己的看法，有中心、有条理、有根据。能听出讨论的焦点，并有针对性地发表意见。

《普通高中语文课程标准(实验)》对高中语文必修课程“表达与交流”中有关口语交际的目标规定如下：

7. 增强人际交往能力，在口语交际中树立自信，尊重他人，说话文明，仪态大方，善于倾听，敏捷应对。

8. 注意口语的特点，能根据不同的交际场合和交际目的，恰当地进行表达。借助语调、语气、表情和手势，增强口语交际的效果。

9. 学会演讲，做到观点鲜明，材料充分、生动，有说服力和感染力，力求有个性和风度。在讨论或辩论中积极主动地发言，恰当地应对和辩驳。朗诵文学作品，能准确把握作品内容，传达作品的思想内涵和感情倾向，具有一定的感染力。

二、口语交际教学目标分析

从语文课程标准规定的口语交际教学的总目标和阶段目标可以看出，进入教学体系的口语交际教学应该是基础性的能力训练和基本素养的养成。其中包含着三个方面的基本目标。

(一) 规范学生的口语

规范学生口语的基本要求：一是能借助标准的有声语言(即普通话)表达具体内容，吐字清晰；二是能借助恰当的语速、语气、语调进行讲述，表达真情实感；三是能借助多种表达方式针对不同对象而变换口语，用词准确生动；四是能按照一定的语法、逻辑要求有条理地表达自己的想法，说话清楚明白。

(二) 历练口语交际能力

主要是培养和提高三种能力：

1. 专注敏锐的倾听能力

倾听能力包括语音辨识能力、语意理解能力和交际中的语感能力。语音辨识能力，即倾听者通过听觉器官来吸收、梳理说话者所发出信息的能力。语意理解能力，即倾听者在准确接受语音的基础上思考、领悟说话者字、词、句乃至段、篇内涵的能力。这是倾听能力的核心。语感能力，即倾听者对说话者言语个性和言语品格的直接感受能力。倾听能力要在长期的口语交际教学实践中逐渐养成。

2. 清楚流利的表达能力

表达能力包括内部言语生成能力、外部言语组织能力和驾控能力。内部言语即人的思维内容，是在交际情境中同步快速生成的；外部言语则是将思维内容按照母语语法规则而"编码"成有序、达意的词汇系列。丰富的、可供选择的语料（词汇等）和能得心应手地运用语法规则是这种外部言语"编码"成功的必要条件。因为言语外化是凭借语音系统而运行的，且通过语音、语速和跌宕起伏、抑扬顿挫的节奏来呈现的，故自觉的、艺术化的驾控外部言语是表达能力的重要方面。从内部言语生成到外部言语表达（组织与驾控）与人的思维活动、情绪变化相辅相成，故锻炼言语表达能力也就是锻炼思维能力。

3. 积极互动的应对能力

《全日制义务教育语文课程标准（实验稿）》在"实施建议"中指出："口语交际是听与说双方的互动过程。"《普通高中语文课程标准（实验）》在"课程目标"中进一步强调："注意口语的特点，能根据不同的交际场合和交际目的，恰当地进行表达。借助语调和语气、表情和手势，增强口语交际的效果。"并提出了"善于倾听""敏捷应对"的能力要求。对"应对能力"的培养是口语交际教学中的重点和难点，也是超越以往"听话—说话"教学的鲜明特征之所在。这里涉及到分析、评价、应变、调控等动态技能，需要交际者面对错综复杂、瞬息万变的特定时空和特定对象而做出机智的反应。这就不仅仅是纯粹的言语交际，也不仅仅是交际的技术，而且还包含了交际的艺术成分。因此，语文课程标准提出培养学生的"应对能力"，等于给口语交际教学标示了一种技术性和艺术性兼备的教学高度。①

（三）培养口语交际素养

口语交际中的"交际素养"，重点指"文明态度和言语修养"。《普通高中语文课程标准（实验）》在"实施建议"中指出："口语交际教学应注重培养人际交往的文明态度和语言修养，如有自信心、有独立见解、相互尊重和理解、谈吐文雅等。"应该说，内涵丰富的"文明态度和语言修养"，是口语交际教学中的"隐性目标"。表现在交际行为中，主要有这样几点：

1. 耐心倾听他人的表达

以诚恳的"注意"表示对交际对方的尊重；并能结合表达者的身体语言准确理解其意图和观点。

---

① 参见潘涌：《直面世界——语文口语交际教学新概念》，《教育科学研究》2004年第8期。

2. 善于进行自我表达

自信勇敢地进行自我表达，真诚热情地面对倾听者；表达时力求做到条理清晰、话题集中，适度有效地利用目光、表情、手势、重音、语气和节奏变化来辅助口语表达，增加言语的艺术感染力。

3. 重视人文素养的培育

自然大方地与他人交谈，力求使逐渐丰富的内在精神世界与不断完善的外在人格品质在交谈中和谐发展。口语交际教学的使命就在于不仅练就学生交际的技能技巧，更要唤醒其“文明修养”的自觉意识，从深层次上塑造自己的交际形象和交际品位。虽然未必每位学生都能达到这种交际艺术的高境界，但人人都应不懈追求。

第二节　口语交际教学方法

在新课程背景下，口语交际教学的实施有赖于教师的独创性设计和能动发挥。本节从教学方法层面探讨口语交际教学的基本思路。

一、寻找贴近学生生活的话题

寻找贴近学生生活的话题就是要选择切合学生学习、生活和今后社会交际实际，着力培养学生切实的基础口语交际能力，着眼于他们口语交际能力发展的话题。根据口语交际的内容和要求，贴近学生生活的话题可以分为这样几类：①

介绍类：自我介绍、介绍朋友宾客、介绍我的家、介绍我的家乡、介绍我的一张照片、介绍我国的一个民族、介绍我国的一座城市、介绍一处名胜古迹、介绍一座名城、介绍一种动物、介绍一个生活常识或者一个化学、物理实验的讲解等等。

陈述类：说笑话、说故事、说相声、说说广告、说说自己的奇思妙想、说说自己的愿望、说说读后感观、谈谈经验教训、说目击情况、发布新闻等等。

交往类：道歉、做客、祝贺、待客、转述、劝阻、请教、赞美、批评、安慰、解释、采访、辩论、借物、购物、指路、问路、看病、打电话、接电话、约请、推荐与自我推荐、当导游等等。

表演类：演童话剧、演课本剧、演生活短剧、演讲、主持节目等等。

讨论类：提建议、提意见、专题讨论、主题辩论、焦点评论等等。

选择一个好的话题，可以撞击学生的心灵，激发学生的情感，诱发学生表达的欲望，为成功的口语交际训练奠定基础。因此，话题的选择要源于孩子自身或周围的事情，要以学生的需要为前提，还要遵循不同年龄段学生的身心发展规律。

---

① 参见江平主编：《小学语文课程与教学》，高等教育出版社 2004 年版，第 249—250 页。

二、创设多样的口语交际情境

口语交际学习，不能如同一般作业那样做孤立的静态设计，而要创设情境、营造氛围，使学生产生"如入其境"的亲历感、现场感和对象感。只有在这种情境中，学生以交际互动为主要特征的口语交际能力，才能得到有效锻炼。因此，能否创设特定的情境是口语交际教学成败的关键之一，它决定着能否唤起学生身临其境、似曾相识的感觉，能否营造和谐、民主的交际气氛。

江西师大附小杨祖德老师执教的《感谢和安慰》[①]创设了一个绝妙的情境。开课伊始，杨老师准备播放课件，不料课件"出现问题"，摄像老师赶来帮忙。"课件调好"后，杨老师表示了自己的谢意，并让学生用掌声表示感谢。当时，所有的人都以为课件真的出现了问题。待课继续往下上时，大家才恍然大悟，原来这是一个预设的情境。它的巧妙之处就在于一切都那么自然，不着刀斧痕迹，学生在体验中明白了"感谢"，继而用语言继续表示感谢，真是一举数得。

创设情境的方式，从情境来源考虑有：教材情境，可以根据课本的配图创设情境，按照教材的文字提示创设情境，对教材内容加以扩展创设情境；从情境性质考虑有：生活情境，可以设计问路、买菜、打电话、逛商场等日常生活情境，还可以根据社会生活实际，创设者如网络交流、推销商品、旅行导游等社会文化情境。从创设手段考虑有：问题情境，可结合阅读与写作教学设计诸如"对不对""好不好""行不行""怎么样"等等一些连贯的问题，以打开学生的思路。此外，还有视听情境，通过实物展示、图片张贴、网络视频和多媒体课件为进行口语交际创设生动的视听情境。创设情境的要求：贴近学生生活，有助展开交际。[②]

三、开展互动的口语交际活动

"互动"是口语交际最本质的特征，也是与以往"听话"与"说话"最明显的分界线。口语交际教学应当努力从多个方向、多种方式、多个层面入手，让课堂呈现出群体互动的局面。

口语交际的双向或多向互动的基本方式有：师生互动、生生互动、群体互动。开展互动的口语交际活动，教师给出交际任务后不要急于讲解，教师或者通过一定的媒体进行各种各样的口语交际示范，直接或间接呈现口语交际知识，学生从中理解、体察，看别人怎么说、怎么听、怎么运用体态语等，从总体上感受口语交际意蕴，进一

---

① 胡助金、王玲湘、熊海滨：《探索着、收获着、反思着——南昌市口语交际教学竞赛综述》，《江西教育》2006 年第 1 期。

② 邹节华：《口语交际教学研究刍议》，《广西教育》2006 年第 1—2 期。

步领悟口语交际要领；或让学生进行交流讨论，提出进行该交际活动需要做哪些工作，应注意哪些问题，并让学生自己初步设计交际活动的方案，同时教师在学生的讨论中起指导作用，教师指导学生怎么使用语言、采用哪些技巧、如何进行活动等程序性知识，为学生活动的顺利进行搭建平台。有效互动的要求：交际各方进入各自的角色，交际各方都有明显的回应。

口语交际教学中的互动，还应包括适时评价反馈。教师或学生对学生在口语交际活动中的表现作出及时的反馈，教师对学生交际中存在的问题进行点拨，并以鼓励为主的方式进行评价，使学生有一种自我展示的成功体验。评价方式应综合运用师评、生评、自评、他评、互评（师生或生生）等多种方式。评价要求：要围绕教学目标，兼顾三个维度，不仅要关注语言，还要关注非语言的因素。

四、拓宽口语交际教学的途径

口语交际教学目标的实现，可以进行专题培训，即每周开设一节口语交际课，根据学生年龄特点和生活实际，设计鉴赏课、指导课、练习课、情境交际课、讨论课、讲评课等课型，对学生进行专门训练。但开设口语交际课，并非口语交际教学的惟一途径。口语交际教学还应该在语文乃至其他课程教学中进行训练，在日常生活实践中进行训练。主要做法有：(1) 全面渗透。即在阅读和写作课乃至整个语文教学活动中，渗透口语交际教学。如课前三分钟演讲、新闻播报、古代诗词诵读赏析、名著介绍、讲成语故事等；阅读教学中的质疑、答问、讨论、辩论、品评、总结等；作文教学中的谈作前设想、评议作文、提修改建议等，都可以起到发展学生口语交际能力的作用。(2) 活动强化。即利用活动课和课外活动，有目的、有计划地开展口语交际活动。如举办“新闻发布会”“人才交流会”、仿电视节目“实话实说”、编演课本剧、组织调查访问、召开家长与学生对话会等，让学生在活动中逐步提高口语交际能力。(3) 生活运用。即要求学生在生活中有意识地进行口语交际实践，探究与父母、亲朋、同学、老师及其他社会角色和谐相处的秘诀，寻找口语交际的科学规律，鼓励学生不怕“碰壁”，大胆实践，在做中学，在做中提高自己、发展自己、丰富自己、完善自己。

第三节　口语交际教学过程与设计

要提高口语交际的教学效率，必须遵循学生的认知规律，并根据认知规律精心设计教学流程。

一、口语交际教学的基本过程

（一）课前准备

课前准备主要是做好知识储备和情感酝酿，对情境所提供的信息进行筛选和整合，把要表达、交流的话作初步设计，打好腹稿。学生常常是凭借直观形象来思维，看见什么说什么，怎么做的就怎么说，因此要上好口语交际课，课前的准备活动十分重要，教师要根据口语交际课的具体内容，安排学生观察实践，搜集资料，或者体验生活等等，尽量让学生能胸中有物，说有依据。这个环节要做好如下几件事：（1）观察。要使学生做到观察有序、有重点，既了解事物的全貌，又抓住事物的特征。在此基础上才能思之有序、言之有序。（2）听记。引导学生储备口语交际所需的信息。可以让学生听记并理解有关的词语、句子和段落，听读可以作为范例的短文，为表达做好准备。（3）思考。引导学生对从情境中获得的信息进行分析，分清哪些是主要的、哪些是次要的；把握信息之间的内在联系是什么，口语交际的主题是什么，从而选好说话交流的内容，组织好内部语言。

（二）导入情境

生动逼真的情境创设，能够调动学生内在的真实情感体验，激发学生主动投入口语交际活动的强烈欲望。所以，在课前准备的基础上，教师要利用感染性的语言描述、多媒体课件或实物展示等手段，迅速把学生带入一个生生互动或师生互动的轻松愉快的口语交际情境中。

（三）模拟交际

在学生进入口语交际情境后，教师可以指导学生依据要求，展开互动的口语交际活动。此时应注意：（1）发挥示范交际作用。如：先由教师或优秀学生进行口语交际示范，接着放手让学生自选对象或自结小组展开口语交际练习，最后选择口语交际范例，引导集体评议；或者教师先放手让学生根据口语交际的要求进行自主交际，然后选取典型，进行示范表演，同时引导学生展开评议。（2）加深学生参与程度。把主要的时间给学生交流，保证学生的参与量；要照顾到各个层次的学生，扩大学生的参与面；要鼓励学生质疑解难、求异创新，追求较深的参与度。（3）讲求讨论、评价实效。指导学生们在小组交流中耐心倾听、充分讨论、合作评价。

（四）课外延伸

课堂的模拟交际总不像生活那么丰满，充满血肉，而且，学生在课堂上通过口语交际所获得的知识只有在现实的实践中才能逐渐形成能力。因此，教师在口语交际课后，还应通过延伸交际的时间和拓展交际的空间，构建学生进行口语交际活动更大的平台。可采取以下措施：（1）向社会生活延伸拓展。口语交际训练应立足课堂，向课外开放；立足文本，向书外开放，走向社会生活。（2）激发学生进一步探究的欲望。青少年有好奇心和求知欲强的特点，可激发学生进一步思考探究，并在交际中创新。(3) 引导学生联想和想象。当学生进入新的领域时，要引导学生积极思维、联想、想象和交流，并在交际中注意情感、态度、价值观等教育。

二、口语交际教学设计

(一) 精心选择内容

精心选择教学内容，是口语交际教学设计的首要环节。

选择口语交际教学的内容，应做好两方面工作：一是深入研究教科书提供的教学内容。理清编排意图，弄清整套教科书、整册教科书共安排了哪些内容，着重训练哪些能力、技能，做到心中有数。二是从生活中有目的、有计划地选择教学内容。要深入分析教科书中的哪些内容适合本班学生学习、训练，哪些内容不适合学生实际，需要增补。增补内容，要根据学生口语交际能力发展的规律，把生活实践中有价值、有意义、实用的话题选取进来，使口语交际教学的内容更加系统、完善、丰富。如一年级上册就可增补“如何请教老师”“怎样询问同学”等方面的内容，引导学生尽快适应学校生活，提高学生校园生活的交际能力。

(二) 科学确定目标

科学的目标主要表现在以下三个方面：

第一，全面完整。按照语文课程标准的要求，口语交际教学的目标应包括三个方面：知识与能力、过程与方法、情感态度与价值观。

第二，具体可测。明确、具体的目标，便于操作、实施，便于检测、评价。因此，确定口语交际教学目标特别强调细目化、行为化。

第三，准确有度。准确，就是符合语文课程标准的精神，符合教学内容的特点，符合学生的实际；有度，就是有区分度、灵活度和有效度。这样的目标有层次性，便于各个层面学生的学习、发展；有灵活性，便于根据教学生成状态对教学进行有效调节；有实效性，能保证教学双方积极互动，使教学活动产生良好的效益。比较下列两则教学目标，我们可以从中得到许多启示：

《解开心结》：(1) 鼓励学生敢于发表自己的意见。(2) 培养学生多角度思考问题，并用准确的语言表达自己观点的能力。(3) 培养学生思维的条理性和深刻性。

《学会安慰》：(1) 通过教学，使学生学会通过留心观察和询问了解他人遇到的“不顺心”事，并用“同情”“委婉动情”“鼓励”的话语安慰他人，培养学生的观察、分析及应变能力。(2) 在具体的交际活动中，培养学生关心他人的品质。

显然，后者是完整、具体、可操作的目标，前者则严重缺乏针对性和可操作性，它既可以用来作为“到底应该怎么做”的教学目标，也可以用作其他口语交际教学乃至所有语文、数学等各学科教学的目标。在口语交际教学设计中确定这样的目标，是没有多大意义的。

（三）全面准备资源

资源的准备包括以下三个方面：

首先，分析学情。总体把握全体学生现有知识、能力、经验等方面的情况，为确定本次教学的出发点和立足点找到依据；有选择地分析学生的个性差异，为确定本次教学的重点、难点寻找凭借。

其次，搜集材料。根据口语交际教学的需要，通过网络、书刊、调查、访问等途径，搜集有关的文字、图片、音像等资料，为丰富教学内容，活跃交际气氛做好充分的物质准备。

第三，选择媒体。根据学校现有条件和师生所需，本着务实、高效的原则，选择包括学具、课本在内的教学媒体，为创设交际情境做好物质准备。

（四）巧妙创设情境

《全日制义务教育语文课程标准（实验稿）》指出：“教学活动主要应在具体的交际情境中进行。”创设交际情境应根据不同的交际内容，灵活选用方法，切不可千篇一律。利用图画、讲述故事、展示成果、游戏表演、模拟生活等都是创设口语交际教学情境的良好方法，只要巧妙运用，就能使口语交际教学拥有丰富多彩的交际情境。如有位教师采用“以图设境”方法，使《找春天》的教学一开始就充满诗情画意。① 首先，教师利用多媒体再现春天的景色，让学生亲身感受春天的气息，想想春天是什么样子。接着，让学生用学过的句式“有……有……还有……”说几句话。伴随着悠扬的音乐，美丽的画面出现在学生面前，教师进一步问：“春天这么美丽，你想对春天说点什么呢？”学生们的思维被激活了，一个个争先恐后地说出了自己对春天的赞美，以及为什么喜欢春天。

（五）灵活设计过程

教学过程是由师生的双边活动组成的，设计教学过程在很大程度上就是设计师生的双边活动。在口语交际教学中，师生双边活动受制于教学目标、教学内容、教学媒体等多种因素；不同的目标、内容、媒体自然有不同的双边活动生成，这就使教学过程的设计具有很大的灵活性和差异性。但是，无论教学过程怎样千变万化，其中最基本、最核心的“活动单元”是相同的。下面简要介绍几个最基本、最核心的“活动单元”的设计方案。

---

① 林爱华：《春天就在我们的眼睛里——〈找春天〉口语交际课教学设计》，《小学教学设计》2004 年第 4 期。

1. 激发兴趣

兴趣是最好的老师。在口语交际中，如果学生带着浓厚的兴趣进行交际，就会激活思维、激扬情绪，倾听时就会积极认真，表达时就会充满情感，交际时就会主动开朗。所以，有经验的教师在设计口语交际的教学过程时，特别注重激趣环节的设计，并运用以新激趣、以奇激趣、以美激趣、以疑激趣等多种激趣方法，促进学生时时带着浓厚的兴趣去参与口语交际活动。有位教师在设计《学会求救》时，采用多种方法激发学生的兴趣，使学生一开始就充满热情。[①]

(教师)语言造“景”：“天有不测风云，人有旦夕祸福”。生活中，每个人都会遇到一些困难，甚至遇到一些意外事故……

(录音)声音造“景”：播放救护车、警车、救火车等的声音。

(多媒体)画面造“景”：选放车祸、沉船、绑架、抢劫等事故片段，使学生置身于“特定情境”之中，产生一种紧张感、急迫感，萌发一种求救欲。

引入话题：生活中，我们可能会遇到哪些意外的事故呢？面对一些突如其来的意外事故，我们应该怎样学会救助呢？请大家议论。

从学生的兴趣出发，点燃学生表达的欲望火花，带动了口语交际的各个环节都充满活力。

2. 促进互动

互动性是口语交际的本质特征。学生只有在动态的双向或多向活动中，才能更好地学习、领悟口语交际，增强口语交际能力。所以，教学设计时必须设计好互动过程，让师生之间、生生之间像日常生活中口语交际那样互为对象，以多种互动实现口语交际，发展口语交际能力。特别要围绕口语交际的中心议题，精心设计多个回合、多种情境的互动过程，让师与生、生与生展开多种形式的交流、交际。下面这个教学片段之所以精彩不断，就是因为上课时教师注重了师生、生生间的互动设计。

(出示课件：《小白兔运南瓜》)[②]

小白兔：早上，妈妈叫我到园子里摘一个南瓜回来。我听了非常高兴地来到瓜地，东挑挑，西选选，终于挑到了一个又大又圆的南瓜，这下可把我乐坏了。可是，南瓜太大了，我怎么抱也抱不动。怎么把南瓜运回家呢？这可急死我了。

师：小白兔有困难了，我们该怎么办？

生：大家帮小白兔想个办法吧！

(生独立思考、小组交流后，派代表进行全班交流)

组1：我们有两个办法，一是找一辆车把南瓜运回去；二是请朋友帮忙把南

① 孙建锋：《〈学会求救〉口语交际教学设计》，《语文教学通讯》2003年第7—8期。

② 余闻婧：《〈小白兔运南瓜〉口语交际教学设计》，《小学语文教学》2003年第7—8期。

瓜抬回去。

组2:我们的办法是用一架飞机把南瓜运回去。

组3:我们把南瓜滚回去。

组4:我们的办法是找一块木板,在木板下面加上两个轮子,再把南瓜放在木板上,用一根绳子把南瓜拉回去。

师:真聪明,你们想的办法真多!想当小演员吗?下面就由各小组演一演小白兔运南瓜的情景。

兔妈妈:儿子,到院子里摘一个南瓜回来。

师:种蔬菜的地方叫"园子",不是"院子"。再说一次。

兔妈妈:儿子,到园子里摘一个南瓜回来。

小白兔:好!(表演找南瓜、想办法、运南瓜的情景)

师:我们班的小朋友一个比一个聪明,一个比一个能干,真了不起。我想你们长大了,个个都能做一名出色的演员。现在请你们当评委,评一评大家说的办法哪个最好,为什么?

3. 指导示范

由于学生的生活经历少,倾听、表达、交往等能力较低,对口语交际的内容、方式及语言形式都比较生疏,同时还缺乏良好的交际态度和习惯。因此,教师必须加强指导点拨和适时示范。指导点拨就是把口语交际的方法、技巧及突出的问题向学生做出解释、指点,使学生学有方向,练有依托;适时示范就是根据学生善于模仿的天性,教师通过必要的言行为学生做出示范,让学生去模仿,从模仿中受到启发,学到真谛。江苏海门市实验学校小学部陈永敏老师在设计《小烦恼热线》的教学时,在充分考虑学生的现有水平后,将指导、示范巧妙地融入教学设计之中,为学生的有效交际奠定了坚实的基础。[①]

(1) 多媒体显示:伴随一串轻快的电话铃声,屏幕上出示课题——小烦恼热线。

(2) 学做小主持人。愿意担任"小烦恼热线"的主持人吗?做主持人可不是一件简单的事。不仅需要一定的知识,更需要有耐心和亲切的态度,这样才能打动听众的心。

(3) 观摩"知音姐姐"与小听众的一段情感交流,组织学生谈谈观后的体会。诉说者要说清因什么事而烦恼,主持人要认真倾听,针对诉说者的具体情况加以疏导,同时注意声音要轻柔,语气要亲切,要面带微笑。

(4) 教师示范。欢迎老师担任"小烦恼热线"的第一任主持人吗?我的热线电话是1234567,欢迎小听众来电倾诉心中烦恼。

① 谢雄龙:《口语交际教学设计的思路及策略》,《小学教学设计》2005年第10期。

① 指导“小烦恼”清楚地表达自己内心的苦恼。

② 鼓励其余小听众积极参与，为“小烦恼”出谋划策。教师帮助规范语言。

4. 实践演练

口语交际是一项实践性很强的活动。口语交际教学设计必须通过设计大量的实践演练活动，让学生在实践演练中将口语交际的知识、方法等内化为经验和能力。教学设计时，要安排足够的时间，采用多种形式，尤其要采用那些全班同学都能参与的形式，提供尽可能多的机会，让每个学生参与其中，使学生在动态的口语交际实践演练活动中反复经历、体会，逐步提高口语交际的综合能力，形成良好的口语交际的态度和习惯。吴宏老师在《学会解释》的教学设计中，在学生自主尝试，初步感知了解释的方法和要求后，从两个环节着手设计实践演练活动，让学生在实践中加深体验、强化技能。[①]

(1) 创设情境，亲身体验。

① 出示三种情境：

陈文彬很喜欢读课外书，爸爸看见了总是说：“你就是不好好学习功课，看起闲书来倒挺起劲。”如果你是陈文彬，你该怎样向爸爸解释呢？

李东方放学回家，路上看到一个小妹妹跌倒了，便跑过去把她扶起来。一位阿姨走过来，不高兴地说：“你怎么把我的孩子碰倒了？”

单小英因为路上堵车迟到，老师说：“你怎么又迟到了？”

② 四人小组任选一题进行讨论，并发挥想象，用现场演练的形式展示研讨结果。

③ 小组同学合作，模拟表演。

④ 当场展示，师生随机点评。

(2) 联系生活，强化训练。

① 学会解释能化干戈为玉帛，在口语交际中的确有它内在的魅力。我们生活中是否也遇到过被误会又很难向别人解释的事例？如果有，请说出来，大家一起解决。

② 师生分别评议：这些理由如果是向你解释的，你会答应吗？你认为怎么说合适？

5. 鼓励评价

口语交际教学设计要根据教学内容、学生特点设计好鼓励、评价活动。一方面要充分估计学生的行为表现，抓住学生的成功与进步，进行肯定、表扬、指导、点拨；另一方面要设计多元评价方式，让教师评价、学生自评、同学互评融入其中。只有这

① 吴宏、王剑：《〈学会解释〉口语交际教学设计》，《小学教学设计》2002 年第 7—8 期。

样，才能使口语交际教学的鼓励、评价具有实效性，充满艺术性。

思考与练习

一、名词解释。
1. 口语交际
2. 口语交际教学
3. 口语交际素养

二、举例说明怎样创设多样的口语交际情境。

三、试述口语交际教学与读写教学的关系。

第十二章

语文综合性学习与语文研究性学习

第一节　语文综合性学习与语文研究性学习的目标

一、义务教育阶段的语文综合性学习及其目标

义务教育阶段的语文综合性学习是和识字写字、阅读、写作、口语交际并列的学习领域之一。《全日制义务教育语文课程标准(实验稿)》指出:“综合性学习主要体现为语文知识的综合运用、听说读写能力的整体发展、语文课程与其他课程的沟通、书本学习与实践活动的紧密结合。综合性学习应强调合作精神,注意培养学生策划、组织、协调和实施的能力。”

语文综合性学习的性质:语文综合性学习是一种综合听、读、说、写的课程目标、综合多种多样的学习方式、在语文学习中渗透多种学科知识与能力的实践活动。语文综合性学习是以学生发展为中心,围绕语文课程目标,紧密联系学生生活,注重综合性、主体性、参与性、生成性的学习方式。

语文综合性学习具有综合性、主体性、参与性、生成性特征。

综合性是指在语文综合性学习方式和语文综合性学习课程中,从学习目标、学习方式与评价方式几方面凸现出来的整合发展性特征。首先是学习目标的综合,既体现知识与能力、过程与方法、情感态度与价值观等多种课程三维目标的综合,又体现识字与写字、阅读、写作、口语交际等语文具体学习目标的最优化综合。其次是学习方式的综合,如发现式学习与接受式学习的结合、书本知识与生活实践的结合、课堂学习与课外探究的结合、聆听式学习与参与式学习的结合、手书式学习与鼠标式学习的结合、执行式学习与策划式学习的结合。第三是评价方式的综合,如诊断性、形成性与终结性评价的综合,认知性、情感性与技能性评价的综合,相对评价、绝对评价与个体内差异评价的综合,量化评价与质性评价的综合,以及以上等各种评价

方式的最优化综合。

主体性是指在语文综合性学习过程中涵养发展学生的独立、自由、自强、自律、合作与宽容精神的特征。语文综合性学习强调学生独立地发现问题、探究问题与解决问题；要求学生自主地观察周围事物、体验社会生活、感悟生态自然；主张学生自由地寻读文化精品、追求审美品位、表现心灵韵味；期望学生理解多元文化、服务合作伙伴、宽慰关爱亲人；鼓励学生关心国家大事、了解国际动态、以人类发展为己任。

参与性是指在参与研制学习方案、实施学习计划、评价学习效果、总结学习经验、确定发展目标等整个学习过程中，学生所表现出来的饱满热情与能动行为特征。注重学习过程是参与性特征得以体现的前提，参与性学习和以往学习方式的最大区别就在于学习情境的生活化、社会化，就在于学习过程的流动性和学习者之间的互动性。注重养成合作精神与合作习惯是参与性特征得以体现的保证，学生在学习中表现出来的公平意识、民主意识、奉献意识、关爱弱势群体的意识，是综合性学习的理想追求，是参与性学习特征美学境界的最佳展示。

生成性是指在综合性学习过程中，学生由一个“最近发展区”向另一个“最近发展区”发展的特征。其表现形式是很多的：一是课题的生成性，综合性学习的研究课题是在对自身生活环境、社会发展趋势的思考与实践中形成的，是在对课本学习的延伸探究与更高追求中形成的。二是问题的生成性，在解决问题的过程中不断有新的问题产生，这些新问题为生成新的课题创造了条件。三是能力的生成性，学生的听、读、说、写的言语能力，搜集信息和处理信息的能力，分析问题和解决问题的能力，动手与合作的能力，都是在综合性学习实践中历练养成的。四是良好个性品质的生成性，学生的审美能力与审美品位的提高，学生的环境意识与社会意识的发展，学生的奉献精神与创造精神的形成，都是在综合性学习实践中不断生成和发展的。

语文综合性学习的总目标：《全日制义务教育语文课程标准（实验稿）》指出，“综合性学习主要体现为语文知识的综合运用、听说读写能力的整体发展、语文课程与其他课程的沟通、书本学习与实践活动的紧密结合。”开展综合性学习，是为了让学生获得亲身参与实践的积极体验和丰富经验；形成对自然、社会、自我之内在联系的整体认识，发展对自然的关爱和对社会、对自我的责任感；形成从自己的周边生活中主动地发现问题并独立地解决问题的态度和能力；发展实践能力，发展对知识的综合运用和创新能力，养成合作、分享、积极进取等良好的个性品质。

语文综合性学习的阶段目标：第一学段（1—2 年级）(1) 对周围事物有好奇心，能就感兴趣的内容提出问题，结合课内阅读，共同讨论。(2) 结合语文学习，观察大自然，用口头或图文等方式表达自己的观察所得。(3) 热心参加校园、社区活动。结合活动,用口头或图文等方式表达自己的见闻和想法。

第二学段(3—4 年级)(1) 能提出学习和生活中的问题,有目的地搜集资料,共同讨论。(2) 结合语文学习,观察大自然,观察社会,书面与口头结合表达自己的观察所得。(3) 能在老师的指导下组织有趣味的语文活动,在活动中学习语文,学会合作。(4) 在家庭生活、学校生活中,尝试运用语文知识和能力解决简单问题。

第三学段(5—6 年级)(1) 为解决与学习和生活相关的问题,利用图书馆、网络等信息渠道获取资料,尝试写简单的研究报告。(2) 策划简单的校园活动和社会活动,对所策划的主题进行讨论和分析,学写活动计划和活动总结。(3) 对自己身边的、大家共同关注的问题,或电视、电影中的故事和形象,组织讨论、专题演讲,学习辨别是非善恶。(4) 初步了解查找资料、运用资料的基本方法。

第四学段(7—9 年级)(1) 能自主组织文学活动,在办刊、演出、讨论等活动过程中,体验合作与成功的喜悦。(2) 能提出学习和生活中感兴趣的问题,共同讨论,选出研究主题,制订简单的研究计划,从报刊、书籍或其他媒体中获取有关资料,讨论分析问题,独立或合作写出简单的研究报告。(3) 关心学校、本地区和国内外大事,就共同关注的热点问题,搜集资料,调查访问,互相讨论,能用文字、图表、图画、照片等展示学习成果。(4) 掌握查找资料、引用资料的基本方法,分清原始资料与间接资料的主要差别;学会注明所援引资料的出处。

二、普通高中阶段的语文研究性学习及其目标

普通高中阶段的语文研究性学习是高中综合实践活动的内容之一。

语文研究性学习的性质:语文研究性学习是指学生基于自身兴趣,在教师指导下,从自然中的语文、社会中的语文、生活中的语文问题中选择确定研究专题,主动地获取知识,应用知识解决问题的课程活动。

语文研究性学习的特点:语文研究性学习具有以问题为载体、以探究为中心、以反思为线索的特点。语文研究性学习强调综合运用各种学科知识研究语文学习问题,注重学生参与应用知识、获取方法的实践活动过程,注重学生的审美体验与探究精神的形成。

语文研究性学习的目标:(1) 促使学生学习加深对知识的掌握和感悟能力,能够在自己的能力之内拓展、延伸语文知识,能够发展学生听说读写的综合能力,并能够发展学生的语文素养,养成运用语文知识解决问题的习惯。(2) 培养学生发现问题和解决问题的能力。学生要学会在确定的研究主题内提出疑问,拓展延伸,深入探究,解决问题;培养学生的创造性思维能力,善于从多个角度看问题,解决问题;培养学生的创新精神。(3) 培养学生收集、分析和利用信息的能力。学生能够学会利用多种有效的手段、多种途径获取信息,并能用分析、综合、归纳、演绎的方法对资料进

行整理和重建。(4) 学生能够在自主参与的学习过程中体验生活，感悟语文。学生能够深入地体验语文的魅力，获得情感上的共鸣；能够联系自己的生活实际，获得感情上的升华。能够形成质疑、探究、动手动脑的积极态度，具有积极探究的习惯。(5) 形成自主、合作、探究的良好学习习惯。学生能够与同学一起对某一主题进行探究，学会资源共享，同时又能自主地思考。学会合作学习，又能够独立完成个人承担的任务。(6) 培养良好的科学精神和科研道德。学生要认真、踏实地探究，实事求是地获取结论，养成严谨、求实的科学态度和不断追求的精神，不剽窃他人的研究成果，不胡编乱造。(7) 培养学生的社会责任感和历史使命感。学生能够以“先天下之忧而忧”的姿态融入社会，懂得自己是社会的人，对社会负责是每个公民应尽的义务；学生能够理解自己是自然的人，保护自然是人类的责任，促进人与自然的和谐发展是每个公民永恒的追求。

第二节　语文综合性学习与语文研究性学习的过程与设计

语文综合性学习与语文研究性学习的过程基本相似，均可由以下 10 个环节构成：选择课题—确定目的—策划方案—角色分工—准备材料—明确时间—优化步骤—组织实施—成果展示—评价反思。为了体现语文综合性学习与语文研究性学习的教育理念，落实语文综合性学习与语文研究性学习的目标要求，语文综合性学习与语文研究性学习的设计应该遵循以下四条基本原则：

第一，综合运用听、读、说、写言语能力的原则。语文综合性学习与语文研究性学习还是要体现语文教育的特点，围绕言语实践来策划活动、选择课题、设计方案、开展研究。因为言语实践是语文教育最突出的特点，抓住了这个特点，就抓住了语文综合性学习与语文研究性学习的本质。

第二，在学习实践活动中渗透多种学科知识的原则。设置语文综合性学习与语文研究性学习的目的，就是要突破“以学科知识为中心”的苑囿，在一个更广阔的视野中，综合运用文史、理工、艺术及网络知识，全面发展学生的素质，使学生适应未来社会的生存需要。

第三，围绕人与人、人与自然、人与社会三条线索设计学习活动的原则。建立和谐社会，创设可持续发展机制，既是一项基本国策，也是必须渗透到我国各级教育课程中去的迫切任务。所以，语文综合性学习与语文研究性学习的过程应当围绕三条线索，设计和学生自身生活与发展密切相关的语文学习活动。

第四，学生参与策划、实施、展示、评价等整个活动过程的原则。设置语文综合性学习与语文研究性学习的又一目的，就是把“学习权”“自主权”还给学生，使学生成为学习的真正主人。所以，语文教师要改变包办代替的习惯，放手让学生自己去策划活动，开展研究，展示成果，反思提升，在整个活动中培养学生的能力，发展学生的个性。

坚持上述基本原则，有利于语文综合性学习与语文研究性学习的顺利开展，有利于课程改革的有效推行。开展语文综合性学习与语文研究性学习，必须以学生的自主选择和主动探究为目的，为学生个性的充分发展创造空间；必须坚持面向学生的生活世界和社会实践，帮助学生体验生活并学以致用；必须坚持推进学生对自我、社会和自然之间内在联系的整体认识与体验，谋求自我、社会与自然的和谐发展。

下面通过一个案例来说明语文综合性学习与语文研究性学习的过程与设计要求：

探索月球的奥秘①

目的：

1. 通过综合性学习活动增强探求自然奥秘的兴趣，增长有关月球的知识。

2. 通过系列学习活动，提高听、读、说、写的语文能力。

3. 通过实践活动，提高学习者搜集、利用信息的能力。

活动1　“月球奥秘”——专题汇报会

目标：

1. 能在小组合作中整理出符合本组汇报主题的要点。

2. 能清楚、流利地完成专题汇报。

时间：20分钟

材料：照相机或录像机、录音机、空白磁带

过程：

1. 将学习者分为“过去组”“现代组”“未来组”。

2. “明月几时有”——月球的过去。由承担这项专题的过去组派出一至两名代表上台进行“明月几时有——月球的过去”的专题汇报。

3. “今夕是何年”——月球的现在。由承担这项专题的现代组选派一至两名代表对近年来世界各国对月球奥秘的探求、研究的情况进行介绍。

4. “举杯邀明月”——月球的未来。由承担这项专题的未来组选派一至两名代表对世界各国“登月”“移民”的最新计划进行汇报。

活动说明：

1. 课前应按兴趣分组，并要求各组进行“月球”信息的搜集、整理、筛选。

① 参见靳健主编：《参与式语文学习活动设计》，甘肃教育出版社2002年版，第132页。

2. 汇报时如各组有不同意见，可进行讨论。

3. 全班以三组为宜，并要围绕月球的过去、现在和未来准备汇报材料。

附件：

参考书目和信息网站：

《从地球到月球》、《月球人》

http://www.@moon.com.cn

活动2 “美好未来”——故事接龙赛

目标：

激发学生的想象力，培养合作精神。

时间：15分钟

材料：大白纸、铅笔

过程：

1. 活动准备。每组分发大白纸一张，每位学习者都准备好铅笔。

2. 明确要求。给三个小组各给出一段话的开头语：

甲组：“我登上了月球……”

乙组：“在月球上的生活……”

丙组：“我在月球大学毕业……”

各组学习者都要以本组的开头语开头，后一位学习者续写句子必须要以上一位学习者所写句子的最后一个词(字)为自己句子的开头，其他学习者依次接龙。

3. 各组活动。教师进行巡回指导。

4. 小组反馈。由各小组选派一名代表站立起来大声朗读本小组完成的“故事接龙”。

活动说明：

1. 活动开始前，教师可对“接龙”(句子顶真)的具体操作进行示范说明。如：“我登上了月球，月球上有许多游人，游人们都……”再如：“我在月球大学毕业，毕业后被分到一家公司，公司专门进行月球资源开发，开发项目……”等等。

2. 允许用同音字进行“接龙”。

3. 为了增加活动难度，还可要求各组进行“首尾接龙”——整个故事最后一句的最后一个词语与故事开头一句的第一个词语“接龙”。

活动3 “奇思妙想”——书面作文展

目标：

1. 能独立完成教师布置的作文。

2. 能初步评价他人习作，做到说清事实，陈述理由。

时间:20 分钟

材料:各组学习者的书面作文、白纸、书写用具。

过程:

1. 分组。将全体学习者分为六个小组。

2. 交流。同组学习者互相交换、阅读他人习作,并做初步评价。

3. 反馈。各组学习者互相交流自己阅读他人习作后的感受。

活动说明:

1. 每位学习者的作文题材都应围绕“月球”。

2. 每位学习者的书面作文均应于课前完成,并誊写清晰、装订整齐。

3. 每位学习者都应阅读两篇以上他人习作。

4. 习作体裁不限,字数要求 500 字以内。

活动 4 “指点文字”——作文讲评会

目标:

提高作品分析能力,养成虚心接受不同意见的良好行为习惯。

时间:20 分钟

材料:学习者习作

过程:

1. 选出佳作。各组评选出本组最优秀、最能显示本组写作“实力”的一篇佳作。

2. 佳作展示。各组依次选派一位“选手”(可为作者本人)向全班朗读本组选出的佳作。

3. 述说理由。各组“选手”在朗读本组佳作后,对佳作的优点进行评说,即分析其成功的原因。

4. 评出最佳。由全体学习者共同评出三篇班级“最佳作品”。

活动说明:

1. 将评选出的班级最佳作品张贴在墙报上,还可以修改后投稿。

2. 在评选活动可能会出现不同意见,应允许有不同见解并鼓励说出其所持理由。

3. 本活动意在鼓励学习者互改、互评并提高评改习作的积极性,故不宜对习作做过多“挑剔”。

课节说明:

1. 本节课的活动均为综合性学习活动,如条件允许,亦可请其他学科的教师参加此活动,以加强语文与其他学科的渗透与联系。

2. 本活动的主旨是在综合性学习中,全面提高学习者的语文素养,故应在活动组织中避免“学科化”倾向。

这一案例基本上呈现了语文综合性学习与语文研究性学习过程的10个主要环节:选择课题—确定目的—策划方案—角色分工—准备材料—明确时间—优化步骤—组织实施—成果展示—评价反思。随着社会的发展,“文盲”的含义也在发展。未来社会的文盲,不仅指没上过学的人,而更多的是指不会学习的人。这一学习活动,把学生的视野引向了社会,引向了生活,引向了网络,引向了丰富的科幻世界;让学生在综合性学习活动中增强了探求自然奥秘的兴趣,增长了有关月球的知识,提高了听、读、说、写的语文能力和搜集利用信息的能力。

语文综合性学习与语文研究性学习的过程应该是开放有序、张弛有度、充满生机、引人入胜的,因此在设计上要尽量满足下列要求:

1. 语文综合性学习与语文研究性学习的课题要适合于学生的实践研究。语文综合性学习与语文研究性学习的设计要充分开发和利用学校及其周边地区的各种课程资源,如人文资源、自然资源、信息资源、设备资源等。尤其要调动教师的积极性,因为教师是在综合性学习中起主导作用的课程资源,是学校文化特色的代表。语文综合性学习与语文研究性学习的设计要动员全体学生自主选择研究课题,因为学生是综合性学习活动的主体。一切为了学生的发展,是综合性学习活动的宗旨。学生应该从学校罗列的大量课题中,选择那些和自己的生活、学习环境、社区人群等息息相关的语文问题作为研究课题。课题不能太大,要便于自己把握。研究的条件也要充分考虑,要选择那些经过自己努力后具备研究条件的课题。语文综合性学习与语文研究性学习的设计要考虑到每一位学生的参与需求,语文综合性学习与语文研究性学习不是兴趣小组学习,而是学生全员参与的实践活动。学生可以自愿组成学习小组,每组4—6人为宜。学生全员参与、锻炼实践能力、凸现校本特色是语文综合性学习与语文研究性学习设计的主导思想。

2. 语文综合性学习与语文研究性学习方案要目的明确、步骤清楚、任务到人、条件保证。研究课题确定以后,课程组便要制订语文综合性学习与语文研究性学习计划,每个学习小组便要制订学习方案。课程目的、学习目标要具体明白,要选用那些具有行为指向的词语描述目标与要求。语文综合性学习与语文研究性学习的内容范围、资料来源及查询方向要交代清楚。语文综合性学习与语文研究性学习的过程步骤、方法手段、技术要求、注意事项都要一一说明。语文综合性学习与语文研究性学习的各项任务要落实到人,课程组负责人所承担的任务、指导教师所承担的任务、学习小组内每一个成员所承担的任务都要交代清楚。各尽所能、互相帮助、精诚合作是完成学习任务的有力保证。完成语文综合性学习与语文研究性学习的各项条件,如时间、场地、设备、经费、安全等也要一一说明,尤其要鼓励每个成员能动地创造条件来实施学习方案。

3. 语文综合性学习与语文研究性学习过程要强化情境体验、资料收集、问题分析、总结反思等环节。语文综合性学习与语文研究性学习进入实施阶段后，学生将面临一个完全不同于课堂学习、完全不同于接受性学习的情境。这是一个没有讲解引导、没有现成材料、没有标准答案的学习情境，学习小组的每位成员会发现，一切是那样的陌生、新奇、引人入胜或不可思议。这种情境体验对学生的发展具有重要意义，描述并反思这些体验是语文综合性学习与语文研究性学习的重要内容。语文综合性学习与语文研究性学习特别重视收集资料、整理资料、分析资料、运用资料的过程，特别重视在这一过程中提高学生搜集信息与处理信息的能力。综合性学习进入实施阶段后，学生将面临一个新颖而丰富的信息世界，来自网络的、观察的、调研的、化验的等各种音像资料、语言资料、数字资料、实物资料等会极大地拓宽学生的信息视野，这些信息又等待着学生去整理、去选择、去分析、去概括。在这搜集信息与处理信息的过程中，学生分析问题与解决问题的能力、合作与探究的能力、与人交往及学会学习的能力便会相应提高。语文综合性学习与语文研究性学习过程特别强调总结性与反思性学习环节。一个学习课题完成以后，要认真总结学习的全过程，要认真总结每一个学生的情感体验、能力习得与社会实践收获，要认真总结成功的经验与存在的问题，用文字、音像、幻灯片等多种形式向大家展示课题学习实践报告。反思性学习将把综合性学习过程推向一个全新的境界，通过反思，学生将建构新的知识与能力世界，将发现个性的新起点，将找到自身与他人、与自然、与社会和谐发展的新途径。

4. 语文综合性学习与语文研究性学习评价要有利于学生的更大发展。语文综合性学习与语文研究性学习的实质是要促进学生的更大发展，而合适的评价是促进学生发展的有效动力。在学习过程中，一是要坚持整体评价的原则，可以借鉴多元智力理论设计评价目标体系，学习活动与评价要有利于促进学生素质的全面发展。二是要发挥评价的激励功能，语文综合性学习与语文研究性学习没有失败，无论是成功的体验还是挫折的体验，都是学生促进自身发展的极好的经验。三是要关注学习过程的评价，语文综合性学习与语文研究性学习的过程有时候比结果还重要，自主、合作与探究的学习过程，不仅体现了学习方式的转变，体现了学习行为的转变，而且会影响到学生的学习习惯与价值观的转变。四是要发挥多元主体的评价作用，学生的自我反思与自我评价、小组同伴之间的相互评价、指导教师的评价、家长以及社区的评价等，会从不同的角度发现语文综合性学习与语文研究性学习的意义与价值，多元主体参与评价会给学习者以全方位的启迪。五是要关注对语文综合性学习与语文研究性学习成果展示的评价，成果的科学性不是评价关注的主要内容，成果展示中的情感体验、团队精神、能力习得、对下一次语文综合性学习与语文研究性学习积极建议等，是评价应该关注的焦点。

第三节　语文综合性学习与语文研究性学习的组织与指导

语文综合性学习与语文研究性学习的组织理念是基本一致的，主张全员参与、课内外结合、形式多样。和以往的语文学习兴趣小组形式相比，它突出的是全员参与，主张全体学生参与语文综合性学习与语文研究性学习过程，学生个体的兴趣差异是通过角色分工、探究途径、行动方式的不同来体现的；而以往的兴趣小组形式则强调有兴趣就参加，没兴趣就不参加。语文综合性学习与语文研究性学习的组织形式主张课内外相结合、形式多样化，可以是课堂活动、学校活动，也可以是社会活动，可以是个体的、小组的，也可以是班级的；而以往的兴趣小组形式则强调小组化的课外语文学习活动。

语文综合性学习与语文研究性学习的指导要求有相同点，也有不同点。它们的不同点主要表现在以下几个方面：从课题生成的角度看，语文综合性学习的课题基本上是语文教科书已经设计好的课题，而语文研究性学习的课题则是基于学校文化和校本资源特色的课题，是体现学生的学习需求和学习兴趣的课题，它的生成具有一定的开放性和灵活性。从时间安排的角度看，语文综合性学习的时间安排是和教科书的单元设计同步的，而语文研究性学习时间安排具有相当大的灵活性，可以通过周几学时、月几学时的方式体现，也可以在一学期里集中一定的学习活动时间来完成。从小组成员的角度看，语文综合性学习的学习小组成员由同一班级的学生组成，而语文研究性学习的学习小组成员既可以由同一班级的学生组成，也可以由不同班级的学生组成。从展示形式的角度看，语文综合性学习的各个小组展示的内容和活动形式虽然不同，但是各个小组必须紧紧围绕同一个课题来展示学习成果，也就是说各个小组分工完成了同一个学习任务；而语文研究性学习的成果展示，则体现了各个学习小组不同的学习任务，对各个小组之间也不要求有这样那样的联系。从成果形式的角度看，语文综合性学习的成果展示不一定要求有文本成果，而语文研究性学习的成果展示则一定要求有文本成果。

下面通过一个案例来说明语文研究性学习的组织与指导要求。

"感受陇东道情皮影"教学实录①

设计意图：皮影是我国古老的民间戏曲，是一种融音乐、美术、挑纤表演艺术于一体的综合艺术。陇东道情皮影是古老的道情说唱艺术与皮影戏完美结合的产物。学生了解皮影、喜欢看皮影戏、尝试制作并扮演皮影戏，有利于深入

① 参见靳健著：《后现代文化视界的语文课程与教学论》，甘肃教育出版社 2006 年版，第 292 页。

感受本土戏曲文化的特点，形成重视、认同民间优秀文化艺术的态度，同时经过查阅资料、收集处理信息、动手制作、扮演、观察等活动，培养学生自主合作、积极探究的学习态度，陶冶性情，感受优秀的民间文化艺术给生活带来的美好快乐的情趣。

教学目的：

1. 学生了解陇东道情皮影戏的历史和演变过程(由来)。

2. 了解陇东道情皮影戏的基本特点。

3. 陇东道情皮影戏与山区人民文化娱乐生活的关系。

4. 了解陇东道情皮影戏的影响及地位。

5. 陶冶情性，形成积极的审美态度和价值观。

教学重点：认识皮影戏艺术的文化价值，形成正确的价值观。

教学课时：3课时

第一课时：了解陇东道情皮影戏

教学目标：

1. 了解皮影戏的来历及演变过程。了解皮影的种类。

2. 通过了解皮影戏的由来，激发学生对它的观赏兴趣。

3. 培养学生收集、整理资料的能力及相互合作能力。

教学准备：分组收集皮影戏图片、资料、录像光盘，制作简单的幻灯片。

教学过程：

1. 引发动机：同学们，你们喜欢道情皮影戏吗？你自己看过哪几出皮影戏？(是呀！绝大多数同学喜欢，有的小戏迷还看了不少场戏)

2. 各学习小组讨论本组收集的皮影戏资料并进行整理，准备汇报。

3. 按类别汇报：(1) 皮影的来历，(2) 皮影的演变过程及图片，(3) 皮影的种类，(4) 陇东皮影戏的分布，(5) 陇东知名的皮影艺术家。

生1：据《汉书·外戚传》记载，汉武帝刘彻的妃子李夫人亡后，武帝思念不已，有一个方士李少翁便在夜间灯下设一帷帐，请武帝观看，果然见李夫人姗姗而来，这是关于皮影的最早记载。

生2：宋仁宗时，街市上有人谈三国故事，有人按照故事情节作皮影人物，这是最早的魏、蜀、吴三国战争的图像，流传至今。

师：说明皮影艺术早在汉代就出现了，宋代已十分盛行。

生3：皮影大师解长春对道情皮影进行了改进、创新，把皮影戏与陇东道情结合起来，形成了具有鲜明地方特色的陇东道情皮影戏。

师：在长达百余年的环县皮影历史上，造就了一辈辈艺术家，同学们不妨说出自己知道的艺人的名字。

生：……

（有解长春、敌乃梁、杜民华、韩德芳、魏国诚、史学杰、史呈林等）

师：展示一下自己收集到的皮影图片、皮影人物雕刻件，以及环县皮影上京、出国演出情况的资料。

（学生纷纷展示出不少图片、资料）

4. 同学们看了各组收集的皮影资料、图片有什么感想？

5. 你们想看看精彩的皮影雕刻工艺品吗？请看图片（课件）。

6. 同学们讨论一下，听了大家的介绍，看了图片，你对皮影戏有哪些认识和感触？相互交流。

第二课时：欣赏道情皮影

教学目标：

1. 通过现场观赏，了解道情皮影演奏运用的乐器种类、舞台设施、显影原理等。

2. 通过现场观赏，感受陇东道情皮影戏的唱腔特点，了解人物脸谱的类别。

3. 通过欣赏道情皮影戏，结合戏曲题材，感受这一民间戏曲对农村群众精神文化生活的作用。

教学准备：

1. 分组收集有关道情皮影演职人员组成、舞台设施、乐器种类等资料。

2. 预约、安排现场演出的一家戏班子。

3. 联系县文化馆大厅让学生现场观赏皮影演出。

教学过程：

1. 引发动机，激发兴趣。

师：同学们，上节课我们研究了道情皮影的历史，知道了皮影戏的由来和发展变化，还看了有关图片，通过多种途经对皮影戏获得了初步的认识，今天大家到这里，让我们共同现场欣赏、感受道情皮影演出。

（先观赏短短一折子戏，5 分钟左右）

2. 各小组讨论整理本组收集的有关皮影演职人员组成、舞台设施、乐器种类等资料，准备汇报。

3. 各小组分类汇报：（先由学生回答，后由嘉宾——即戏班子专业人员更正完善）

a. 演出人员组成和乐器种类：

生 1：由前台、三吹、打击乐组成。

生 2：还有四弦琴。

嘉宾：一个戏班演职人员至少五人：一人前台挑纤并演唱；一人专职高音乐

器（俗称三吹），笛子、笛呐和唢呐；一人专职中音乐器，四弦；一人敲板鼓、小锣、皮鼓、渔鼓、简板兼二胡或其他；一人敲大锣、钗兼水梆。

b. 舞台设施：

生3：舞台幕布是纸一张，由灯光照亮，人物形象投影于纸上，有如投影仪。

嘉宾：道情皮影戏以灯光下的“纸亮”为舞台，影件透过灯光显影于纸亮（或幕布），供舞台前的人观赏。过去农村演出借助窑洞，收音效果好，现在在房间演出。灯光由过去的煤油灯变为现在的电灯，效果更佳；纸亮下边的桌面置一毛糙的织品（过去用农村普通使用的山羊毛织的口袋一条），为使皮影件着立稳定不光滑。

4. 下面演出一折子较长的戏，同学们注意舞台表演的象征性、代表性及道情音乐唱腔的特点。

（演出15分钟的一折子戏）

5. 各小组分组讨论，大家畅谈感受，然后推选各小组代表总结汇报：

生1：唱腔上有“嘛簧”的特点，即一人唱众人和，产生了音乐上的气势。

生2：声腔浑厚、粗犷，有陇东民歌特色。

……

师：同学们回答积极，表现很好，也抓住了道情音乐的很多特点。现在请嘉宾作更正补充。

嘉宾：皮影戏一般剧中角色皆由前台挑纤一人演唱，采用高低调、真假声相结合的方法，类似于西北民歌的演唱特点。唱词每两句为一小乐段，以七字、十字句最常见，每一段唱词必须押韵。每句词分两腔（两句即为四腔）演唱：一腔起，二腔承，三腔转，四腔合（嘛簧），每腔之间有一小过门，极具中国民族音乐之特点。

生3：清唱与伴奏交替进行是道情的基本演唱方式。

嘉宾：很好，唱腔根据速度分坦板（慢板）和飞板。每个板路又根据不同调式有花音、伤音之分。

各学习小组讨论，皮影舞台表演（动作）的象征性，及人物脸谱的类别：

生1：战争场面，千军万马厮杀，在皮影戏中只有几个或一个将帅战几个会合，具有象征性。

生2：皮影人物忠奸贤愚在脸谱上表现分明，忠正贤良五官端正，奸佞邪恶贼眉鼠眼。

嘉宾：同学说得很好。皮影舞台人物总是以点代面，以少胜多，万水千山、千军万马只能以典型代表象征性代替，跟其他戏曲一致。皮影在制作时已一次定型，喜怒哀乐不由自主，忠奸贤愚妍媸分明，表演起来直观明了。马无须鞭代，虎实有其形，妖魔鬼怪也确有其貌，俱能按角色操作摆布。即使高难度的呼风唤雨、腾云驾雾、上天入地、身首分家等神奇动作，也可表演得形象逼真、淋漓尽致。

第三课时：皮影的制作

教学目标：

1. 通过参与皮影制作，培养学生探究、小组合作的精神。

2. 通过参与制作，让学生进一步理解皮影的表演原理、脸谱的类别及皮影工艺的精湛。

教学准备：

1. 硬纸贝、剪刀、纸凿、细扎丝(或皮线)。

2. 各种肖像、器物、风景等类的皮影成品件。

教学过程：

1. 引发动机，激发兴趣。

把准备好的各类人物皮影肖像展示给学生(通过投影课件)，让学生结合观赏皮影的记忆，仔细观察制作人物的要点。

(1) 通过观察，你们发现制作皮影人物时首先应注意其什么突出特点？

(平面图案、人物皆侧面显影等)

(2) 提出任务：今天这节课就要我们自己尝试制作皮影人物。

(3) 各小组可两人或三人合作。(要求：安静、默契、动作迅速。)碰到疑难问题可以请教特邀制作嘉宾。

(4) 学生制作，老师和特邀制作嘉宾巡回指导。

(5) 各组把做完的皮影人物展示给大家，成功的当场奖励，给其他同学做示范，失败的找原因(构图不好、比例不当、表演实践不理想等)。

(6) 学生一边修正一边比较，选出最好的参加全班评比。

(7) 大家畅谈收获、感受。

(8) 老师、嘉宾小结，归纳建议。

2. 制作综评，抛砖引玉。

(有关皮影戏演出图片见附录)(略)

教学反思：在情境中探索，在参与中提高。

陇东本土文化校本课程是以全面提高学生的人文素养为目标，以主题活动为特征的课程，其突出特点是学生在各项活动中亲历、感悟、学习、提高，学生的学习过程是富有生机、充满探究意识的学习过程。

在开展这个文化专题的课程教学时，我以新课程理念为指导思想，进行开放式教育，真正体现以学生发展为本的教育宗旨。所以整个教学活动过程的设计均以学生活动为中心，并在活动中力求使每个学生主动参与、主动尝试、自主探索，把“自动权”“自主权”还给学生，让学生在参与中提高，在情境中探索。

从陇东皮影戏专题教学活动的过程观察，学生对家乡的戏曲文化极有兴趣，课前走访民间戏曲艺人，积极收集皮影制品、寻找音像材料等等，教学活动中讨论热烈、发表意见积极踊跃，充满了对家乡戏曲的亲切感和自豪感。“兴趣是最好的老师”，学生对家乡戏产生极大的兴趣，决定了这一专题的教学基本达到了教学的目的。

“参与”是本专题教学的命脉，如果没有学生的积极参与，校本课程就没有生命力。“参与”是新课改的一个重要理念，尽可能多地给学生以开放的时空来自主地展现才能的机会。因而在教学活动中我充分信任并放手发动学生，使他们以积极的态度参与到底，从而充分地感悟到亲历体验的收获，体验了自主、合作、探究、创新的乐趣，有的学生还展示了鲜为人知的新颖的皮影人物形象、资料，有的学生亲自制作出富于个性的皮影件，表现出不少平时常规课堂上无从表现出的艺术天赋。

在教学活动中，我们始终尊重学生，不搞一刀切，努力使学生通过收集资料、观赏皮影、与皮影戏演职人员（嘉宾）交流对话、制作皮影等一系列具体的活动情境，自主探究，大胆尝试，使他们在家乡戏曲文化的情境中受到熏陶，在学生与戏曲文化的互动过程中增长人文知识，培养操作和审美能力，形成对本土文化正确的价值判断，从而不断完善自己的人格个性。

如何开展校本教学研究，如何充分利用本土的特色课程资源，如何引导学生开展研究性学习，如何转变学生的学习方式，这些是一线教师普遍感到困惑的问题。在解决这些问题方面，本案例已经进行了很有意义的尝试。学生了解皮影、喜欢看皮影戏、尝试制作并扮演皮影戏，在感受优秀的民间文化艺术的过程中培养审美情趣；在查阅资料、收集处理信息、动手制作、扮演、观察等活动中，培养自主合作、积极探究的学习态度；形成对本土文化正确的价值判断，从而不断完善自己的人格个性。这些探索把新课程的基本理念完全渗透在该校语文研究性学习的实践中了。

这一案例基本上呈现了语文研究性学习的指导策略：

1. 在指导思想方面，语文研究性学习必须坚持学生自主发展的基本原则，整个教学活动过程的设计与指导均以学生活动为中心，并在活动中力求使每个学生主动参与，主动尝试自主探索，把“自动权”“自主权”还给学生，让学生在参与中提高，在情境中探索。学生是学校教育的主体，有学生才会有学校教育。学校的各种活动作为整体的教育，归根结底是在学生的发展变化中得以综合实现的。因此，作为“人的存在”的学生的发展变化正是新课程中语文教学应当关注的核心目标。

2. 在课题选择方面，语文研究性学习必须突出校本文化特色，开发本土文化资源，要坚持以校为本的教育情境与师生共同参与学习过程相结合的课程理念。语文研究性学习以改变学生的学习方式、提升学生的主体精神为目的，以开发符合本校学生和当地教育特殊需求的课程方案与“资源包”为保障，语文研究性学习关注的是学生的个性差异需求和处在不断变化中的生存能力需求，所以选择的课题要适合学生的学习，有利于促进学生的发展。

3. 在发现知识方面，语文研究性学习应当改变单纯传授知识的教学习惯，以“发现”为线索，加大知识转型与教学范式转型的力度，鼓励学生在自主探究的过程中发现知识，鼓励学生在解决具体问题的情境中学会搜集资料、整理资料、分析资料，进而重建自己的知识结构，提升自己认识问题、解决问题的能力，确立学习的主体意识。语文教师也必须转变自己的角色，满腔热情地协助学生、服务学生，抓住契机引领学生发现知识、发展自我。

4. 在言语实践方面，语文研究性学习应当突出语文课程的言语实践特点，在问题探究过程中综合运用并提升听读说写能力。语文研究性学习关注的是和学生相关的生活、自然、社会中的语文学习问题，研究过程所接触的是言语文本，研究过程所展示的是学生的言语实践能力，而成果又是学生的言语产品，如果研究性学习始终围绕言语实践展开探究活动，就正好突出了语文学习的特点。

5. 在情感态度方面，语文研究性学习应当关注学生的过程体验与情感变化。在探究问题的过程中，要设法强化学生的学习兴趣、撩拨学生的好奇心、激发学生的求知欲、分享学生的成就感；使学生对研究性学习首先感到有趣，接着寻找乐趣，进而形成志趣。每一个语文教师都有责任帮助学生树立信心，克服困难，排除干扰，在研究性学习过程中使学生养成自觉、果断、坚毅、自律的良好意志品质。教师要引导学生注意搜集过程体验与情感变化的形成性资料，注意在情感态度变化的前后对比中展示研究性学习的成果。

6. 在审美体验方面，语文研究性学习应当关注学生的审美意识、审美倾向、审美能力的生成与发展过程，因为形成审美体验是语文课程的重要目标之一。审美体验是学生在研究性学习中生发的一种心理活动，是学生对研究材料中所蕴含的美感的把握，是对研究材料的意象、意趣、意境、意识产生的一种情感共鸣。审美体验具有陶冶情操、涵养气质、诗化品格、飞扬心灵的教育功能。语文教师要不失时机地点拨、引领学生的审美活动，提升学生的审美水平，把学生的审美体验转化为言语产品。

7. 在动手操作方面，语文研究性学习提倡学生“在做中学”。开设研究性学习的初衷，就是要突破封闭的课堂教学模式，鼓励学生走向社会、走进生活、参与实践，就是要改变语文教学单一的纸笔手段，促进学生在实践过程中动眼、动耳、动手、动口、动脑，在现场观察、亲自制作、反复实践中获得能力，发展智慧，体验生活的意义。语文教师要尽其所能，或者依靠专业人员的帮助，鼓励学生多动手，多实践，在“做”中享受生存的价值。

8. 在信息技术方面，语文研究性学习提倡学生熟练运用现代信息技术。现代信息技术在教育理念和学习手段上的优势，表现出以高效率为总体特征的一系列新的学习特点：资源的丰富性、操作的便捷性、过程的开放性、交流的高效性。语文教师要鼓励、赞赏、引导全体学生充分利用现代信息技术策划活动、设计方案、实施研究、处理信息、评价过程、展示成果，从而提高语文研究性学习的科技含量和传媒效果。

9. 在合作意识方面，语文研究性学习提倡学习小组成员之间、小组之间、教师与学生之间的合作学习。合作学习可以从同伴中获得一种激励，能够产生感染的行为和竞争的努力；在解决新的复杂的问题时，集体的努力显然要胜过个人的努力；对有争议的问题展开讨论，可以开阔学生的视野，激发学生的思考兴趣，从而促进学生的智力发展。语文教师要利用一切交流机会，促进学生的智慧经验在合作中得到分享，促进学生的自主探究在互动中获得成功，促进学生的情感志趣在交流中历练养成。

10. 在总结反思方面，语文研究性学习要善于进行理论总结，并强化反思环节。理论总结可以避免研究性学习在低层次重复，反思可以通过群体交流不断发现自身之外的知识世界来构建新的经验体系。语文教师作为学生发展的促进者，要帮助学生由一个较低级的认知结构发展为一个较高级的认知结构，要帮助学生由一种被动的情感态度发展为一种主动的情感态度。语文研究性学习更注重学生的自我反思，自我反思的本质是一种理解与实践之间的对话，又是理想自我与现实自我的心灵上的沟通。

思考与练习

一、名词解释。

1. 语文综合性学习

2. 语文研究性学习

二、试述语文综合性学习与语文研究性学习的价值。

三、你认为应如何开展语文综合性学习与语文研究性学习？

四、自己设计一个语文综合性学习或语文研究性学习的方案。

第十三章

语文教学评价

第一节　语文教学评价概述

一、语文教学评价的意义

教学评价是教育评价的重要内容，它是运用教育评价的理论、方法和技术，根据课程标准规定的课程目标，收集、处理有关教学信息，对教学过程和教学效果进行客观描述和价值判断的过程。

教学评价与测试有着密切的关系。测试是借助一定的工具对课程实施及效果作定量描述，它可以为教学评价提供价值判断的基本数量事实，测试是教学评价的基础；教学评价是测试过程的延续，是对测试结果的解释与应用。教学评价和测试虽然有着内在的联系，但毕竟是两个不同的概念。

美国学者格朗兰德认为：评价＝测量（定量描述）＋非测量（定性描述）＋价值判断。① 评价包括对学生的定量描述（测量）和定性描述（非测量）两方面，同时，评价总是包括对测量结果需求程度的价值判断。

语文教学评价，是语文课程实施中的一个极为重要的环节，切实抓好语文教学的评价工作，有着十分深远的意义。

首先，语文教学评价能对语文教学的改革起到积极的导向作用。《全日制义务教育语文课程标准（实验稿）》提出要重视情感、态度与价值观的评价，这必将促使语文教师关注教学对学生情意领域发展的影响，并积极主动去寻找有效的策略培养学生积极的情感、态度与价值观，从而促进学生情意的发展。由此可见，评价内容的改革，对语文教学的改革起着积极的导向作用。

---

① ［美］格朗兰德著，郑军译：《教学测量与评价》，河北教育出版社 1991 年版，第 4—5 页。

其次,语文教学评价可以促进语文教学效率的提高。教学与评价是语文教学活动中联系紧密、相互促进的两个方面,仅凭其中的某一方面,都难以达到理想的教学效果。评价目标体现、衡量教学目标实施的结果,评价结果则是对教学目标指向的教学双方活动的反馈。通过评价,可以进一步促进教师反思自己的教学思想和行为,对教学活动的得失及时作出诊断,进而调整教学方案,促进语文教学效率的提高。

第三,语文教学评价能够激励、鞭策学生不断上进。评价不是为了鉴定、甄别,而是为了诊断改进,评价的终极目标是促进学生的发展。评价要发挥激励功能,鞭策学生更加有效地学习。通过评价,促使学生全面反思自己学习的成败得失,实事求是地看待取得的成绩;同时找出存在的问题,有针对性地加以改进,使评价真正成为学生成长的助推剂和助长剂。

二、语文教学评价的体系

(一) 语文教学评价体系的建立

1. 建立促进学生语文素养全面提升的评价体系

"一切为了学生的发展",是新课程改革的核心理念。语文教学评价的目的不仅仅是考察学生实现教学目标的程度,更是为了有效地促进学生语文素养的发展。促进学生语文素养的发展,是语文教学评价的出发点和归宿。

2. 建立促进语文教师不断提高的评价体系

传统的语文教学评价是一种面向过去的奖惩性评价制度。对语文教师来说,评价的结果往往与提职、晋级、奖金等联系在一起,使语文教学评价成为评比、奖惩的依据。

著名教育评估专家斯塔佛尔姆提出:评估不在于证明,而在于改进。语文教学评价应淡化评比和奖惩,突出其发展性价值,发挥其改进课堂教学质量和促进语文教师专业成长的功能。语文教学评价中"教师发展"的基本涵义是:(1) 教师发展是与教学过程紧密联系在一起的,教师在过程中发展,因而要关注教学过程的评价;(2) 教师发展是一个对自己教学行为的总结和反思的过程;(3) 教师发展是一个整体素养提升的活动。

值得提出的是,要注意评价标准的灵活性和开放性,弘扬语文教师个人的教学风格,鼓励教师创造性地实施新课程。语文课堂是开放的、生动的、生成的,课堂评价标准应根据不同教师、不同学生灵活变化,为教师展示个人教学风格提供更为广阔的空间。

3. 建立促进语文课程不断发展的评价体系

课程是变化的,也是发展的。周期性地对语文教学进行分析评价,可以建立课程质量保障体系，进一步端正课程观念，调整课程内容，改进教学方式，形成课程不断革新的机制。正如美国课程评价专家克龙巴赫在《通过评价改进教程》一文中提出的，“评价能完成的最大贡献是确定课程需要改进的方面”。[①] 我们可以把评价分为背景评价、输入评价、过程评价和成果评价四部分，通过各种不同的评价，可以不断地为课程相关人员提供必要的信息，促使课程不断改进和完善。

（二）语文教学评价的指标体系

语文课程的实施是一个十分复杂的领域，它包含了众多相关的因素，应该从不同的角度、用不同的方法认识和分析具体的评价问题。根据现代课程的理念，结合语文课程的特点，语文教学评价应坚持全面评价取向，突出语文教学评价的整体性和综合性。从评价领域和评价内容看，可以把评价指标确定为三个维度、五个领域和两种类型。

1. 三个维度

包括知识和能力、过程和方法、情感态度和价值观。这三个维度既是语文教学的总体目标，也是评价语文教学的三个基本标准。其中，“知识和能力”“过程和方法”是评价的明线，“情感态度和价值观”是评价的暗线。这样，评价既对学习的结果进行描述，又对产生这一结果的多种因素和动态过程进行判断。

2. 五个领域和两种类型

义务教育阶段的五个领域：识字与写字（包括汉语拼音）、阅读、写作（包括写话、习作）、口语交际和综合性学习。

高中阶段的两种类型：必修课与选修课。学生学习这两种不同类型课程所达到目标的程度便构成了评价的基本内容。必修课的评价应立足于共同基础，而选修课的评价在注重基础的同时，更多地着眼于差异性和多样性。

三、语文课程标准倡导的评价理念

（一）语文教学评价的目的：有效地促进学生的发展

传统的语文课程评价，在评价目的上，最突出的问题就是过分强调评价的甄别和选拔功能。这种评价带来的后果是：只有少数的所谓“优秀者”能够体验到成功的激励，大多数中下等水平的学生在评价中成了失败者。

“新的评定与此不同，它把评定看作是课程、教学的一个有机构成环节，它同样

① 汪潮：《试论语文教学评价的体系和理念》，《浙江教育学院学报》2005 年第 4 期。

也是促进学生发展的有效教育手段。”[①]语文课程标准强调评价的目的不仅是为了考察学生达到学习目标的程度，更是为了检验和改进学生的语文学习和教师的语文教学，改善课程设计，完善教学过程，从而有效地促进学生的发展。要从注重习得能力的评价转向注重对学习能力的评价；从注重学生过去水平的评价转向面向学生现在和未来的评价；从注重学生学业成绩的评价转向注重对学生发展潜能的评价；从注重学生统一性的评价转向注重对学生多元化的评价。

（二）语文教学评价的内容：全面考察学生的语文素养

纵观传统的语文课程评价，在评价的内容上，往往只注重对学生知识与技能方面掌握程度的评价，忽视对学生过程与方法、情感态度与价值观等方面的评价。这种评价内容上的狭隘和片面，将会对语文教学活动产生消极的导向作用，并直接影响到学生语文素养的全面提高。因此，语文课程标准坚持全面评价的取向，突出了语文课程评价的全面性。

所谓全面性主要包括两个方面：一是语文课程内容的全面性。语文课程是一个整体，评价语文课程内容应该包括识字与写字、阅读、写作（包括写话、习作）、口语交际和综合性学习。二是评价领域的全面性。不仅限于知识与能力，即认知领域目标的评价，还要从过程与方法、情感态度与价值观目标进行全面评价。也就是说，语文课程的目标评价，既要对学生学习的结果进行描述和判断，还要对产生这一结果的多种因素和动态过程进行描述和判断；既要看到学生知识掌握和智力发展的一面，也要看到他们在动机、兴趣、情感、态度、意志、性格等非智力因素上发展的一面。[②]

（三）语文教学评价的重心：注重学生的学习过程

提倡过程性评价，是新课程改革的重点之一。过程性评价是一种在课程实施的过程中对学生的学习进行评价的方式。这种评价采用目标与过程并重的价值取向，对学习过程的各种因素和效果进行全面的、动态的观测和分析。

语文教学的评价不能仅关注教学结果，更要注重学生的整个成长过程及其特点，使学生成长的过程成为评价的组成部分。学习的质量不仅反映在学习的效果上，也反映在学习的过程中。学习者投入学习时的动机和他所采取的策略及获得的效果是三位一体的。评价不仅是对学习结果的价值判断，还对学习过程有明显的回流作用，导向学习过程的不断调整，成为促进学生发展的媒介。通过回流作用，评价的过程与学习过程交互在一起，成为学生发展的必由途径。在学习过程中评价，可

① 钟启泉等主编：《为了中华民族的复兴，为了每位学生的发展——基础教育课程改革纲要（试行）解读》，华东师范大学出版社 2001 年版，第 287 页。

② 巢宗祺等主编：《全日制义务教育语文课程标准（实验稿）解读》，湖北教育出版社 2002 年版，第 112 页。

以促使评价过程和学习过程融合起来。

过程性评价是与教学同时进行的共时性评价，教学和评价相互交叉和融合，教师、学生互动和协商，能及时地反映学生学习中的情况，有利于及时地肯定学生的进步。而且，过程性评价不过分追求目标的标准化和方法的规范化，不过分追求评价的客观性和精确性，也不过分追求评价环境和程序的正规和严肃，有利于学生充分展示才能。

（四）语文教学评价的主体：重视多方评价的结合

新课程改革要求在教学评价的主体上，把教师的评价与学生的自我评价和相互评价以及家长评价相结合，加强学生的自我评价和相互评价。这就改变了以往的评价只有教师参与的倾向，确立了学生也是教学评价主体的地位。这种评价的实质，从一个侧面反映了学生是学习主体的现代教学观。换言之，如果不能确立学生在语文学习过程中的评价主体地位，那他们也就无法真正成为学习的主体。

这里的道理很简单，因为评价的功能不仅是对课程实施结果的考察，而且还有对课程进行诊断、北较、修订、完善等多项功能。事实上，完整的课程实施是由教师的“教”和学生的“学”共同构成的。作为教学双方的主体，教师与学生理应都是课程评价的主体。而任何一项新的课程方案的实施，如果能受到绝大多数师生的欢迎，得到他们的支持和参与，那么成功的可能性就会大大增加。

第二节　语文学习评价

一、语文学习评价的特点

语文学习评价具有一般教育评价的共性，遵循教育评价的基本原则，同时它还具有自己的个性。这突出体现在以下两个方面。

（一）量化学习评价与质性学习评价相统一

所谓量化学习评价，就是把学习效果简化为数量，通过对数量的分析与比较推断评价对象的学习成效，它是基于科学实证主义的评价范式。所谓质性学习评价，就是力图通过自然的调查评价对象的学习状况，全面充分地揭示其各种特质，以彰显其中的意义，促进理解。质性的评价方法多以描述和记录为主，它是基于自然主义的评价范式。

语文学习评价要将以上两种评价方式统一起来，但要侧重质性学习评价。语文学科中有些内容是可以量化的，比如文学常识、字词识记等认知性的知识，如果能把量化学习评价运用好，确实能凸显教育现象和教育问题，提供具有说服力的证据，而且这种方法简单、易操作。但是语文学习更多地需要进行质性评价，这是由其学科特点决定的。比如学生的情感态度和实践能力，就适合用成长记录的方式来评价；探究能力，就应将学生自主探究的过程与结果统一起来加以评价。质性的语文学习评价通过有效地描述学生全面发展的状况，可以真实地对学生的各种行为表现、作品或者思考等进行评价。

（二）语文学习评价的弹性

语文学习评价具有很大的弹性，这是由语文学科的人文性决定的。具有人文性的学科必然具有一定的人为性，即使给出了严格的评价标准，对同一个内容，不同的评价者也会有不同的评价结果，甚至是同一评价者在不同的情况下也有不同的评价结果。最典型的是作文评价，同一篇作文 50 分和 55 分之间很难有明确的界限。目前，有一种较为科学的评价法就是 k 个评价者对 n 个作品进行评价，然后利用教育统计学中的相关知识算出其肯德尔和谐系数。利用这种方法进行评价，避免了由于评价者的主观原因而造成的评价误差，是比较客观公正的，它的缺点是实施起来比较麻烦，只有在高考作文阅卷时才采用。

二、语文学习评价的内容

新课程下的语文学习评价注重每位学生的全面发展。在评价内容方面，不仅重视知识和能力的评价，还重视过程和方法的评价，更重视情感态度和价值观的评价。因此，新课程语文学习评价使得学生在语文学习的过程中不仅有知识的积累、能力的形成，更有高尚道德情操的具备、丰富情感的养成和健全人格的建构。

（一）知识和能力的评价

语文知识和语文能力是学习语文的重要基础。语文知识是形成语文能力的必不可少的要素，语文能力是学生步入语文殿堂的“金钥匙”。

《全日制义务教育语文课程标准（实验稿）》把语文基础知识贯穿在识字与写字、阅读、写作（写话、习作）、口语交际等目标体系中，要求学生牢牢掌握基础知识。要在学生运用语文、实践语文的过程中评价其掌握基础知识的情况，这就使得知识的评价贯穿于学生能力的提高中、个性的发展中和价值观的形成中。

语文学习评价对学生语文能力的评价主要包括识字与写字能力、阅读能力、写作能力和口语交际能力，以及在此基础上形成的主动探究能力、团结合作能力、勇于创新能力。语文学习评价除对这些能力做单项评价外，还在语文综合性学习的评价中评价这些能力。这样，学生就能把学到的语文知识和技能运用于其他学科的学习乃至将来的非学校情境中。

（二）过程和方法的评价

语文课程的实践性很强。语文学习具有重情感体验、重感悟的特点，这种体验和感悟贯穿于语文学习的全过程。传统的语文学习评价过分强调甄别、选拔功能，“考试就是排队”是对传统的语文学习评价的最形象的描述。传统的语文学习评价只重结果、忽视过程，评价者听不到学生的失败、苦恼，学生也无处倾诉这些苦恼。这种评价留给学生的只是沉重的心理负担，不是他们最需要的生命关怀。

新课程下的语文学习评价把关注的重点由学生的语文成绩转到了学生的整个学习过程，重视他们对生命的感悟和体验。这种关注是对学生全面发展的关怀和促进。学生在评价的各个环节感受到的是关爱，这种评价也必将极大地促进学生的全面发展。

（三）情感态度和价值观的评价

关注学生在语文学习过程中的情感态度和价值观的形成，是新课程下的语文学习评价促进学生全面发展的重要体现。

“知识和能力”是语文学习的基础，即语文学习智力；“过程和方法”是语文学习的重点，即语文学习智慧；“情感和态度”是语文学习的保证，即语文学习动力。然而，关注学生的情感态度和价值观的原因并不仅在于此。对学生语文学习的情感态度和价值观的评价是语文课程标准立足于语文学习的工具性与人文性相统一的课程性质，着眼于人的全面发展所提出的一条重要标准。语文学习的意义不仅是教给学生一些语文知识，更重要的是通过一篇篇凝聚着作者灵感、激情和思想的文字潜移默化地影响学生的情感和情操，影响他们对世界的感受、思考及表达方式，并最终积淀成他们的精神世界中最深层、最基本的东西——价值观和人生观。这就是新的语文学习评价对学生发展的生命关怀。

三、语文学习评价的常用方法

（一）通过量表测量来发展学生的自我评价

一切真正的学习，归根到底是自我教育，而要进行自我教育就必须认识自我和进行自我评价。

如何促进学生自我评价的发展呢？从宏观上讲，教师应帮助学生认识自己的优势和不足，对自己有一个客观公正的评价，这样有利于学生扬长避短，明确今后的发展方向。从微观上讲，教师应引导学生经常对具体的学习行为进行自我反思，在反思中给自己一个正确的评价，这种反思评价是一种深入的自我学习，是一种元认知活动。国外有些教师定期给学生提供一些量表，帮助他们进行自我评价。使用这种量表有两大好处：一是可以帮助学生养成自我评价的习惯，当自我评价内化为学生学习的一部分，成为一种学习习惯时，就会潜移默化地引导学生学习，使其受益匪浅。学生填写量表的过程就是对自己的学习进行自我评价的过程，当这种反思成为一种习惯，即使不再发量表学生也会自动地进行自我反思，所以在学生尚未养成这种习惯时，教师应创设情境，提供机会引导学生进行反思。二是可以帮助学生较全面地认识自己，由于受知识、经验、年龄、性格等多方面因素的影响，学生常常会片面地评价自己，借助量表他们可以全面地认识自己，给自己准确定位。这些量表涉及到评价领域的方方面面，有课堂评价表、智力测量表、兴趣态度量表等等。

使用这种量表测量法应该注意两个问题：一是要选择优秀的量表，量表是一种参照物，如果参照物选得不正确，其评价结果的信度和效度可想而知；二是要正确对待量表评价，量表只是评价的一种辅助手段，是用来帮助学生认识自己的工具，不能将量表测量功利化、形式化，否则就会成为另一种束缚学生手脚的方式。

（二）通过课堂表现来进行表现性评价

学习的目的是要引起主体（学生）相对持久的能力或倾向的变化，主体的变化是由他与环境的相互作用而产生的。课堂为学生的学习创设了一种环境，在这个环境里学生除了接受信息，对这些信息进行加工以外，还会把已有的知识和能力通过外化行为表现出来，这种反馈和考试成绩比较起来更具体、更真实。因而教师应注意学生的课堂表现，重视学习过程。①

现代认知和心理理论都强调学习的真实性和情境性，这种趋势同样反映在评价中。课堂表现具有情境性和即时性，学生的某一表现不会长久地保持下来，如果能在当时的情境中即时给予评价，会比过后的评价效果好些，在学生的大脑中引起的反应更强些，而且便于学生及时地调整下一步的学习。所以，课堂上教师要对学生的行为表现进行仔细观察，注意倾听学生的发言，收集学生活动的信息，做好对学生评价的前提工作。对学生的信息收集要注意从学生表现的欲望、态度、每个学生发言的次数、发言的质量以及学生问题创新程度等方面加以综合考察。尤其在课堂上完成综合性学习任务时，更要从多方面留意学生的表现。

在课堂评价中应尽量运用正强化（即多进行鼓励和表扬），恰当地运用负强化。心理学的研究表明：正强化的效果要好于负强化，正强化使得个体的承认欲求和成就欲求得到满足，从而自尊心增强，情绪安定，进而唤起新的自我承认欲求和成就欲求，这就促使他们做出更多的努力。

---

① 李淑芳：《语文学习评价在教学中的实施策略》，《雁北师范学院学报》2005年第3期。

（三）通过问题讨论法将课内评价和课外评价结合起来

课内学习和课外学习相辅相成，互相促进。学生课内学习的时间是有限的，大量的语文学习实际上发生在课外，语文学习评价也应该将课内评价和课外评价结合起来，把对课外活动的评价纳入语文评价体系，在课内给学生提供展示课外学习效果的平台，用课堂评价引导课外学习，进而提高学生的语文学习能力。

苏格拉底式问题讨论法是一种有效的将课内评价和课外评价结合起来的评价方法，这种方法要求学生事先阅读某一文本（通常是从较长作品中摘录或节选的一部分），研讨时教师提出一个起始问题（这个问题不应只有一种单一的预期反应），起始的问题可以和课内有一定的联系，引起对文本中思想观念更深广的理解，进而引申到课外，也可以就大家都感兴趣的和语文课程相关的问题进行讨论。学生在讨论中互相学习，互相倾听，共享见解，力求达成共识。

比如在学习朱自清的散文《背影》之前，可以布置学生在课外阅读与本文有关的评论以及其他表现父爱的作品。在教学《背影》时，可就文章中蕴涵的思想感情展开讨论，并让学生将本文与其他同类题材的作品进行比较研究，给学生展示的机会，教师参与讨论并给予指导和评价。或者在放寒暑假之前给学生推荐一些书籍，让他们在假期阅读，开学后利用一些时间进行讨论。这种讨论的价值是多方面的，在讨论中学生展示了自己的学习效果，监控了学习过程，发展了阅读理解技能，而且还有很多其他方面的无形的收获。

（四）通过建立语文学习档案袋来进行档案袋评价

档案袋评价就是汇集学生作品的样本，展示学生的学习和进步状况，有点类似于我国唐代科举考试中所风行的"行卷"。不同的是，"行卷"是应试的举子对自己的文学创作进行编辑，请人转呈主司，以增加及第的希望；而语文学习档案袋意在评定学生努力、进步、成长情形，档案袋内容的选择或提交是由被展示作品的作者与档案袋提交的对象，即由学生和教师共同决定的。制作档案袋的进程涵盖了一项任务从起始阶段到完成阶段的整个跨度。

对于档案袋究竟选择哪些内容，并没有硬性的规定，必须根据建立档案袋的目的、适应的读者、如何使用、对学生有什么帮助等因素决定。理想型的语文学习档案袋可以由三部分构成，分别是作品产生过程的说明、系列作品（包括作文、读书报告、研究报告、朗读课文的录音带等）以及学生的反思记录等。档案袋可以作为不断发展的信息来源为教师和学生双方提供服务，让他们及时准确地掌握学习进展的实际情况，以便调整下一步的学习；还可以为高一级学校提供真实的学生成长记录，帮助其对学生进行全面考察，挑选合格人才。

需要指出的是，采用评定量表评价、表现性评价以及档案袋评价等非测试型方法，并不是简单否定传统的测试型方法，而是一种反思、补充和改进，目的是为了更全面地反映学生的发展状况。因此，教师在评价学生发展时，要灵活而创造性地整合多种评价方式，以期对学生的语文学习有一个真实、全面的反映。更重要的是，我们应树立一种更具人性化及发展观的评价理念，真正认识到学生具有多元的学习方式与能力，以促进学生语文素养的全面发展及个性才能的充分展示。

第三节　语文教师评价

一、语文教师评价的原则

科学合理的教师评价应遵循以下几个基本原则：

（一）发展性原则

教师评价应理解为一种连续的、系统的过程，目的不是奖惩教师，而是提高教师的专业技能和专业知识，帮助教师规划自己的教师生涯，使得教师的在职培训和岗位设置符合教师个人和学校的需求；同时，应该将教师评价过程看作是一种积极的过程，通过更加符合实际状况的决策，让教师获得更多的工作满足，从而改善学校的教育质量。

（二）全方位原则

所谓全方位原则指全员评价、全程评价和全面评价。全员评价是指面向全体教师，不是面向少数优秀教师或少数不称职教师，也就是说，包括领导和普通语文教师在内的全体教师都要接受评价；全程评价是指用动态的、发展的眼光，对教师工作的全过程的各个环节进行系统的、长期的、反复的评价；全面评价是指要对教师的素质、职责和绩效，在全面掌握信息的基础上进行全方位的评价。

（三）双向性原则

教师评价非常重视领导与教师、教师与教师、教师与学生、校内与校外间的沟通，鼓励全体师生员工、学生家长以及校外有关人员积极参与教师评价工作，要求评价过程务必是一个双向过程。另外，教师评价最终要达到教师个体与学校整体、少数教师与全体教师、现实状况与未来发展的双向发展目标。

（四）民主化原则

民主化原则要求破除评价过程的神秘化，增加评价过程的透明度，把评价目标、评价标准、评价方法、评价程序、评价要求原原本本地告诉所有参加评价的评价者和评价对象，以便调动全体语文教师的参与意识，激发他们的积极性。

（五）建议性原则

教师评价的目的是为改进教学工作、促进教师发展提供依据。所以，评价要让被评价者从中受到启示、教育、奖励和督促。对于教师的不足之处，评价者更多地应该是对被评价者提出改进的建议，使评价对象发扬优点，弥补不足，从而在教学工作以及专业发展上取得进步。

二、语文教师评价的内容

要进行科学、公正、全面、合理的教师评价，达到改进教师教学、帮助教师更新知识和教学技能以及保障教学质量的目的，就要建立一个教师评价体系。教师评价体系要对教师的师德素养、知识素养、能力素养等进行评价。

（一）语文教师的师德素养

对语文教师师德素养的评价可以从敬业精神、个人修养、人格魅力方面考察。语文教师的敬业精神可从对语文教学工作的认同感、投入感、使命感等方面入手；对个人修养的评价重在热爱学生、为人师表、廉洁从教、严谨治学等方面；对教师人格魅力的评价则主要着眼于乐于奉献、不断进取、合作乐群、宽厚待人等方面。

（二）语文教师的知识素养

语文教师的知识素养可以从学科知识、教育理论以及基本的百科常识和生活常识等方面进行评价。作为一名合格的语文教师，不仅应具有扎实的语言学、文章学、文艺学等方面的知识，还应该经常了解本学科的前沿动态，不断更新自己的专业知识。同时，要跟上教育理论研究的步伐，自觉将新的教育、教学理论成果引入自己的教学过程，善于将学科知识与生活实际相结合。此外，还应广泛阅读，不断拓宽自己的知识面。

（三）语文教师的能力素养

评价语文教师的能力素养，主要从教学能力、教研能力、创新能力、合作交往能力、教学反思意识等方面展开。对教学能力的考察重在教学认知能力、教学设计能力、教学组织能力和教学评价能力，对教研能力主要看参加课题研究、进行调查、撰写教研论文的能力。除此之外，还应考察语文教师与学生、其他教师、领导的交往合作能力，对语文课堂教学的自我反思与改进能力。

三、语文课堂教学评价

课堂听课是对语文教师评价的关键环节，评价者与评价对象必须明确语文课堂教学评价的标准，按照标准进行观察、分析、对话，提出发展目标。

（一）语文课堂教学评价的标准

1. 优质的课堂教学目标：基础性目标与发展性目标的协调统一

基础性目标是按照语文课程标准和教学内容的科学体系，进行有序的教学，完成知识、技能教学。发展性目标包括以培养学生学习能力为重点的学习素质和以情感培养为重点的良好社会素质。语文课堂教学目标就是要把"知识与技能、过程与方法、情感态度与价值观"有机地结合起来。

2. 高效的课堂教学过程：课堂教学主体的有机统一

首先，关注教师行为是否符合语文课程改革的精神，能否促进学生的学习。这包括：(1) 语文课堂教学是否吸引或支持所有学生学习；(2) 是否营造了一个公平、民主、和谐的学习环境，建立了融洽和谐的师生关系、生生关系；(3) 理解教学内容时，是否能运用适当的教学策略与方法促进学生的发展；(4) 教师组织教学时，是否能引导学生自主地学习；(5) 教师是否能根据监控的结果，对教学作出调整；(6) 课堂教学是否具有特色。

其次，关注学生课堂学习的情况，看学生是不是语文课堂的真正主人。学生在语文课堂中应能够进行独立思考，提出自己的问题和见解。这些问题，有的需要学生独立解决，有的需要在学生独立思考的基础上，组织学生进行小组合作交流，有的需要通过小组合作共同完成。这就要求学生之间、师生之间能够充分地合作交流、相互质疑、辩论补充，要求学生在语文课堂中能够积极探索研究、主动参与，并在亲自参与中获得提高。

3. 理想的课堂教学效果：情感体验与目标达成状态的和谐统一

教师在实施语文课堂教学过程中，应当使学生有效地经历语文素养的形成过程，获得成功的体验，并在学习过程中建立自信心，发展实践能力与创新意识。语文课堂教学目标达成与否和教学效果好坏，要看"知识、能力、情感、态度、价值观"等是否已达到了教学目标的要求，学生的语文能力在原有基础上是否都有进步，学生是否保持良好的情绪状态和交往状态，主动参与学习的全过程，教师有没有收集和使用多种信息资源评价学生学习，有没有积极参与并指导学生评价自己的学习，进而用评价结果指导教学。

对课堂教学的评价本质上是对教师专业发展的一种引领与促进。从一定意义上说，评价项目本身就是为教师提供了一个教学设计的基本框架，但这个框架同时又带有明晰的动态性与灵活性的特点，在不同内容、学生和环境下把握好可变中的不变性，则是教师教学水平、功力的最本质体现。以下《语文课堂教学评价表》可供参考。

语文课堂教学评价表[①]

课堂教学评价标准			得分
项目	内容要点	分值	
教学设计 30%	1. 教学目标:符合课程标准要求,切合学生和教材实际。(1) 全面考虑目标的类型 知识目标、能力目标、情感目标、德育目标的统一;(2) 全面考虑目标的层次:使不同层次的学生都有参与探究活动的机会。	12 分	
	2. 教学内容:体现科学性、趣味性、灵活性、深广度;体现大语文观和超文本教学的特点。	18 分	
教学实施 50%	3. 教师角色的转变:教师在课堂上是学习者、发现者、欣赏者、组织者、促进者。(1) 吸引学生学习:调动学习兴趣,促进学生参与学习活动。(2) 营造学习环境:尊重学生独特的学习体验。(3) 理解教学内容:促进学生对学习内容的了解,理清教学内容之间的联系;运用合适的教学策略和手段,促进学生理解课文内容。(4) 教学机智:灵活驾驭被激活的课堂。(5) 特色意识:教学有个性。	25 分	
	4. 学生自主活动:学习方式的转变;学生真正成为学习的主人。(1) 学习主动性:建立目标;积极参与;自主构建。(2) 学习个性:独特的学习风格和学习策略。(3) 学习的创造性:善于独立思考,创造性解决问题。	15 分	
	5. 师生互动:教学过程是全体师生之间相互感发、促动的过程,体现出情感与认知的统一,并以情感交流为基础。(1) 师生关系和谐融洽。(2) 问题交流平等、多向。(3) 收集和使用多种信息资源评价学生学习,积极参与并指导学生评价自己的学习。	10 分	
教学效果 20%	6. 很好地达成预期教学目标,并有意外收获,各有所得;培养兴趣,利于养成良好的自学习惯。	20 分	

综合评价(50 字左右): 总分:________

(二) 语文课堂教学评价的过程

语文课堂教学评价要和新教育理念紧密结合,理论贯穿实践。国外有关学习理论的最新研究动向对我们的实际教学工作的展开具有非常重要的借鉴意义。

1997 年美国加利福尼亚州教育局、州教师资格(认证)委员会制定了《加州教师教学评价标准》,对加州教师的任何形式的课堂教学进行评价。其评价过程的基本要求是:课堂观察时间最少 20 分钟;课后观察讨论至少应在课后三个工作日内必须进行;课后至少十个工作日内进行书面总结,并进行交流探讨;正式课堂观察频率每

① 李树泽:《新课程中语文课堂教学评价标准初探》,《黑龙江教育学院学报》2003 年第 3 期。

周不少于一次；正式观察的人员除正式成员外，其他人员不少于2人。评价的过程包括课前观察座谈、听课观察以及课后自我评价三个部分。[①]

1. 课前评价

课前评价的目的是与教师进行有效交流。它要求被评价教师回答五个问题：(1) 这节课您准备教什么？您准备如何将学年目标与教学标准整合进您的课程里？(2) 这节课结束后，您期待您的学生学到什么？(3) 您和您的学生将会开展什么活动？(4) 您怎样知道您的课获得成功？(5) 您是否希望我观察您这节课的某些方面？

2. 课堂观察

通过课前与教师的交流，听课人员进行课堂观察，并按照《加州教师教学评价标准》的各项指标逐一回答待评价的问题，并给予每大项的每个子项目按照"完全符合标准；符合标准；部分符合标准；不符合标准"分别赋值4、3、2、1，并填写观察表。

3. 课后分析与反思

在课堂评价结束后，评价者要根据自己的观察作出被观察者是否达到加州教师专业评价标准的要求的判断。具体内容是根据观察表计算被观察教师在六项指标上的得分，分析被评价教师在哪些具体指标上达到或没有达到要求。课后分析的另一内容是要与课前的讨论结合起来，针对下列问题作出自己的判断：(1) 您认为这节课是如何展开的？您怎样知道的？您怎样能证明这节课达到《标准》？(2) 您认为这节课的哪些部分是有效的（教学策略、教学材料、活动等）？(3) 您有哪些建议或评论？

这种评价机制增加了评价的透明度，有利于教师对自己教学行为的诊断和反思；有利于评价者全面地了解教师的教学实际（教学思路、流程）；每周观察有利于以动态的、发展的眼光进行评价，避免了以一节课论成败的现象；课前的讨论为评价者与被评价者提供了很好的交流机会，使得评价变成了民主协商、主体参与的过程，评价更准确有效；定性评价与定量评价有机结合，评价更具有科学性；及时反馈信息，使评价对象感到振奋和受益。这种评价真正做到了以诊断问题为基点，以指导教学为手段，以激励教师为目标，能够充分调动教师教学的积极性与主动性，不断提升其教学水平。

在实践中，我们还可以借鉴美国中小学教师评价改革中建立个别化教师督导与评价体系的做法，对不同的教师或教师群体采用不同的评价标准，通过不同的程序和时间安排进行评价和指导。具体地说，新教师、不称职教师和优秀教师不仅在评价标准上有所区别，评价周期也可以不同。新教师和不称职教师的正式评价每学期

① 彭小虎：《美国加州教师教学评价的标准》，《外国中小学教育》2004年第12期。

或每学年一次，而优秀教师可以每年、每2年或3年一次。为了使评价标准更好地适应教师的个体差异，学校要充分尊重教师的个性和创造性，还可以发动教师在满足基本表现标准的基础上，自主提出个人的发展规划和评价标准。一个教师如果能合理规划自己的专业发展，并达到自己的预期目标，就可以说是一个好教师。

四、语文教师评价的实施

（一）评价资料的获取

一是建立听课制度（包括学校管理人员听课、有经验的语文教师作为评价者听课）；二是建立学生问卷调查制度（每学期2—3次，内容可由语文教研组或年级组统一拟定）；三是定期座谈制度（与语文课代表、班干部或家长）；四是查阅资料（要积累教师日常工作的评价素材，主要包括教学计划、教案、作业、课件、教学反思、听课记录、学生评教、教师继续教育、教研活动、论文撰写、荣誉及奖励等方面，进行教育教学行为全方位的“实录”，以此作为教师评价的支持材料）。

成立评价小组，应由学校领导、教师和管理人员共同组成（人员名单进行公开并征求教师意见），定期评价，并把评价结果反馈至教师本人（评价结果不公开、不交流），以利教师反思和提高。

（二）多元评价方式的建立

建立以语文教师自评为主，校长、教师、学生、家长共同参与的评价制度，使老师从多渠道获取信息，不断提高教学水平。一是鼓励语文教师开展自评。通过自评可以增强教师的自尊心和自信心，同时可以使教师发现自身的长处与不足，使评价过程成为自我激励和提高的过程。二是同行评价。语文教研组内部教师之间交往较多，对彼此的工作态度、工作热情、教学思想、教学水平和能力了解比较全面，评价结果比较客观、可靠。三是学生评教。新课程倡导“以学论教”，学生是教师教学活动的直接受益者，是教学过程的主体，他们对教学目标的达成、教学方式的选择、教学能力的高低等方面的观察和体验更细致，而且学生参与评教有利于师生沟通，有助于提高教学水平。四是学校评价小组的评价。评价小组的评价更要注重帮助教师成长，不但要对教师的教学提出自己的看法，而且要结合听取学生、教师本人及其他教师的意见，对被评教师作出全面、客观、准确的评价。多元评价权重分配可以考虑为：教师自评（结合互评）30%、学生评价（结合家长评价）30%、学校评价小组评价40%，评价结果可以ABCD四个等级呈现。

（三）谨慎使用评价结果

为避免评价工作步入“新瓶装旧酒”的歧途，学校应多渠道、多方位和多途径开展工作，使教师队伍的整体素质和水平得到稳定和提高。同时，对优秀语文教师与其他教师的要求要有所区别，不能都用一把尺子来衡量，忽视教师之间的差异性，无视和忽略其他教师特别是年轻教师的成长和进步，否则，就会挫伤和削弱大多数教师的自信心和进取意识。

总之，评价工作就是要创设一种激励教师反思提高的环境和氛围，使评价工作融入教育教学的各个环节，内化为教师的自觉行为，惟其如此，评价工作才不会流于形式。

第四节　语文考试

一、考试类型

（一）考试的分类

按照不同的教学要求和教学阶段以及不同的评价要求，学生成绩测试可以分为不同的类别。

1. 按教学过程的不同阶段分，有单元测试、月度测试、期中测试、期末测试。

2. 按测试的用途分，有诊断性测试、形成性测试和终结性测试。

诊断性测试是在学期教学开始或单元教学开始时，确定学生是否具备成功地学习这一课程或这一单元所必需的基本知识和技能，了解学生对于将要学习的新内容的困难，以便有针对性地进行教学。

形成性测试是在教学进行过程中实施的用于检查学生掌握知识和进步情况的测验，为教与学提供学习成败的连续反馈信息。这种信息反馈给学生后，一方面对成功的学习能起强化作用，另一方面也可暴露学习中的不足以便及时改进与完善。

终结性测试是在课程结束或教学大周期结束时，用于确定教学目标达到程度和学生对预期学习结果掌握程度的一类检测。测验的主要目的有：一是对学生的学习情况做出全部的检查与总结，并评定一个分数或等级；二是评价教师教学的有效性；三是预测学生在其后学习上可能的情况。

3. 按考试功能（根据解释测验分数的方法不同）分，可以把测验分为标准参照考试和常模参照考试。

标准参照考试又称“目标参照考试”，它用于测量学生是否达到某种事先确定的目标或标准。这种考试有明确的评分标准，应试者可以百分之百通过，也可以一个也没有通过。标准参照考试成绩的衡量，可以只分“及格”“不及格”两等，也可以用百分制来计算。

常模参照考试是把一个学生的成绩放在学生团体中来衡量，也就是与其他同类考生的成绩相比较，从而判断该生的水平。它通过建立百分位的常模或标准分的常模来起选拔的作用，所以称为常模参照。通常采用的所谓“排名次”的做法，就是一种常模参照的方法。与标准参照考试不同，常模参照考试没有“及格线”。

4. 按测试目的分，有学业考试和水平考试。

学业考试，又称成绩考试，用以考查学生在一段时间内的学习状况。这种测试的特点是所测的内容与学生在这个时期内所学的内容密切相关，考查的目的在于测量学生是否掌握了规定的学习内容和掌握的状况。单元测试、期中测试、期末测试都属于这一类。

水平考试，又称选拔考试，用于考查学生在某些知识或技能方面已经达到的水平，从而判断他是否足以完成某些特定的要求。中考、高考都属于水平考试。

（二）有效考试的必要条件

1. 效度。测验的效度是指测验结果对实现其用途的适切性和有效程度，它反映了测量到的与所要测量的二者之间的符合程度。所以，效度是针对一定的测量而言的。

效度分为内容效度、效标效度和结构效度。内容效度要求试题能充分地体现所要测试的内容。为此，要对所测试的项目作全面而细致的分析，制定出详尽的蓝图；考试之后还应该根据题目分析的结果以及其他方面的反馈信息作进一步的审核。效标效度是以考试的成绩和某个相对稳定的参照点作比较。如果发现异常情况，就需要及时检查原因。结构效度要求测试的结果与测试内容所反映的能力结构一致。每一门学科的考试都会包括诸多因素，这些错综复杂的因素可以借助因子分析的方法归结为数量较少的几个综合因素，并且用这几个因素解释能力结构。这样，就可以使试卷的整体布局更为合理。

2. 信度。测验的信度是指测验结果或评价结果之间的一致性程度。试卷的信度指的就是这一教育测量手段的可靠性。所以，信度是衡量试卷质量的一项重要指标。

测算信度有不同的方法，如“稳定系数”“等值系数”“内部一致性系数”“评分一致性系数”等。需要说明的是，信度和效度是相互独立而又相互依存的两个概念。一次考试，有时虽然能反映出受测者在某些方面的稳定水平，但并不能反映出所要测量的那个方面的水平，即信度好的试题不一定效度好，不一定就是好的试题；反之，考试的最终目的是取得准确的结果，如果信度很低，则考试的结果没有意义，也就没有效度可言。①

3. 区分度。区分度是指试题对被试者水平差异的区分能力。如果统计结果证实，某题测试的结果，好的考生得分高，随着考生水平的降低，得分也随之降低，而且

① 章熊：《语文学科的考试》，见李海林主编：《语文教育研究大系（1978—2005）·理论卷》，上海教育出版社2005年版，第356页。

差异明显，则该题的区分度就高；反之，则该题的区分度就低。区分度的计算方法有“极端分组法”“相关法”等。通常区分度方法的选择取决于考试的目的及试卷与试题的计分方式。

二、语文考试的题型

(一) 客观题

客观题常见的类型有判断题、选择题、填空题等。

1. 判断题　判断题只含是非或正误两个选项。

判断题编制容易，学生作答迅速，但它只适用于测试基本知识或较低层次的技能，而且学生猜中的或然性较高，不宜过多使用。

2. 选择题　选择题的正确答案可以只有一项，也可以不止一项，前者称“单项选择题”，后者称“多项选择题”。单项选择题有多种编制方法：可以选择正确项，可以选错误项；可以选绝对正确项，也可以选相对正确项。如：

下列各组词语中，没有错别字的一组是(2006年高考语文江苏卷)

A. 抵牾　划时代　彬彬有理　崭露头角

B. 宣泄　破天荒　戎马倥偬　蛊惑人心

C. 凑合　泊来品　重整旗鼓　食不果腹

D. 愿景　万户侯　滥竽充数　声名雀起

答[　　]

3. 填空题　作为客观题的填空题有各种形式，多数是以完整的文字表述为题干，留下适当的空缺让学生填补。如：

补写下列名篇名句中的空缺部分。(2006年高考语文江苏卷)

(1) 唯草木之零落兮，________。(屈原《离骚》)

(2) 舍南舍北皆春水，________。花径不曾缘客扫，________。(杜甫《客至》)

(3) 寄蜉蝣与天地，________。________，羡长江之无穷。(苏轼《赤壁赋》)

(4) 子曰：“知之者不如好之者，________。”(《论语·雍也》)

答[　　]

填空题是介乎客观题和主观题之间的一种题型。假如填空题的答案是惟一的，不需要学生用自己的语言概括、表述，就属于客观题；假如需要学生用自己的语言加以概括、表述，答案就不是惟一的，它就属于主观题。

因为客观题具有题目小而多，覆盖面大，测试范围广；答案简单而惟一，评分误差小；批阅方便等诸多优点，因此，客观题在语文能力测验中得到广泛的应用。不过，以选择题为代表的客观题也有自己明显的不足，主要是难以有效地、直接地测量学生在语言表达、思维分析过程以及创造技能方面的高级学习成就。因此，客观题要和主观题配合使用。

（二）主观题

语文考试的主观题，在评分要求中应该把语言能力作为一个评分因素，这是和其他学科有所不同的地方。从题型与相应能力要求的关系看，按能力层次的高低依次为：简答题、论述题、作文题等。

1. 简答题　这是一种要求学生就题干中提出的问题进行解答的题型。所提问题一般较小，要求学生简要作答。如：

请阅读下面一首词，然后回答问题。（2006 年高考语文江苏卷）

《鹧鸪天·室人降日，以此奉寄》（略）

（1）词的前两句表达了作者怎样的思想感情？第二句中的“又”字用得好，好在哪里？

（2）“满杯残照见归鸦”一句，在表达技巧上有什么特点？请略加分析。

（3）有人认为词的最后两句写得极为感人，请谈谈你的看法。

检测考生能否把握一段文字的思想内容和表达技巧，能否注意要点之间的逻辑排序，并且进行语句完整的表述，这就是简答题的测试功能。

2. 论述题　这是要求学生在把握要点的基础上，作进一步阐述的题型。论述题重在论述，答题的复杂程度远高于简答题。通过论述题的测试，可以从答题中看出学生的统整、组织、归纳、分析、综合、探究、写作等方面的能力。如：

阅读下面的文字，完成 18—21 题。（2005 年高考语文湖南卷）

贝多芬：一个巨人（略）

21. 从下列题目中任选一个，写一篇 300 字左右的赏析短文。

（1）“巨人”的述说

——简析《贝多芬：一个巨人》的语言描写

（2）“老狮”的画像

——谈谈《贝多芬：一个巨人》的肖像描写

（3）他者的视角

——试析《贝多芬：一个巨人》的侧面描写

3. 作文题　这是传统的测试题型，包括命题作文、材料作文、情境作文、话题作文等。作文题主要是考查学生驾驭语言文字、遣词造句、布局谋篇、直接或间接表达事理与观点等方面的写作能力。

主观题适合于考查学生的分析能力、综合能力、组织表达能力等较为复杂的心智技能；提倡自由反应，有利于考查应用能力乃至创造能力；可以获得较为丰富的作答反应过程资料，便于分析被试者的技能、创意、策略以及知识缺陷；内容和形式更为接近教学与实践中的问题情境，被试者不陌生、好接受，教师命题制卷比较方便等。但主观题也有明显的不足，比如：作答过程有大量的书写任务，造成被试者忙于书写而无心遐想；单位时间中施测的题量较少，限制了测验内容的覆盖面，不利测验效率的提高；还有，评分易受评价者主观因素的影响等。

三、语文试卷编制

（一）命题的指导思想

坚持全面贯彻国家的教育方针，全面推进素质教育；建立科学的语文教学评价体系，为平时的教学与升学提供依据；推进课程改革，促进学生主动地、生动活泼地学习，提高语文学科的教育教学质量。

按照语文课程标准对学生在知识与能力、过程与方法、情感态度与价值观三个维度学习目标的要求，要正确处理好语文学科工具性和人文性的关系、基础知识和基本技能的关系。要根据语文学科的特点，全面考查学生的语文素养，着重考查学生的阅读能力和表达能力。阅读应以课外文字材料为主，注重学生对文章整体的感知、理解和领悟能力的考查。写作不得设审题障碍，应淡化文体要求，鼓励学生写出真情实感。

语文考试题目应符合学生生活和社会发展的实际情况，力求联系学生生活经验和社会实际，注重考查学生综合运用知识的能力。要着眼于发掘学生的潜能，理解并尊重学生在发展过程中的个别差异。

应该鼓励学生独立思考、勇于发表自己的见解，而不是用刻板、固定的标准答案框死学生的思想，用模棱含混的选择项干扰学生的正常思维。考试中要留给学生观察、思考、想象的空间，要为学生提供思维驰骋的平台，要为学生创设开展创新的氛围。

要尝试设计一些开放性的试题，这类试题不规定统一的标准答案，允许学生作出自己富有个性和具有独立见解的解答。同时，也要防止用大而无当的引申、游离于文本的演绎来代替基本阅读能力的考查。

与高中语文课程改革相适应，高中语文选拔性考试应按照各实验省份教育考试院的有关文件精神，在考查必修模块规定的学习内容、注重共同基础的同时，要考查学生的选修课程学习情况（考查选修内容的试卷应设计相对应的选做题，选做部分按不同选修模块命题，考生根据本人的选修情况选择答题）；适当增加语文试题的可选择性，满足不同个性和不同发展倾向学生的需要。

语文试卷结构应简约、合理。应处理好客观题与主观题的比例，逐步加大有利于学生个体自由发挥的主观题的考查分量，减少部分客观题（一般不超过试卷总分的50%）；试题数量要恰当，要给学生足够的思考时间；试题陈述所使用的语言要简洁、连贯、无歧义。

（二）试题编制的原则

命题必须关注情境、立意和设问。情境，指命题时要注意材料的选取，要有真实性，注意增强与社会进步、科技发展、学生生活经验的联系，忌瞎编；立意，指命题时要注意试题的价值取向，思想内容正确；设问，指命题时要注意问题的指向性、科学性，忌偏（怪）题。

具体而言，编制试题应把握好以下几条原则：

1. 命题必须以语文课程标准（升学考试还须按考试大纲要求）为依据，参考教材，不能脱离标准（大纲）、抛开教材，凭教师个人意图随意命题。

2. 试卷应以双向细目表为准（包括考试内容，学习水平能级——识记、理解、分析综合、应用、欣赏评价，题型，分值，难度，选材，备注），不随意增减。要对课程标准（或考试大纲）确定的范围有较大的覆盖面，同时要突出考试的重点，不能面面俱到，主次不分。

3. 试卷组合要有坡度。根据美国教育家布卢姆的知识目标六级分类法，知识的掌握分为六个层次：一级为记忆，二级为了解，三级为应用，四级为分析，五级为综合，六级为评价。考试一般应以测试一二级知识的题目为基本题，三四级的为中等题，五六级的为提高题，三类题的比例按测试的目的不同而呈现明显的差异。既要符合大多数考生的实际水平，又要使不同水平的考生拉开距离。

4. 命题要注重基础知识和基础技能的考核。要少用凭机械记忆就可以答对的试题，多用通过思考才能答对的试题。这样做可以达到既考查学生对知识的掌握情况，又培养思维能力、提高智力水平的双重目的。

5. 试题应各自独立，不能照抄陈题。要排除可能产生互为答案或一题成为另一题的"启示点"的情况，努力做到各题之间无关联。避免直接从教材或有关资料中选取陈题作为试题；即使采用原题，也应适当变形：或变换角度，或变换要求，或调整内容。

6. 题量要适度，应与考试时间相匹配。题量过大过小都会影响考试结果的准确性。中考和高考语文考试时间通常介于150—180分钟之间，试题一般以不超过25题为宜。

7. 试题编组成卷时要考虑先易后难。题型安排如此，同一题型内小题的排列同样如此。这样做使学生答题时思维有良好的"预热"过程，有利于正常发挥。

8. 评分标准尽量体现客观性，每题的分值以多给"小分"为宜，这样能提高评分的准确性。

此外，出题要有余量，以供审题时筛选。

（三）编制试卷的程序

1. 明确考试目的。这是确定测试内容和选择测试方式方法的前提。

2. 制订测试方案。根据课程标准（或考试大纲）的要求确定应知应会的知识和技能，并明确其中的重点内容。列出试卷的考查点，将考查点与课程标准（或考试大纲）的知识点、能力要求相对照，构成双向细目表，力求做到试题设计与课程评价目标相一致。

3. 进行编题设计并编制试题。要根据测试目的和内容，选择相应的题型，针对各种题型分别按基本题、中等题、提高题拟出一批试题，以题目对检课程标准（或考试大纲），初步了解覆盖面的大体情况。

4. 拼配、组合试卷。按照双向细目表从拟好的试题中逐类挑选，再按一定的比例把选定的题目组合成完整的试卷。同时，对试题表述做文字上的订正，务求简洁明白、准确无误。一次考试通常要编制 A、B 两套试卷。

5. 制定答案和评分标准。客观题要拟定准确的标准答案；主观题要尽可能给出参考答案或答题要点，作文题要确立类别。每道题目都要有分值及具体的评分标准或评分细则。

6. 提交审查。为了保证试卷的科学性、合理性，题目出好之后应交主管部门审查。有关部门一般会聘请资深教师对试卷把关，甚至进行必要的修改，确保试题及答案准确无误。

7. 仔细校对。经确认无误，命题人签字并请领导审核后交付印刷。

思考与练习

一、名词解释。

1. 教学评价

2. 语文教学评价

二、谈谈你对语文新课程评价理念的理解。

三、试论语文测试中主观性试题与客观性试题各自的特点和相互关系。

第十四章

语文学习心理

第一节 行为主义、认知主义、建构主义及后现代主义学习理论

学习理论是揭示人类学习活动的本质和规律，解释和说明学习过程的心理机制，指导人类学习，特别是指导学生学习和教师课堂教学的心理学原理或学说。它是心理学中最古老、最核心、最发达的领域之一，也是当代教育心理学最重要的研究领域之一。从 1898 年最早的学习理论——美国心理学家桑代克的“联结说”问世以来，经过 100 多年的长足发展，学习理论的家族已是蔚为大观，流派纷呈。根据各家各派的基本观点，一般将 20 世纪以来的学习理论简单概括为两大对立的派别：行为主义和认知主义。而从认知主义脱胎而来的建构主义，自 20 世纪 80 年代中期以来，发展迅猛，日益丰富和完善，独立性愈发明显，常与行为主义、认知主义并提。后现代主义作为一种新兴的社会思潮和文化思潮，在 20 世纪后期已经对哲学、文学、艺术等领域产生了深刻的影响，并正将其批判的触角逐渐伸向了教育领域，日益受到人们的广泛关注。因此，本节将对行为主义、认知主义、建构主义以及后现代主义等相关学习理论作一简单介绍。

一、行为主义学习理论

行为主义是 20 世纪 20 年代产生于美国的一个心理学派别，其创始人是美国心理学家华生(John Broadus Watson，1878—1958)。行为主义的基本特点就是否认传统心理学的对象——意识，而代之以行为，又将行为归结为肌肉的收缩和腺体的分泌，而肌肉的收缩和腺体的分泌则归因于外在和内在的刺激。因此，行为主义学习理论用“刺激—反应”(S－R)论来诠释学习的过程，认为 S－R 联结构成了学习过程的全部，人类的学习过程就是被动地接受外界刺激的过程。该理论的主要代表人

物为桑代克、斯金纳和班杜拉。

（一）行为主义学习理论的代表学说

1. 桑代克的联结主义

桑代克(Edward Lee Thorndike，1874—1949)是美国著名心理学家，学习“联结说”的创立者。他从著名的“猫的谜笼实验”中提出了学习的联结理论。主要观点如下：

(1) 学习的实质在于使某一刺激(S)与某一反应(R)之间形成联结，并使其联结的力量得以加强。所谓联结，就是结合、关系、倾向，指的是某种刺激只能唤起某种反应，而不能唤起其他反应的倾向。用“→”作为引起或导致的符号，联结的公式为：S→R。

(2) 联结是通过尝试与错误的过程而建立的。学习的过程是一种渐进的、盲目的、尝试与错误的过程。在此过程中，随着错误反应的逐渐减少和正确反应的逐渐增加，而最终在刺激与反应之间形成牢固的联结。因而后人也称联结理论为尝试错误论，简称“试误论”。

(3) 总结出三条学习的基本规律：效果律、练习律、准备律。效果律即指在学习过程中，某一反应之所以与某一刺激发生联结，原因是该反应能够获得较满意的效果。练习律即指刺激与反应间的联结随练习次数的增加而加强。准备律指联结的加强或削弱取决于学习者的心理准备和心理调节。当个体有所准备时所表现的行为通常较令人满意；若在未准备状态下，则学习结果多半不如意。

2. 斯金纳的操作性条件反射说

斯金纳(B. F. Skinner，1904—1990)是美国著名心理学家，新行为主义心理学的主要代表人物之一。他根据操作性条件反射的强化观点提出了操作性条件学习理论。

(1) 斯金纳将学习形式分为两种：一种是经典式条件反射学习，用以塑造有机体的应答行为，即由已知的无条件刺激引起的无条件反应；另一种是操作式条件反射学习，用以塑造有机体的操作行为，即不需要由已知刺激引起，而是由机体自发出现的反应。斯金纳认为，人类的几乎大多数学习都是操作式条件反射学习，可以说学习的实质就是操作性条件反射。人不是被动等待刺激，而是积极主动地对环境进行探索。

(2) 强化是形成操作性条件反射的重要手段。一切行为的变化主要是因为强化的作用。所谓强化，是指能够增强反应率的后果。强化可分为两种：一种是正强化，通过呈现想要的愉快刺激来增强反应频率；另一种是负强化，通过消除或终止厌恶、不愉快刺激来增强反应频率。

(3) 强化是塑造行为和保持行为强度的关键，塑造行为的过程就是学习过程，教育就是塑造行为。只要安排好强化程序，就可以随意地塑造人和动物的行为。所谓塑造，就是指通过小步强化达到最终目标，即将目标行为分解成一个个小步子，每完成一小步就给以强化，直到获得最终的目标行为。

3. 班杜拉的社会学习理论

班杜拉(Albert Bandura, 1925—　)是美国著名学习心理学家。他所提出的社会学习理论是将认知因素引入行为主义观点中所形成的一种新的理论，属于新行为主义。他试图研究并阐明人是如何在社会环境中进行学习的，以及人是如何在社会环境中形成和发展他们的智力和人格特征的。班杜拉的社会学习理论主要内容包括：

(1) 交互决定论。班杜拉认为，个体的行为既不是只受个体内部因素驱动，也不是仅由外部环境刺激控制，而是个体内部因素、个体行为和环境三者之间的交互作用所决定的。个体、环境和行为是相互影响，彼此联系的。三者影响力的大小取决于当时的环境和行为的性质。

(2) 观察学习。观察学习亦称替代性学习，是指学习者通过观察榜样在一定情境中的行为及其结果而无须直接强化所进行的学习。班杜拉认为，观察学习是人类获得大量行为反应的主要形式。人类的大量行为都是通过对榜样的观察而习得的，个体通过观察他人行为会形成怎样从事某些新行为的观念，并在以后用这种编码信息指导行为。因此，可以说人类复杂学习活动的实质就是观察学习。

(二) 行为主义学习理论总结

行为主义的学习理论家很多，行为主义的学习理论也很多。虽然从古典行为主义发展到新行为主义，行为主义学习理论的观点也发生了许多变化，但是其基本观点还是有着一定的一致性的：行为主义学习理论否认意识、观念等内部心理结构在个体学习中的作用，而是认为是环境刺激导致了个体的行为反应。人类学习(即行为的改变)的实质就是刺激与反应之间建立起联结；学习的过程就是个体在一定条件下因刺激与反应之间的联结而获得新的经验并导致行为永久性变化的过程；学习的结果就是个体行为的变化和行为的塑造乃至习惯的形成。绝大多数的刺激—反应论者都强调了强化在刺激与反应的联结中的作用，认为行为的变化和习惯的形成是某种刺激情境下多次重复反应的结果，习惯一旦形成，就会有自动化的倾向，只要原来或类似的刺激情境出现，就会自动产生习得的习惯性行为反应。行为主义学习理论强调环境在学习中的作用，认为学习的问题是由环境所造成的，因此可以对此加以控制以改善学习效果；行为主义也强调学习过程是一个渐进的过程，需要反复的练习。

由此，我们不妨可以把行为主义的“学习”定义为：学习是指经由反复练习，而使行为产生永久性的改变。这种行为的变化(即学习)，其方式是多向的，包含了个体的一切行为改变的形式;行为改变的动力则是练习,经由练习而改变的行为是持久的。

有人说行为主义学习理论已经过时了,但是不可否认,行为主义的某些观点对我们的语文教学还是具有一定的启示价值的。如:适当的练习在听说读写中还是很有必要而不可取消的,这是语文学习的基本方法;语文能力的训练需要强化的辅助,要根据学生的学习活动的特点和学生的个性特点使用恰当的强化物;语文学习环境的设置对于学生的语文学习也有着重要的作用;语文学习要遵循循序渐进的原则,在学习内容的选择和安排上,要有逻辑性和序列性;行为主义认为学习的结果就是行为的改变,因此,在语文学习的评价上,要看学生的外显的语文行为,而不是考试的分数,也就是说,评价学生的语文学习效果,要看他的听说读写的具体行为是否发生了上升性的改变,他的言语行为或者言语习惯是否得到改善,等等。

当然,行为主义学习理论由于以动物模型为学习理论的基础,只能解释外显行为而不能解释学习过程的内在心理变化,只能解释直接经验的简单学习而不能解释间接经验的复杂学习行为,否认了人的主观能动性,将人类的学习过程视为被动地接受外界刺激的过程,教师的任务是向学习者传授知识,而学习者的任务则是接受和消化。因此,它和真实的学生的知识学习和学校教育还是存在很大的差距的,具有一定的局限性。

二、认知主义学习理论

认知学习理论发端于1912年的德国的格式塔学派,20世纪50年代后开始进入发展和兴盛时期。与行为主义相对,这一学派重在研究个体学习过程中的心理机制,强调学习是一种主动的心智活动,是通过对情境的领悟或认知而实现的,而不是简单的行为的改变或习惯的形成。这一流派的主要代表有苛勒、布鲁纳、奥苏贝尔和加涅等。

(一) 认知主义学习理论的代表学说

1. 苛勒的顿悟说

德国心理学家苛勒(Wolfgang Kohler, 1887—1967)是格式塔学派的创始人之一。“格式塔”是德文gestalt的音译,意思为“完形”,指被分离的整体,它认为每一种心理现象都是一个分离的整体,是一个格式塔,是一种完形。因此格式塔心理学又被称为“完形心理学”。苛勒从黑猩猩解决问题的实验研究中,提出了学习的“顿悟说”。所谓顿悟,就是指因对情境全局的知觉和对问题情境中的事物关系的理解而突然间觉察到问题的解决方法,也就是完形的组织过程。

苛勒认为,学习是组织一种完形,即知觉的重组,而不是刺激与反应的简单联结。学习是通过对学习情境中事物关系的理解构成一种完形而实现的。学习的过程就是顿悟，而非偶然性的试误。学习是由于对情境的全局作了整体的感知后突然找到问题解决的方法，是知觉重组或认知重组的过程，是构造完形的过程。这种知觉重组的过程不是渐进的尝试错误的过程，而是一种突然而至的领悟。也就是说，苛勒认为学习的本质就是知觉或认知的重组，知觉或认知的重组是学习的核心，即把握事物的本质，认清事物之间的内在联系、结构和性质。通过对问题情境内在性质的顿悟来解决问题，可以避免与这一问题情境不相干的大量随机的、盲目的试误行为，而且有利于把学习所得迁移到新的问题情境中去，并且不容易遗忘。

2. 布鲁纳的认知发现说

布鲁纳(J. S. Bruner, 1915—)是美国研究儿童认知发展和认知学习的心理学家和教育家。他的学习理论是一种描述和解释学生知识学习过程的学说。

(1) 布鲁纳认为，学习的实质就是一个人把同类事物联系起来，并把它们组织成赋予它们意义的结构。学习就是认知结构的组织和重新组织。知识的学习就是在学生的头脑里形成各科知识的知识结构。他认为，任何一门学科知识的学习，其最终目的是理解和掌握这一学科的知识结构，这种知识结构是由学科知识中的基本概念、基本思想或原理组成的。因此学科知识的基本概念和原理就成为学生学习的核心内容。

(2) 布鲁纳认为，学习的过程就是主动地形成认知结构的过程，是在原有认知结构的基础上对进入感官的信息进行选择、转换、存储和应用，将新的信息与原有认知结构联系起来而建构新的认知结构的过程。这一过程包括三个几乎同时发生的过程，即新知识的获得、旧知识的改造、检查知识是否恰当。

(3) 布鲁纳在学习理论方面的另一个建树就是提出了发现学习。因此他的学习理论也被称为"认知发现说"。布鲁纳所说的发现学习，并不限于发现人类尚未发现的事物，而是指学生通过自己独立地阅读相关资料、独立地思考而获得对学习者来说是新知识的过程.也就是说发现学习是一种学生独立获取知识的方式。布鲁纳认为发现学习有利于激发学生的智慧潜力，有利于激发学生的内在学习动机，有助于学生学会发现的试探方法，有利于知识的保持和迁移，有利于培养学生独立思考的学习习惯和勇于创新的思维品质。但是，我们亦可清楚地认识到，发现学习的最大缺点就在于它的效率要比接受学习低，而且受学习者智慧水平和知识基础的限制。

3. 奥苏贝尔的认知同化论

奥苏贝尔(D. P. Ausubel, 1918—)是美国著名心理学家。他提出了著名的认知同化学习理论。

奥苏贝尔首先根据学生知识学习的形式和性质，对学习进行了基本的类型划分。根据知识获得的形式，他将学习分为"接受学习"和"发现学习"；根据学习过程的内部特征，将学习分为"有意义学习"和"机械学习"。所谓接受学习，就是学习的主要内容是以定型的形式呈现给学习者,学习者在学习过程中不需要任何发现,只需将语言文字所表述的知识内化到自己的认知结构中,以便将来的再现或应用。发现学习的特征是,学习的主要内容不是完整而容易地给予学生,在学生能够内化之前,必须由他们自己亲自去发现,发现之后再内化到认知结构中去。有意义学习是指语言文字或符号所表述的新知识能够与学习者认知结构中已有的有关旧知识建立起一种实质的和非人为的关系。机械学习是和有意义学习相区别的,机械学习中新知识与学习者认知结构中已有观念建立的联系是人为联想产生的非实质性的表面联系,学生并没有理解。奥苏贝尔认为,学校主要应采用有意义接受学习,尤其是有意义言语接受学习。

奥苏贝尔指出,机械学习的心理机制是联想,有意义学习的心理机制是同化。有意义学习过程是学习者在原有认知结构中吸收、融洽新知识的过程,这种旧知识对新知识的作用被称为同化。奥苏贝尔认为,新知识的学习必须以已有的认知结构为基础,学习新知识的过程就是学习者积极主动地从自己已有的认知结构中提取与新知识最有联系的旧知识,用来"固定"新知识的过程。这个过程是一个动态的同化过程,过程的结果导致原有的知识结构不断地分化和整合,使学习者获得了新知识或清晰稳定的意识经验,原有的知识也在同化过程中发生了意义的变化。

4. 加涅的学习层次论

加涅(Robert M. Gagne, 1916—)是美国教育心理学家。他合理采纳了各个学派的有价值的研究成果,形成了自己的认知学习理论。

加涅将学习定义为:学习是指人的心理倾向和能力的变化,这种变化要能持续一段时间,而且不能把这种变化简单地归结于生长过程。

加涅坚持用信息加工的理论来解释学习过程,提出了学习的信息加工模式,认为学习过程就是一个信息加工过程,即学习者对来自环境刺激的信息进行内在的认知加工的过程,将外部输入的信息转化为记忆结构。学习是主体与环境相互作用的结果,是学习者神经系统中发生的各种过程的复合,而不是刺激与反应间的一种简单联结。加涅根据学习的信息加工模式,将学习过程划分为八个阶段:动机阶段、注意和选择性知觉阶段、预习阶段、编码阶段、寻找和恢复阶段、概括和学习迁移阶段、反应的生成阶段和反馈阶段。

加涅根据学习的复杂性程度,将学习划分为八个层次,被称为学习的层次理论。这八个层次从低到高分别为:信号学习、刺激反应学习、链索学习、言语联想学习、辨别学习、概念学习、原理或规则的学习和解决问题的学习。加涅认为人类的学习是复杂多样的,而且是积累性的,较复杂、较高级的学习是建立在基础性学习的基础上的,每一类的学习都是以前一类的学习为前提的。因此,加涅的学习理论又被称为"累积学习理论"。

加涅认为学习的结果是学生心理状态或者能力和倾向的变化。他认为，学习过程会导致学习者心理形成多多少少是持久的状态，这些状态可以从学生的作业中推断出来。加涅将这种习得性和持久性的心理状态称为能力和倾向。加涅将学习结果分为五类：言语信息、心智技能、认知策略、运动技能和态度。

（二）认知主义学习理论总结

通过简单的介绍，我们不难发现，与行为主义学习理论相比，认知主义学习理论将研究视角从外显的刺激与反应转向学习者对环境刺激的内部加工及其机制，从动物的行为转向人的认知发展过程和思维意识。他们强调，人的认识不是外界刺激直接形成的，而是外界刺激与认知主体内部心理过程相互作用的结果。因而，学习是主动的心智过程，是内在认知结构的形成与变化的过程，而不是简单的行为习惯的加强或改变；学习也是一个主动的建构知识的历程，而不是被动地吸收知识，学习者可以根据自己的兴趣和需要，利用已有的知识经验对当前出现的学习内容作出主动积极的选择性信息加工。通过选择加工，使新、旧知识之间产生恰当的联结，新知识纳入到已有的认知结构中，进而将知识有系统地组织起来，形成新的认知结构。因为学习是一个主动的信息处理过程，因此，学习是有目标取向的，目标取向的选择则受学习者本身已有的认知经验、能力、兴趣态度和环境的影响。学习也是具有阶段性的，是一个积累的过程，加涅的学习层次论就很好地说明了这一点。因为认知主义学习理论认为个体认知、个体行为、环境三者是相互影响的，因此学习具有情境依赖性，必须在特定的社会文化环境中进行。

此外，认知主义学习理论挖掘了人在学习活动中的主体价值，充分肯定了学习者的主观能动性，强调了学生学习的主动性、灵活性和创造性，提倡探究性、发现性的学习方法；强调学习并不是信息的记录，理解与思考等思维活动在学习中具有重要的地位和作用；认为学习的效果不仅和外部刺激、个体的主观努力的程度有关，还取决于个体已有的知识水平、认知结构和非认知因素。这些观点，在我们的语文教学中有着相当的借鉴价值。

但是，认知主义学习理论也存在某些局限。它脱离了社会实践来研究人的认识活动，把它归结为单纯的心理过程，归结为纯粹的认识行为，甚至是机械的信息加工；也片面地强调知识结构的重要性，忽视学习内容本身；片面地强调发现学习，忽视教师的主导作用，等等。

三、建构主义学习理论

建构主义又称结构主义，它是学习理论从行为主义到认知主义以后的进一步发展，最早源于瑞士杰出的儿童心理学家和教育家皮亚杰(Jean Paul Piaget，1896—1980)的相关理论。建构主义流派纷繁复杂，并没有一个清晰的理论体系，而是包含很多并不完全一致的理论，如激进建构主义、社会建构主义、社会文化认知观、信息加工建构主义、社会建构论等。上述几种建构主义虽然在研究视角、某些观点等方面有一些分歧，但是在某些主题上却存在一些共识，其核心可以概括为：以学生为中心，强调学生对知识的主动探索、主动发现和对知识意义的主动建构。

建构主义学习理论认为，学习是学习者主动进行意义建构的过程，知识不是通过教师传授得到，而是学习者在一定的情境即社会背景下，借助他人的帮助，利用必要的学习资料，通过意义建构方式而获得的。因此，建构主义学习理论强调学习的主动建构性、社会互动性和情境性。

首先，学习不是从外界吸收知识的过程，而是学习者建构知识的过程。每个学生都在以自己原有的知识经验为基础建构自己的理解，由于每个学习者的发展水平和经验背景不同，所以每个人都以自己的方式来建构对事物的理解，世界上不存在惟一的理解标准，但是学习者之间的交流可以使理解更加丰富全面。知识建构是通过新旧知识经验之间的同化和顺应过程而实现的，它包含着由于新旧知识的冲突而引发的观念的转变和结构重组。这样的学习观，要求学生通过高水平的思维活动来学习，通过问题解决来学习。学习过程中的核心认知活动是高水平思维，它需要学习者付出较高的认知努力，需要学习者对知识进行分析、综合、评价和灵活运用。

其次，传统观点往往把学习看作是每个学生单独在头脑中进行的活动，往往忽略了学习活动的社会性。但是，学习主要是在学校这样一个特定的环境中，并在教师的直接指导下进行的，而且这主要地又是一种文化继承的行为，是高度组织化了的社会行为，具有一种特殊的社会性质。因而建构主义认为，学习是通过对某种社会文化的参与而内化相关的知识和技能的过程，这一过程常常需要通过一个学习共同体的合作互动来完成。所谓学习共同体，或称学习社区，即指由学习者及其帮助者共同形成的团体，他们彼此之间经常在学习过程中进行沟通交流，分享各种学习资源，共同完成一定的学习任务，因而在成员之间形成了相互影响、相互促进的人际关系，形成了一定的规范和文化。学习共同体的协商、互动和协作对于学生知识的建构有着重要的作用。简单地说，也就是学习是一种交流和合作的互动过程。每个人由于发展水平和经验背景的不同，对同一事物的理解是不同的。这种问题理解的差异性，是学习共同体中的宝贵的学习资源，这种资源可以通过交流、讨论和合作，被共同体中的每一个成员所共享，从而促进所有学习者的意义建构能力的提高。

与传统学习观念对学习基本持“去情境”的观点相反，建构主义提出了情境认知的观点，强调学习、知识和智慧的情境性，认为知识是不可脱离活动情境而抽象地存在的，它存在于具体的、情境性的、可感知的活动之中，知识不是一套独立于情境的知识符号，它只有通过实际应用才能真正被人理解，因而人的学习应该与情境化的社会实践活动结合起来。学习者通过对某种社会实践的参与而逐渐掌握相关的社会规则、工具、活动程序等,形成相应的知识。

综上所述,建构主义学习理论强调学生主动建构知识,强调学习的交流与合作,强调复杂的学习环境和真实的学习任务的作用,强调以学生为中心。这些观点,对我国当下的语文教育已经产生了很大的影响。语文教育开始注重唤醒学生的主体意识,语文学习是一个学生积极参与的过程,学生才是学习主体;语文教学不再一味地追求语文知识的科学化、体系化,不再盲目地对学生进行知识的灌输,而是开始将知识的学习融入到学生的生活中去,通过学生的主体实践,在原有认知的基础上主动地建构知识,因而也更加注重语文实践活动在语文学习中的作用;语文教学方法和语文学习方式也发生了深刻的变化,如对话式教学、情境性教学,如新课标中提出的“自主、合作、探究的学习方式”“综合性学习”“研究性学习”,等等,在语文教学中得到日益广泛的应用。这些方法的运用,极大地解放了传统教学观念对语文教学的束缚,使得语文教学变得丰富多彩,更加开放有序。

建构主义的许多观点无疑是具有相当的合理性的,对教育改革具有很高的指导价值,但是不可否认它仍有其局限性。建构主义过分强调学习的非结构性、主动性、社会性和情境性,而对知识本身的教学多少有所忽视,同时也会导致全面否定传统的系统学习方法,导致否认通过学习间接经验来迅速积累知识这一有效途径,等等。

四、后现代主义教育思潮

后现代主义是20世纪50年代在欧洲兴起的一种社会文化思潮,80年代开始在哲学、文学、艺术等领域占据了理论的高地,并对教育开始产生影响。严格说来,至今后现代主义并没有形成什么成体系的学习理论,还只是一股正在发展之中的教育思潮。后现代主义在教育领域的渗透和影响远远落后于它对文学、艺术、哲学、建筑学等领域的影响。因此,以下就简单介绍一下后现代主义的教学目的观、课程观及教学评价观。

后现代主义思想的基本特征是反基础主义、反本质主义,反整体性、反同一性,反主客二元论,质疑科学理性,强调不确定性和内在性。因此,后现代主义教育思想强调多元、崇尚差异、主张开放、重视平等、推崇创造,否定中心和等级,去掉本质和必然。具体说来就是:

在教育目的上,后现代主义反对理性主义的教育目的。后现代主义以反思批判启蒙运动以来的理性主义文化为基础,对以理性主义为基础的教育目的进行了批判。他们认为,现代教育对理性的过分强调,其结果是忽视了人的个性,导致人的异化、人与人之间关系的疏远和个人生活意义的丧失。因此,他们主张对学校教育目的采取宽泛的态度,不要局限于单一的教学目的。教学仍可注重学生的各方面发展,但并不强调每个受教育者都得到“全面发展”,也可以成为“片面发展”的人,即符合学生自己特质的和生活中特殊性的人。教育要造就一批具有批判能力的公民，能够向优势文化的独霸性发出挑战，深入了解人与人之间的关系，包容不同价值观的存在，认可多元文化的存在。教育最重要的目的就是促进学生对社会的了解，建立各种社会责任感，并在现代文明与社会环境和睦相处的社会文化背景中培养学生的生态意识。

在课程观上，后现代主义反对学科中心倾向，反对把课程只看成特定的知识体系载体，主张把课程看作探索知识的动态发展过程。课程目标不应是预先确定的，课程应从知识的积累走向发现和创造知识；不以权威的观念控制课程，而是承认和尊重价值观的多元化。课程内容不应是绝对客观和稳定的、不可更改的知识体系，而可以根据实际情况加以调整。课程实施不应注重灌输和阐释，所有课程参与者都是课程的开发者和创造者，课程是师生共同探索新知识的发展过程，这个过程具有开放性和灵活性。课程的组织形式不再囿于学科界限，而向跨学科和综合化发展。在课程组织中要倾听各种不同的声音，关注课程活动的不稳定性、非线性和相对性以及个体经验相互作用的复杂性。衡量后现代课程质量应有四个标准：丰富性、回归性、关联性和严密性，简称“四R”。“丰富性”指课程的深度、意义的层次、多种可能性或多重解释；“回归性”强调由对话引起的与环境、他人及文化间的反思性相互作用，并以此来转变教师及学生已有的经验；“关联性”包括教育联系和文化联系，前者指课程中的联系，课程在反思性相互作用的推动下变得越来越丰富，后者指课程之外的文化或宇宙观联系，这些联系形成了课程赖以生存的条件；“严密性”指有目的地寻找不同的选择方案、关系和联系。

后现代主义解构了原来的师生观，主张建立一种师生平等的对话关系。教师是领导者，但仅仅是作为一个学习者团体中平等的成员，是“平等中的首席”，在教师与学生的反思性关系中，教师不要求学生接受教师的权威。教师乐于面对学生提出的质疑，并与学生一起共同反思每个人所获得的理解，一起探索，从而达成共识。这种关系本质上就是一种平等对话关系。在对话过程中，教师的身份持续变化，时而作为一个教师，时而成为一个与学生一样聆听教诲的求知者。学生也是如此。他们共同对求知的过程负责。

在评价上，后现代主义主张开放多元的教学评价。后现代主义认为，课程具有转变性，不可能有一套理想的固定标准和准则作为普遍的参照，因此评价也是运动、变化和富有转变性的，不能用绝对统一的标准去评价每一个人。评价应成为共同背景之中以转变为目的的协调过程，应当是共同进行的、相互作用的，不但要注重结果，更要注重过程。因此，任何富有建设性的评价都应当是开放而多元的。

后现代主义的出现，为教育理论研究提供了一个新的视角，为教育理论注入了一股清新的空气。这是其积极意义所在。但是，后现代主义往往以反传统的姿态出现，在某些问题上不免绝对化，走向极端，因而它对传统教育的批判多于建设。对此我们要有清醒的认识。

第二节 智力因素、非智力因素、多元智能理论与语文学习

一、智力因素与语文学习

（一）智力的含义

迄今为止，智力仍然是一个争论不休的概念，有资料显示，智力的定义有 150 多种。[①]

1. 国外学者关于智力的几种有代表性的观点

智力是执行抽象思维的能力（推孟）。智力是从真理和事实的观点出发，在正确反映中获得的能力（桑代克）。智力是获得与保持知识的能力（亨曼）。智力就是智力测验所测的能力（弗里曼）。

2. 国内学者关于智力的几种有代表性的观点

智力是一种综合的认识方面的心理特征，主要包括感知记忆能力、抽象概括能力、创造能力（朱智贤）。智力由遗传素质亚结构、认知亚结构（智力因素）、动力亚结构（非智力因素）三部分组成（吴福元）。智力的核心成分是思维，其基本特征是概括。它是由思维、感知（观察）、记忆、想象、言语与操作技能组成的（林崇德）。

从以上定义中，我们可以归纳出智力的以下几个特点：第一，智力与认识过程有关，但并非认识过程本身；第二，构成智力的各种认识特点必须比较稳定；第三，智力不是几种构成因素的机械相加，而是各种因素的有机结合；第四，智力是一种能力，而动机、兴趣、情感、意志等非能力的特征则不属于智力因素。

我们不妨将智力定义为：智力是保证人们有效进行认识活动的那些稳定心理特点的有机结合。它包括注意力、观察力、记忆力、想象力和思维力等因素，思维力是智力的核心。

（二）智力的构成因素

1. 西方智力因素说

（1）单因素说。高尔顿（Galton）、推孟（Terman）等人都主张智力只是一种总的能力。

（2）多因素说。斯皮尔曼（C. E. Spearman，1904）将智力分为普遍因素（G 因

---

① 林崇德著：《教育与发展：创新人才的心理学整合研究》，北京师范大学出版社 2002 年版。

素)和特殊因素(S因素)两个因素。前者是在不同智力活动中所共有的因素,后者是在某种特殊的智力活动中所必备的因素。桑代克(E. L. Thorndike)将智力分为抽象智力、具体智力、社会智力。瑟斯顿(L. Thurstone)则认为,智力包括语词理解(V)、语词流畅(W)、推理能力(R)、计数能力(N)、机械记忆能力(M)、空间能力(S)和知觉速度(P)等七种心理能力。

2. 西方智力结构说

希来辛格和格德曼(I. M. Schlesinger & L. Guttman, 1969)提出了智力的二维结构模型。智力的第一维是言语、数和形(空间能力);第二维是规则应用能力、规则推理能力和学校各种学业测验成绩。艾森克(H. J. Evsenck, 1953)提出了智力的三维结构模型。智力由心理过程(推理、记忆、知觉)、测验材料(语词、数字、空间)、能量(速度、质量)三个维度组成。吉尔福特(J. P. Guilford)提出了智力的三维结构模型。智力结构包括操作(认知、记忆、分散思维、聚合思维、评价)、内容(图形、符号、语义、行为)、产物(单元、门类、关系、系统、转换、蕴涵)三个维度。后来他又把"图形"分为视觉和听觉,把"记忆"分为短时记忆和长时记忆。因此,就得到了 5×6×6＝180 种不同智力因素。

3. 智力的PASS模型

戴斯(J. P. Das)和纳哥雷日(Naglieri, 1990)提出了智力的PASS(Planning-Attention-Simultaneous-Successive Processing model)模型。他们认为智力是一个由注意—唤醒系统、编码—加工系统和计划系统组成的三级认知功能系统。

4. 我国智力单能力说

智力是指认识能力,它有三种变式:① 智力由观察力、记忆力、思维力三种认识能力构成(洪德厚);② 智力是由感知记忆力(特别是观察力)、抽象概括力、创造力三种因素构成的综合的认识方面的心理特征(朱智贤);③ 智力由注意力、观察力、记忆力、想象力和思维力五种因素构成(燕国材)。

5. 我国智力双能力说

智力由认识能力与实践能力组成。它包括观察能力、记忆能力、思维能力、想象能力和实践活动能力(王极盛、叶上雄等)。

(三) 智力因素与语文学习

1. 基本概念

(1) 注意及注意力

注意是心理活动对一定事物的指向和集中。注意力就是注意的力量和效度。注意可以分为有意注意与无意注意。有意注意又可以分为意志注意和非意志注意。

(2) 观察及观察力

观察是特殊形式的感知。观察力是在有目的、有计划以及有思维积极参与的感知过程中，逐渐形成的一种比较稳固的认识特点。观察包括自然观察和实验观察；全面观察和重点观察；直接观察和间接观察等。

(3) 记忆及记忆力

记忆是过去的经验在人脑中的反映。也就是说，记忆是人脑对曾经感知过、思考过、体验过和行动过的事物的反映。它包括"识记""保持""再认和回忆"三个基本环节。记忆可以划分为形象记忆、语词—逻辑记忆、情感记忆和运动记忆；无意记忆和有意记忆；情节记忆和语词记忆；瞬时记忆、短时记忆和长时记忆等不同类型。

(4) 想象及想象力

想象是在现实刺激的作用下，人脑中的旧表象进行重新配合，从而构造出与原有事物基本相符或者完全崭新的形象。想象可以分为无意想象与有意想象。有意想象又可划分为再造想象、创造想象和幻想想象。

(5) 思维及思维力

思维是人脑对客观事物间接的和概括的认识过程，通过这种认识，可以把握事物的一般属性和本质属性。思维力是智力活动的核心。思维包括具体思维和抽象思维。具体思维包括动作思维和形象思维；抽象思维包括形式思维与辩证思维。思维的方法有分析法与综合法、比较法与归类法、归纳法与演绎法等。

(6) 创造及创造力

创造是集新颖性、奇特性与较大价值等综合特点于一身的认识过程。创造力就是创造或创造活动的力量、能力、效力。创造力的构成因素包括创新意识、创新能力、创新人格、创新方法等。

2. 语文学习中智力因素的培育

(1) 语文学习中注意力的培育

① 明确语文学习的目的任务

学生有了明确的学习任务，就会产生达到目的的渴望，并且对学习内容能够有意识地保持长久的注意。反之，学生就会容易分散注意力。

② 培养学生的学习兴趣

语文学习是有意注意与无意注意相结合的活动。学生注意听讲所需要的是有意注意，但是，有意注意容易导致疲劳，难以持久，而无意注意需要学生浓厚的兴趣做支撑。要使学生的有意注意与无意注意交替发挥作用，培养学生对语文学习的兴趣尤为重要。

③ 消除分散注意力的因素

语文学习活动过程中，影响学生注意力的因素很多，比如教室周围的环境、语文教师的服饰举止，甚至是利用失当的现代媒体等等，都可能成为干扰学生注意力的因素，教师要有意识地加以消除。

④ 有意识地锻炼学生的注意力

要保持长久有效的注意力，除了主动消除外界的干扰因素外，还要积极锻炼学生的注意力，以求“闹中求静”，不断提高学生抗干扰的能力。

(2) 语文学习中观察力的培育

① 加强观察的目的性和计划性

观察是正确认识的前提，无论采取何种观察形式，都要明确观察的目的，并制订切实可行的观察计划，做好观察前的准备工作，否则观察就容易流于形式。

② 教给学生观察的知识和方法

常见的观察方法有顺序观察法、联想观察法、分类观察法、比较观察法、推断观察法等。这些方法本身并没有价值上的高下之别，选取何种观察方法取决于观察的目的和观察的对象。

③ 注意观察的过程中思维能力的培养

没有思维活动相伴随的观察必定流于肤浅。要在抽象思维的作用下揭示事物之间的因果联系，能够由表及里、从现象到本质，并能够具体分析事物的发展变化。这样才能达到观察的目的。

④ 培养学生养成留心观察生活的习惯

首先要让学生明白观察对语文学习的重要性，生活既是作家创作的源泉，也是学生写作的源泉。要了解生活，就必须进行深入细致的观察。观察是一项长期的任务，不可能一蹴而就。如果学生懂得了观察的重要性，又能够从具体的观察实践中获得乐趣，对语文学习将大有裨益。

(3) 语文学习中记忆力的培育

① 理解内容是记忆的前提

良好的记忆是建立在对内容充分理解的基础之上的。理解了的内容，不仅有助于提高记忆速度，而且有助于巩固记忆的效果。反之，生吞活剥式的记忆只能耗费大量时间，求得一时之效。

② 循序渐进是记忆的规律

人的记忆能量是有限的，尤其是对于正处在发育阶段的中小学生而言，那种超大容量的集中记忆是不符合记忆规律的。“欲速则不达”讲的就是这个道理。

③“多官参与”是记忆的手段

记忆是一个比较复杂的过程，不仅需要视觉器官，还需要听觉、嗅觉、触觉等感官的共同参与。研究表明：记忆的80％靠视觉，11％靠听觉，3—4％靠触觉和嗅觉，还有其他器官的参与。因此，学生在记忆时不仅要用眼睛去看，还要用口去读，用手去写，使记忆更牢固、更深刻。

④ 掌握方法是记忆的关键

记忆力是智力活动的基础。尽管在语文教学中存在着死记硬背的现象，但是不能因噎废食。语文教师要有意识地引导学生掌握、利用适合学生自身特点的记忆方法。及时复习、自我测验、联想记忆、比较记忆、归类记忆、线索记忆等记忆方法都是提高学生记忆速度和质量的有效方法。有必要指出的是，记忆方法的选择因人而异，语文教师为学生指定一种或某几种记忆方法的做法是不明智的。

(4) 语文学习中想象力的培育

① 根据学生想象特点培养想象力

中学生想象能力的特点是有意想象占主导地位，想象趋于现实化，创造想象日益突出。语文教师要密切关注这些特点，结合具体教学内容，设置恰当的情境，培养学生的想象力。

② 注意积累表象

想象要以丰富的表象为基础。语文教师要引导学生广泛关注社会生活，丰富感性知识，开阔视野，为开展想象活动奠定基础。

③ 参加创造性活动

想象与创造密切相关。在创造性活动中为学生搭建想象的平台，把想象与创造性活动结合起来，可以收到事半功倍的效果。

(5) 语文学习中思维力的培育

① 培养学生质疑的习惯

质疑的过程就是积极探究事物本质的过程，也是积极思维的过程。培养学生质疑的习惯，有助于发展学生的思维力。

② 创设问题情境促进思考

教师要充分发挥语文学科人文性强的优势，有意识地创设各种问题情境，培育学生的思维能力。如有的教师在讲读鲁迅的《故乡》一文时，设置了这样的问题情境："到底是谁藏了碗碟?"学生的思维一下子被调动起来，有人说是杨二嫂，有人说是闰土。在针锋相对的辩论中，学生的思维能力得到训练。

③ 培养解决问题的能力

解决问题是一种十分复杂的思维活动。语文教师要正确认识自己的角色特征，以指导者的身份出现，引领学生进入问题情境，培养学生逐渐养成独立思考的习惯，不断发展思维力。

(6) 语文学习中创造力的培育

① 重视知识经验的积累

创造力不是凭空产生的，而是建立在大量丰富的知识经验基础之上。因此，在培育学生的创新能力时，必须重视知识经验的积累。

② 掌握创新思维的方法

创新思维并不是高深莫测的东西，教师要教给学生创新思维的方法，消除神秘感，提供培养创新思维能力的土壤，进行非常规思维训练。语文教学不妨借鉴希望点列举法、智力激励法、头脑风暴法等创新思维方法，对学生进行逆向思维训练、多向思维训练。

③ 引导、鼓励学生善于发现问题、提出问题

教师应该在教学中积极地给予引导，提倡思维无“禁区”，鼓励学生敢于质疑，敢于提出不同的见解，敢于向权威挑战，这样才有利于学生创新思维能力的培养。

二、非智力因素与语文学习

（一）“非智力因素”的含义

1. 非智力因素概念的演变

美国心理学家亚历山大（W. P. Alexander，1935）在《智力：具体与抽象》（Intelligence：concrete and abstract）一文中首次使用“非智力因素”这个概念，并把构成智力的G因素（一般智力）、V因素（言语能力）和P因素（实践因素）以外的其他因素命名为X因素和Z因素，并将这两个因素总称为个性（人格因素）。

受亚历山大等人的启发，韦克斯勒（D. Wechsler，1943）提出了“智力的非智力因素”这个概念。一般而言，心理学界将韦克斯勒的《认知的、欲求的和非智力的智力》这篇论文的发表，作为非智力因素概念正式诞生和开始相关科学研究的标志。

在我国，“非智力因素”与“非认知因素”的提法是等同的。朱智贤教授于1982年提出并使用“非认知因素”概念。1983年2月11日，燕国材教授在《光明日报》发表了题为《应重视非智力因素的培养》的文章，在国内引发了一场关于“非智力因素”的争论。

2. 非智力因素的界定

韦克斯勒从智力和智慧行为的心理结构方面，对非智力因素作了如下概括：从简单到复杂的各智力水平都反映了非智力因素的作用；非智力因素是智慧行为的必要组成部分；非智力因素不能代替智力因素的各种基本能力，但对智力起着制约作用。

我国关于非智力因素几种有代表性的定义：

（1）非智力因素即人格因素。（赵中天，1983）

（2）广义的非智力因素是指智力因素以外的一切心理因素，狭义的非智力因素是指动机、兴趣、情感、意志、性格。（燕国材，1984）

（3）非智力因素就是不直接参与但却制约整个智力或认知活动的心理因素。（丛立新，1985；吴福元，1986；杨滨，1987）

（4）非智力因素就是指智力活动中表现出来的、与决定智力活动效益的智力因

素相互影响的心理因素构成的整体。(申继亮,1990)

(5) 非智力因素就是智力结构中的动力结构。(吴福元,1983)

关于非智力因素,目前在国内至少有三种有代表性的说法:

(1) 非智力(或非认知)因素是指除了智力与能力以外的又同智力活动效益发生相互作用的一切心理因素。它包括情感过程、意志过程、个性意识倾向性、气质和性格。(林崇德)

(2) 非智力因素有两个层次:第一层次是广义的非智力因素,即除智力或能力因素以外的全部心理因素;第二层次是狭义的非智力因素,是指与智力活动关系密切并共同影响智力活动效益的心理因素。(沈德立)

(3) 非智力因素有三个层次:第一层次为广义的非智力因素,即除智力或能力因素以外的全部心理因素;第二层次是狭义的非智力因素,是指智力因素以外的一切心理因素,它主要由动机、兴趣、情感、意志和性格等5种心理因素组成;第三层次为具体的非智力因素,它主要由12种因素如成就动机、自尊心、责任感等组成。(燕国材)

(二) 非智力因素的特点

1. 它是在智力活动中表现出来的、决定智力活动效益的、智力因素之外的一切心理因素。

2. 它是一个整体,具有一定的结构和功能。

3. 它与智力因素的影响是相互的,而不是单向的。

4. 它只有与智力因素一起才能发挥它在智力活动中的作用。

5. 在认识活动中,非智力因素不直接参与对机体内外信息的接收、加工和处理。

(三) 非智力因素的构成要素

有人认为非智力因素的结构包括:学习态度(学习兴趣);内在需要;自我信念;情绪、意志。也有人认为非智力因素的结构应该包括:情感过程(情感强度、情感性质、理智感等);意志过程(意志的自觉性、果断性、坚持性和自制力等);个性意识倾向性(理想、动机和兴趣);气质(心理活动的速度或灵活性与强度等);性格(性格的态度特征、意志特征和理智特征)。①

本书采取非智力因素的五因素说(动机、兴趣、情绪情感、意志、性格)加以分析。

(四) 非智力因素的作用

一是动力作用。它是引起学习活动,促进智力发展的内驱力。二是定型与习惯作用。即把某种认知或动作的组织情况固定化,成为学生智力与能力发展的黏合剂。三是补偿作用。就是非智力因素能够补偿智力活动的某方面的缺陷或不足,成

---

① 林崇德、俞国良:《对"非智力因素"争议问题的几点看法》,《中国教育学刊》1994年第2期。

为学生智力与能力发展的补充和调节器。①

（五）非智力因素与语文学习

1. 基本概念

（1）动机

动机是引起和维持个体活动，并使该活动朝着某一目标进行，以满足个体需要的内部动力。动机包括生物性动机和社会性动机；外因动机与内因动机；有意识动机和无意识动机；近景性动机和远景性动机；辅助性动机和主导性动机。学习动机是主体的一种追求学习成就的倾向，是个体和社会的客观需要在学习者头脑中的反映。它的主要体现形式是学习者的学习愿望或学习意向。

（2）兴趣

兴趣是一种带有情绪色彩的认识倾向。它以认识和探索某种事物的需要为基础，推动人去认识事物、探求真理，是学生学习中最活跃的因素。有了学习兴趣，学生会在学习中产生很大的积极性，并产生某种肯定的、积极的情感体验。兴趣可以分为物质兴趣和精神兴趣；高尚兴趣和低级兴趣；直接兴趣和间接兴趣。

（3）情绪、情感

情绪和情感是人对客观现实的一种特殊的反映形式，这种反映形式是人由客观事物是否能满足人的需要而产生的态度体验。情感具有两极性，表现在肯定和否定、积极和消极、紧张和轻松、激动和平静、强和弱等方面。情绪的种类有心境、激情、应激等；情感的种类有道德感、美感、理智感等。

（4）意志

意志是人自觉地确定目的，并根据目的调节支配自身的行动，克服困难，去实现预定目的的心理过程，是人类特有的心理现象。意志具有目的性、独立性、果断性、坚持性、自制性、果敢性等品质。

（5）性格

性格是一个人比较稳定的心理特征。它体现在个体对待现实的稳固态度以及与之相适应的习惯化了的行为方式之中。不同研究都说明性格因素对提高学习质量和促进智力发展具有重要作用，优良性格对学习具有调节功能、控制功能、维持功能和补偿功能。

2. 语文学习中非智力因素的培育

（1）语文学习中动机的培育

① 进行学习目的性教育

进行学习目的性教育，旨在启发学生语文学习的自觉性，使学生认识到学习的

---

① 林崇德：《智力的培养及其干预实验》，《北京师范大学学报》（社会科学版）2006年第1期。

社会意义，从而形成间接的远景性的学习动机。

② 培养学习兴趣

学习兴趣不仅使学生渴望获得知识，而且在学习过程中伴随着愉快的情绪体验，有利于产生进一步学习的愿望。一般来说，使学生面临实际任务，投入力所能及的活动，动用所学知识解决实际问题，从中体验到成功的欢乐和学习的愉快，是培养学习兴趣的重要途径。

③ 利用学习结果的反馈作用

让学生及时了解自己的学习结果，会产生相当大的激励作用。通过反馈，可以激起学生进一步学习的愿望，又可以使学生及时看到自己的缺点和错误，并加以改正，激发起上进心。因此，语文教学中，教师要充分发挥考试的反馈功能，弱化考试的甄别功能。眉批、评语要写得具体，有针对性、富于启发性和教育性，态度诚恳，内容中肯，掌握分寸，使学生受到鼓舞和激励。

④ 适当开展学习竞赛

竞赛能够最大限度地激发学生的成就动机，使学生在短时期内产生较大的内驱力，从而强化语文学习动机。把竞赛与评比相结合，辅之以适当奖励，是培育语文学习动机的有效手段之一。

(2) 语文学习中兴趣的培育

① 重视校本课程建设

在校本课程建设中，将语文学习内容与学生的学习兴趣结合起来，激发学生学习语文的自觉性和主动性。

② 创设问题情境，寓教于乐

培养学生学习语文的兴趣，语文教师要善于创设问题情境，将学生带入探索丰富多彩的语文问题情境之中，使他们乐此不疲，学有所获，学有所感，感受成功的乐趣，变苦学为乐学。

③ 注意直接兴趣与间接兴趣的转化

直接兴趣指向的是活动本身，间接兴趣指向的是活动的目的或结果。语文学习过程中，直接兴趣与间接兴趣是可以相互转化的。当学生对活动本身不感兴趣时，可以强化间接兴趣，从而激励学生克服困难，取得好的学习效果。反之亦然。

(3) 语文学习中情绪、情感的培育

① 建立和谐融洽的师生关系

教学活动是一种充满情感的交流过程，充满着浓郁的感情色彩。实验表明，学习的有效度与师生双方的态度和情绪呈正相关。语文教学必须唤起学生的学习情感，以情感的钥匙去开启学生的心扉。在师生平等、生生平等的教学氛围中，学生不再把学习看作一种负担，而看作一种精神需要，一种愉快的生活。

② 深入挖掘教学内容中的情感因素

语文学科与其他学科的最大不同之处就在于，语文教学内容充满了丰富的情感因素。无论是阅读文质兼美的选文，还是写作表达交流，都有很大的情感空间可以挖掘，语文教师要珍惜这一宝贵的资源。

(4) 语文学习中意志的培育

① 明确意志品质的作用

意志在语文学习中具有重要作用，比如完成一次作文任务，就要经历观察积累、构思起草、完善润色等环节，任何一个阶段都需要付出努力。如果学生没有良好的意志品质，那么就会出现为完成任务而草率“成文”的现象，提高作文水平就非常困难。

② 引导学生进行自我锻炼

语文学习是一项艰苦的劳动，学生难免会遇到各种困难和挫折。因此，教师也要锻炼学生刻苦学习、不怕困难的良好的意志品格。培养学生认真学习的自觉性、独立性；遇到难题时，要培养其意志的坚持性、自制性，知难而进，努力锻造坚强的意志、顽强的毅力和刚强的性格。

(5) 语文学习中性格的培育

① 把握学生性格发展变化时期的规律

注意不同学段学生性格发展变化的特征，结合学习内容，给予恰如其分的引导和教育。

② 了解学生之间性格的差异性

多元智能理论为我们认识学生的性格差异提供了更加有力的理论基础。语文教学要尽量做到因材施教，加强个别指导。

③ 在各种寓教于乐的活动中，开展合作学习，培养合作意识。

三、智力因素与非智力因素的关系

(一) 智力因素与非智力因素的区别

1. 智力因素与非智力因素在智力活动中的作用不同。智力因素属于认识活动的范畴；非智力因素一般不直接参与智力活动的操作，属于意向活动范畴。

2. 智力因素对学习起直接作用，非智力因素起间接作用。

3. 智力因素是学习过程的心理结构，非智力因素是学习过程的心理条件。

4. 智力因素是学习的执行—操作系统，非智力因素是动力—调节系统。

5. 智力因素没有积极性，非智力因素具有积极性。

6. 智力因素比较稳定，非智力因素的波动性较大。

7. 智力因素在学习中具体表现为“五会”（会注意、会观察、会记忆、会想象、会思维),非智力因素具体表现为"五学"(愿学、好学、乐学、勤学、独立学习)。

(二) 智力因素与非智力因素的联系

1. 智力因素促进(退)智力活动,非智力因素也促进(退)智力活动。

2. 智力因素指导非智力因素,非智力因素主导智力因素。

3. 智力因素可以补充非智力因素的一些内容,非智力因素能够补偿智力因素的某些缺点。

成功的教学活动是智力因素和非智力因素的有机结合。非智力因素在学生的学习中已发挥了越来越大的作用。在语文教学中,除了要发展学生的智力因素以外,更要重视非智力因素的培养。让学生学习的动机持久,兴趣高涨,情感热烈,意志坚强,发挥非智力因素的推动作用。

四、多元智能理论与语文教育

(一) 多元智能理论

1. 一个特殊的现象

2000 年 9 月,中国残疾人艺术团赴美演出,引起了不小的轰动。演出最大的亮点是一位 20 岁的弱智青年周舟,以其精湛的指挥艺术赢得了满堂喝彩。这位"弱智指挥"智商仅有 30 多,生活能力也仅仅相当于 3 岁的孩子,即使是走上指挥台也要靠别人引导。但是,当站在指挥台上的他全身心地投入到指挥之中,进入奇妙无比的音乐境界以后,无论如何,人们也不会相信,他在音乐方面的天赋与其智商之间的反差竟如此强烈。诸如此类的事例不胜枚举,陈景润不善交际,不能胜任中学教师的岗位,但是这并不影响他成为伟大的数学家,有能力去攻克哥德巴赫猜想。

"周舟现象"向我们昭示:传统的智商理论是有缺陷的,一个人在智力发展上存在差异性。

2. 多元智能的概念

1983 年,哈佛大学"零点项目"(Project Zero)执行主席霍华德·加德纳出版了影响深远的专著《智力的结构:多元智能理论》(Frames of Mind: The Theory of Multiple Intelligences),提出了被各国教育学界和心理学界誉为"哥白尼式革命"的多元智能理论。他将智能界定为:"一个人的智能必定会带来一套解决难题的技巧,它使个体能解决自己所遇到的真正难题或困难,如果必要的话,还使个体能创造出一种有效应的产品;智能又必定会产生那种找出或制造出难题的潜力,因而便为新知识的获得打下基础。"1993 年,加德纳将智能界定为"在特定文化背景下或社会下解决问题或制造产品的能力"。

3. 多元智能的要素

加德纳说:"到目前为止,我仍坚持自己提出的八又二分之一种智能(包括音乐、身体运动、逻辑—数学、语言、空间、人际、自我认知和博物学家智能，所谓二分之一是指‘存在智能’)。但是我敢断言有那么一天，智能的数目将会增加，或者智能之间的界限被重新确定。”①

加德纳认为，传统的智力观过于狭窄，把智力主要限于语言技巧智能(Languistic Intelligence)和逻辑分析智能(Logical-mathematical Intelligence)，忽略了对人的发展具有同等重要性的其他方面，如音乐、空间感知、肢体动作、人际交往等方面。为此，1983 年，加德纳特别提出了如下五种智能：(1) 音乐智能(Music Intelligence)(如莫扎特的音乐才华)；(2) 身体运动智能(Bodily-kinesthetic Intelligence)(也称体能，如魔术师之灵活)；(3) 空间智能(Spatial Intelligence)(如艺术家和建筑师的才华)；(4) 人际关系智能(Interpersonal Intelligence)(能够认知他人的情绪、性情、动机、欲望等，并能作出适当的反应，如成功的治疗师、销售员、政治家、教师、宗教领袖等)；(5) 自我认识智能(Intrapersonal Intelligence)(能够敏锐掌握自我内心的感受，辨别其异同，作为个人行为的依据，如弗洛伊德透视心灵的能力)。在此基础上，加德纳先后于 1995 年和 1999 年提出了：(6) 博物学家智能(Naturalist Intelligence)；(7) 存在智能(Existential Intelligence)。

(二) 多元智能理论对语文教育的启示

1. 树立人人都能成功的学生观

加德纳说：“每个孩子都是一个潜在的天才儿童，只是经常表现为不同的形式。”要由“发现和选拔适合教育的儿童”转变为“创造适合每一名儿童的教育”。语文教学要突出学生角色的主动性，克服以教师的讲解代替学生的解读的现象。语文教师要树立正确的学生观，用发展的眼光看待学生，相信学生的巨大潜能。

2. 树立多样化的教学观

个别化教育是多元智能理论的重要使命。语文教学要尽量做到因材施教，组织多样化的教学形式，促进学生多种智能协调发展。

3. 树立多维评价观

评价的目的是为了促进学生的发展，评价的取向应该以人为本。评价的特点应以综合性为主，评价的方式要多样，强调评价的发展性功能。在评价主体、内容、方式等方面，强调多元化。评价应在具体情境中进行。评价应淡化结果，注重过程。

4. 树立全面的教学目标观

由于应试教育的不良影响，被异化的语文教学已经变成迎合考试的工具，这给语文教育带来空前的负面影响。多元智能理论给我们的启示之一就是要树立以培

① [美]霍华德・加德纳著，沈致龙译：《多元智能理论二十：在美国教育研究协会上的演讲》，《人民教育》2003 年第 17 期。

养学生创新精神和实践能力为重点的全面语文教学目标观。将语文教学目标狭隘化的做法已经将语文教学逼到了死胡同。

5. 树立以问题理解为核心的教学方法观

“为理解而教”，这是多元智能理论的精髓所在。语文教学的目标既不在于使学生记住僵化的语文知识，也不在于使学生学会一篇又一篇选文，而在于理解、运用祖国的语言文字，理解选文的精妙之所在，理解表情达意的方法和手段。“理解”应该成为语文教学的关键词之一。

第三节　中小学生语文学习的心理特点

我国著名教育家陶行知先生曾说过：“教的法子根据学的法子……怎样学就怎样教。”①教学是教学生学，要想有效地进行教学，必须了解学生学习的特点；不同年龄阶段的学生进行语文学习，具有不同的心理特点，教学时必须考虑到这些因素。本节根据心理学的有关研究和语文学习的规律，对小学、初中和高中学生语文学习的心理特点作一介绍。

一、小学生语文学习的心理特点

(一) 小学生言语的发展

言语是指人们说话(或写作)的行为和所讲的话(包括写下来的话)。它可以分为外部言语和内部言语。外部言语是指说(写)出来可使人感知的言语，包括口头言语和书面言语；内部言语是伴随着思维活动产生的不出声的言语。学校语文教学的主要任务是通过各种教学活动，发展儿童的口头言语、书面言语和内部言语。

1. 小学生口头言语的发展

儿童入学以前，在与成人长期的交际过程中，已经掌握了一定数量的口头词汇，形成了一定的语感。这些词汇及形成的语感足以保证儿童的正常交际，但只是处于初级的水平。儿童入学以后，口头言语无论是在质上还是在量上都逐步得到提高。一年级新生以对话言语为主，二三年级独白言语开始发展起来，四至六年级口头言语表达能力初步完善，小学生初步学会说完整的话，并合乎一定的语法规则。

在语文教学中如何促进学生口头言语能力的发展呢？总结广大小学教育工作者的经验，大体可以通过以下几个途径来加以培养。(1) 训练小学生说完整的话。有的学生(特别是低年级学生)，由于缺乏说话训练，讲话时往往只讲半句话，或者只说一个词，这时就必须训练学生说完整的话。(2) 加强口头造句训练。让学生掌握

① 《陶行知文集》，江苏人民出版社 1981 年版，第 471 页。

字、词、句的关系，尝试用学过的词造句。比如，学过“朋友”这个词，让学生用“朋友”说句话——“我有许多好朋友。”“小明是我的朋友。”“好朋友要互相帮助。”(3) 加强课堂中师生对话。教师在组织师生课堂对话时应注意启发学生的思想，让学生把日常生活中的所见所闻用语言完整地表达出来。(4) 安排专门的口语交际课。在课上，可以安排学生讲故事、讲见闻、谈感受，也可以围绕某一话题进行讨论，或是设置一定的情境，让学生在活动中提高口头言语能力。

2. 小学生书面言语的发展

书面言语是在口头言语的基础上发展起来的。一般说来，学龄前儿童主要运用口头言语，还没有掌握书面言语。入学以后，儿童开始真正掌握书面言语。在小学的最初阶段，书面言语是远远落后于口头言语的，但在正确、良好的教育下，书面言语很快便会得到发展和加强。小学二三年级，书面叙述和口头叙述的差别减少，书面言语逐渐赶上口头言语的水平。到四年级以后，书面言语的发展逐渐超过口头言语的水平。

小学生学习和掌握书面言语，包括识字与写字、阅读、写作三项内容。识字是学生掌握书面言语的第一步，只有掌握足够数量的汉字，学生才能进行初步的阅读和写作。在整个小学阶段，识字始终是儿童学习的基本任务。在进行识字教学的时候，就加强写字的教学，教给学生写字的方法，培养他们认真写字的习惯。

阅读是书面言语的一种重要形式，通过阅读各类范文，可以培养学生对书面言语的理解和运用能力。按照是否出声，阅读可以分为朗读和默读。初入学的儿童处于低级的出声朗读阶段，他们由于识字量还不多，对字、词、句缺乏理解，经常出现漏读、多读或误读的情况。到二年级，学生的内部言语得到初步发展，开始由低级的出声朗读向默读过渡，但这时的默读效率不高，常常出现指读或唇读的现象。三年级以后，儿童言语运动的成分逐渐减少或简化，发展到无声默读阶段。默读时，词的视觉形象直接反映到大脑，从而大大提高了阅读的效率。在小学阶段，儿童由低级的出声朗读发展到无声默读，是阅读能力的一次质的飞跃，同时，他们的朗读能力也在不断地向着高级发展。

写作是书面言语的高级形式，是小学语文教学的重要内容。小学一二年级的训练重点是写话，写自己想说的话，写想象中的事物，写自己对周围事物的认识和感想。三年级开始向正式的作文训练过渡，这时主要是依照课文的范例进行模仿创作。模仿是小学生学习写作的重要途径，符合儿童心理从“再造想象”向“创造想象”过渡的规律。四年级以后，学生逐步开始独立的写作活动，通过实际的写作训练，学生的写作能力初步得到发展。他们能够具体地记叙自己所熟悉的人和事，同时记叙中出现议论的成分。

3. 小学生内部言语的发展

内部言语是一种不出声的言语活动，它是在外部言语的基础上产生的。小学生入学后，学习任务需要他们养成独立思考、先想后说、先想后写的习惯，这就促使他们的内部言语逐步发展起来。初入学的小学生，还不善于思考，他们在读课文的时候，常常是唱读，在回答老师提问的时候，往往是不假思索地仓促作答。通过老师的培养和训练，低年级学生才逐步学会短时间的无声思维。三四年级以后，随着学习能力的发展，学生在阅读课文时无声言语逐步开始占主导地位，但在阅读遇到困难时，仍会借助有声言语来帮忙，即使到高年级也是如此。整个小学阶段学生的内部言语还是不完善的，还需要中学阶段的继续发展。

（二）小学生观察、记忆能力的发展

观察是一种有目的、有计划、持久的知觉活动。它对于学生语文能力的发展具有非常重要的意义，在教学中，要根据学生观察力发展的特点和语文教学的需要对学生进行指导。根据我国学者丁祖荫（1964）的研究[①]，儿童观察力的发展可以分为四个阶段：(1) 认识“个别对象”阶段，儿童只看到各个对象或各个对象的一个方面；(2) 认识“空间联系”阶段，儿童可以看到各个对象之间能够直接感知的空间联系；(3) 认识“因果联系”阶段，儿童可以认识对象之间不能直接感知到的因果联系；(4) 认识“对象总体”阶段，儿童能从意义上完整地把握对象总体，理解图画主题。小学低年级学生大部分属于(2)(3)阶段，中年级学生大部分属于(3)阶段，高年级学生大部分属于(4)阶段。

培养小学生的观察能力要注意以下问题：(1) 教师要向学生提出明确的观察目的和任务，并教给学生观察的具体方法。只有这样，才能正确地引起学生的注意，使它指向于必须知觉的对象。(2) 观察时要尽可能运用多种感觉器官参加活动。在观察时，要让学生用眼看、用耳听、用手摸，运用多种感官，全方位地感知事物。(3) 观察时要尽可能运用言语来表达。在观察时，如果只看在眼里，想在心里，不能用言语把所观察到的情形和自己的感受表述出来，那就达不到语文科观察的要求。

记忆是一个人经历过的事物在头脑中的反映。在学校教育条件下，小学生的记忆能力不断发展，呈现出以下一些特点：(1) 有意记忆稳步发展并逐步取代无意记忆的主导地位。儿童在入学前主要是无意记忆，入学以后，为了完成学习任务，就必须发展有意记忆，使记忆服从于学习任务。从小学三年级开始，儿童的有意记忆逐渐取代无意记忆而占据主导地位。但有意记忆的发展，并不否定无意记忆的作用。实际上，小学生的很多知识都是通过无意记忆积累的，例如故事、童话、谚语等。(2) 理解记忆稳步发展并逐步取代机械记忆的主导地位。小学低年级学生比较多地运用

① 李晓东主编：《小学生心理学》，人民教育出版社2003年版，第87页。

机械记忆，这是因为他们的抽象逻辑思维水平还不高，知识经验比较贫乏，对学习材料不易理解，还不善于对材料进行逻辑加工。随着学生年龄的增长和年级的增高，知识经验的日益丰富，思维能力的不断提高，理解记忆会逐渐增多，而机械记忆则会相对减少。在学习过程中，由于学习材料性质的不同，学习各个阶段要求的不同，既需要理解记忆，也需要机械记忆。对语文学习来说，机械记忆显得尤为重要。小学生正是记忆力极佳的时期，这时引导他们多背一些古诗文和现代文，对他们以后的发展是极有好处的。

（三）小学生语文学习的思维特点

儿童进入小学以后，正规的、系统的学习成为他们的主导活动，通过各门课程的学习，他们的思维能力得到发展。语文课作为与思维发展密切相关的课程，对学生思维的发展起着至关重要的作用，在语文课上，思维训练是与语言训练结合在一起的，在听说读写活动中，学生的形象思维和抽象逻辑思维得到发展。

小学生思维发展的基本特点是以具体形象思维为主要形式逐步过渡到以抽象逻辑思维为主要形式，但这种抽象逻辑思维在很大程度上仍然是直接与感性经验相联系的，具有很大程度的具体形象性。低年级学生所掌握的概念大部分是具体的，是可以直接感知的，要求他们指出某一形象中最主要的本质的东西，常常是比较困难的。小学高年级学生具有了初级抽象概括能力，学会区分概念中本质的和非本质的东西，学会掌握初步的科学定义。

通过小学阶段的学习，小学生的思维结构获得初步的发展。在小学低年级，儿童思维结构的诸因素开始受到初步的训练，但这仅仅是个起步。只有到三年级以后，他们通过阅读和写作的系统训练，思维结构的诸因素才逐步得到发展。到高年级，儿童能够初步按照一定的目的、围绕一定的中心来记叙人物和事件，能够对感性的材料进行初步的加工和处理。这时，抽象思维开始参与形象思维的过程，在叙述的基础上产生了抽象的议论。同时，儿童的自我意识也发展起来，能够初步地对自己的思维过程进行监控和调节。可见，到高年级时儿童已基本具备人类思维的完整结构，但这个思维结构还有待进一步完善和发展。

（四）小学生语文学习的情感特点

情绪、情感是人对客观事物是否符合自己的需要而产生的态度体验。小学生情绪、情感的发展有以下特点：一是情感的内容不断丰富。在语文教学中，科学家的钻研精神、运动员的拼搏精神、劳动模范的敬业精神等都会感染和丰富小学生的情感。二是情感的深刻性不断增加。一般来说，小学生的情感还是比较外露的，但其情绪体验逐步深刻。三是情感更富有稳定性。虽然小学生的情绪仍然具有很大的冲动性，但与学前儿童相比，他们的情感已逐渐内化，小学高年级学生已逐渐能意识到自己的情感表现以及随之可能产生的后果。

在语文学习中，学生会对教材中的人和事产生鲜明的感受，对英雄人物无限敬仰，对反面人物则嗤之以鼻。在语文教学中，应通过优秀作品的教学丰富学生的情感体验，深刻领悟人物的思想感情，感受课文的美感。

二、初中生语文学习的心理特点

（一）初中生言语的发展

初中生的言语，在小学言语发展的基础上，有了进一步的发展。学生进入初中后，语文和其他各科教学以及各种集体活动，都向他们的言语提出更高的要求，要求他们领会比较抽象复杂的口头材料和书面材料，要求他们能够精确地、连贯地表述自己的思想，这促使他们不断提高自己的言语能力。

1. 初中生口头言语的发展

通过语文课的教学，学生的说话能力有了很大的发展。在正常的教学条件下，通过语文课普通话朗读和说话的训练，学生的普通话发音趋于准确和清晰，说话时能选择合适的语调，掌握停顿和语速，提高语音的表现力和感染力。学生的独白言语的水平迅速提高，学生能比较完整地回答问题、复述课文、讲述故事和见闻，能够比较清楚地说明一般事务，能够依据一定的提纲作简短的演说或即席发言。

听话能力在初中阶段也得到发展。初中生听话时逐步克服了各种分散注意的消极因素（如漫不经心、联想失控等），能够集中注意力，以积极的态度听话。在听话时，逐步从被动接受过渡到主动理解，能够对头绪不太条理、重点不够突出的说话内容进行分析、比较和综合，从而理清顺序，正确把握其内容意义。在此基础上，能够初步推断说话者的意图，并作出初步的鉴别和评价。

2. 初中生书面言语的发展

初中生词汇量迅速增加。初中生在小学所学词汇的基础上继续学习新词，卫灿金主编的《实用中学生词典》收录了中学生阅读和写作中比较常用的复音词和成语约 7000 个，由此可见，初中阶段是学生词汇量迅速发展的一个重要时期。不仅词汇数量增加，而且对词汇的理解更加深刻，部分消极词汇也转化为积极词汇。初中生初步掌握汉语的语法规则。他们通过语文课的系统的学习和训练，已能够初步运用语法规律来指导自己的言语行为。但他们对语法的掌握还只是初步的，在理解和运用上还存在较大的不足。

初中生阅读能力有了进一步的发展。学生的朗读能力迅速发展，在教学的要求下，他们由原先模仿老师转向自己学习朗读技巧，朗读技能迅速提高。学生的默读能力也有提高，到初中二年级，默读中的嘴动现象基本消失。随着年级的增高，阅读速度逐渐加快，理解程度也不断提高。

初中生的写作能力有了明显提高，呈现出以下特点：(1) 写作的对象范围逐渐扩大。(2) 由模仿写作发展到独立写作。初中一年级学生模仿的痕迹还比较明显,到二三年级逐步过渡到独立写作。(3) 由记叙发展到说明,再发展到议论。

3. 初中生内部言语的发展

初中生的内部言语有了进一步的发展。初中一年级学生的无声思维水平与小学高年级相似;初中二年级之后,出声思维的现象越来越少。在阅读教学中,课文已经有了一定的深度,学生在理解课文以及回答教师提出的提问时,已经需要经过认真的思考。在作文教学中,随着作文难度的加大,学生在写作之前必须经过较长时间的思考才能动手去写,这促使他们的内部言语日益复杂起来。

(二) 初中生观察、记忆能力的发展

初中生具有了一定的观察能力,能够对周围的事物作初步的观察。他们好奇心强,对新奇的事物表现出极大的兴趣,能够较长时间地观察某一特定事物。他们能够感知事物的外部特征,对事物作简单的描述,但不善于分析、综合、抽象、概括从而把握事物的本质特征。

语文教师指导初中生进行观察,可从以下几方面入手:(1) 教学生养成良好的观察习惯。教他们在生活中随时留意生活,对事物持观察的态度,在观察时要认真、细致,并积极动脑思考。(2) 加强观察活动的目的性和计划性。要加强观察与教学内容之间的联系,结合阅读、作文教学进行观察。在每次观察前,都要让学生明确本次观察的具体目的和要求。(3) 教给学生观察的知识和方法。可结合记叙文、文学作品和说明文的教学,讲解观察的经验和方法。在学生进行实际观察时,给以实地的指导。

记忆能力对语文学习具有非常重要的作用,语文课有很多东西都是需要记忆的,没有一定的记忆能力,是学不好语文的。初中生的记忆表现出这样两个特点:一是有意识记的主动性增强。小学生的有意识记还是被动的,是在老师、家长的督促要求下进行的,初中生识记的自觉性增强,他们不再只依靠老师、家长的监督,他们会主动确立目的,寻找相应的识记方法来完成任务。二是理解识记的能力增强。与小学生相比,初中生更长于在理解的基础上识记,因为初中生知识经验更加丰富,思维能力进一步增强,他们能够通过揭示材料的意义和内在联系来记忆。

语文课上给学生布置记忆任务时,应提出明确的记忆目的,使学生明了本次记忆的任务,从而更有效地记忆。在记诵之前,要使学生尽可能充分地理解材料,降低记忆的难度。有一点需要指出,就是我们重视理解识记,并不是说我们要抛弃机械识记,由于初中生理解能力的薄弱性和学习材料的深刻性,他们不可能理解所有材料,因此,机械识记是必不可少的。

(三) 初中生语文学习的思维特点

皮亚杰关于个体认知发展的理论认为:初中生(12—15 岁)处于"形式运算"阶

段，这一阶段主要的思维特点是，个体在头脑中可以把事物的内容和形式分开，可以摆脱具体事物而根据假设来进行逻辑推演。我国学者研究认为，初中生的抽象逻辑思维开始占主导地位，反省思维出现，但其抽象思维在一定程度上仍要以具体形象作为依托。

初中生善于联想和想象，很喜欢看文学作品，喜欢看科技读物。他们能对阅读内容作粗略的抽象概括，但常常分不清内容的主次，不能全面概括文章的思想内容。他们能够运用规律、法则解释某种现象，但难以解释类似的较为复杂的现象。

初中生思维的发展，还表现在思维品质的发展上，初中生思维的独立性和批判性明显得到发展。一方面，初中生不像小学生一样盲目崇拜，他们不轻易接受别人的意见，对别人的意见经常要做一番审查；另一方面，他们开始严肃认真地对待自己的主张，常常有意识地监控自己的思想。但是，由于缺乏实际经验，初中生的思维品质还存在片面性、表面性等缺点，这需要老师在教学时加以恰当引导。

（四）初中生语文学习的情感特点

初中生情绪、情感的发展表现出从不成熟向成熟过渡的矛盾性特点。首先，他们的情绪既有强烈、冲动的一面，也有温和、细腻的一面。他们可以为一点挫折就垂头丧气，也可以为一点成绩而兴奋不已，但与此同时，他们情绪发展中成熟的一面也逐渐表现出来，即有时表现出温和、细腻的特点。其次，情绪的可变性与固执性并存。初中生尽管在表面上情绪表现的强度很大，但体验的深度并不与此成正比，所以，容易从一种情绪变为另一种情绪。由于他们对客观事物的认知存在偏执性的特点，所以情绪体验又表现出固执性的特点。再次，情绪的内向性与外露性共存。他们的情绪表现既有隐蔽的特点，又有外露的特点。一般说来，初中生情绪活动呈外露性的居多。

在语文学习中，情感起着非常重要的作用。刘勰说："缀文者情动而辞发，观文者披文以入情。"学习语文离不开情感的参与。在语文教学中，要充分调动学生的情感，用心领悟课文的思想感情。同时要引导学生积极地感受生活，培养丰富的情感。只有有了丰富、细腻的情感，学生在作文时才能以情感人。

初中一二年级，学生参与课堂教学的热情非常高，常常出现这样的情况：老师刚提完问题，下面举手如林。他们急于表现自己，希望给老师和同学留下好印象。这时老师应提醒他们考虑好再回答，提高回答的质量。到初中三年级，学生自我意识增强，在课堂上不太愿意发言，害怕别人笑话，这时老师要鼓励学生大胆发言。教师应根据学生的心理特点采取合适的教学策略。

三、高中生语文学习的心理特点

（一）高中生言语的发展

1. 高中生口头言语的发展

在高中阶段，随着学生思维能力和认识水平的提高，高中生不仅能够围绕中心有条理地叙述较为复杂的事件，说明较复杂的事物，阐述较复杂的道理，而且语言表达趋于简洁、生动、自然。他们能够根据问题即时组织讲话内容、开展辩论、进行演讲，或在会议上即席发言。高中生的听话能力进一步增强，他们能听懂比较复杂的讲话，并能对讲话内容作出评价。他们自制力增强，能够长时间地听人讲话。他们听话的主动性增强，在听的同时能够积极地加以理解。

2. 高中生书面言语的发展

高中生掌握了更多的词汇，由于知识经验的增长和思维能力的增强，他们对词汇有了更深刻的理解，他们在写作时已能运用较丰富的词汇。高中生对语法有了进一步的掌握，他们能够分析比较复杂的句子，能够根据句意对句子作出合理的分析。他们能够学以致用，将缩小的语法规律运用于写作。

高中生阅读能力进一步增强，他们能够阅读比较复杂的记叙文、议论文，能够对文学作品进行初步的鉴赏。他们在朗读时能够做到声情并茂，比较准确地传达文章的感情。他们能够较好地掌握语调、重音和停顿，做到抑扬顿挫。在朗读能力发展的同时，默读能力也在发展，他们已能做到眼脑直映，阅读时信息由眼直接进入大脑，快速理解分析。并且，他们对文本内容的理解程度也不断加深。

高中生写作能力进一步提高，表现在：他们的写作内容的范围进一步扩大，他们所写的已不限于生活中的事，他们的笔触涉及上下古今、天南海北。他们写作的独立性更强，他们可以对自己所观察的对象或所积累的材料进行独立的分析和综合，提出自己的观点，形成自己所要表达的中心思想，并通过自己的独立构思，运用自己的语言来写作。他们已基本具备了记叙、议论、说明三种文体的写作能力。

3. 高中生内部言语的发展

经过学校各门课程尤其是语文课的训练，高中生的内部言语进一步的发展。他们在阅读时已能进行较复杂的思考，能够提出比较有深度的问题。在课堂上，老师提出问题，他们能进行深入的思考。写作文时，他们已能进行较复杂的构思，写出有一定深度的文章。

（二）高中生观察、记忆能力的发展

高中生的观察能力较初中有了较大的提高，体现出精确、细密的特点。他们在观察过程能做到仔细全面，发现事物不甚显著的特征，不遗漏主要细节；他们观察迅速，能较快抓住事物的主要特征；他们在观察时已体现出一定的创造性，能从人们习

以为常的现象中发现新问题。

观察对语文学习有非常重要的意义，没有较强的观察能力，是很难学好语文的。高中生的观察能力比初中生更强，他们在观察时能抓住事物的主要特征，并能通过思考认识事物的本质特征。教师在指导学生观察时，要告诉他们不仅要运用感觉器官对事物进行感知，而且要运用思维，对事物进行分析、综合、比较，从而把握事物的形态特征。在此基础上，考察事物之间的内在联系，通过由此及彼、由表入里的思考去认识事物的本质。

高中生的记忆力比小学、初中学生都要强，我国的一项研究表明，在同样长的时间里，高中一二年级学生记住的学习材料的数量，比小学一二年级学生几乎多四倍，比初中一二年级学生多一倍多，达到了记忆的“高峰”。高中生的思维能力比较强，知识经验比较丰富，能够对学习材料作深刻的理解和分析，因而他们的记忆能力比小学生、初中生更强。高中学习难度加大，需要学习许多经典作品，高中生要利用自身记忆力好的优势，多阅读一些优秀著作，多背诵一些古诗文，提高自己的文化积累。

（三）高中生语文学习的思维特点

进入高中阶段以后，高中生的思维发展出现新的特点：抽象逻辑思维明显占优势，并向理论型抽象思维发展，辩证思维基本形成，思维结构基本成熟。具体表现在：(1) 高中生的抽象逻辑思维已具有充分的假设性和预见性。高中生能摆脱对具体事物的依赖，运用概念和假设进行思维。(2) 高中生对思维的自我意识和监控能力显著增强。高中生能对自我的思维活动进行审视，并能根据一定的目的和要求对自我思维活动进行调节和监控，确保思维的正确性和高效率。(3) 高中生形式逻辑思维处于优势地位，辩证逻辑思维获得迅速发展。

在语文教学中，要结合语言训练，对学生的思维进行训练。在教学议论文和说明文时，要重点训练学生的抽象思维能力；在教学记叙文和文学作品时，要重点训练学生的形象思维能力。在作文教学中，既要让学生写复杂的记叙文，也要让学生写复杂的议论文，全面训练学生的思维。在进行教学时，还要注意培养学生的创造性思维能力。

（四）高中生语文学习的情感特点

高中生情绪、情感的发展，既与高中生的生理发展特征相联系，同时也带有时代的色彩；既与高中生多维度、多层次的需要密切相关，也与高中生认知的发展、个性的成熟相伴。

高中生的情绪表现具有下面一些特点：一是内隐文饰性。他们能根据一定的条件或目的表达自己的情绪，不会像初中时那么外显。二是延续性和两极波动性并存。小学和初中学生的情绪活动延续的时间较短。到了高中阶段，情绪爆发的频率降低，心绪的延续时间延长，稳定度也有所提高。但由于高中生身心发展尚未完全成熟,其情绪表现的两极性依然明显。三是丰富性和特异性。高中生需要的多样性,使其情绪表现丰富多彩。高中生自我意识迅速发展,使他们的情绪体验具有了特异性。

在课堂上,高中生已经不像初中生那么乐于发言,他们比较在乎别人对自己的评价,害怕说错,害怕别人说自己出风头。教师要创造宽松的气氛,鼓励学生发言。高中生情感比较丰富,他们能够体会课文中人物的思想感情,与人物同爱恨、共悲喜。在课堂上,教师要善于创造意境和渲染气氛,生动地再现作品的形象和感情,使学生受到情感的陶冶。除了课堂上的情感陶冶外,还要引导学生对大自然和人类社会进行审美观察,要调动想象、情感进行知觉,感受大自然的博大崇高,感受英雄人物的高尚品质,从而升华自己的情感。

思考与练习

一、名词解释。

1. 建构主义学习理论
2. 智力因素
3. 非智力因素
4. 多元智能理论

二、谈谈你对建构主义学习理论和多元智能理论的看法。

三、结合你的语文学习经历,说说你对中小学生语文学习心理发展的认识。

第十五章

语文学习方式方法和习惯

第一节　语文学习方式

学习方式是没有学科之分的。语文学习方式，是指学习者学习语文学科内容时所采用的学习方式，是一般学习方式在语文学习当中的实践和运用。要认识语文学习方式，需要先对学习方式有一般的认识。本节将从学习方式的一般认识和自主、合作、探究的学习方式两方面作具体阐述。[①]

一、学习方式的一般认识

（一）学习方式的概念和特征

学习方式，是指学生在完成学习任务时经常表现出来的习惯化了的学习策略和学习倾向的综合。所谓学习策略，是指学习者为完成特定任务或学习目标而采取的途径、方法和手段体系，通常表现为一系列步骤或一系列行为。所谓学习倾向，则是指学习者在概念获得、命题学习、思维、判断、解决问题等一系列较高级的心理过程中所表现出的倾向。学习策略和学习倾向的综合构成了学习方式的基本内涵。

学习方式具有独特性、情境性和稳定性特征。每一个人都有自己独特的、喜爱的学习方式，它是由学习者的生理结构、家庭与学习环境、生活经历、社会文化等因素综合作用，并通过个体长期的学习活动而形成的，具有鲜明的独特性特征。学习方式本身并不分优劣，只是看其是否适合某一特定的教学或学习情境，每一种学习方式都可能在具体的学习情境中成为最有效的方式，因此情境性是学习方式的又一基本特征。学习者一旦形成一定的学习方式，就会长期稳定地持续下去，一般不会轻易改变，因此，学习方式还具有稳定性特征。

① 本节参见吴永军著：《新课程学习方式》，南京师范大学出版社 2005 年版。

(二) 学习方式的类型

人类的学习方式是丰富多样的，为了深刻把握学习方式的本质及差别，我们对学习方式作以下分类。

1. 接受学习和发现学习

接受学习，是指学习的内容往往是以现成的、定论的形式提供给学生，它不要求学生通过独立的探索去发现知识。发现学习，则是指学生学习的首要任务是发现，自己独立去发现，或者在他人指导下去发现。学生通过自主探索、实验、思考，有所发现，便会在原有知识的基础上建构新的知识。接受学习和发现学习两种学习方式，对于学习者既各有利弊，又可以相互补充。

2. 间接学习和体验学习

传统的课堂学习大多是间接学习，重在继承和接受人类宝贵的物质财富和精神财富，在短时间内学习大量的知识和技能，其学习过程具有非亲身经历性和非操作实践性特征。体验学习则是学习者亲身经历某种真实的或模拟的学习情境，从而使身心受到影响的学习活动和方式。体验这种心理活动是由感受、理解、联想、情感、领悟等诸多心理要素构成的。在体验中，主体以自己全部的“自我”(已有的经历和心理结构)去感受、理解事物，通过发现事物与自我的关联而生成情感反应，并由此产生丰富的联想和深刻的领悟。体验学习使学生获得的不仅仅是知识的不断增长，同时也促进学生情感的健康发展和人格的不断生成。

3. 自主学习和他主学习

自主学习是指学生个体在教师的引导下，自主确定学习目标、制订学习计划、选择学习方法、监控学习过程、评价学习结果的学习。他主学习是指学生过多地依靠外界的力量，需要别人不断督促，否则就容易放任自流。自主学习与他主学习在学习活动中分别表现为“我要学”和“要我学”两种不同的心理状态。

4. 合作学习和独立学习

合作学习是指学生在小组或团队中为了完成共同的学习任务，有明确的责任分工的互助性学习。合作学习以学习小组为基本的组织形式，系统地利用教学动态因素之间的互动来促进学习，它往往以团体成绩作为评价标准，评价学生共同达成教学目标的状况。独立学习强调的是学生自己思考、自己计划，独自完成学习任务。独立学习与合作学习是一种相辅相成、互相促进的关系。

5. 真实学习和虚拟学习(网络学习)

以往的学习总是局限在一定的时间和空间内，在一定的时间里，到一种真实的物理环境——教室、实验室、图书馆、社会实践基地等，围绕限定的资源进行学习。人类进入信息时代以来，互联网在学校的普遍应用引发了一场学习方式的彻底变革。网络学习出现后，整个学习场景都是虚拟的环境，在网上不存在真实的教室、座位、教学设施等。虽然教师、学生都隐匿起来了,但学生却可以通过互联网方便快捷地掌握最优化的学习资源。网络学习是学习方式上的一次真正的革命,它将彻底改变工业社会(现代社会)中人们的学习方式,成为学习型社会中实现个别化教学、自主学习乃至合作学习、终身教育的最重要的学习方式。

二、自主、合作、探究的学习方式

新课程改革的目的是培养具有创新意识和实践能力的一代新人,在学习方式上确立了以自主学习、合作学习、探究学习等为具体形式的学习方式,形成了新课程的标志性学习方式。

(一) 自主学习方式

自主学习,并不是一种新的提法,它一直为历代中外教育家和学者所提倡。从某种意义上说,古今中外的学习成功者都是自主学习的结果,只是在现代学校教学中,它被人为地削弱了。在本世纪初的基础教育课程改革中,自主学习被列为首要的学习方式予以积极倡导。

1. 自主学习的实质和要求

自主学习的实质是学生主体性的彰显和个性的呈现。就心理品质而言,自主学习的核心品质和特征是"自主性";就哲学意义而言,自主性实质上是"主体性",而主体性的要素是由自决性、选择性构成。因此,自主学习的核心品质是以主体性为内核,以自决性、选择性为特征的学习。在学习过程中,学生独立分析、独立思考、独立决定,并且对学习效果进行自我评价、自我控制。同时,学生自主学习的自主性总是相对的,对大多数学生来说仍需要教师的指导。因此,这种"自主学习"是在教师指导下的学习,自主学习的过程实质是在教师指导下学生主体性不断成长的过程。

自主学习要求学生在学习活动之前,自己能够确定学习目标、制订学习计划、做好学习准备;在学习活动中能够对学习进展、学习方法作出自我监控、自我反馈和自我调节;在学习活动后能够对学习结果进行自我检查、自我总结、自我评价和自我补救。自主学习应该是建立在自我意识发展基础上的"能学",建立在学生具有内在学习动机基础上的"想学",建立在学生掌握了一定的学习策略基础上的"会学",建立在意志努力基础上的"坚持学"。

2. 自主学习的操作程序及指导策略

学生自主学习的品质是在运用"自主学习方式"的过程中不断形成的。教师应根据自主学习方式的特征及其操作要领,指导学生开展自主学习。自主学习的基本程序是:学习前,学生参与确定学习目标,自己安排学习进度,参与设计评价指标;学习中,学生积极发展各种思考策略和学习策略,在解决问题中进行学习,其中要伴随情感的投入,学习过程有内在动力的支持,能从学习中获得积极的情感体验,在学习过程中对认知活动能够进行自我监控，并作出相应的调适；学习后，能对自己的学习作出适当的评价。教师可以根据这样的操作程序，适时予以指导。

教师指导学生开展自主学习，不能只关注自主学习方式的操作程序和要领，而应以培育学生的自主学习品质为目标。对于学生自主学习品质的培育，一是要激发其内在的学习动机，而要做到这一点，激发学生的学习兴趣是前提。学习心理学研究表明，兴趣是人认识事物的内在动力，学生一旦对知识或活动有了兴趣. 其学习的内在动机便得到诱发，他们便会主动地去求知。

二是要创设宽松的适合学生自主学习的环境，鼓励学生自觉自由地选择。自我发展、自觉自由地选择是每一个学生所固有的个性属性，也是学生心理素质不断成熟的标志之一。在学习过程中，教师应鼓励学生自主选择，应使学生始终伴有自由选择感，目的在于把必需的学习任务转化为自觉自愿的要求。鼓励学生自觉自由地选择，实际上是要解决被动学习的问题，变被动为主动，变“要我学”为“我要学”。同时，培养学生自由选择的能力也非常重要。教师应在学习活动指导中，帮助学生分析主客观条件，分析自己的兴趣、爱好在哪里，以及社会的需要、社会的准则是些什么，然后把这些主客观条件综合起来，从而形成合理的选择。

三是要培养学生独立分析和独立思考的能力。独立分析和思考是自决性、选择性的前提，没有对事物的独立分析和判断，就不可能形成自己独特的认识，也就不可能最终自己决定自己的事情。教师应当减少学生对教师及外界的依赖，还学生自主学习的权利、时空，培养学生逐渐形成独立分析的行为习惯。教师应尊重学生独立决定的权利，着力培养学生独立决策的能力。教师还应着力培养学生自我评价的能力。自我评价就是对自己的活动、决定以及成果的价值判断。自我评价必须具有自己认定的标准。教师应当引导学生形成合适的自我评价标准，既不要用外在的标准强加给学生，也不要对他们的标准不闻不问。应教育学生把社会的要求同自我内心的需要统一起来，这是形成学生合理、正确的自我评价标准的机制。

（二）合作学习方式

合作学习是就学习的组织形式而言的，相对的是“个体学习”。这里的合作学习主要是指课堂教学中学生的小组学习，是学生在小组中为了完成共同的任务（小组任务），有明确的责任分工并且以小组总体成绩为评价依据的互助性学习。

1. 合作学习的实质与价值

合作学习的实质是人的社会性的本质体现，是人的生活方式的最主要层面。社会性的基本层面是“合作”，人类正是通过合作，才建立了只属于人类的社会。因此，合作是人的基本属性和内在要求，合作的重要性就像空气与水对于人一样。合作学习则为学生在学校与课堂的生活提供了这种基本需要。因此，合作学习不仅仅是一种学习方式，它还是学生的一种基本需要和天赋人权。因此，我们应把课堂中的合作学习看成是学生"人之为人"的基本需要，一种人生态度和价值取向。

合作学习的价值，一是能充分调动学生的积极性，普遍提高学生尤其是后进生的学业成绩。合作学习可以增强学生的主体意识，提高全班学生对于课堂教学的参与程度，促使学生更加充分地交流互动。二是有利于培养学生的团体意识。在组际交往中，学生们很容易把自己归属于某一组（团体），荣辱与共，集体荣誉感异常强烈，团体意识不知不觉地产生和发展。三是有利于学生交往能力的发展。合作学习具有交往性、互助性、分享性的特点。在学习过程中，能通过师生交往、生生交往，使学生们在学习小组中互相启发、互相协作、互相鼓励，小组成员共同分享学习成果和经验，共同面对并进一步探讨所遇到的问题，完成小组学习任务。

2. 合作学习的操作程序及指导策略

合作学习的主要形式是"小组学习"，为此，教师指导学生进行合作学习时，应把重点放在小组学习上。首先，要建立课堂学习小组，变"静态的集体背景"为"动态的集体力量"。其次，改变课堂教学的空间形态，即变传统的"秧田型"为"马蹄组合型"或"圆桌会议型"。再次，调整课堂教学时间结构，即在以往的教师讲授时间、师生交往时间、学生个人学习时间三大板块中加入10—15分钟的小组学习时间。小组学习的操作程序如下：独立思考——小组讨论——组际交流——小组评价。

（1）独立思考。独立思考的形式有两种，一是不包括作业的独立思考，即人们通常所理解的狭义的独立思考，思考的结果无须以物化形式表现出来；二是包括作业的独立思考，思考结果必须以物化形式表现出来。采取何种形式视教学的具体需要而定。

（2）小组讨论。讨论形式有两种：① 辩论式小组讨论。当讨论的内容没有标准答案也无须有标准答案，或者教师希望完全由学生自己获得标准答案时，可以采取这种形式讨论。其步骤遵循：交流——区分——争论——比较——统合的程序。② 诊断式小组讨论。当讨论的内容存在标准答案时，教师可以指导学生进行这种形式的讨论。其步骤遵循：检查——分析——订正——扩展——合议的程序。在小组讨论中，教师的任务是视导，包括观察、检查、指导等。

（3）组际交流。组际交流的形式一般包括两种：一是汇报式组际交流，即小组代表向全班汇报本组讨论情况；二是互查式组际交流，即每两个小组之间互相检查对方的讨论情况，一般以互查对方的书面作业（练习、记录等）为宜。在组际交流中，教师主要把握两个问题：一是尽量为更多的学生尤其是后进生创造代表小组的机会；二是尽量使各组的交流机会均等。

（4）小组评价。小组评价形式有两种：① 强评价，即按照较为严格的标准评定成绩（分数、等第）并记入课堂学习档案，以促使各小组之间互相比较，展开竞争。② 弱评价，即只进行口头评价，一般性地表扬好的，推动中间的，鞭策后进的。在此阶段，教师应特别注意成绩评定方法的科学性与合理性，既要标出差异，又要促进发展。

（三）探究学习方式

探究学习，是新课程改革所倡导的一种新的学习方式。随着新课程改革的不断推进，探究学习不仅作为学习方式，而且作为一门课程——“研究性学习”，已从高中正式进入小学中、高年级，完成了其作为一门课程在中小学的“制度化”建设。可以肯定，探究学习必将对我国课程与教学改革起到一定的促进作用。

1. 探究学习的实质和要求

探究学习，是指在教师指导下，学生自主探究有关问题并获得相应知识、经验以及相关能力的学习。就其实质而言，它是学生通过模仿科学家及科研人员的研究工作，亲身经历“研究过程”而获得有关科学的知识、素养、能力的“学习”活动。探究学习对于学生问题意识、创新精神、自主能力及实践能力的培养具有重要意义。它理应成为全体学生天然享有的、内在的天性活动和权利。

探究学习多半是基于“问题”的学习，因为问题是研究的核心，没有问题就没有研究。因此，组织学生开展探究学习就是要求学生以问题作为学习的载体，自觉以问题为中心，围绕问题的发现、提出、分析和解决来组织自己的学习活动，并在这样的活动中逐步形成一种强烈而又稳定的问题意识，始终保持一种怀疑、困惑、焦虑、探究的心理状态。学生学习的过程就是一个由发现新问题为起点，到解决新问题为终点的过程。衡量学生的学习，重要的不是看学生掌握了多少，而是看学生发现了多少；重要的不是要学生解决问题，而是让学生善于发现问题，主动提出问题，有勇气面对问题；重要的不是学生提问的正确性、逻辑性，而在于学生发问的独特性和创造性。只有学生以自己敏锐的洞察力发现了问题，学习才有强大的动力，才能真正开启心智的大门，才能真正激发学习的热情，也才能真正领略到学习的乐趣与魅力。无疑，这种感受的获得比解决问题更重要、更有意义。这正是探究学习所要追求的。

2. 探究学习的操作程序及类型

探究学习和科学探究的程序相似，一般是：从实际生活经验的情境或学科学习中形成问题——观察、调查或讨论问题，认清问题的症结所在——作出假设并考虑各种解决问题的方案——搜集解决问题所需要的各种相关资料和信息，分析整理——验证假设并解决问题。这是一个典型的以问题解决为主的探究学习的操作程序，在中小学实际教学中，调查、观察、访谈等都可以成为探究学习的有效活动方式和搜集资料的方法，我们应灵活加以运用。

探究学习的活动类型主要分为两种：一种是作为课程形态属于综合实践活动范畴，但其展开过程体现出的又是“学习方式”，其内容无所不包，天文地理、人文社会，往往带有综合性特征，这种类型的探究学习主题的确立往往是结合当地的资源生成的；另一种是结合学科学习内容而开展的探究学习，属于典型的“学习方式”，其主题多半是学科的拓展或延伸。

第二节　语文学习方法

一、语文学习方法的概念和特征

(一) 语文学习方法的概念

学习方法是指人们在一切学习活动领域内从实践上或理论上把握现实，为达到某种学习目的所采用的途径、手段、工具和方式的总和。学习方法在学习活动中是学习主体沟通已知和未知的桥梁和纽带，是学习活动中不可缺少的重要因素。各种学习活动的实践表明，知识的产生、吸收和运用，总是与一定的方法分割不开的。没有方法就没有知识、没有学习。

语文学习方法是带有语文学科特点的学习方法。语文学习方法在语文学习活动中，要受到学习主体、学习目标、学习内容和学习环境等各种因素的制约。学习主体为了达到一定的学习目标和要求，根据自己的学习环境和学习内容，选择适宜的学习策略、技术和手段，以保证学习活动的有效进行，达到预期的学习效果，实现学习目的。这样，在语文学习活动中被使用的语文学习方法，就成为一个语文学习的观念、知识、能力、思维、技术和程序的综合系统了。因此，语文学习方法的基本概念可以作这样的表述：语文学习方法是在语文学习活动中为达到预期目标而采用的有效策略、技术、手段和方式的总和。

(二) 语文学习方法的基本特征

中华民族的语文学习源远流长，历史悠久，积累了丰富的学习方法。语文学习的民族特色体现在语文学习的各个方面，也体现在语文学习方法上。我国语文学习方法的基本特征主要表现在继承性、综合性、层次性和发展性等几个方面。

1. 继承性特征

语文学习的民族性决定了语文学习方法的继承性。语文学习是中华民族学习史的重要组成部分。中华民族在数千年的语文学习实践中，积累了十分丰富的语文学习方法。凭借着这些丰富的语文学习方法，中华民族的传统文化才得以不断向前发展。今天，语文学习的内容虽然有了新的拓展，但语文学习的民族性决定了语文学习方法的继承性。传统的有关识字写字、口语交际、阅读和写作的语文学习方法在今天仍然没有本质的改变。如传统的记诵积累、熟读精思的阅读学习方法，先放后收、多作多改的写作学习方法，今天仍被继承运用。即使进入了网络时代，我们听说读写学习的内容仍然是汉语汉文，传统的听说读写的学习方法可能需要进行适当的改革，但不会完全抛弃。一些似乎是创新的语文学习方法，也是在过去学习方法的基础上的创新。认识到语文学习方法的继承性特征，我们就会一方面充分发扬传统语文学习方法的优点，一方面在传统语文学习方法的基础上不断创造出新的语文学习方法。

2. 综合性特征

语文学习方法的综合性源于语文学习目标和内容的综合性。从语文学习的目标来看，语文学习目标具有综合性。它包括语文知识学习、语文能力培养、智力开发、品德修养、审美修养等方面。语文学习目标的综合性使得语文学习内容也具有了综合性。它包括字、词、句、篇、语、修、逻、文各项语文知识的学习，听、说、读、写各种语文能力的培养，注意、观察、记忆、想象、分析、综合、比较、概括、判断、推理等各种思维能力的培养，思想品德修养、审美修养和个性培养等。语文学习目标和内容的综合性决定了语文学习方法的综合性。在语文学习过程中，几乎每一种语文学习方法的使用都具有综合的功能和效用。在学习某种语文知识或培养某种语文能力时，都需要综合采用多种语文学习方法。认识到语文学习方法的综合性特征，我们在选用、改革、创新语文学习方法时，就会从语文学习方法的综合性功能出发，指向语文学习的综合性目标。

3. 层次性特征

从语文学习方法的外延来看，语文学习方法具有层次性特征。依大小来划分层次，第一个层次是语文学习的原则、策略层次，如“循序渐进”“由博到约”等；第二个层次是语文学习的一般学习方法层次，如“阅读学习方法”“写作学习方法”等；第三个层次是语文学习的具体方法层次，如“朗读法”“一题多作法”等。语文学习方法的层次性反映出语文学习方法的系统性和丰富性。认识到语文学习方法的层次性特征，有助于我们在语文学习方法的理论研究中准确使用语文学习方法概念，有助于语文学习方法的选配和使用。

4. 发展性特征

语文学习方法是随着时代的发展而发展的。语文学习方法的发展主要是由以下三方面因素所推动的。一是新的教育思想和教育理念能够促进语文学习方法的发展。如我国实行“改革开放”政策以后，国外先进的教育思想传入我国，促使我国的语文学习方法有了新的变化和发展。二是语文学习的目标和内容的改革决定语文学习方法的发展。如“五四”运动以后，在语文学习目标上要求学习言文一致的普通语言文字，在语文学习内容上反对学习文言文，提倡学习白话文，白话文逐步进入语文教材，于是白话文的学习方法便应运而生，并发展成为今天语文学习的主要学习方法。三是现代学习技术手段的应用促使语文学习方法的发展。如光学媒体、声学媒体、声像媒体、电子计算机在语文学习中的普及应用，大大提高了语文学习的效率，使语文学习方法增加了新的手段，从而有了重大的发展。认识到语文学习方法的发展性特征，将使我们不断创造出新的语文学习方法来。

二、语文学习方法的作用和系统

（一）语文学习方法的作用

语文学习方法的作用，包括提高语文学习效率、培养语文能力和养成语文自学习惯等三个方面。

1. 提高语文学习效率

语文学习方法是学习主体为了达到一定的语文学习目标和要求，根据自身的条件和学习对象的情况，选择和采用的学习程序、方式和手段。运用科学的语文学习方法，语文学习则事半而功倍；运用不科学的语文学习方法，语文学习则事倍而功半。因而，科学的语文学习方法是提高语文学习效率的重要保证。

2. 培养语文能力

语文能力包括听、说、读、写四种基本能力和自学能力。在语文学习中，每一种语文能力的形成都要依赖于语文学习方法的掌握。如阅读能力的形成，需要掌握朗读、默读、精读、略读、速读的基本方法。又如写作能力的形成，需要掌握观察生活、搜集分析材料、审题立意、安排结构、选择表达方式、运用语言、修改文章等诸多方法。因而，掌握科学的方法，是培养语文能力的重要条件。

语文自学能力的形成，则更需要语文学习方法的掌握。语文自学能力，包括宏观、微观两个层次。在宏观上，它主要包括确定学习方向的能力，使用工具书的能力，吸收、积累知识的能力，质疑、析疑、解疑的能力，概括规律、方法的能力，知识系统化的能力，自我评价学习结果的能力等；在微观上，所有关于阅读理解方面的能力都可以纳入它的范畴。两个层次的语文自学能力的形成，都必须以掌握一定的语文学习方法为基础。

3. 养成语文自学习惯

自学习惯是在一定的学习环境中，经过长期培养而形成的不易改变的自学心理倾向和自学行为。语文自学习惯一旦养成，就会具有自发的学习语文的心理倾向，并具有稳定的学习行为。从“终身教育—终身学习”的角度来看，语文自学习惯的养成至关重要；而养成语文自学习惯，则需要掌握一系列科学的语文学习方法。语文学习方法是构成语文自学行为的重要内容，没有自学行为，当然也就谈不上什么语文自学习惯了。

（二）语文学习方法的系统

用系统论的观点看，语文学习方法是一个大系统，在这个大系统里，可以分为若干个子系统，如：

1. 以语文学习过程为主线的系列学习法。如预习法、听课法、复习法、作业法、应考法、四遍八步读书法、自学十步学习法、“读、画、批、写”学习法、八环节系统学习法等。

2. 以语文能力培养为核心组成的系统学习法。如识字学习方法、写字学习方法、听知学习方法、说话学习方法、阅读学习方法、作文学习方法等。

3. 以语文学习心理规律为依据的系统学习法。如趣味学习法、模仿学习法、尝试学习法、发现学习法、比较学习法、想象学习法、综合学习法、概括学习法、反馈学习法等。

三、语文学习方法的选择和运用

直接决定语文学习的水平与结果的因素，在于勤奋与得法。勤奋是学风的问题，得法则是方法适当与否的问题，即学习方法的选择与运用的问题。

（一）语文学习方法的选择

1. 依据学习目的选择。语文学习是一种有明确目的的学习活动，而学习方法是达到学习目的的程序、方式和手段。学习目的是多种多样的，学习方法也是丰富多彩的。要达到一定的学习目的，就需要选择适宜的学习方法。例如在阅读学习中，我们要深刻理解文章的内容，就要选择精读的方法；要迅速掌握文章的梗概大意，就要选择略读的方法；要搜寻相关的信息，就要选择浏览和跳读的方法。再如在写作学习中，要搜集材料，就要选择观察法、访谈法、查阅法；要修改文章，就要选择读改法、增删法、调换法等。

2. 依据学习内容选择。语文学习内容是丰富多样的，既有语文知识的学习，又有语文能力的培养，还有正确方法的掌握和良好习惯的养成。学习不同的内容需要不同的学习方法，方法的优劣直接影响着对内容的理解和把握。例如，阅读记叙文和阅读说明文的方法不同，阅读常用文体与阅读文学作品的方法有别。学习写作与学习口语交际的方法不同，学习知识与培养能力的方法也自然有别。我们一定要依据学习内容的不同选择适宜的学习方法。

3. 依据个人特点选择。由于每个人在专业基础、兴趣爱好、学习习惯、性格特征等方面都有自己的个性和特点，所以在语文学习活动中对学习方法的选择也因人而异。同样一种学习方法，有人运用起来得心应手，有人就感到不大方便。所以，学习者必须清楚地了解自己，正确地认识自己，在学习中依据自己的特点，选择适合自己的学习方法，提高学习效率，取得好的学习效果。

4. 依据环境条件选择。人们都是在一定的环境条件下学习的，不同的环境条件将影响学习方法的选择和使用。学习的环境条件，包括学习材料、学习工具、学习设备、学习场所、学习时间、学习指导等。学习者要依据自己所处的学习环境条件，选择适宜的学习方法。今天的学习环境条件虽然有了很大的改变，但经济不发达地区的学习环境条件仍是比较差的。在校学生的学习环境条件是比较好的，但在职成人的学习环境条件是比较差的。每一个学习者都应该依据自己所处的具体学习环境条件选择适宜的学习方法，只有这样，才能保证学习取得预期的效果。

（二）语文学习方法的运用

1. 要掌握语文学习方法知识。要做到科学地运用语文学习方法，取得理想的学习效果，就必须掌握语文学习方法的系列知识。语文学习方法已发展成为一门新的学科——“语文学习方法学”，它有自己的系统理论和专门知识。就一种具体的语文学习方法来说，它的知识包括：基本概念、主要特点、产生来源、使用范围、操作步骤、运用要求等几个方面。虽然某一种学习方法许多人都在使用，但其运用的效果却不一定相同，其原因就在于有些人没有真正掌握该学习方法的基本知识。没有理论指导的行动往往是盲目的行动。关于学习方法的知识是人的学习和发展的最重要的知识。要想语文学得好，就必须掌握语文学习方法的科学知识。

2. 要反复实践语文学习方法。掌握学习方法也可以说是掌握学习的一种技能技巧，所以必须在语文学习实践中反复练习。只是理解了语文学习方法的知识，如果不能在实践中多运用、多体验，也不能真正掌握语文学习方法。熟能生巧，对语文学习方法实践得多了，运用起来就会得心应手。在反复实践中，不但能够深刻理解学习方法的有关知识，而且还可以创造出有自己个性特色的学习方法。

3. 要善于组合语文学习方法。在语文学习实践中，为了达到一个学习目标，往往需要运用多种学习方法，这就有一个学习方法的组合问题。要善于组合几种或多种学习方法，就必须掌握各种学习方法的有关知识，明白它们各自的特性，特别是它们的适用范围和适用对象。能否对学习方法进行科学组合，是衡量一个学习者学习能力的重要标志。

4. 要及时总结语文学习方法。在语文学习实践中，我们所运用的语文学习方法，可能有的运用效果好，有的运用效果差。及时对其运用效果进行分析总结，找出原因，就能够及时调控和改善学习方法，从而提高学习效果。在分析总结的过程中，我们会加深对学习方法特点的认识，提高自己学习方法的理论水平。通过分析总结，我们还可以更正确地选择语文学习方法，更合理地组合语文学习方法。

（三）语文学习方法的自我评测

学习是一个系统，其活动过程是各种内外部要素和条件的综合机制的结果，每一步都是变化的，都是各种变量的函数关系，而不是全部的线性活动。因此，学习方法的自测，就是对各种学习要素变量与学习方法的关系的测量或估计，以便寻求最优化的学习方法，并不断对其运用进行调整与控制。

1. 语文学习方法自测的基本内容

（1）某一种学习方法与其他相似或相近的方法比较，其可行性与有效性如何？

(2) 有的学习方法在使用过程中可能不顺利，甚至失败，可用什么方法补偿？

(3) 如果遇到别人对自己所采用的某一种学习方法有不同看法、评价或指令性要求，还准备了哪些对策方案？

(4) 学习中偶然出现更可行的方法闪念时，是否有应急或过渡性准备？

(5) 选定后的学习方法可能达到的效果，运用过程中更换为其他方法的可能性如何？

(6) 需要几种方法同时运用时，其结合关系如何？关键的条件有哪些？

(7) 学习方法在正常运转中和特殊变化条件下，有哪些可行的预备方案？

(8) 自己用过的或总结出的学习方法，一旦被选用，有利条件或惯性力量影响有哪些？

(9) 每种具体学习方法运用的基本条件有哪些？其中影响力最大的是什么？还有哪些未估计到却很容易出现的问题？

(10) 学习者处于不同学习阶段时，是否清楚自己学习方法的适应性？在学习内容、目标或环境发生变化时，自己的具体学习方法或方法体系是否能跟上变化了的情况？

(11) 有些方法若改变选择条件(如由自我决策变为他人帮助指导)能有何效果？有的方法在运用前还可进行试验，对此试验如何估计？等等。

2. 语文学习方法的自测方法

对于上述种种自测内容，各人因所处环境条件的不同，可以各有侧重地选择进行。自测时应有简要记录和分析，对于典型的实例，还可作全面总结，以利于对方法的理性认识和系统运用能力的提高。

语文学习方法的自测，主要是为当时的学习目标服务的；但这种自测结果往往不仅具有现实意义，而且还有更长远的学习学、心理学、方法论等方面的价值。因此，有意识地对学习方法自测结果进行系统分析、处理，是非常必要的。正如语文教师每教一课，认真填写“教学后记”，日积月累，就是一部“教学论”的绝好素材一样，学习者每学一文、一书、一刊，不仅应该作“阅读笔记”，还应该对自己的学习方法予以回顾检查，也就是通过自我评测，寻求学习方法的最优化，以利于今后的继续学习，不断提高学习质量。总之，学习方法的“选择——运用——调节——控制——自测——总结”这几个环节，应贯穿学习过程的始终。

第三节　语文学习习惯

《全日制义务教育语文课程标准(实验稿)》在“课程目标”中要求学生“养成语文学习的自信心和良好习惯”。在近几年的语文课程改革中，语文教师正在对语文学习习惯的培养问题进行新的探索,并且已经取得了一些有益的经验。为了在理论上对这一问题有一个明确的认识,本节从语文学习习惯培养的意义、培养的内容、培养的原则和一般过程三方面作简要论述。

一、对语文学习习惯的认识

(一) 对语文学习习惯的一般认识

"习惯,是长时期里逐渐养成的、一时不容易改变的行为、倾向或社会风尚。"①学习习惯,是学习者在长期的学习实践中逐渐养成的比较稳固的不易改变的行为倾向。对学习习惯的认识,可以归结为如下几点:一是学习习惯不是先天就有的,而是在后天的学习活动中经过培养而形成的;二是学习习惯一旦养成,就会比较稳定,不易改变;三是学习习惯表现在学习活动的特征和方式上;四是学习习惯有好坏之分,良好的学习习惯能促进学习的发展,而不良的学习习惯则会妨碍学习的进步;五是良好学习习惯的养成,需要教师和家长的正确指导。

语文学习习惯,是学习者在语文学习活动特征和方式上表现出的模式化和固定化的行为倾向。对语文学习习惯的认识,我们可以归结为如下几点:一是语文学习习惯是一个大系统,可以按识字写字、阅读、写作、口语交际等不同学习内容分为若干子系统;二是良好的语文学习习惯要从小培养,如果从小养成不良的语文学习习惯,就很难矫正,甚至会影响学习者的一生;三是学生语文学习习惯的养成,要和学习认识指导、学习方法指导、学习能力培养等结合起来;四是学生语文学习习惯的培养,要有循序渐进的培养计划和科学有效的培养方法。

(二) 语文学习习惯培养的意义

语文学习习惯的养成是语文学习的终极目标。早在 20 世纪 40 年代,叶圣陶先生就说过:"语言文字的学习,就理论方面说,是得到一种知识;就运用方面说,是养成一种习惯。这两方面必须联成一贯;就是说,理论是必要的,但是理论之后必须能够运用;知识是必要的,但是这种知识必须成为习惯。语言文字的学习,出发点在'知',而终极点在'行';到能够'行'的地步,才算具有这种生活的能力。这是每一个学习国文的人应该记住的。"他还强调说:"每一个学习国文的人应该认清楚:得到阅读和写作的知识,从而养成阅读和写作的习惯,就是学习国文的目标。"②

语文学习的工具性特点,决定了它也是一种技能学习。技能的学习需要一定的理论知识作指导。语文技能学习需要的理论知识,主要是程序性知识,即关于学习程式、方法的知识。学习者在一定理论知识的指导下,逐步将理论知识迁移为熟练

---

① 《现代汉语词典》,商务印书馆 1978 年版,第 221 页。

② 《叶圣陶语文教育论集》,教育科学出版社 1980 年版,第 3 页。

的技能和技巧，最后养成能"行"的运用习惯。学习者养成了语文学习的良好习惯，就达到了叶圣陶先生所说的"自能读书，不待老师讲；自能作文，不待老师改"①的地步，"凡为教，目的在于达到不需要教"②的境界。养成良好的语文学习习惯，不仅能够提高人们的语文学习效率，取得良好的语文学习效果，更重要的是具备了自我学习和发展的本领，为人们的终身学习和持续发展奠定了必要条件。

二、语文学习习惯的内容

语文学习习惯的内容，按照系统论的观点，它也是一个大系统。如果依据语文学习的基本内容划分，语文学习习惯系统包括识字写字学习的习惯、阅读学习的习惯、写作学习的习惯、口语交际学习的习惯等四大子系统。每一个子系统又可以分为若干个次子系统。

（一）识字写字学习的习惯

识字写字学习的习惯，又可以分为识字学习的习惯和写字学习的习惯两个次子系统。

1. 识字学习的习惯。包括爱好祖国文字的习惯，认准字形、读准字音、记准字义的习惯，勤查字典、词典识字的习惯，阅读中积累识字的习惯，及时纠正错别字的习惯，运用拼音方法识字的习惯，运用词义辨析方法识字的习惯，以及运用多种方法识字的习惯等。

2. 写字学习的习惯。包括喜好汉字书写的习惯，保持正确写字姿势的习惯，按笔顺规则写字的习惯，写规范字的习惯，要求自己书写工整的习惯，讲究书写整洁的习惯，注意写字速度的习惯，适应多种工具写字的习惯，适应计算机汉字输入法的习惯等。

（二）阅读学习的习惯

阅读学习的习惯，从学校的阅读学习来说，包括课内阅读学习的习惯和课外阅读学习的习惯两个次子系统。

1. 课内阅读学习的习惯。包括课前认真预习课文的习惯，课前运用多种方法预习的习惯，课堂边听边记笔记的习惯，边读边思边批画的习惯，积极参加讨论和主动发言的习惯，课后温习课文的习惯，课后复习、总结的习惯，课后完成作业的习惯等。

2. 课外阅读学习的习惯。包括热爱读书学习的习惯，制订阅读学习计划的习惯，合理安排阅读学习时间的习惯，认真读书学习的习惯，朗读的习惯，默读的习惯，精读的习惯，略读的习惯，快读的习惯，浏览和跳读的习惯，选择读书方法的习惯，边读边摘录内容要点的习惯，制作读书卡片的习惯，坚持写读书笔记的习惯，边读边查

---

① 《叶圣陶语文教育论集》，教育科学出版社 1980 年版，第 717 页。

② 《叶圣陶语文教育论集》，教育科学出版社 1980 年版，第 720 页。

阅工具书的习惯，读后整理阅读内容要点的习惯，专题阅读时参阅相关书籍资料的习惯，广泛阅读的习惯，适应屏幕阅读的习惯等。

（三）写作学习的习惯

写作学习的习惯，包括喜爱写作的习惯，观察、认识生活积累写作材料的习惯，调查、访问搜集写作材料的习惯，认真审阅作文题目的习惯，选择适当文体写作的习惯，写前拟订和修改写作提纲的习惯，恰当选择表达方式的习惯，正确使用修辞方法的习惯，模仿范文写作的习惯，运用多种方式练习写作的习惯，正确使用标点符号的习惯，按照格式规范写作的习惯，注意文稿整洁的习惯，写后反复修改的习惯，写后与人交流探讨的习惯，自我总结写作得失的习惯，坚持经常写作的习惯等。

（四）口语交际学习的习惯

口语交际学习的习惯，包括听话学习的习惯、说话学习的习惯和口语交际的习惯等方面。

1. 听话学习的习惯。包括认真、耐心听人讲话的习惯，听话时尊重和理解讲话人的习惯，边听边与讲话人有表情交流的习惯，边听边思边归纳要点的习惯，边听边记录的习惯，正确理解讲话人表情、手势等体态语言的习惯，听后能回忆、转述或补记要点的习惯等。

2. 说话学习的习惯。包括讲普通话的习惯，完整讲述的习惯，简要讲述的习惯，边讲述边评议的习惯，讲话注意表情、语气、语调增强感染力和说服力的习惯，讲话讲究表达方式的习惯，讲话注意礼貌的习惯，讲话注意对象、场合的习惯，自信、负责地表达自己观点的习惯，有中心、有条理、有根据讲话的习惯，积极参加讨论发言的习惯，即席发言的习惯，有准备地演说的习惯等。

3. 口语交际的习惯。包括喜欢与人交际的习惯，文明得体地进行交流的习惯，尊重和理解交流对象的习惯，他人讲话中不随意插话的习惯，围绕一个中心话题交流的习惯，根据讨论焦点有针对性发表意见的习惯，交流中把握共同感兴趣话题的习惯，交流中机智灵活转换话题的习惯，善于调节交流气氛的习惯等。

三、语文学习习惯的培养

（一）语文学习习惯培养的基本原则

语文学习习惯培养的原则，主要包括计划性原则、指导性原则、实践性原则、教育性原则等四项原则。

1. 计划性原则。语文学习习惯的培养，需要与语文学习内容和学习活动的指导相联系，制订一个循序渐进的可行的培养计划。语文学习习惯的培养要从小开始，主要集中在中小学阶段，因为中小学阶段是培养学生良好语文学习习惯的基础阶段和最佳时期。中小学阶段的语文学习内容，主要以语文教材为凭借，包括了识字写字、阅读、写作、口语交际和综合性学习等内容。学校的语文学习活动，主要包括课内语文学习活动和课外语文学习活动。语文学习习惯培养计划，要依据学生不同年龄阶段的心理特点，紧密联系语文学习内容和活动，制订出循序渐进、不断发展的培养计划。

制订语文学习习惯培养计划，首先要以语文课程标准的课程目标为指导，包括课程总目标和各学段目标。《全日制义务教育语文课程标准(实验稿)》在"课程目标"中规定:"养成语文学习的自信心和良好的习惯，掌握最基本的语文学习方法。"在各个学段的阶段目标中，分别对识字写字、阅读、写作、口语交际、综合性学习等几方面提出了养成良好学习习惯的要求。如在第一学段(1—2 年级)的阶段目标中，提出了"养成正确的写字姿势和良好的写字习惯，书写规范、端正、整洁""喜欢阅读，感受阅读的乐趣""学习默读，做到不出声，不指读""对写作有兴趣，写自己想说的话，写想象中的事物，写出自己对周围事物的认识和感受""学讲普通话，逐步养成讲普通话的习惯""对周围事物有好奇心，能就感兴趣的问题，结合课内外阅读，共同讨论"等培养语文学习良好习惯和掌握语文学习方法的具体要求。在 1—2 年级的培养计划中，就要以这一学段目标中有关要求为依据，将这些要求分解细化为更具体的行为要求，在学习活动中予以培养。

制订和落实语文学习习惯培养计划，要以语文教材内容为凭借。语文教材是学生学习语文的主要凭借。学生的识字写字学习、阅读学习、写作学习、口语交际学习等，都离不开语文教材。语文学习习惯的培养也不能脱离语文教材内容而孤立进行。如指导学生的阅读学习，要以教材中的课文为凭借。在指导学生学习课文的过程中，教给学生阅读知识，指导学生阅读方法，不断提高学生的阅读能力，同时逐步养成学生良好的阅读习惯。目前的语文教材在培养学生语文学习习惯方面，线索不明朗，内容不系统，要求不具体，造成了培养中的困难。在制订培养计划时，需要教师依据学段目标和教材内容做一番整理工作，使培养计划在目标、内容、要求、进度、措施、方法等方面具体明确，便于落实。

2. 指导性原则。中小学生良好语文学习习惯的养成，需要教师和家长的正确指导。一般来说，某一种良好学习习惯的养成，一要有明确的思想认识；二要掌握正确的方法；三要持之以恒，反复实践；四要逐步形成思维定式和稳定的行为倾向。在自我养成学习习惯上，中小学生的认识、知识、自制力等方面还不完全具备，需要教师和家长的有效指导，尤其是教师的指导。语文教师不仅负有培养学生良好学习习惯的职责，而且具备指导学生学习习惯的最便利的条件。

指导的方式，首先是系统指导。教师要遵照培养计划，对学生进行系统的循序渐进的指导。这是因为，语文学习习惯是一个大系统，包括成系列的子系统和次子系统。学生需要养成的是整个大系统的语文学习习惯，而不是零散的不成系统的学习习惯。每一种学习习惯的养成，需要系统的知识和方法，其形成过程也是一个逐步发展的动态系统。如果没有教师的系统指导，学生的学习习惯也不能很好地养成。教师系统指导的形式，可以是系列讲座、专题讲座，也可以是专题讨论、具体示范。

其次是随机指导。对学生语文学习习惯的培养指导，最具体有效的方式是随机指导。随机指导，是指在学生具体的语文活动中，根据学生学习的具体情况相机予以学习习惯的指导。在学生学习语文知识和方法的许多场合，都可以相机对学生进行学习习惯的指导。情境性、针对性、灵活性、实效性是它的突出特点。

第三是个别指导。在语文学习中，每一个学生都有与其他学生不同的学习特点，表现在期望水平、兴趣爱好、学习方法、学习品格、思维方式、个性心理等方面。这些特点也必然表现在语文学习习惯的培养上，教师要根据每一个学生的学习特点，"因材施教"，有针对性地予以指导。

第四是延伸指导。教师在学校里对学生语文学习习惯的培养，应该延伸到家庭学习环境中，使良好的学习习惯得以巩固。为此，教师要加强与学生家长的联系，使家长了解良好语文学习习惯的基本知识和要求，对学生在家里的语文学习能够继续予以指导。防止学生在学校的学习习惯一个样，而在家里的学习习惯又是另一个样。

3. 实践性原则。提出实践性原则，一是因为实践性是语文学习的突出特点。《全日制义务教育语文课程标准(实验稿)》在"课程的基本理念"中指出："语文是实践性很强的课程，应着重培养学生的语文实践能力，而培养这种能力的主要途径也应是语文实践"，"应该让学生更多地直接接触语文材料，在大量的语文实践中掌握运用语文的规律"。语文学习习惯的培养也必须以这一课程理念为指导。二是因为每一种语文学习习惯的培养，都不是一蹴而就的，需要在语文学习中持之以恒，反复实践，直至形成一种几乎自动化的行为倾向。如养成写作前列提纲的良好习惯，不仅需要认识列提纲的好处，而且能够认真实践，反复进行。这一习惯养成之后，只要是写文章，就会很自然地先列提纲后写作，成为固定化的行为倾向。

4. 教育性原则。一切教育活动都具有教育性，培养学生的语文学习习惯也不例外。在培养学生的语文学习习惯中，教育学生认识养成良好的语文学习习惯的好处，这是思想教育。指导学生掌握具体学习习惯的程序知识和方法知识，这是知识教育。教育学生要持之以恒，反复练习，这是意志品质教育。教育学生怎样做得更快更好，这是集观察力、注意力、记忆力、思维力和创造力于一体的智力培育。通过对学生语文学习习惯的培养，要达到培养学生、教育学生、发展学生和塑造学生的目的。

(二) 语文学习习惯培养的一般过程

就某一种语文学习习惯的培养过程而言，一般包括明确意义、掌握知识和认真实践等三个步骤。

1. 明确意义。每一种良好语文学习习惯的形成，都有其独特的意义。要使学生养成某种良好的语文学习习惯，必须使学生明确养成这种学习习惯的意义。如培养学生默读学习的习惯，先要使学生明白为什么要养成默读学习的习惯，养成默读学习的习惯有什么好处。教师就要给学生讲清楚：(1) 默读是人们最主要的和运用最广泛的阅读方式，养成默读学习的良好习惯对于人一生的学习和发展具有重要意义。(2) 养成默读学习的良好习惯，可以大大提高阅读的效率，在有限的时间里获得更多的知识。(3) 养成默读学习的良好习惯，可以不受阅读环境条件的限制，随时随地进行阅读。(4) 养成默读学习的良好习惯，可以培养尊重知识、热爱学习的思想感情。学生明确了养成良好默读学习习惯的意义，就会自觉自愿地去学习和实践。

2. 掌握知识。任何一种学习习惯，都可以以知识的形式予以概括。要养成一种学习习惯，就需要正确的知识为指导。一种学习习惯的知识，包括基本概念、基本特点、基本要求等几方面。如默读学习习惯的知识可以概括为：默读学习习惯，是阅读学习习惯中最主要的一种学习习惯（基本概念）。默读学习习惯具有稳定性、自动性、操作性等特点（基本特点）。养成默读学习习惯，要正确掌握默读的多种方法——通读、摘读、快读、思读、品读、浏览、跳读等，明确默读的基本要求——正确地读、快速地读、边读边思、边读边写、不带音、不动嘴、不指读等。在默读实践中要认真练习，反复实践，直至养成良好的默读习惯（基本要求）。

3. 认真实践。一种学习习惯的养成需要一个长期的过程。在这个过程中，学习者要依据有关知识和要求，认真实践，反复实践，在实践中进一步领会有关知识和要求。要求学习者具备坚定的自信心和顽强的意志力，在实践中主动自觉，坚持不懈，最后养成良好的学习习惯。

思考与练习

一、名词解释。

1. 语文学习方式
2. 语文学习方法
3. 语文学习习惯

二、为什么要倡导自主、合作、探究的学习方式？

三、自选一篇课文，设计合作学习的方案。

第十六章

课外语文学习

第一节　课外语文学习的价值

课外语文学习，又叫课外语文学习活动、语文第二课堂，是指"在教师指导下的有计划、有组织开展的含有语文教育因素的集体活动"。① 课外语文学习的价值主要体现在以下三个方面。

一、促进学生的发展

1. 激发语文学习兴趣

课堂语文教学，在内容上由于受到教材内容体系的限制显得规范有余而丰富不足，在形式上又常常是严谨有余而活泼不足，这在一定程度上影响了学生的语文学习兴趣。而课外语文学习是将语文学习推向生活，拓展学生语文学习的天地，有着丰富多彩的内容和生动活泼的形式；同时，课外语文学习活动是根据学生的兴趣爱好来开展的，原则上都是自愿参加、自主活动，因此最能满足学生个人的兴趣爱好，最有利于提高学习语文的主动性和积极性。

2. 培养自主学习习惯

《全日制义务教育语文课程标准(实验稿)》积极倡导自主、合作、探究的学习方式，自主学习习惯的养成是学生走向社会进行终身学习的前提。相对于课堂语文教学，课外语文学习给学生创设了一个更良好的自主学习情境。因为课外语文学习主要是靠学生自己计划、组织和参与的学习活动，因此，学生的学习完全是出于自觉自愿。从制订学习计划，到收集整理学习材料，再到组织实施活动都需要学生自主完成。这就帮助学生树立了主体意识，学生可以根据自己的特点和需要，探寻适合自

① 陶本一、王光龙主编：《语文学科教育学》，山西高校联合出版社 1991 年版，第 335 页。

己的学习方法和途径，更有利于培养学生自主学习的习惯。

3. 发展个性

新课程标准规定学校教育要促进学生均衡而有个性地发展。在适应学生多样性、培养个性方面，课外语文学习有更大的优势。首先，课外语文学习活动提供给每个学生展示自己个性特长的舞台。学生可以根据自己的兴趣、爱好选择不同的课外语文学习活动来表现自己。第二，课外语文学习活动提供给每一个学生发展自己个性特长的平台。学生在根据不同的兴趣选择不同的课外语文学习活动的同时，也可以根据自己的能力水平选择适合自己的学习起点和学习进度。只有为学生提供广阔的自主空间，才能实现学生个性化的发展。

4. 促进语文素养全面提高

课外语文学习有利于全面提高学生的语文素养。课堂教学受时空条件限制，教学重点在于学生对语文知识和文本的理解，对语文技能的掌握，语文实践相对而言是有限的，而且课内的实践往往是单项的语文技能的训练，缺乏综合性。课外语文学习是自主性很强的实践活动，不仅能使学生的语文知识得以综合运用，加速知识、技能的内化过程，以此促进学生语文能力的整体发展；而且也注重学生自我情感体验的过程，让学生学习认识自然、认识社会、认识自我，加强语文学习与学生成长的联系，促进学生语文素养的全面提高。

二、推动课堂语文教学改革

1. 拓展课内教学内容

语文的外延与生活的外延相等。新课程标准也强调语文课程与社会发展、科技进步的联系，与其他课程的沟通。然而，课堂语文教学受教材体系的制约，就其教学内容而言，显得比较单一、滞后。课外语文学习在这方面有明显的优势，通过电视、广播、网络和各种书刊、报纸，广泛地吸收现代社会各方面的信息；通过各种实践活动，进行丰富多彩的语文实践。语文教师如果有目的、有计划地将课内外相结合，适度地引进课外语文资源，与课内语文教学内容加以整合，就会使课内语文教学与学生日常生活和社会生活相联系，从而拓展课内语文教学内容。例如，吉林省毓文中学赵谦翔老师，将《东方时空》节目与“主题班会”引进课堂，让学生通过电视节目这个窗口，从封闭的课堂走进开放的社会，通过“主题班会”让学生感悟身边的生活。同时，通过组织课堂讨论和写感悟文章，把语文说、写训练与社会生活联系起来，学生大量的习作和课堂讨论发言反映出对社会生活的热切关注和对人生的感悟思考，体现了“使生活成为语文的内容”这一理念。在语文必修课教学改革中，保留教材中的必修课文，大胆砍掉大部分自读课文，让学生通过广泛的课外阅读来选择和推荐自己喜爱的、文质兼美的文章。赵老师的上述教学改革，把时代的活水引进课堂，极大地丰富和拓展了课内语文教学内容，使学生更加积极主动地学习语文。

2. 促进课内自主学习

长期以来，语文课堂教学形成了两种教学模式：讲析式和问答式。在“讲析式”教学中，教师喋喋不休地讲解分析，学生不厌其烦地听讲记录；在“问答式”教学中，教师穷追不舍地提问，学生被迫无奈地应答。无论上述哪种教学，教师都是教学中的主宰者，学生常常处于被动地位。课外语文学习从本质上讲是以学生自主学习为主的学习活动，学生在长期的课外语文学习中必然会形成较强的自主学习意识和良好的自主学习习惯，如果语文教师有意识地引导学生将这种自主学习意识和习惯渗透于课堂语文教学中，必定会激活课堂教学，对以教师为中心的教学模式产生巨大的冲击，使积极倡导自主学习的课程理念真正在课堂语文教学中得以落实。

3. 提高课堂教学效率

课堂语文教学是语文教育的主阵地，但课堂语文教学一直存在着“少、慢、差、费”的现象，因此，如何提高课堂语文教学效率就成为广大语文教育工作者探讨的一个主要课题。课外语文学习自身的许多优势，能促进课堂语文教学改革，提高其教学效率。首先，课外语文学习能极大拓展和丰富课堂语文教学内容，扩大其课内语文教学的容量（前文已论述）；其次，学生将课外学习中遇到的困难、思索的问题以及有价值的话题带进课内，就会激活课内教学，使课堂教学中的文本对话、师生对话、生生对话得以充分展开；第三，学生在课外各种语文实践活动中获得的有价值的知识经验、所形成的语文能力以及良好的自主学习习惯，渗透于课内，必然对课内的教学产生积极影响，促进语文教师的教学改革，加快课内教学进程。总之，课内语文教学与课外语文学习的结合，能从根本上改变目前课堂语文教学现状，提高语文教学效率。

三、提升语文教师的专业水平

1. 要求教师不断学习

新课程标准要求语文教师和语文课程同步发展。但是，在课堂语文教学中，由于教材相对稳定，教师缺乏不断学习的外在动力，极易出现“一本教案，终身受用”的局面。而在课外语文学习中，语文学习的内容是学生自选的，并且常常是与现代社会密切相连、与其他学科相交叉，这就促使语文教师去努力适应课程改革的需要，继续学习，更新观念，丰富知识，提高自身文化素养。

2. 促进教师角色转变

教师是学习活动的组织者和引导者，这是新课程标准对教师角色的重新定位。作为课外语文学习，没有规定的教学任务，学生的学习是自主的学习，那么，教师不再单单考虑学生学会了什么，学生是否学会学习才是教师真正要关注的。教师如何激发学生的学习兴趣，如何培养学生学习的自主性，以及如何让学生掌握学习的方法等等问题都促使传统“传道、授业、解惑”的教师角色向学生学习的促进者这一新型教师的角色转变。

第二节　课外语文学习的特点

一、实践性

新课程标准指出语文教育的特点之一就是极强的实践性。但是，课堂语文教学受时空条件的限制，一般注重语文基本知识的传授和基本技能的训练，不可能让学生进行充分的语文实践，学生在课内获得的主要是基本知识和基本技能以及课堂上的“教师之法”，这种基本知识、基本技能和“教师之法”要内化为学生的经验与能力，必不可少的条件就是大量的语文实践。而课外语文学习为学生语文实践提供了广阔的空间和优越的条件，学生可以通过图书馆、网络涉猎各类书刊和阅读材料，进行广泛的阅读实践；可以通过办班级日报、成立文学社团、举行演讲比赛，进行丰富多彩的书面表达和口语交际活动；还可以进行小范围的社会调查、参观访问等活动，在真实的社会生活情境中运用语文，提高学生包括语文能力在内的社会交往能力、组织能力等综合能力。因而，课外语文学习更能体现语文教育的实践性。

二、自主性

自主性，是课外语文学习有别于课堂语文教学的又一显著特点。语文课程标准提倡学生进行自主学习，强调学习主体要有明确的学习目标，对学习内容和学习过程具有自觉的意识和反应。而课堂语文教学是计划性很强的活动，有统一的教学目标和教学内容，学生在学习内容上的选择余地很小；课堂教学中过程的安排和方法的运用，大都是教师在课前预设的，学生自主学习的权利极其有限；课堂教学中的评价权主要掌控在教师手中，学生自我评价的主体地位很难确认。总之，由于课堂教学的特殊性，学生的自主学习很难予以充分实现。而课外语文学习，虽然也要体现目的性、计划性，而且也需要教师的指导，但较之课堂教学，学生的自主性特点是非常突出的。首先，学生根据自己的意愿选择课外学习的内容和形式。学生学习什么以及以什么方式进行学习，最终的决定权在学生，教师不能越俎代庖，学生拥有自主选择学习内容和形式的权利，因而对课外语文学习有强烈的内驱力。其次，学生有制订课外学习计划、组织并实施学习计划的自主权。活动前，学生根据活动的目的，自主地安排内容与进程，以期达到预期的效果；活动中，学生自己组织，积极参与，充分发挥其主动性、独立性和创造性，有效地培养自我教育能力和各种语文能力。第三，课外语文学习中的评价是以学生的自我评价为主。如前所述，在课外语文学习中无论是学习内容与形式的选择，还是学习计划的制订和实施，都是以学生为主体进行的，他们对课外学习中的感受体会最深刻，对课外学习的成败得失最了解，因而在教师指导下，学生会积极主动地对课外语文学习的过程和结果进行自我总结与反思。

三、综合性

《全日制义务教育语文课程标准（实验稿）》在“教学建议”中指出：“综合性学习主要体现为语文知识的综合运用、听说读写能力的整体发展、语文课程与其他课程的沟通、书本学习与实践活动的紧密结合。”这种综合性学习的特点在课外语文学习中体现得最为突出。课堂语文教学也具有综合性的特点，但受教材内容体系的制约，知识的学习与技能的训练往往是单一的，与其他课程的联系不十分紧密，教材内容的相对稳定性与现实社会生活的不确定性所形成的矛盾，使课堂语文教学很难做到与社会生活相联系。而课外语文学习，学习内容具有综合性，可以是阅读、写作和口语交际的语文活动，也可以是其他课程与语文课程相关联的内容，还可以是学生关注的身边生活与社会问题。即使是阅读、写作和口语交际的单项活动，也常常具有综合性，如阅读活动中写读书笔记，进行读书经验与体会的交流；口语交际中的讨论与演讲，需要搜寻、阅读相关资料，需要起草讨论提纲和演讲稿。课外语文学习方式也具有综合性，是“书本学习和实践活动的结合，是课外学习和课内学习的结合，是接受学习和探究学习的结合”①，也是自主学习和合作学习的综合。课外语文学习的综合性特点，使学生的语文知识得以综合运用，读写听说能力得以整体发展。

四、开放性

语文新课程的基本理念之一就是建设开放而有活力的语文课程。语文课程开放性这一特点在课外语文学习中表现得尤为突出。首先，课外语文学习的内容和形式是开放的。课外语文学习内容和形式丰富多彩，可以通过多种形式的活动延伸到学校、家庭、社会各个领域，使学生进行广泛的语文学习。通过报刊、图书、电视、广播、网络等媒体获得语文知识和各种信息；通过演讲会、辩论会、研讨会、戏剧表演以及各种社会实践活动，培养学生的语文能力；通过与其他课程的沟通，拓展学生的知识视野，产生诸多新的活动内容。其次，课外语文学习的过程和结果是开放的。课外语文学习主要是以活动的方式进行的，具有动态性，学生在学习中根据活动中的实际情形，可以随机调整学习内容和程序，变换学习方式和方法，以取得最佳效果；

① 巢宗祺等主编：《全日制义务教育语文课程标准（实验稿）解读》，湖北教育出版社2002年版，第82页。

由于学生兴趣、能力的差异，课外语文学习中学生可以自主灵活地选择内容和方法，以适应自己的学习特点。在评价方面，评价标准是多元的，可以选取知识和能力维度，也可以选取情感态度和价值观维度或过程和方法维度进行多角度评价；评价方式是多样化的，注意形成性评价与终结性评价的结合，定量评价和定性评价的结合，教师评价、学生自我评价与学生间互相评价结合，但应注重形成性评价，重视定性评价，加强学生自我评价和学生间互相评价。

第三节 课外语文学习的指导

一、课外阅读指导

1. 指导学生制订课外阅读计划

本世纪初，教育部颁布的语文课程标准分别规定了义务教育与普通高中课外阅读总量的最低标准，并在附录部分提出了课外读物的建议。因此，教师要在课程标准的基础上指导学生制订课外阅读计划。

课外阅读计划包括两个方面：一是阅读书目。教师可以结合课堂教学给学生推荐课外阅读书目。如以某一作品为基点，向同一文体的其他篇章扩展，以某作家作品为基点，向评述这位作家的作品扩展，以节选的文章为基点，向整篇（部）著作扩展，以某篇作品的引文为基点，向引文的出处扩展。同时教师指导学生选择阅读内容时要遵循博与专结合的原则。中小学的阅读教学强调培养学生基本阅读能力，即阅读各类文本的能力。因而，教师首先要指导学生在课外阅读中，广泛阅读各种类型的读物。以高中为例，《普通高中语文课程标准（实验）》就建议学生阅读包括文化经典著作、小说、诗歌、散文、剧本、语言文学理论著作、当代文学作品、科学与人文类读物等各类图书。但是，教师也要针对每个学生的不同阅读兴趣，在学生课外阅读书目的选择上满足和发展学生的阅读兴趣。二是阅读数量。教师必须保证学生制订的阅读计划中的阅读总量达到《普通高中语文课程标准（实验）》的要求。

2. 指导学生开展课外阅读活动

教师在学生课外阅读过程中要按照新课程标准的要求，重视学生阅读过程中的主体地位，重视学生的独特感受和体验，做学生阅读的促进者。教师要首先指导学生根据不同的阅读目的组合使用精读、略读和浏览等阅读方法。因为任何一次阅读都不可能只单一使用到一种阅读方法。在拿到一本书或一篇文章后，先浏览，了解一下作者情况、写作背景、书的序和跋等，以求对全书有一个初步印象，同时确定自己精读和略读的内容。对于重要的、自己喜欢的内容要精读，逐字逐句地研读，反复体会琢磨，掌握要点，培养边阅读边思考的习惯，以求对内容的透彻理解。对于一般的文章或非重点的内容进行略读，了解大意即可。同时，也要根据不同类型文本抓住阅读重点。阅读记叙文要抓住记叙的顺序，了解文章的条理层次，分析作者所要表达的思想感情；阅读议论文要弄清论点、论据，揭示论点和论据的内在联系，分析论证的方法；阅读说明文要抓住说明对象的特征，了解说明顺序，弄清说明方法，推敲说明语言的准确性；阅读小说要以分析人物形象为中心，弄清情节发展和人物生活的环境，借以揭示作品的主题；阅读散文要弄清线索，通过意境联想、寓意来把握主旨，赏析语言特点；阅读诗歌要抓住意境，体会作者的情感。

另外，教师在学生课外阅读过程中要时刻强调两个结合，一是读与思的结合。现代阅读理念认为阅读是读者与作者的对话，是思想碰撞和心灵交流的过程。要实现与作者的交流对话，学生的阅读不能是惟书是从的、被动的接受式阅读，而要进行主动的、积极的阅读，在阅读中思考，以思考促进阅读。学生的思考可以是提出不同意见的质疑，也可以是联系社会、联系自我的反观，还可以是深入文本意境的再造性想象等等。二是阅读与动手结合。做阅读笔记有助于增强阅读效果、深化阅读理解和进行阅读积累。课外阅读中，教师要有意识地培养学生做阅读笔记的能力，使学生养成“不动笔墨不读书”的良好阅读习惯。常见的阅读笔记有：勾画重点字句并做批注，摘录名言警句、精彩句段，对全文或全书进行概括和提要，写读后感。

3. 指导学生进行课外阅读成果交流

阅读是个体化的行为，每个人所获得的阅读成果也是异于他人的。教师要组织丰富多样的课外阅读成果交流活动，以鼓励学生表达他们的独特阅读感受，汇聚不同的思想火花，使学生在交流中深化认识，开拓阅读思路，提高阅读能力。

课外阅读成果交流活动分为以口头语言表达为主的阅读成果交流活动和以书面语言表达为主的阅读成果交流活动两类。

以口头语言表达为主的阅读成果交流活动主要有：

朗诵会。培养学生用普通话正确、流利、有感情地朗读的能力，在体会作者情绪情感的同时也培养学生语言的节奏感、韵律感，尤其是古典诗歌的诵读更有利于培养学生的语感。

小品表演。学生首先根据文本的描述，创设舞台情境，从而培养学生的再造想象力。再者，通过不同角色的扮演以培养学生语言的得体感。这种活动形式除了运用口头语言外更要求学生辅之以适当的肢体语言。

专题研讨会。以阅读中某个热点问题为切入点展开讨论。学生各抒己见，相互启发，使阅读朝向纵深方向发展。

以书面语言表达为主的阅读成果交流活动主要有：

书评活动。要求学生对书的内容和价值进行概括性介绍。书评活动拓展了学生选择阅读书目的渠道。

阅读随笔。阅读随笔的内容可以是阅读的心得体会，也可以是读后感，甚至可以是改写或续写等。

二、课外写作指导

1. 指导学生制订课外写作计划

语文课程标准强调教师要注重激发学生写作兴趣和自信心，养成写作的良好习惯。因而，教师要指导学生制订定期写作计划，破除写作的神秘感。学生的定期写作以表达自我的写作为主，因为这种写作没有束缚，容易引起学生的写作兴趣。一般认为，写作需要具备三个条件：写作的动机，有东西可写，能写出来的能力。表达自我的写作解决了学生写作的前两个问题，但是，从想写和有东西可写过渡到真正能够写出心里所想的阶段，则需要经历立意、取材、结构、炼字、修改几个步骤。制定定期的写作计划就是要让学生在长期大量的练笔中，使这几个步骤自动化，从而具备文从字顺的表达能力。定期写作最常见的形式是日记。课外坚持写日记不仅能培养学生的表达能力，也可以提高学生在日常生活中的审美感知能力和观察能力。学生的课外写作一般篇幅短小，形式单一，大多以随笔为主，也可以鼓励学生尝试多种样式的文学创作，如小说、诗歌、戏剧等。青少年学生有着丰富的想象力和创造力，教师要在课外写作中激发他们的创作潜能，促进思维和语言的同步发展。

2. 指导学生开展课外写作活动

语文课程标准贯彻了这样的思想：只有为学生提供广阔的写作空间，减少对写作的束缚，才能实现写作的个性化，使学生表现出自己的主观感受。因而，教师在学生课外写作指导中要拓宽学生的写作视野。况且，报刊、杂志、广播、电视、电影、网络都已成为学生日常生活中重要的信息渠道，因而，学生的写作视野不应局限在家庭、学校的狭窄生活范围之中，教师要指导学生充分利用这些媒体，通过课外写作架起与社会沟通的桥梁。将写作视野从自我的小世界引向广阔的大社会，做到“家事、国事、天下事，事事关心”。学生的写作视野转向了社会生活，就会获得更为丰富的写作素材。

教师在将学生的写作视野转向社会生活的同时，还要注意学生写作中的两个问题：一是取材立意的模式化问题。学生有个性有创意地写作首先就体现在取材立意的独特性方面，教师要启发学生运用发散思维多角度立意，大胆创新，展现个性，冲破那种提到蜡烛就写奉献，提到英雄就写伟大的思维模式。二是写作价值取向的问题。现实生活通过媒体真实地展现在学生面前时，一些社会问题也会随之对学生产生负面影响。当学生在写作中流露出他们消极悲观的情绪时，教师就必须妥善处理好学生写作价值取向的问题了。这时，教师要指导学生写作在求真的同时，更要求善、求美，引导学生全面地看待社会生活，鼓励学生发现美，追求美，让学生意识到对待生活中的假、恶、丑应该要有批判的态度和斗争的勇气。教师要在课外写作指导中，帮助学生树立正确的世界观和人生观，使课外写作在学生生活中起到自我净化和自我激励的作用。

在具体写作过程中，教师要结合学生写作需要，介绍一些文体写作知识。这种知识不仅对文艺性写作是必需的，而且对实用性写作也是必需的。

3. 指导学生自我修改并进行课外写作成果交流

写作过程中的自我修改能力是学生走向社会进行写作时必备的一种能力。所以，在平时的课外写作过程中，教师就必须要求学生进行自我修改，并在此基础上，辅之以教师修改和学生间的互改，以此促进学生自我修改能力的提高和良好的自我修改习惯的养成。同课外阅读一样，教师也要为学生的写作成果交流提供平台，营造良好的集体写作氛围，以促进全体学生写作能力的共同发展。

另外，教师的课外写作指导也要注重鼓励学生使用计算机进行文稿编辑、版面设计和电子邮件的交流。

三、课外口语交际指导

1. 指导学生制订课外口语交际学习计划

《全日制义务教育语文课程标准(实验稿)》将过去“听”和“说”两个系列合在一起，改成了“口语交际”，突出了“交际”的特点，意在培养学生倾听、表达和应对的能力，使学生具有文明和谐地进行人际交流的素养。然而我们的现状却是：如果说一个班的学生基本上可以认为在知识量的拥有方面是“同质”的，但是在口语交际水平方面肯定是参差不齐的，而且每个学生在口语交际上所需要具体提高的方面也是迥然不同的。有的学生口语表达缺乏逻辑性，有的学生在交流时抓不住重点，也有学生甚至羞于人前开口等等，因此，教师要结合每个学生在口语交际方面的不同需求指导学生参加不同的课外口语交际活动。例如，朗读、演讲可以培养学生临场的勇气，提高普通话水平，同时，对学生的表情、体态都进行了训练。

另外，在口语交际活动开始之前，教师也要指导学生制订活动计划，以使每个学生都清楚在整个口语交际活动中自己应做什么以及如何做。活动计划包括活动内容、活动程序设计以及评价标准。尤其是评价标准的制定上，教师要指导学生不仅要有总体评价标准也要结合专项评价细则；不仅要关注活动成果的评定，也要关注每个学生参与的积极程度；不仅要有自我评价，也要结合学生间评价、教师评价和家长评价。

2. 创设口语交际情境

口语交际是在特定的环境中发生的言语活动。所以，教师要注意为学生创设口语交际的情境。教师可以结合课外阅读、写作创设情境，也可以结合日常生活如社会上的热点问题创设情境。总之，首先要把学生带到口语交际的具体场合中去，感受交际氛围，激发学生参与的积极性。其次，教师在情境中要设计不同的场景，引导学生根据不同的交际意图改变说话的内容和方式。

3. 训练口语交际技巧

在课外口语交际学习中，学生口语交际的内容并不是教师指导的重点；而学生如何在听的过程中理解说者的意图，如何在说的过程中让听者听懂，并为之动容，如何在交际过程中准确传递信息和进行感情交流，才是语文教师必须要解决的课题。因而，教师应结合学生的口语交际实践，有目的、有计划地训练学生的口语交际技能技巧。听，要抓住重点，概括说者的主旨，不对只言片语进行深究。概括归纳的过程中要抓住一些提示性的关联词，如"可是""但是"之类表转折关系的词，"因此"之类表因果关系的词。同时，还要引导学生借助说者的语气、语调、表情理解说者的言外之意。说，要紧扣主题，分清主论点和分论点，鲜明提出主要观点，提纲挈领，使听者听懂，还要选用恰当的例证和描述使之具有说服力。表达时要有意识地运用语音、语调、重音等加强表达效果。交际时，指导学生能够根据交际对象、交际场合加强应变能力。指导学生使用非言语因素，如面部表情、体态动作使交谈者之间的沟通顺利进行。

四、课外综合性学习与研究性学习指导

1. 指导学生确立课外综合性学习与研究性学习主题

综合性学习与研究性学习是形成自主、合作、探究的学习方式的重要途径。综合性学习与研究性学习能激发学生主动参与、乐于探究、勤于动手的积极性，培养学生搜集和处理信息的能力、获取新知识的能力、分析和解决问题的能力以及交流与合作的能力。课外综合性学习与研究性学习就是要给学生一个充分的自主学习空间，调动学生学习的积极性，培养他们的学习热情。开展课外综合性学习与研究性学习活动，首先要指导学生根据自己的兴趣、特长、能力水平确定所要进行的学习主题。教师在对学生综合性学习主题进行指导时要尊重学生的自主性，同时，教师也要指导学生注意所选学习主题的价值性和综合性。所选学习主题必须能引发学生进行探究活动，使学生通过自主学习或合作交流促进新的认知结构的构建。综合性学习强调综合性，因此所选的主题要有利于实现语文知识的综合运用，阅读、写作、口语交际能力的整体发展，语文学科与其他学科的沟通，书本知识与社会实践的结合，在多学科的交叉中体现语文知识和能力的实际运用。

2. 指导学生开展课外综合性学习与研究性学习活动

学生是课外语文学习的主体，教师要重视学生在学习过程中的实践，指导学生运用已有的知识经验设计学习方案，并以不同的角色参与到学习过程中。在学习活

动过程中，教师要鼓励学生多渠道获取信息资料，使学生初步掌握通过网络、图书馆、社会生活等获取资料的方法和途径，学会分清原始资料与间接资料，学会注明所援引资料的出处。在学习成果展示上，教师要引导学生尝试采用多种方式呈现，可以是演讲、口头报告、调查报告、板报，也可以是绘画、摄影，但是作为语文的综合性学习与研究性学习，与语文有关的呈现方式应当占更大的比重。

3. 指导学生总结和交流课外综合性学习与研究性学习成果

对课外综合性学习与研究性学习的评价，应注重学生对自己学习过程的评价。要指导学生对成功的经验进行总结，对学习计划制订与实施过程中产生的困惑进行反思，使学生正确认识到自己的收获和存在的问题。教师还要指导学生之间进行过程的体会交流和经验交流，让学生在合作、交流中，学会客观地分析和辩证地思考，学会理解和宽容，也要敢于、勇于申辩。教师指导学生总结、反思、交流对学生的综合性学习与研究性学习尤为重要，通过这一环节，可以培养了学生自我反思和自我教育的习惯。

思考与练习

一、试述语文课内教学与课外语文学习的关系。

二、谈谈语文新课标对课外语文阅读和写作有哪些要求。

第十七章

语文教师

第一节　语文教师的角色定位

一、语文教师的角色意识

角色，指戏剧或电影、电视剧中演员扮演的剧中人物，泛指生活中某种类型的人物。个人在团体里的身份与责任一经团体确认，就成为一种社会角色。社会按照各类社会角色所规定的行为模式去要求每个社会成员，这被称为“角色期望”。当一个人认识到自己在某一条件下所担负的社会角色和社会对他相应的角色期望时，便有了角色意识。当代社会对语文教师的角色期望是：全面提高学生的语文素养，充分发挥语文课程的育人功能，注重语文应用、审美与探究能力的培养，促进学生均衡而有个性地发展。

二、语文教师的神圣职责

语文教育，作为现代教育的组成部分，从根本上说，就是着眼于人的全面和谐的发展，就是着眼于人性的升华与完美；语文教育的任务通过语文教育行为来实现；语文教育行为包括语文德育行为、语文智育行为、语文美育行为；语文教师是语文教育行为的主体。语文教育是学生在教师有目的、有计划的指导下，积极、主动地掌握系统的语文基础知识和阅读、写作及口语交际基本技能的过程，同时也是学生开拓视野、发展智力、培养创新精神、提高文化品位和审美情趣，形成良好的思想品德和健康个性的活动过程。

三、传统的教师角色定位

(一)“教师是蜡烛”——燃烧自己,照亮别人

这一比喻揭示了教师职业“奉献与给予”的精神实质,对教师职业的崇高予以充分的肯定。但是用新的教师观审视这种定位,就会发现其不足之处,如忽视了教师的持续学习与成长,淡漠了教师的内在尊严与劳动的欢乐。

(二)“教师是园丁”——对学生精心培育,辛勤管理

这一比喻突出了教育的一般规律,比如拥有田园式的宽松环境,重视学生的成长历程,注意学生发展的个性差异;强调教师作用的发挥。其不足在于,这一比喻隐含着与育人工作相悖逆的信息,比如存在淘汰制(间苗),有人为的强制性(修剪)。

(三)“教师是人类灵魂的工程师”——给人创设美好的精神产品

这一比喻表明教师从事的是一项非常崇高的事业,教师关注的是人心灵的发展。但是如果教师真的处处以“工程师”自居,则势必会按照一种固定、统一的标准实施教育,采用“整齐划一、批量生产”的方式培养学生,忽视学生的差异性。

(四)“要给学生一碗水,教师自己得有一桶水”——为人师必须具有足够的知识储备和能力蓄积

作为教师要有丰富的知识和较强的能力,这是毋庸置疑的,但是教与学不是一个简单的“倒给”过程,不可把学生当作知识的容器,实施“灌输”式教学;古人“弟子不必不如师,师不必贤于弟子”“教学相长”等思想,在当今时代仍然具有积极意义。

(五)“教师像警察”——违法必究,执法必严

这种说法惟一值得肯定的,就是强调了教师维持必要的秩序、讲究纪律性的职能。其负面效应在于,暗示教师可以对学生实行严格控制,着眼于学生的问题与错误,挑剔多而鼓励少;教师缺乏亲和力,师生关系必然过于严肃,不利于建立和谐融洽的新型师生关系。

总之,传统的教师角色定位存在“四强调”和“四忽视”:(1) 强调教师的社会责任,忽视教师的个人生命价值与需要;(2) 强调教师的权威,忽视教师与学生的合作关系;(3) 强调教师的科学素养与教学技能,忽视教师促进学生成长的专业意识;(4) 强调教师劳动的传递性,忽视教与学的创造性。

四、新课程中教师角色的转变

(一) 教师是学生学习的促进者

首先,教师是学生学习能力的培养者。教师应该成为学生学习的激发者、辅导者、各种能力和积极个性的培养者;把教学的重心放在如何促进学生“学”上。

其次,教师是学生人生的引路人。教师不仅要向学生传授知识、培养技能,还要

引导学生沿着正确的道路前进。教师要改变过去的“道德说教”“道德偶像”传统角色形象，努力成为学生健康心理、健康品德的促进者、催化剂，引导学生学会自我调适、自我选择。

（二）教师是教育教学的研究者

研究主要有“实验研究”与“行为研究”两类。教师的“行为研究”，是以教学行动为研究对象的研究，是为了解决教学中的实际问题而进行的研究。这种把教学与研究有机地融为一体的做法，是教师专业发展的基础，是提高教师专业水平的有效途径。

（三）教师是课程的建设者和开发者

新课程倡导民主、开放、科学的课程理念，确立了国家课程、地方课程、校本课程三级课程管理政策，教师必须形成强烈的课程意识和参与意识，提高和增强课程建设的能力，具有开发本土化、乡土化、校本化课程的能力。

（四）教师是社区型开放的教师

从杜威的“教育即生活，学校即社会”，到陶行知的“生活即教育，社会即学校”，都强调了教育与生活的重要关系。随着社会的发展，学校教育与社区生活正在走向“一体化”，即学校教育社区化，社区生活教育化。新课程特别强调学校与社区间的互动，重视挖掘社区的教育资源。

五、新课程中教师行为的变化

（一）师生关系方面，强调尊重、赞赏

首先，学会尊重学生。要实现“为了中华民族的复兴，为了每位学生的发展”这一教育理念，教师必须尊重每一位学生做人的尊严和价值。

其次，善于赞赏学生。教师不仅要尊重每一位学生，还要学会赞赏每一位学生。赞赏每一位学生的独特性、兴趣、爱好、专长；赞赏每一位学生所取得的哪怕是极其微小的成绩；赞赏每一位学生所付出的努力和所表现出来的善意；赞赏每一位学生对教科书的质疑和对教师的超越。

（二）教学关系方面，强调帮助、引导

首先，要明确帮助的范畴。帮助学生检视和反思自我，明了自己想要学习什么和获得了什么，确立能够达成的目标；帮助学生寻找、收集和利用学习资源；帮助学生设计恰当的学习活动和形成有效的学习方式；帮助学生发现他们所学的东西的个人意义和社会价值；帮助学生营造和维持学习过程中积极的心理氛围；帮助学生对学习过程和结论进行评价，并促进评价的内在化；帮助学生发现自己的潜能。

其次，要掌握引导的策略。教育的本质在于引导，引导的原则在于含而不露，引而不发;引导的行为指向不仅包括方法和思维,同时也包括价值和做人。

(三)对待自我方面,强调教学反思

教学反思,就是教师对自己的职业行为以及这种行为所产生的结果进行审视和分析的过程。包括三方面:(1)教学前的反思,是使教学成为一种自觉的实践,避免随意性和盲目性;(2)教学中的反思,目的在于在教学过程中机智灵活地处理“突发事件”“意外问题”,使教学高质量高效率地进行;(3)教学后的反思,课后对教学行为进行批判性分析和总结,扬长避短,精益求精,从而使教学经验理论化。

(四)和其他教育者的关系方面,强调交往、合作

主要指与同事、家长及教育管理者的交往与合作。交往与合作要注意掌握方法策略:(1)倾听,无条件地、全身心地倾听对方的意见;(2)交谈,让所有的人都能够畅所欲言,表达自己的心声;(3)沟通,真正理解各方的立场和看法,在对话中达成共识和形成行动方案。

第二节　语文教师的基本素养

一、语文教师的师德素养

(一)语文教师的德行

教师德行,指教师在教学过程中不断修养而达成的一种内在精神品质。教师德行的最基本要求是对学生无害、无欺、公平、有益。苏联教育家加里宁说过:“教师德行对学生的影响是任何教科书、任何道德箴言、任何惩罚和奖励制度都不能代替的一种教育力量。”

(二)语文教师德行的构成

1. 教师善

教师善是教师德行的核心,就是指教师能充分调动积极的教育情感和坚定的教育意志,去践履笃行符合教育规律的教育信念,并且以肯定自己与他人的生命及其生命的价值意义为前提,来充分展现教师的力量。

2. 教师公正

教师公正,就是教师把受教育者应该得到的合理需要、合理评价给予他,即教师在从教生涯中表现出来的坚持真理、办事公道、正大光明的品质。教师公正能够激发起学生对教师的亲切感、安全感、理解感、信赖感和共鸣感。

3. 教师责任感

人既应该对人有责任,也应该对自然有责任。这种责任感的培养主要落到教育上。如何使学生感到在学校安然自在、不受拘束,而且觉得学校充满创造的活力,这

是教师义不容辞的责任；帮助学生发展学习的动机，使每种学习活动切合学生，唤起对各种学习材料和生活问题相互联系的意识，以及创造有利于学习的情境，也是教师必须承担的责任；关注每一位学生的发展，努力开发每个学生的潜能，更是教师的责任。

（三）语文教师德行的培养

1. 教育实践是形成教师德行的基础

教育专家叶澜指出："谁如果想成为一名出色的教育者，谁如果愿意把自己的生命献给这一伟大而崇高的事业，那么谁就应该努力使自己成为富有历史感和时代感的人，成为热爱人、理解人、善于研究人的人，成为深刻地了解社会与教育相关的一切，并对人类社会未来充满信心的人。只有这样的人，才能在为使人类与社会变得更美好的教育事业贡献自己的智慧、力量和生命的同时，使自己也变得更美好。"①

2. 在反思中加强自我修养

一是对时代风尚的反思。当今社会文化多元化带来人生观、价值观的多元化，主要价值取向是有效性。当前教师可能受此影响导致如下师德问题：人在曹营心在汉——缺乏事业心；做一天和尚撞一天钟——缺乏进取心；对待后进学生冷漠无情——缺乏热情与爱心；经不起金钱诱惑——物欲熏心；师表意识淡薄——形象扭曲。现代教育的主导思想是为社会培养需要的人才，但社会需要在不断变化，教育却是人类社会和人类文明得以健康发展的百年大计和长远利益所在，因此教育不能因为急功近利而违背教育规律行事。

二是对师生关系的反思。师生之间的关系决定着学校的面貌。师生关系是一种具有道德纯洁性的特殊社会关系。建立新型的师生关系，既是新课程实施与教学改革的前提和条件，又是新课程实施与教学改革的内容和任务。师生关系包括两方面：一是师生伦理关系，二是师生情感关系。建立新型的师生伦理关系要做到：树立教育民主思想，实行以人为本的教育；提高法制意识，依法从教；加强师德建设，纯化师生关系。建立良好的师生情感关系要做到：教师要真情对待学生，关心爱护学生；展现教学过程的魅力，与学生分享教学成功的喜悦；完善个性，使自己具有热情、真诚、宽容、负责、幽默的品质，提高人格感召力。

三是对自我的反思。有自知之明，认识自己、理解自己，包括自己对自我主观与客观的认识和别人对自己的态度、看法，以及自己对这些态度、看法的认同程度，从而不断总结经验和吸取教训；只有这样，教师才能在职业生涯中始终保持方向感和目的感，对自己的行为有很清醒的意识。

① 叶澜著：《教育概论》，人民教育出版社1991年版，第338页。

3. 遵守师德规范

教师的职业道德原则是为人师表、教书育人、教育公正、教育人道主义。关爱学生是师德的核心内容；言行一致、以身示范是师德的最高表现；业务过硬、治学严谨是师德的具体体现；终身学习、与时俱进是师德的时代要求。

二、语文教师的知识素养

（一）语文专业知识

1. 语言学知识

包括语言学概论、现代汉语知识和古代汉语知识。语文教师必须具备现代汉语语音学、文字学、词汇学、语法学、修辞学知识，具有古汉语基础知识和工具书知识。

2. 文章学知识

包括阅读学知识和写作学知识。如：了解阅读的心理学意义、语言学意义、教育学意义、社会学意义、历史学意义；了解阅读是物质活动和精神活动的统一，是心理活动与生理活动的统一，是言语操作和言语心智技能的统一，是一种审美实践；并且理解阅读本质的多重性在阅读教学中的意义。掌握写作基本理论及常用文体知识。

3. 文艺学知识

包括文艺学概论、中外文学史知识。了解中国古代文学、现代文学的基本内容，熟悉各个时期主要作家与作品，涉猎世界文学宝库，对驰名世界的作家作品特色有所了解。学习美学理论，懂得一点美学知识，掌握语文审美教育的方法。懂得一点文艺创作和文艺批评的基本理论，提高对文学作品和艺术作品分析、鉴赏的能力。

（二）教育专业知识

1. 教育学知识

学习教育学，比较系统地了解教育的本质，教育方针，教育的目的、过程、内容和方式方法；学习中外教育史；掌握教育科学研究方法。

2. 心理学知识

学习心理学和教育心理学，了解在教育过程中学生的心理特征和个性差异，了解学生的心理品质的形成及发展的规律，应用心理学中感知、注意、想象、思维等规律指导语文教学，提高语文教学质量，培养学生良好的心理品质。

3. 语文教育学知识

学习语文学科教育学，懂得语文学科的性质，掌握语文学科的目的、内容、要求、过程、原则和方法。还要读一点语文教育史。

（三）人文社会科学知识

要熟悉我国的国情，学习中外历史，尤其是近代史、现代史；学习经济学，了解市场经济的本质与特点；学习法学，尤其是有关教育的法令、法规；学习文化学，了解中国文化的形成与发展，进行中外文化的比较；了解民族习俗、风土人情等。

（四）自然科学知识

语文教材中涉及的自然科学知识很广，上至天文，下至地理，包罗万象。因此语文教师要读一些科普读物，关心和了解现代科学技术的迅猛发展，读一点科技发展史，以便在语文教学中培养学生的科学意识和科学精神。

三、语文教师的能力素养

（一）言语表达能力

教师言语表达的共同点：科学准确，简洁清晰，通俗易懂，逻辑严密，形象生动，连贯流畅。语文教师良好的言语能力表现为规范性和艺术性的统一，具体要求是：

1. 简明、严谨、准确；工于达意，利于培养学生的语感。
2. 活泼、生动、流畅；悦于耳，入于心，富有说服力和感染力。
3. 新鲜、优美、幽默；善于传情，巧于启智。

语文教师的言语表达能力还体现为掌握“三字一话”基本功，即要写一手漂亮的毛笔字、钢笔字和粉笔字，能说比较标准的普通话。虽然当前信息时代带来了办公自动化的普及，多媒体课件的广泛使用，使“三字一话”的基本功似乎显得不怎么重要了，但作为以言语教学为主要手段和以提高语言能力为主要教学目标的语文教师，这一基本功仍然不可偏废。

（二）语文教学能力

1. 教学设计能力

（1）设计教学目标。精当的教学目标，要具备定向功能、强化激励功能、适应功能和评价功能。教学目标的设计要符合综合化、系统化、行为化的要求。

（2）确定重点、难点。确定重点、难点的依据，一是课程标准的具体要求，二是教材内容特点，三是学生实际水平。教学设计时要突出重点，化解难点。

（3）精选教学内容。一是抓住主要内容。抓住指向“知识和能力、过程和方法、情感态度和价值观”三维目标的内容。这在“长课文短教”“深课文浅教”“多篇课文组合教”的教学策略运用中，尤其重要。二是挖掘独特内容。挖掘能收举一反三、触类旁通、牵一发而动全身教学效果的内容。三是剖析深奥内容。充分发挥讲授法的积极作用，对于较重要而又难懂之处，教师作精细讲解，原则上要抓住重点、突破难点、解决疑点。四是补充相关内容。围绕教学目标，紧扣教学内容，结合政治、经济、文化、科学技术等热点问题进行拓展性教学，建设开放而有活力的语文课程资源。

（4）安排教学程序。根据教学目标、教学重点难点以及学生的学习心理，安排教学程序。先研究什么，后研究什么，教师如何引导，学生活动如何展开，都要作妥善筹划，力求达到最佳效果。安排教学程序不可拘泥于一个模式，要有创新的意识和效果第一的观念。

(5) 选择教学方法。选择什么教学方法，既要考虑教学目标，又要依据教材特点、学生实际和教师的特长；教学方法不宜单一。

(6) 设计作业练习。语文作业的设计应该着眼于：突出重点，落实教学目标；应有启发性，避免机械操作，立足能力提高；形式要多样，以便开发学生的智力；分量应适当，避免负担过重；作业应具有弹性，使各个层面的学生均能获得有效的训练。

(7) 设计板书。语文教学板书设计要遵循如下原则：要月明星稀，忌繁星满天；要画龙点睛，忌鱼龙混杂；要提纲挈领，忌一盘散沙；要恰到好处，忌画蛇添足；要别具一格，忌千篇一律；要图文并茂，忌抽象单调；要师生互动，忌单向灌输。

(8) 编写教案。根据教师的教学经验是否丰富以及教学实施的需要，可写详案，也可写简案；可部分详，部分简。教案要眉目清楚，教学步骤明确，教师的“教”与学生的“学”两方面均有所反映，且要体现创新意识；书写规范，力求完善。

(9) 运用教学媒体。语文教师要能够根据教学需要，熟练地将所要表达的教学内容制作成清晰美观的课件，能够在课件中提炼知识的主要脉络，突出重点、难点，切实起到激发兴趣、增强感性、提高教学效果的作用。

2. 教学实施能力

(1) 组织协调能力。教师和全班学生在课堂教学中应该有合理的关系，教师的“教”作用于全班所有学生，而学生的学习积极性被调动起来后，既向教师反馈，又与同学交流；课堂上形成思想、知识、情感、能力交流的网络，语文教师要善于处理这种辐射式的教学网络.创造宽松和谐的课堂气氛，优化教学情境。

(2) 洞察应变能力。在教学进程中，教与学的矛盾、教师与教材的矛盾、学生与教材的矛盾、教学内容与教学时间的矛盾时有发生，语文教师要善于调控、妥善处理多种矛盾，使教学秩序井然，高效完成教学任务。尤其是课堂出现“旁逸斜出”现象时，教师如果拥有教育机智，把握时机，随机应变，就能收到无法预约的精彩。

(3) 处理作业能力。批改作业不能只判正误，要做到：了解学生的实际情况，处理时加强目的性和指导性；对不同类型的作业，采用不同的处理方法，且都要落到实处；批改作业要以正面鼓励、积极引导为主，对错误与不足要具体指出，并指导修改纠正的途径；注意因材施教，从学生的实际出发，有目的、分阶段地采用不同方法处理，以求取得最佳效果。

(4) 开展语文综合性学习活动的能力。首先要树立大语文教育观念。语文综合性学习是语文教学五大板块之一，是语文课程整体中的有机组成部分，应该纳入教学计划；同时要突出“综合性”特征，语文教学不能封闭在课堂小天地里。其次要精心安排语文综合性学习活动的内容。内容要具体，形式要多样；要有利于激发学生的兴趣，开阔学生的视野。可以开展两类专题活动：一类是侧重于对学生以前语言、文学、文化等方面所学过的内容进行梳理，以便在积累基础上进行巩固和整合；另一类是专题研究，主要在于引导学生自主思考、拓展探究一些问题，从而培养创新精神和实践能力。要让学生做综合性学习活动的主人，立足于培养学生的组织能力和实践能力，充分发挥学生的聪明才智，教师应该当好参谋。

3. 教学评价能力

在语文教学工作中，教学评价始终占据重要位置。教师的教学评价能力包括两个方面：

(1) 对学生学业成绩的评定。评定的内容。教师要根据评定的依据，如学生的分数、活动、品德等，运用科学的评定方式，如平时作业检查、课堂提问、单元测验、期中期末考试等，对学生的学习状况和效果作出恰当的评价。评定的原则。要突出语文课程评价的整体性和综合性，从“知识和能力、过程和方法、情感态度和价值观”三方面进行；评价的根本目的是为了促进学生的全面发展，因此应该充分发挥评价的诊断、激励和发展功能。

(2) 对教师教学业绩的评定。《基础教育课程改革纲要(试行)》指出：“强调教师对自己教学行为的分析与反思，建立以教师自评为主，校长、教师、学生、家长共同参与的评价制度，使教师从多种渠道获得信息，不断提高教学水平。”因此，从评定的范畴看，可以是教师的自我评价，也可以是对其他教师的评价；从评定的标准看，包括学生成绩、教学过程等；从评定的方式看，包括学校领导、同事或学生等；从评定的内容看，包括知识储备、教学态度、教学技能等。评课能力是教师应该具有的重要能力。

4. 教学研究能力

(1) 研究语文教学内容的能力。一是研究课程标准，从整体上把握教学目标。教师要认真研究课程标准，最好能通读全套教材，通晓全套教材的思路，了解教材的编写意图、体例安排、知识结构等。二是研究单元教材，把握单元组合的规律。教师要对整个单元的教材进行研究，掌握重点和难点；要明确本单元学生应该知什么、会什么(知识和能力，过程和方法)、发展什么(能力、智力，情感态度和价值观)。三是研究课文内容，把握文章个性。一篇课文写了什么，怎么写的，为什么要这样写，要透彻理解。在此基础上能够提炼出理解全文必须解决的几个重点问题，以便供课堂上交流讨论。

(2) 研究语文教学过程的能力。一是对教师教学行为的研究。教师的教学行为包括主要教学行为、辅助教学行为。主要教学行为，是指主要指向预定教学目标的教学行为，如教师的呈示行为、交流对话行为等；辅助教学行为，是指针对学生的具体实际和教学情境，而采用的增强主要教学行为效果的行为，如学习动机的激发和学习兴趣的培养、教学情境的设置等、对课堂“突发事件”的机智处理等。二是对学生学习行为的研究。教师在考虑如何“教”的同时，还要考虑学生如何“学”。学生的学习行为包括学习动机、态度、兴趣、习惯和学习方式。因此要研究学生的智力背景，如学生原有的知识基础、智力水平、能力水平以及在班级的分类情况；还要研究学生的非智力背景，如学生的学习兴趣、学习态度、学习习惯以及在班级的分类情况，从而便于教学的准确“定位”。

（三）语文科研能力

1. 课程资源开发与利用的能力

（1）遴选、鉴别能力。语文学习资源藏量丰富，分布广泛，品种多样，这就要求教师具有善于发现、果断取舍和价值判断的能力。要注意处理三种情况：如果课程资源丰富，就要学会取舍，体现课程资源开发利用的优越性、优先性和适切性；如果课程资源相对匮乏，就要善于发现和挖掘，充分利用现有资源，最大限度地发挥其教育价值；如果课程资源相对单调，就要努力进行课程资源的多项多维联系，以形成课程教育交互网，从而满足学生多样化学习和全面发展的需要。

（2）组合、变通能力。如何把原生态的、散见于不同领域的语文课程资源，化为语文教育的有机组成部分，是语文教师课程开发的基本功。要注意以下三种情况：对零散的课程资源，比如个人、家庭、社会、自然、媒体中的课程资源，进行组合，使之具有一定的系统性和教育的针对性、目的性；对传统的文化资源进行现代性转换和激活，使之具有现代教育价值和活力；对现有的已经过时的课程资源进行变通、嫁接，使课程资源具有再生性、可再利用性，即具有语文教育的新生长点。

（3）协调、沟通能力。语文课程资源的开发与利用，不仅是对传统的语文学习方式的现代转换与超越，也是语文教育方式的重要变革。这就要求教师走出课堂、书斋的限制，走向社会，走向自然，走进学生家庭，走近学生生活，从语文学科走进其他学科。因此教师必须具有一定的协调和沟通能力，成为课程资源开发与利用的协作者、沟通人。

2. 开展科研活动的能力

（1）选题的能力。选题是研究活动的开端，课题一旦选定，研究的目标与方向、对象与范围、主要方法与步骤等，都会随之解决。选题就是寻找研究语文教学问题的突破口，先在某个方向上，通过一个具体课题突破，逐步开展，逐步深入。选题角度不宜大，要有新意、有价值。

（2）收集资料的能力。围绕课题收集资料，力求范围广，内容实在。常见的方法有：检索古今中外的文献资料，做摘记、笔记、卡片；开展调查，也可以开座谈会；通过访谈，抓住典型，作较细致的了解。资料收集后必须梳理、归类，并对材料进行认真的筛选，选取最有意义的材料。

（3）撰写教研论文的能力。撰写论文时要遵循几条原则：一是论据要以事实为依据，论文中所列举的例子和数据，要具有真实性和科学性；二是内容的阐述要有逻辑性，充分突出理性思考和认识；三是语言要准确、明白，不可含糊其辞、模棱两可；四是行文结构要符合论文规范，引用文献资料要注明出处。教学研究论文有多种类型，如理论阐述式论文、研究报告式论文、模式构建式论文、经验总结式论文、个案案例式论文等，撰写论文时须准确定类，做到内容与形式的统一。

四、语文教师的心理素养

（一）语文教师人格的完善

1. 语文教师的人格修养

教师的人格品质，在很大程度上决定着能否促进学生的个性得到健康的发展，形成健康向上的情感态度和价值观。与其他学科教师相比，语文教师的人格修养有着更为广阔的天地，因为语文教师在自己的职业范围内有更多的机会与古今贤达对话，因而有更多的机会获得古今中外丰厚的精神营养，用以完善自己的人格。

2. 语文教师的仪表形象

为人师表是教师的职业道德原则之一，教师的风度仪表是其人格修养的组成部分，它对课堂教学的效果、学生品行的形成、社会道德规范的建设，都会产生重要的影响。语文教师的仪表形象大致要求是：在服饰仪容上，大方得体，整洁高雅；在言谈举止上，谦逊文雅，稳重端庄；在态度行为上，亲切和蔼，严谨持重；在待人接物上，真诚热情，表里如一。

（二）语文教师个性的塑造

1. 语文教师个性的涵义

语文教师的个性包括两个方面，一是“群体个性”，指语文教师相对于其他学科教师所表现出来的独特性；二是“个体个性”，指每个语文教师在语文教育中所表现出来的独特性。这里主要强调个体个性的塑造。

2. 语文教师个体个性的塑造

（1）稳固共性根基。我国教育心理学家韩进之在总结国内外研究成果的基础上提出，一个优秀教师应具备以下优良的个性品质：① 热诚关怀；② 真诚坦率；③ 胸怀宽阔；④ 作风民主；⑤ 客观公正；⑥ 自强自信；⑦ 耐心自制；⑧ 坚韧果断；⑨ 热爱教育事业。[①]

（2）提高人格修养。中国古代先贤中，首倡个体人格的是孟子，他说：“我善养吾浩然之气。”他高度推崇“富贵不能淫，贫贱不能移，威武不能屈”的人生境界；正是这种独立的人格精神塑造出一代又一代崇高伟大的形象。古今中外文学家的丰富，艺术家的浪漫，哲学家的清醒，科学家的睿智，思想家的博大等等，都是语文教师完善

① 韩进之著：《教育心理学纲要》，人民教育出版社1989年版，第567—570页。

独立人格过程中取之不尽的丰厚滋养。

(3) 实现"个性化"发展。每个人都会有自己的优势和劣势,关键是要充分认识自己的优劣所在,并且学会扬长避短,充分发挥个人优势,形成鲜明独特的教育个性和风格。

从常规教学的方式方法选用来说,擅长朗诵的则多用范读法、语言品味法,引领学生进入美文情境;工于书法的则多设计图文并茂的板书,使学生更直观感性地体会教学内容;现代信息技术运用娴熟的就充分利用多媒体课件,多层面、多角度地展示课文的内涵。

从教学总体个性风格形成来说,新课程为广大教师发挥个人优势提供了崭新而广阔的平台。新课程尊重语文教学中存在的许多"不确定性"的客观事实,以"个性化""选择性""多样化"为主要特征,给教师发展以更大的自主性和创造空间,有助于促进教师的个性化教学与发展。

(4) 追求"多样化"发展。新课程由学习领域、科目、模块三个层次构成课程体系,打破过去单一按学科的设置模式,有利于开发教师的创造潜能,促进多样化发展。教学模块是围绕一定的主题并通过整合学生的经验及相关内容构成的,因此教师在教学过程中,势必要以模块为"基点",以开放式的思考路径,不仅关注模块本身知识的学习,而且要结合学生的经验同时关注"知识和能力、过程和方法、情感态度和价值观"目标的实现;还要关注与其他模块之间、与其他科目之间、与其他学习领域之间的联系;这就必然对教师的知识结构、思维方式和能力、学习方式与发展途径等方面,提出多样化发展的要求。

(三) 语文教师教育智慧的运用

1. 教育智慧的涵义

教师独特个性是形成教育智慧的基础,具有教育智慧,是教师素养达到成熟水平的标志。教师具有教育智慧,能使其工作进入科学与艺术相结合的境界。语文教育智慧,是语文教师以语文教育活动为基础,将自己的生命理想和生命智慧具体化、实践化,并且消解融汇到教学过程中,使学生不断地拓展自己的心理结构,发展自身的认知、生存、合作、创造的一种智慧。

2. 语文教师教育智慧的构成

语文教师的教育智慧包括智力智慧、道德智慧、情感智慧三个范畴。就实现语文教学的"三维目标"而言,智力智慧主要指向"知识与能力""过程与方法"的目标;道德智慧、情感智慧主要指向"情感态度与价值观"的目标。

(1) 智力智慧。教师的智力智慧是教师具有的知识和能力构成的综合体。语文教育智慧包括教学知识系统和教学能力系统。

(2) 道德智慧。教师的道德智慧结构主要由道德模式、道德情操与品质、道德理想与信念、道德行为与品格，以及教学的使命感、价值观和目的性等因素构成。语文教师的道德智慧，表现为以完美的人格境界、高洁的情操品质来唤醒生命与人性、理智与心灵，开启生命成长与灵魂提升的大门，使他们获得生命的觉悟，从而实现教育教学活动的终极目标：使人求真、至善、达美。

(3) 情感智慧。教学情感智慧包括情感方式、情感理想、情感品质、情感动力、情感评价等，它主要体现在情感分析、情感体验、情感想象、情感移入、情感把握等教学活动中。教学情感智慧的开启是一种容易引发情感共鸣以至心灵震撼的过程，它能使教与学双方沟通心理意向，产生相互理解、相互信任的情感，创造出和谐的教学氛围和富有生气与活力的教学环境。

3. 语文教师的教育机智

教育机智是教育智慧的具体体现。教师具有教育机智表现为几种能力，即随机应变能力、因势利导能力、对症下药能力、把握分寸能力等。例如，语文教师可以通过教育机智，创造出一种积极的言语氛围：声音可以是刺耳的或温和的，高傲的或谦虚的，贬低的或赞赏的，漠然的或关心的，尖酸的或愉快的；可以是令人压抑的或令人振奋的，令人躁动的或令人镇静的；有时候一种特殊的语调会触动听者，因为那种特殊的声音所创造的特别氛围，让人永久不忘。

第三节　说课与评课

一、说课

(一) 说课的意义

说课是一种没有学生参加的课堂教学技能的演示，是从教者知识水平、教学水平、理论水平的展示。说课可以较全面地衡量一个从教者的业务素质，它对于检查、考核从教者对课程标准以及教材的理解和熟悉程度有着短、平、快的效果。因此，说课成为教师调动、新教师就业经受考核的必要环节。

(二) 说课的内容

1. 说教材

简要陈述所教课文的体裁类别、主要内容以及将授课的年级，这是确定教学目标及教学内容的依据。

2. 说教学目标

(1) 说确立目标的依据

总的依据是“三维目标”：知识和能力、过程和方法、情感态度和价值观，具体根据是“语文课程标准”的总目标中的相关条目以及所授课年级的学段目标；或目标类属的要求，如普通高中阶段“阅读与欣赏”“表达与交流”中的相关表述。

(2) 说具体教学目标

表述教学目标要符合以下要求：① 目标要条目化，如“知识与能力目标”：1. ……；2. ……；3. ……。“过程与方法目标”“情感态度与价值观目标”依次表述。② 目标要符合新课程的教育理念：一是行为主体一般是学生而不是教师；二是行为动词必须具体明确且可测量可评价；三是必要时要附上产生目标指向的结果行为的条件。

3. 说重点难点

(1) 说确立的依据。确立重点难点的依据主要是文本内容个性和学生的实际情况。(2) 说具体重点难点。可在目标中选定，也可另外确定。

4. 说课型设计

(1) 说课型。课型的类型多种多样，一般把课型分为三大类：阅读课、作文课、听说（口语交际）课。阅读课中，又可分为讲读课、自读课等。

(2) 说理由。课型设计的依据主要是教学理念、文章特点以及学生实际等。

5. 说教学方法

(1) 说具体方法。选取两三种主要方法即可。(2) 说选取理由。教学方法的选取一般根据教学理念、教材特点以及学生实际和教师个人特点风格。

6. 说教学程序

教学程序，是完成教学目标的具体途径。说教学程序，就是简要说明本课教学的思路和课堂教学结构、层次，说清楚教学过程的总体框架，甚至包括各板块的时间安排等。特别要说明在教学过程中突破教学重点的主要环节设计，解决教学难点的具体步骤，以及学生的学法指导等等。一般包括如下程序：

(1) 说导入。说导入新课的角度以及这样导入的预期目的。

(2) 说切入。说切入课文学习的方式以及采用这种方式的目的。

(3) 说教学推进。设计哪些问题来进一步推进课文学习，深入研究课文，从而达到突破重点、解决难点的目的。

(4) 说课堂收束。说安排什么教学环节来激活学生的思维，鼓励学生对课文进行多元化解读，引导学生对生活进行个性化或创造性的解读。当然这个环节设计要立足于文本内容，不可信马由缰，作任意发挥。

7. 说板书设计

介绍板书的主要内容、整体布局以及这样设计的主要目的。

8. 说作业布置

说具体作业以及要达到的训练目的。

（三）说课的注意事项

1. 时间概念要强，针对考查方给定的时间，安排说课内容的详略，但一定要展示上述几大框架。

2. 语言简洁不啰嗦，要言不烦，言简意赅。有些内容点到即止，如上述1、4、5项只需简单交代；而把说的重点放在2、3、6项上。

3. 区别“说课”与“上课”的不同点：上课是一种系统的教学活动，其对象是学生；而说课是一种教学设计的全面介绍和阐述，其对象是教师、教研员或其他评委。

4. 分清“说课稿”与“教案”的不同：教案是教师进行课堂教学的操作性方案，重在“教什么”和“怎么教”；而说课稿是揭示从教者在备课过程中，确定教学内容、教学手段、教学结构、教学程序、教学设计的思维过程和理论依据，不仅要说出“教什么”“怎么教”，还要说出“为什么这么教”。因此说课必须做到：脑中有理论，心中有课标；手中有方法，眼中有学生。

二、评课

课堂教学的评价标准包括教学目标、教学内容、教学策略与方法、教师专业素养、教学效果五大方面，但是新课程背景下语文课究竟该怎么上？随着新课程的不断推进，有关该问题的讨论越发热烈，其论述见仁见智，可谓“横看成岭侧成峰”。很多评课标准不好操作借鉴，一线教师上课常遇到“踩不着点儿”的尴尬。因此如何客观地评课，对正确引导教师实施新课程有着重要的导向作用。以下从四个方面探讨怎样评判一节语文课。

（一）体现教材意识：“用教材教”而非“教教材”

1. 按部就班、照本宣科、亦步亦趋、毫无特色的课，不是好课。

新课程的教学观要求教师强化“课程意识”，积极发挥教师、学生、教材、环境四个因素的作用。主张把教材当作一个教学的凭借，不拘泥于教材，表现为“用教材教”而不是“教教材”。即要求教师因“校”制宜、因“班”制宜、因“学生”而异地处理教材。课堂教学应该立足现状，利用校本资源，突出班级特色，充分彰显师生的个性和优势，让每一个学生都获得个人意义上的成功。新教材的多样性、选择性，解决问题思维的多层次、多角度，问题答案的开放性等特点，都为师生的个性化阅读和创新性理解提供了可能。

2. 无视文本、天马行空、任意发挥的课，也不是好课。

在“用教材教”的教学实践中，往往出现架空文本、冷落文本，甚至完全曲解文本的极端现象。对文本的个性化解读、创新性理解，其前提是立足文本；“有一千个读者就有一千个哈姆雷特”，尽管千差万别，但毕竟还是“哈姆雷特”，而不会是“李尔王”；“用教材教”，毕竟还要“凭借”教材，否则容易导致随意性和盲目性。

（二）强化角色意识：教师是平等者中的首席

1. 教学中教师的“光辉”掩盖了学生的“灿烂”，这样的课是不该予以肯定的课。

课堂教学中“学生的成功感”重于“教师的成功感”。教师追求课堂的成功感无可厚非，但教师的“成功感”应该通过学生的“成功感”来折射。课堂上学生的“成功”，内容丰富、形式不同：或得到教师的有效点拨，习得新知；或解决了一个有价值的问题，甚或发现一个老师也未发现的问题；或增进了交流体验，拓展了想象思维；或触动了心灵感悟，产生从未有过的审美感受；或陶冶了性情、提升了人格、改变了价值观、净化了人生观等等。

2. 盲目无序、少慢差费的课，是要彻底摒弃的课；而有特色、有创新、有突破的课，是瑕不掩瑜的课。

教师作为学生学习的组织者、引导者的作用是不可忽略的。“平等者中的首席”之“首席”的意义在于：把好课堂教学的脉搏。

(1) 妥善解决“气氛活跃”与“课堂秩序”的矛盾。

课堂上学生主体性得到凸显，个性得以表现，创造性获得解放；课堂氛围可谓“活跃”。可是“活跃”往往容易与课堂秩序相悖逆。教师要有处理课堂“旁逸斜出”现象的机智，能使课堂教学在既“活跃”又“有序”的氛围中进行。发挥组织者、引导者的积极作用，随时扭转课堂讨论中的“话语霸权”现象，防止学生“活跃”与“缄默”两极分化的加剧。

(2) 正确处理“用教材教”与“脱离文本”的矛盾。

课堂上教师要洞悉学生“多元反应”中的情感态度和价值取向，关注学生“说真话，抒真情”所反映出来的心理不健康，或人格的低级趣味等现象，以便作适时引导和纠正；对文本的多元解读，其前提是立足于文本，切不可纠正了“牵牛式”，却又走向“放羊式”。

(3) 客观对待“自主探究”与“课时任务”的矛盾。

一是要明白并非课课、时时都要用“自主、合作、探究”的学习方式，应根据教学内容的需要灵活运用，必要的呈现、讲解，教师尽可大胆去做。二是对那些始料未及的问题，教师要快速进行梳理，作出反应：或纳入，或舍弃，或作为课后作业处理；不必拐弯抹角，搞迂回战术，浪费时间；当然，教师的语言要机智幽默，不可挫伤学生的自尊心和积极性。三是教师要有“知之为知之，不知为不知”的胸怀和境界，勇于在学生面前袒露自己的不足。四是要解放思想，与其面面俱到、隔靴搔痒，不如突出重点、不及其余。

（三）突出问题意识：主张以问题为纽带的教学

1. 有结果无过程、有学习无思考，重学会轻会学、重继承轻创新的课，是严重违背新课程精神实质的课。

有课程专家提出，没有问题的课堂不是成功的课堂。这里的“问题”，主要指教师的设疑、启疑、答疑和学生的怀疑、质疑、解疑等。让问题成为课堂教学的纽带，使问题意识的培养，成为素质教育课堂的灵魂；使学生带着问题走进文本，与作者的心灵世界沟通，与教材编者的意图对话；又能够带着新的问题，走出文本，在“应用·拓展”过程中，努力达到“发现·创新”的高度。语文学科“工具性和人文性统一”的性质特点，决定了语文教育既是标准的、统一的、具有一定理性的教育，又是多样的、个性化的、更具感性的教育。语文课堂教学中在激趣、质疑和引导学生发现、创新方面，具有得天独厚的条件。

2. 充斥肤浅、琐碎、多而滥的问题，学生不需要深刻思考就发出“是”或“不是”、“对”或“不对”高喊声的“满堂问”的课，不是具有问题意识的课。

追求问题意识，要提高问题设计的价值，尤其是进行探究性问题设计的时候，要防止和杜绝“伪问题设计”。那些投石击破水底天、一石激起千层浪的“问题设计”，才具有点燃思想火花、撞击思维闸门的功效。

（四）追求效率意识：课堂教学要讲究精、气、神

传统教学提倡教师上课要有“精、气、神”，语文课程的性质特点和育人功能，尤其要求教师在课堂上具有情感的升腾和冲动，有极富感染力的语言和传神的情态。这里从贯彻新课程的教育理念出发，提倡语文课堂教学要讲究“精、气、神”，即在新的教学观、教师观、学生观指导下，教师对课堂教学的追求。

1. 精：精当的目标，精选的内容，精心的设计。（详见本章第二节之“教学设计能力”）

2. 气：民主的气氛，生活的气息，创新的气魄。

（1）民主的气氛。新课程的教学观、学生观，决定了师生之间的关系是民主平等关系。教师在课堂上的角色是“平等者中的首席”。师生敞开心扉，倾听接纳，坦诚相待；学生人人参与，突出主体，表现个性，展示创造性。师生通过分享彼此对教材的思考、经验、情感、体悟甚至困惑和疑虑，从而达到共识、共进、共发展的境界。

（2）生活的气息。新课程在内容上，改变过去“繁、难、偏、旧”和偏重课本知识的状况，加强与学生生活的联系，与现代社会、科技发展的联系；在教学上要面向学生的生活世界和社会实践，重视贴近学生学习的兴趣和体验，尊重学生已有的知识与经验；学生学到的是终身发展需要的知识、技能和人格素养。

（3）创新的气魄。教学中，教师要有培养创新人才“舍我其谁”的责任感和气魄，学生也要有“敢为天下先”的自信和勇气。心理学家研究发现，创造性不是可望而不可及的，是可以培养的，学生身上或多或少地存在着创造性潜能。

3. 神：形象要精神，讲授要传神，听课要入神。

（1）形象要精神。主要指教师在课堂上的精神风貌。课堂上教师是学生注视的

中心，其言行举止、音容笑貌具有鲜明的直观性，直接影响学生的学习心理。因此教师的精神面貌应该神采奕奕、亲切自然，切忌无精打采、拘谨单调、拖沓慵懒。

(2) 讲授要传神。美国传播学家梅拉比安曾提出一个公式：信息的表达＝7%语调＋38%声音＋55%表情。[①] 讲授要达到传神效果，就要提高语言表达能力，增强教学非言语表达艺术。发挥"类语言"的积极效果，恰当运用手势，善于使用面部表情，做到自然、适度。

(3) 听课要入神。如果学生对课堂内容产生了浓厚的兴趣，他的注意力就会高度集中，此所谓"入神"。课堂教学要以高水平、高质量来吸引学生精力的高度投入，而不是靠管、卡、压手段威逼学生进入最佳状态。学生注意力高度集中的表现是多种多样的：有的跃跃欲试，有的屏气凝神；有的起身发言，有的低头深思；有的与老师思路一致，有的却与老师背道而驰。研究并掌握"入神"的种种状态，目的是要避免追求课堂的虚假"繁荣"。

总之，新课程根据"以人为本"的教育理念，确立了"立足过程，促进发展"的评价体系和原则。因此评价课堂教学，应该坚持"以学论教"的理念，即通过关注学生"学"的状况，来判断教师"教"的质量。

第四节　语文教师的专业发展

一、语文教师专业发展的价值取向

(一) 语文教师专业发展的涵义

"教师专业发展"和"教师专业化"是两个概念，就广义而言，两个概念是相通的，均用以指加强教师专业性的过程；就狭义而言，则有个体与群体、内在与外在的区别。教师专业化，主要是强调教师群体的、外在的专业性的提升；而教师专业发展强调的是教师个体的、内在的专业性的提升。语文教师的专业发展，就是要求教师在整个职业生涯中，依托专业组织，通过终身专业训练，习得教育专业知识技能，实施专业自主，表现职业道德，逐步提高自身的从教素质，成为一名良好的教育工作者，即从一个"普通人"变成"教育者"。

(二) 语文教师专业发展的主要取向

1. 教师专业发展的理智取向

这种取向的主要观点是：教师要进行有效的教学，首先必须自己拥有"内容"，如知识、技能、价值观等；其次要有本领帮助学生获得这些"内容"，其本领包括拥有"学

---

① 陈家麟著：《学校心理教育》，教育科学出版社1995年版，第296页。

科知识"和"教育知识"。这种取向的教师专业发展，主要是向专家学者学习。例如对教师进行职前或在职的正规培训，大多采用这种取向。

2. 教师专业发展的实践—反思取向

这种取向的教师专业发展，主要目的并不在于获取外在的、技术性的知识，而在于通过多种形式的"反思"，促进教师对自己、自己的专业活动以及与之相关的人、事、物，有更深入的"理解"，发现其中的"意义"，从而促成"反思性实践"。采取的方式主要有：(1) 单独反思，如写日志、传记、构想、文献分析等。(2) 与人合作反思，如讲故事、交流信件、教师晤谈、参与观察等。(3)"合作的自传"方式，即由一组教师一起围绕目前工作的背景、当前正开设的课程、所坚持的教育理论、过去个人和专业生活等主题，写出自我描述性的文字，然后进行批评性的评论；通过这种方式，加强教师对其自身实践的认识，并在此基础上提升教育实践。在"实践—反思"这种取向中，教师专业发展更具有"探究"成分，教师对于影响其专业活动的知识或信念，不是通过外面专家获得，而主要依赖教师个人或合作的"发现"。

3. 教师专业发展的生态取向

教师发展其专业知识和专业能力，并非全靠自己，而是广泛地向他人学习借鉴；教师教学策略与风格的改进和形成，更大程度上依赖于"教学文化"或"教师文化"。生态取向的教师专业发展，最理想的方式是一种合作的发展方式，即通过教师小组的相互合作，确定自己的发展方式。因此，必须构建一种合作的教师文化，为教师的工作提供意义、支持和身份的认同。

二、语文教师专业发展的途径

(一) 树立终身学习的教师发展理念

教师的专业发展要建立在终身学习的基础上已成为全球性的共识。1996年联合国教科文组织在《教育——财富蕴藏其中》的报告中建议：把终身教育放在社会的中心位置上，重新考虑并沟通教育的各个阶段。终身教育的思想确立了教师教育的新原则，即连续性原则、一体化原则、可发展性原则，也促进了教师教育培养观念的更新。当前世界许多国家都对教师教育课程设置和培养途径进行了改革，语文教师教育培养的变化表现为：(1) 重视实践经验，包括观课、试教以及尝试开发教材；(2) 重视以课堂为中心和教师就是科研人员的教育思想；(3) 重视发展对语文教师教育的认识和信念。因此世界各地的语文教师教育课程，都十分重视以下五个方面：

1. 教师的认知能力和教学观念的培养。
2. 反思能力的培养。
3. 通过教师对自己的教学经验的阐述和个案研究来进行培训。
4. 通过教师的实践和观察取得有关的知识和技能；通过观察指导教师或伙伴的

教学，然后写出感想、作出总结。

5. 教师进行科研。课堂研究在职前和在职语文教师培训中所占的地位越来越重要。

（二）参与多种形式的语文教师进修学习

当前教师教育主张遵循三个原则：一是连续性原则：把教师教育的视野扩展到教师一生的专业发展，打破职前、在职教育各自为阵和互相割裂的局面，通盘考虑教师的专业发展，保证教师一生都能受到连贯的、一致的教育；二是一体化原则：终身教育要求把具有促进教师专业发展功能的各种教育机构互相联系起来，实施一体化的教师教育；三是可发展性原则：教师教育要把教师的态度、技术、知识和能力等方面的专业发展内涵有机地结合起来，实施知识、技能、情意一体化教育，使教师专业发展具有自觉、综合的更新能力，使教师成为一个终身学习者。因此在此前提下开拓多种教师培训进修渠道是当前教师教育的当务之急。目前国内外常用的几种模式有：

1. 新任语文教师在职培训模式

（1）导师带引式。这种培训课程不脱产，由教师培训中心派任或由本校指定老师对新教师进行传、帮、带，帮助其掌握课堂技巧，把所学的知识、技能用于教学实践。

（2）集中培训式。把新教师集中起来进行职前培训，主要培训两方面内容：一是作为教师应具备的思想教育方面的素质，二是进行具体的教学指导。

（3）解决问题式。是以研究问题的方式实施进修的培训，这种培训的特点是联系学校教育的实际问题，在研究解决问题中提高新教师的素质和能力。

2. 以学校为本位的在职语文教师培训模式

（1）在学校中指定专人，负责新任教师的入职训练，从各方面加以帮助和指导，使他们尽快适应角色和环境要求。

（2）每个中小学指配师资培训的联系人，定期搜集教师信息，并向大学或教师教育机构、教师专业团体汇报。

（3）设立校外教师教育中心。

（4）吸收资深中小学教师担任专职培训人员，和大学教授、师资培训机构人员、教育官员一起，共同设计和制订中小学教师培训计划，确定培训内容和目标等。

（5）在中小学设立教师继续教育管理小组，一般由校长和资深教师参加，负责计划和管理本校教师的在职学习，提高工作效率。

（6）由大学、教师培训机构或教师专业团体定期在中小学或校外教师教育中心开展研讨会，安排教师与专家见面，通过演讲、咨询、讨论等方法，使教师获得新知、发展理念和解决问题。

（7）由中小学教师提请，大学、教师培训机构或教师专业团体指派专家，协助开展专题研究。实践证明，开展专题研究是师资培训中最基础、最严格、也最有价值的工作，它能整合专家知识和教师的实际经验，能实现"教师即研究者"的角色转换。

(8) 建立"个别顾问"制度，即由中小学从大学、教师培训机构或教师专业团体中聘请顾问，让他们彻底了解学校各方面的问题，经常与教师谈话、讨论，帮助解决一系列实际问题，并为某个或某些教师制订自修计划。

(9) 中小学之间紧密联系，互通有无，资源共享，充分利用现代化教育技术手段，为中小学教师提供良好的进修机会和条件。

3. 学校、学区和大学教育学院协作的在职语文教师培训模式

美国曾建立职业发展学校 PDS(professional development school，简称 PDS)来加强在职教师培训。在 PDS 中，中小学教师与大学教师组成合作小组，共同负责师范生的培养，在中小学与大学之间架起了沟通的桥梁。

(三) 加强语文教师的校本教研

所谓校本教研，就是以学校为本的教研，就是为了提高学校的教育教学质量，从学校实际出发，依托学校自身的资源优势和特色，以教师为研究主体而进行的教育教学研究。语文校本教研有以下主要特征：

1. 语文校本教研的主体是语文教师。

教师即研究者，这是新课程的基本理念之一。教师在教学实践中发现问题、明确问题，并以此作为自己的研究课题。语文教师以研究者的身份置身于教学情境中，以研究者的视角审视和分析教学实践中的各种问题，对各种经验教训进行总结，使其形成规律性的认识。

2. 语文校本教研是在学校教育教学情境中生成的教学研究。

与学术性专业研究不同，校本教研是基于学校，为了学校教育教学工作的改进而进行的实践性研究。因此，一线语文教师是研究的主体，专家以及其他教研人员可以到学校提供指导和帮助。

3. 教研的对象是语文教学中亟待解决的具体问题。

语文校本教研探究的问题是语文教师自己的问题。教师在教学实践中能够直接了解到教学的困难和问题，能够立刻感知到问题的所在；对这些问题展开研究，教师拥有得天独厚的条件。许多语文教学问题，如果脱离具体的教学实践加以研究，往往经不起教学实践的检验。

4. 自我反思、同伴互助、专业引领，始终贯穿于研究过程之中。

教师个人的自我反思、教师集体的同伴互助、专业研究人员的专业引领，是开展校本教研的三种基本力量，也是教师专业成长的必由途径。语文教师的自我反思，是开展语文校本教研的基础和前提，所有的研究只有转化为教师个人的自我意识和

自觉自愿的行为，才能得到真正的实施。教师的劳动体现出很强的群体性，校本教研也是一种合作的参与式研究，并且强调合作的民主性。当然，语文校本教研也离不开专业研究人员的引领和参与，高屋建瓴的理论指导会使脚踏实地的行为研究更加理性、更加专业。

三、语文教师专业发展的原则

(一) 强调教育研究的原则

语文教师在专业发展过程中，学习先进的教育理论、教育思想的同时，要突出教育研究方法的学习和运用，目的不仅在于学会教学经验的综合和提炼，还在于培养自己善于在教育教学的实践中发现有研究价值的问题，并以科学的理论为指导，得出研究成果的能力。

(二) 注重自我反思的原则

自我反思，应该成为教师专业发展的重要方式，因为教师的教学反思，不仅是一种观念的活动，而且是一种实践的活动，是教师不断调整自己教学活动的实践过程。语文教师的自我反思可以从以下几个层面努力：

1. 对自身教育思想加以反思

随着当前课程观的变化，教师的教学观、学生观、人才质量评价观都应该相应更新。就语文教学而言，总的要求是落实三维目标："知识和能力、过程和方法、情感态度和价值观"，教师不可因为学生的"情感态度和价值观"更多地展现于未来，或很难在试卷上体现出来，就忽略对这一目标的追求。要认识到基础教育有两大任务，一是为高一级学校输送人才，一是为社会培养合格公民。

2. 对自己语文教学的专业行为和活动加以反思

这种反思的意义在于能够直接促进教师改进专业行为，提高教学效益。反思的内容包括：(1) 把课前设计的期望目标与课堂教学实践结合起来反思；(2) 把学生的需求、收获与教学的实际效果结合起来反思；(3) 利用各种资源，如读取的书本知识、借鉴的他人经验、吸取的同事意见等，来调整自己的教学实践。

3. 对自己专业成长的状况加以反思

语文教师在自我专业发展意识引导和专业发展理论指引下，引发出对目前自我专业发展状况和发展水平的思考。通过反思，认识自我、读懂自我。只有这样，教师才能在职业生涯中不断调整方向，瞄准自己的奋斗目标，以良好的心态和旺盛的精力，坚持不懈地努力。

(三) 突出形成问题的原则

"问题"是"反思"和"研究"的起点，问题可能来自教学理论、教学策略、教学技能等多个方面。形成问题，首先要找到研究的起点。来自教学实践中研究的起点常见的有三种：一个兴趣，一个困难，一种“不明”情况。一个兴趣：如尝试一种新的想法，或开发一种新的教学方法，来提高日常例行工作的效率。一个困难：如要改善一个困境，解决一个问题，或弥补一个缺陷，如教材中的遗漏或不足等。一种“不明”情况：课堂上的“意外”或无法解决的体验，例如对课堂中的“吵闹情境”加以探究等。

教育是一项使教育者和受教育者都变得更加完善的事业，语文教育工作是塑造人完美个性的工作，语文教师所扮演的社会角色更具有多重性和复杂性特点。因此，语文教师要更好地“育人”，必须坚持不懈地“育己”；没有教师的主动发展，就很难有学生的主动发展。只有当教育者自觉地完善自己时，才能更有利于学生的完善与发展。

思考与练习

一、名词解释。

1. 教学能力
2. 教学智慧
3. 教师专业化
4. 校本培训

二、谈谈你对语文教师角色定位的看法。

三、你是怎样理解“教师是太阳底下最光辉的职业”这句话的？

第十八章

中国古代语文教育概述

第一节 中国古代语文课程

中国独立设置的语文课程姗姗来迟，直至晚清才出现，然而，中国古代教育始终是以语文课程内容的教学为基础的。

一、远古至西周时期

原始社会，生产力水平低下，生产劳动、生活方式非常简单。在这种情况下，原始社会的教育没有从社会生产劳动中分离出来，因而也不可能有严格意义上的课程。但在原始宗教祭祀、原始艺术（歌唱、绘饰、雕刻等）、原始记事（物件记事、符号记事、图画记事）、原始伦理道德观念的教育中，都有不少语文课程与教学的内容。

大约夏代初期，最早的成形文字出现。到殷商的甲骨文，文字逐渐成熟定形。文字的出现，使书面语文教育成为可能。在原始记事符号发展为成熟文字的过程中，已经孕育了早期的文字教育。奴隶制的诞生使脑力劳动与体力劳动分离，文字教育在成为奴隶主阶级的专利的同时，也促成利用文字进行教学的学校形成。

夏、商的学校教育已有文字的认读、刻写等内容。西周的学校在夏、商的基础上更加完备。西周的"六艺"（礼、乐、射、御、书、数）教育，已类似今天的课程门类教育。礼，包括政治、道德、历史课的教学内容；乐，包括音乐、诗歌、舞蹈课的教学内容；射，包括射箭、投掷课的教学内容；御，包括驾车、骑马、习战的教学内容；书，包括识字、写字课的教学内容；数，包括算术、计算课的教学内容。"六艺"的教育中也包含着相当多的语文课程与教学的内容。

二、春秋战国时期

春秋战国时期是我国社会历史由奴隶社会向封建社会过渡的时期，伴随着政治经济的变革,“学在官府”转变为“学在四夷”。“士”阶层的兴起打破了卜史的文化垄断,出现了文化下移、私学兴起的局面。

孔子创办的私学规模宏大,影响深远。孔子办学,教学内容主要包括“文、行、忠、信”,开设的具体课程主要有礼、乐、射、御、书、数等六门,使用的教材主要有《诗》、《书》、《礼》、《乐》、《易》和《春秋》,教学方法有因材施教、温故知新、举一反三和启发式等。以孔子、孟子、荀子为代表的先秦儒家教育与以老子、庄子为代表的先秦道家教育和以墨子为代表的先秦墨家教育,同样包含着相当多的语文课程与教学的内容。

三、秦汉时期

秦汉是我国封建制度形成和确立的时期。秦统一六国后,推行“车同轨,书同文”的政策,针对战国时“言语异声,文字异形”等状况,采取了简化文字、禁私学、以吏为师等措施,其目的是巩固中央集权统治,但客观上也促成了汉语言文字的规范统一。秦代语文教育的目的主要是造就一批能服务于秦政的刀笔小吏。语文课程内容主要是识字和写字。秦丞相李斯作《仓颉篇》,中车府令赵高作《爰历篇》,太史令胡毋敬作《博学篇》。这些书既是进行识字写字教学的课本,又起了使文字规范化的字书的作用。

汉代学校教育有官学和私学之分。官学属中央一级的有太学,教师称博士。属地方的,郡国叫学,县道邑侯国叫校,教师称经师;乡叫庠,聚叫序,教师称孝经师。私学又有不同层次。由经学大儒自立的精舍相当于官学中的太学。属于小学程度的包括两个阶段:第一阶段是蒙学,主要任务是学书,这类学校叫书馆,也称学馆,教师称书师;第二阶段是学习《论语》、《孝经》和一些律令文字,私学教师传经的统称经师。汉武帝采纳董仲舒的建议,“罢黜百家,独尊儒术”,设置博士,教授弟子。其时,《易》、《书》、《诗》、《礼》、《春秋》每经只有一家,每经置一博士,各以家法教授,故称五经博士。到西汉末年,研究五经的学者逐渐增至十四家,所以也称五经十四博士。语文教育成为经学的附庸,始于汉代。

四、魏晋南北朝时期

魏晋南北朝时期,社会动荡不安。这一时期的教育主要由私学和家学承担。私学蒙学教育大致可分为两类:一是书馆,其课程主要是识字、写字和算术,教师称为书师;一是乡塾,其课程主要是读一般经书,教师称塾师。家学主要是家人父子传授,如东晋王羲之一家的书法,北魏江式一家的文字学,梁萧统一家的文学等。

魏晋南北朝时期,儒学独尊地位丧失,玄学思潮兴起。以何晏、王弼为首的一批名士,一改支离繁琐、神秘僵化的汉代经术,祖述老庄、辨名析理,以改造了的道家思想解释儒家经典，糅合儒道。他们出言以玄远为高雅，崇尚虚无无为之理，经常群聚辩论，谓之“清谈”。口语交际因此得到重视，成为这一时期语文教育的一大特色。

写作教学和汉字书法教学也是这一时期语文教育的重要内容。学童初学写作的文体，大概是韵文居多，一般要先学作诗。除诗之外，赋赞一类韵文也在儿童时练习写作。这时的学童还要学写通俗应用文和简单议论文。此时的书法教学主要是家族式的。

五、隋唐五代时期

隋唐是中国封建社会的繁荣时期。随着国家统一，经济繁荣，学校教育也得到了较大发展。佛教的传入和道教的崛起，极大地刺激了中国儒学，引发了唐代儒学复兴运动。在韩愈等人的倡导下，儒家经学再次成为学校的主要课程。在经学、古文运动、科举取士等因素的影响下，以文言型书面语言教学为主的语文课程体系初步形成。

隋唐五代，蒙学阶段的教育任务主要由私学承担。此时蒙学大致分为村学和乡学。其课程主要是识字、写字、算术，偶有读诗。地方官学，设在州县的，课程主要是经学、书学和科考预备。设在乡以下的学校，仍属启蒙性质，课程大体有读诗文、属对和写字等。隋唐五代家学也很盛行，使启蒙教育较此前有了很大的普及。家学主要是识字，也有初步的读文。隋唐学校制度逐步完备。隋特设中央机构国子学（后改国子监）管理教育。唐国子监下设国子学、太学、四门学、书学、算学、律学等六学。门下省设弘文馆，东宫有崇文馆，尚书省祠部有崇玄馆等。地方学校，州设有经学和医学，县设有经学。国子学学生分《周礼》、《仪礼》、《礼记》、《毛诗》、《春秋左氏传》5个专业，除学习专业的经书外，还要兼习《周易》、《尚书》、《公羊》、《谷梁》等。《孝经》、《论语》是公共必修的。

隋唐，尤其是唐代，书法教学达到了一个新高潮。隋代书法融合南北书风，为唐代书法全面繁荣奠定了基础。唐代统治者的提倡，如科举考试中专设明书科，吏部以书判定选等等，对书法教学有很大的促进作用。唐代书法课程渗透在官学和私学中。为使书写正确，符合规范，学生除习书外，还要学《说文》、《字林》、《三苍》、《尔雅》等书。

隋唐在写作教学方面，有属对、吟诗和应用文写作训练。教蒙童学属对（也称对课、对对子），最初大概是以写作骈文和近体诗为目的的。发展到后来，属对成了启蒙之后的一种必修课。张志公认为：“属对是一种实际的语言、语汇的训练和语法训练，同时包含修辞训练和逻辑的训练因素。可以说，是一种综合的语文基础训练。”①

① 张志公著：《传统语文教育教材论》，上海教育出版社 1992 年版，第 98 页。

六、宋元时期

宋代一直处于多政权并存的状态，但在其软弱的外交政策下，社会基本稳定。政治、经济、文化的发展，带来了学校教育的改革和发展。北宋经过三次兴学建立了完整的官学体制，科举制经过兴废改革，基本定型。书院作为教育组织机构在宋代获得蓬勃发展，奠定了后世书院教育的格局。

宋代理学的兴盛对学校教育产生了深远的影响。理学是北宋周敦颐、邵雍、张载、程颢、程颐等人在儒、道、佛结合的基础上创立的一种新儒学，因其多以阐释义理、兼谈性命为主，故有“理学”之名。理学以探讨“道体”为核心，以“穷理”为精髓，以“存天理、灭人欲”为存养功夫，以“修齐治平”为己任，以“学以为圣”为目的，成为我国封建社会后期治国、齐家、育人的标准。南宋朱熹是理学的集大成者，他将《大学》、《中庸》、《论语》、《孟子》合称“四书”，并为之加注。“四书”“五经”成为封建社会后期学校的标准课程和教材，以及科举考试的惟一依据。

元朝是少数民族首次建立的统一政权。其统治者在统一过程中，认识到加速自身封建化是巩固其统治的惟一出路，因而崇儒兴学，尤其推重程朱理学，以朱注“四书”为科举内容。元代学校教育制度，基本承袭宋制，并借鉴辽、金办学经验，结合本民族特点，在不到百年的时间里形成了较为完备的办学模式。各少数民族也在与汉族的接触中不断“汉化”，纷纷仿效汉制，接受儒家经典的教育，创造自己的文字等。

七、明代

明代教育体制沿袭宋元，没有多大变化。明代官学的教育系统，以中央官学、地方官学和社学为主体，组成较为完整的学制体系。中央官学主要指南北国子监。南指南京国子监，北指北京国子监。地方官学以府学、州学、县学为主，统称为地方儒学。明代官学课程以儒家经典为基本内容，以“四书”“五经”为基本教材。明代私学主要为蒙馆、家塾。蒙学每天的功课大体有个顺序。如王守仁《训蒙教约》规定：“每日工夫，先考德，次背书诵书，次习礼或作课仿，次复诵书讲书，次歌诗。”

明中期封建统治极度腐败，程朱理学日渐僵化，心学逐步在书院得到传播，并在嘉靖年间达到极盛。心学是在宋明理学内部，作为正宗的程朱理学的对立面而出现的一个学术流派，其始作俑者是南宋的陆九渊，后经明代的王守仁大力发挥，成为影响一代的学术文化思潮。正德至隆庆年间的书院传授的内容不再是程朱理学，而是以陆王心学为主；此时书院成为学术思想的发源地，成为研究、探讨学问的地方，往往有一些著名人物主讲，讲会之风盛行。这是明代语文课程与教学的一个闪光点。

明代的写作课程，蒙学阶段主要是属对，此后主要是八股文。张志公指出：程式化的作文训练，渊源于唐代的帖经和应举诗。唐代以诗赋取士，作应举诗，有“破题”

“颔比”“颈比”“腹比”“后比”“结尾”一些名目、格局。到了宋代，罢诗赋，以经义策论取士，于是作文开始有了程式，逐步有了“冒、原、讲、证、结”“义头、原题、入腹、引证、结题”等种种说法。大致从宋代起，经元代至明初，训练作文一直是采用这种五段的程式。到了明代，程式愈变愈严，愈变愈死，明中叶以后，终于演变成为八股文，一直流行到清末。① 顾炎武说：“经义之文，流俗谓之八股，盖始于成化以后。”(《日知录》卷十六)最终定型为“破题、承题、起讲、入手、起股、中股、后股、束股”的基本格式。八股文从宋代经义发展而来，所以也称经义。八股文考题限制在《论语》、《大学》、《中庸》、《孟子》之内，所以又称四书文。八股文还有制义、举子业、时文等名称。明清科举，以八股文取士，八股文成为明清写作教学的重要内容。

八、清代

清代是我国封建社会的最后一个朝代。清代教育的重要场所，一是官学，一是书院。清代官学承袭明制，仍包括中央、地方与社学(或义学)三级。中央官学为国子监，系贡生与监生学习之处，也称国学或太学。地方官学也沿用明制，按府、州、县及相当于府、州、县的厅设立。清初沿袭明制曾一度设立社学，但不久社学就被义学等形式取代了。义学，又称义塾，是明清时期为民间孤寒子弟而设立的教育机构。清代书院大致可分为四种类型：一是以讲求理学为主的书院，二是以学习八股文为主的书院，三是学习“经世致用”之学，反对理学、帖括的书院，四是学习经史词章的书院。清代教学写作更为重视八股文，八股文的选本较明代更多。

1840 年鸦片战争以后，中国逐渐沦为半封建半殖民地社会。中国的教育也面临着历史的转换：一方面科举愈来愈僵化，教育内容愈来愈空疏；另一方面西学东渐，给当时的中国教育注入了新的活力。1862 年，清统治者下令整顿翰林院，要求兼综汉宋，崇尚实学。

同治、光绪年间出现的新式书院，如：1865 年由上海地方政府创办的上海龙门书院、1874 年徐寿与傅兰雅等人创办的上海格致书院、1876 年冯焌光创办的上海求志书院等，均倡导经世致用的实学精神，其培养目标、课程与教学内容都发生了重大变化。上海龙门书院规定：“凡肄业者，必先从事于小学、近思录，以正其志趋，后及群籍，以备考索。故凡经史诸书悉购置焉。又书朱子白鹿洞规于堂，俾日见之，以资警省。月课性理、策论，期有合于胡安定经义、治事立斋之意。故不以举业、诗赋列入课程。有志之士自亦不欲以遇合之心，夺其学问之实也。”②据民国《上海县续志·风俗志序》记载：“同治中叶，大乱初平，当道注意教育，主讲席者，皆当代硕儒，士风丕

① 张志公著：《传统语文教育教材论》，上海教育出版社 1992 年版，第 130—131 页。
② 应宝时：《龙门书院记》，同治《上海县志》卷九。

变，咸知求有用之学，不沾沾于帖括。当时以广方言馆、龙门书院为盛。”可见，新式书院强调的不是举业、诗赋、遇合之心、金榜题名、光宗耀祖，而是正其志趣、遍及群籍、学问之实，是国计民生、国家的安危、黎民的福祉。

特别注意的是：张焕纶 1878 年创办的上海正蒙书院（今上海市黄浦区梅溪小学的前身），为中国最早的新式学校，正蒙书院开设的课程有“国文、舆地、经史、时务、格致、数学、诗歌等门”[①]，其“国文”为中国最早独立设置的语文课程。1897 年，张焕纶主持南洋公学（今上海交通大学的前身）教务，在南洋公学外院（为南洋公学师范院附属小学）开设“国文、算学、舆地、史学、体育”[②]五门课程，其语文课程也以“国文”名之。

1901 年，清政府下诏科举“不准用八股文程式”。1902 年，颁布《钦定学堂章程》，官学与书院统称学堂。1904 年，颁布《奏定学堂章程》，推行新学制，规定小学开设“中国文字”、中学开设“中国文学”，这是以政府文件形式规定独立设置的语文课程，从此正式结束了将语文课程与蒙学教育、经学教育、“六艺”教育等合为一体的历史。1905 年，废除了自隋唐以来延续了 1300 多年的科举考试制度。中国教育完成了从古代向现代的转换。

第二节　中国古代语文教材

中国古代的语文教材大致可以分为蒙学教材、经学教材、文选教材、诗选教材和作文教材五类。

一、蒙学教材

中华民族自古以来就有重视蒙学教育的传统。古代对儿童的教育叫“蒙养”教育，对儿童进行启蒙教育的学校称“蒙馆”。以识字为主的蒙学教材较早的有《急就篇》，影响最大的有《三字经》、《百家姓》和《千字文》（习称“三、百、千”）。

1.《急就篇》

《急就篇》，一名《急就章》，西汉史游编撰。今本《急就篇》，共 34 章，合计 2144 个字。据考证，最后的 128 字是东汉人补加的。就前边的 2016 字来看，大致是把当时常用的单字编集起来，使之成为三言、四言、七言的韵语，以便记诵，尽可能避免重复字，同时尽可能使每句都表达一定的意思，借此在识字教育的过程中多少教给儿童一些常识。三言如：“宋延年，郑子方。卫益寿，史步昌。”四言如：“汉地广大，无不容

① 陈学恂主编：《中国近代教育史教学参考资料》上册，人民教育出版社 1986 年版，第 238 页。

② 陈学恂主编：《中国近代教育史教学参考资料》上册，人民教育出版社 1986 年版，第 647 页。

盛。边境无事,中国安宁。"七言如:"稻黍秫稷粟麻粳,饼饵麦饭甘豆羹。""治礼掌故砥砺身,智能通达多见闻。"就其内容来看,大致可分为姓氏名字、服器百物、文学法理三个部分。《急就篇》是汉魏至唐蒙学通用的识字课本。

2.《千字文》

《千字文》由南北朝时期梁周兴嗣所编。作为通俗的识字课本,《千字文》虽然字数有限,但内容涉及天象、岁时、名贵物品、古代帝王、品德、建筑、历史、地理、农事、士人、起居等。《千字文》全书条理清楚,押韵自然,晓畅易读,朗朗上口。它共有250句,所选的1000字,都是古书上常用的,没有很生僻的字;用文言的标准看,多数句子也是普通的结构,艰涩难懂的句子很少;引古书、用典故的地方有一些,不太多,也不算艰深。《千字文》开头写道:"天地玄黄,宇宙洪荒。日月盈昃,辰宿列张。寒来暑往,秋收冬藏。"仅从这几句,我们也可以看出其四字一句,句法整齐,讲究声律对仗,追求文采辞藻的特点。《千字文》编成以后,很快就成了流行各地的通俗识字课本。不仅在汉民族中间传播,还有满汉对照本、蒙汉对照本和日本的刻本,供满族、蒙族的儿童学习汉字和日本初学者学习汉文之用。

3.《百家姓》

《百家姓》的作者现已无从考证。以"赵钱孙李"开头,后人推断是宋人的作品,赵是当朝皇帝的姓氏。它由没有意义的单字组成,但也体现了鲜明的皇朝正统思想。书名中的"百"不是实指,而是虚指,因为全书收集了单姓446个,复姓61个,共507个姓。《百家姓》只是一本识字课本,文中字与字之间并无联系,作者把散乱的字合理地编排在一起,每四字组为四言韵语,因句句押韵,读来和谐流畅,易学易记。如:"赵、钱、孙、李,周、吴、郑、王。冯、陈、褚、卫,蒋、沈、韩、杨。"南宋陆游有《秋日郊居》诗三首,其三:"儿童冬学闹比邻,据案愚儒却自珍。授罢村书闭门睡,终年不著面看人。"作者在这首诗下面注道:"农家十月,乃遣子弟入学,谓之冬学。所读《杂字》《百家姓》之类,谓之村书。"可见在南宋,《百家姓》已经是广泛采用的启蒙识字课本了。

4.《三字经》

《三字经》的编者,有说是南宋的王应麟,有说是宋末的区适之,也有认为最初作者可能是宋人,后经众手不断增订,在流传中又得以进一步完善而成。现在比较通行的本子,共416句,1248个汉字。

《三字经》的内容大致有五个方面。一是讲教育和学习的重要性。如:"养不教,父之过,教不严,师之惰,子不学,非所宜,幼不学,老何为?玉不琢,不成器。人不学,不知义。"二是讲幼学中遵循的伦理纲常。如:"亲师友,习礼仪。香九龄,能温席,孝于亲,所当执。融四岁,能让梨,弟于长,宜先知。"三是幼学的自然和社会科学知识。包括"三才"(天地人)"三光"(日月星)"三纲"(君臣、父子、夫妻)"四时"(春、夏、秋、冬)“四方”(东、南、西、北)“五行”(金、木、水、火、土)“五常”(仁、义、忠、孝、信)“六谷”(稻、粱、菽、麦、黍、稷)“六畜”(马、牛、羊、鸡、犬)“七情”(喜、怒、哀、惧、爱、恶、欲)“八音”(匏、土、革、木、石、金、丝、竹)“九族”(高、曾、祖、父、身、子、孙、曾、玄)等。四是童蒙学习语文的顺序,包括小学、四书、五经、五子等基本知识和上古到宋的历史。五是以古人勤学成功的范例劝勉蒙童努力学习。如:“头悬梁,锥刺股,彼不教,自勤苦。如囊萤,如映雪,家虽贫,学不辍。”

《三字经》语言通俗,没有硬凑字数、硬押韵的毛病。从句法上看,可以说是灵活丰富,包罗了文言里各种基本的句式,既有训练儿童语言能力的作用,又使全书的句子显得有变化,样式多,不枯燥。有些是三字成句的,如:“蚕吐丝。蜂酿蜜。”有些是六字成句的,如:“昔仲尼,师项橐。”也有些是十二字成句的,如:“苏老泉,二十七,始发愤,读书籍。”从词语的组织来看,几种基本结构,如动宾、偏正、联合,都多次用到;基本的虚词,如“之”“乎”“者”“以”“而”“则”“于”“且”“虽”“既”“苟”“所”等都反复出现。《三字经》一编出来,很快就流传开了,从宋经元、明、清,直至近代仍广为流传,并且先后被翻译成满、蒙等文字。

二、经学教材

儒家的经典著作,在我国漫长的封建社会中,不仅是我国传统文化的主体,也是我国古代语文教学的必修教材。汉代即将《易》、《书》、《诗》、《礼》、《春秋》列为经典。宋代又将《论语》、《大学》、《中庸》、《孟子》合为“四书”。“四书”“五经”作为一套完整的学校课程的教材体系被一直沿用到清末。

1.“五经”

“五经”即儒家经典著作《易》、《书》、《诗》、《礼》、《春秋》的合称。汉武帝建元五年置五经博士,始有“五经”之称(加上失传的《乐经》,也称“六经”)。其中《易》是《易经》(又称《周易》),分为经、传两个部分。经的部分由卦、爻两种符号和卦辞、爻辞两种文字构成,为古代占卜所用,大约产生于殷周之际。传的部分是对卦辞和爻辞的注释与论述,包括系辞、说卦等十个部分,合称“十翼”,成书于战国至秦汉之间。《书》即《书经》(又称《尚书》),为我国上古历史文件和追述古代事迹的著作汇编,相传是孔子编选的。《诗》即《诗经》,是我国第一部诗歌总集,汇集了从西周初年到春秋中期的诗歌 305 首,司马迁在《史记》中说为孔子编订。《礼》,汉时指《仪礼》,后世指《礼记》。《仪礼》是春秋战国时的一部礼仪制度的汇编。《礼记》是西汉时人所编订的儒家关于礼的阐释。东汉郑玄分别为《周礼》、《仪礼》、《礼记》作注,合称“三礼”。《春秋》是鲁国的编年史,相传是孔子据鲁国史官所编《春秋》加以整理修订而成,文字简短,寓有褒贬之意,后世称为“春秋笔法”。自从汉武帝“罢黜百家,独尊儒术”之后,孔子和“五经”成为神圣不可侵犯的圣人和经典,儒家思想成为中国古代社会的正统思想。“五经”的内容包含了古代政治、伦理、哲学、历史、文化、教育等方面的内容，在封建社会产生了巨大影响。“五经”作为我国最早的一套语文教科书，流传之久，使用之广，在世界教育史上也是独一无二的。

2.“四书”

“四书”是儒家经典著作《论语》、《大学》、《中庸》、《孟子》的合称。其中《论语》是孔子的弟子和再传弟子记载孔子及其部分弟子言行的书。《大学》相传是曾参的弟子记述曾参言论的。《中庸》相传为子思所作。《孟子》是孟子及其弟子的著作。南宋理学家朱熹注《论语》，又从《礼记》中摘出《大学》、《中庸》分章断句，加以注释，配以《孟子》，题称《四书章句集注》，作为学习的入门读物，始有“四书”之名。《四书章句集注》是朱熹的力作，他自己说“熹与《语》、《孟》、《大学》、《中庸》，一生用功，粗有成就。然近日读之，一二大节处，犹有谬误，不住修削。有时又觉病生，此岂易事?”元皇庆二年定考试课目，必须在“四书”内出题，发挥题意规定以朱熹的《四书章句集注》为根据，一直至明清相延不改。

三、文选教材

文选教材是我国古代用来进行读写训练的主要教材。其中最有代表性的是《昭明文选》和《古文观止》。

1.《文选》

《文选》是我国现存的编选最早的一部诗文总集。它的编者萧统是南朝梁武帝萧衍的长子，字德施，天监元年立为太子，未及即位而卒，谥号“昭明”，故其《文选》又称《昭明文选》。

《文选》共收入周代至六朝七八百年间的 130 多位知名作者和少数佚名作者的作品 700 余篇，各种文体的代表作基本具备。原书 30 卷，唐李善注时分为 60 卷。这部书反映了作者独到的文学见解，也反映了当时的文学风尚。他不选经书，不选诸子，不选繁博的记言文，不选记事的传记，从而使《文选》的文学色彩更浓。

自唐初李善加注释后，《文选》流传更为广泛，研究和注释《文选》逐渐成了一门学问。《文选》不仅在中国文学史上占有重要地位，也是我国古代语文教材史上的一个重要里程碑。一般认为，《文选》是我国现存最早的语文课本。唐以后的文人士子，大都要读这部书。其目的主要有二：一是为了写文章，把它作为模仿的样板和取材的来源；二是为了应付科举，宋代有谚语云：“《文选》烂，秀才半。”

《文选》的一些重要的编辑思想也为后世的语文教材建设提供了许多有益的借鉴。从作品看，入选者必须具有“沉思”和“翰藻”的特点。用现在的话说，就是要注意文质兼美。《文选》所选的都是名家名篇，且各朝的代表作家的作品大致完备。以时代论，700 多篇诗文中，周秦 24 篇，汉代 140 篇，其余都是魏晋到梁的，显示了一种厚今薄古的倾向。以编排论，全书 700 余篇作品，分辞赋、诗歌、杂文三大类，大类以下又分 38 类，类以下再分小类，形成了文体分类为主、兼顾作品的时代排序的特色。《文选》由于开我国文选型语文教材之先河，且符合我国作为文章大国的国情，因此一直为后世所仿效。历朝历代均有许多文章选本问世，并出现了诸如宋代真德秀所编《文章正宗》，宋代谢枋得所编《文章轨范》，宋代吕祖谦所编《古文关键》，明代茅坤所编《唐宋八大家文钞》，清代吴楚材、吴调侯所编《古文观止》，清代姚鼐所编《古文辞类纂》等优秀文选本。这种文选传统，一直延续到现代，成为中小学语文教材编制的一种主要模式。

2.《古文观止》

《古文观止》，清代吴楚材、吴调侯编选，成书于乾隆年间。全书上起东周，下至明末，共选文 222 篇，编为 12 卷。全书以散文为主，兼收少量骈文、韵文。选入的文章，有一定的代表性，能显示出中国古代散文发展的大致脉络，大多数作品是千古传诵的佳作，体裁风格多样，注释评点简明扼要。《古文观止》以先秦历史散文为重点，收《左传》、《国语》、《战国策》、《公羊传》、《谷梁传》、《檀弓》，约占总数的三分之一。全书重《史记》略《汉书》，唐代以韩、柳为大家，宋代以欧阳修、苏轼为大家，元代未选，明代选方孝孺、王守仁、归有光等人作品。编选者的观点是“重其所当重，轻其所当轻”。所选文章，体裁多种多样，有论说、序跋、奏议、诏令、赠序、书、牍、传状、叙记、杂记、碑志、典志、箴铭、颂赞、哀祭、辞赋、骈文等等。其编写体例，以时代为经、作家为纬，打破了过去文选以文体分类的框框。吴兴祚在这本书的《序》里说：“以此正蒙养而裨后学，厥功岂浅鲜哉!”的确，《古文观止》易读易学，在清末的语文教育中发挥了很大作用，流传甚广。

四、诗选教材

中国自古以来就是一个诗歌大国。先秦儒家开创的诗教、乐教的传统，一直延续至今。我国古代的诗选教材除《诗经》外，有代表性的还有唐代《咏史诗》，宋代《神童诗》和《千家诗》，清代《唐诗三百首》等。

1.《神童诗》

《神童诗》相传为北宋末“神童”汪洙所作，后人补增搜集而成，是影响颇大的训蒙读物。《神童诗》辑录诗作虽只有 34 首，但内容丰富，反映的思想也比较复杂。其以诗歌形式对童蒙进行知识、思想教育和语言训练。该书在编排上是按内容进行划分的，劝学诗最多，其他有关科举、四季、闲适的内容也不少。所以读《神童诗》，儿童不仅可以欣赏优美的诗歌，而且能得到知识和思想教育。《神童诗》全部选用五言绝句，篇幅短小，诗味浓郁，格律严谨，音韵和谐，对仗工整，平仄准确，读起来朗朗上口，情趣盎然，易于记诵。

2.《千家诗》

《千家诗》最早为南宋刘克庄编集。全书原名《分门纂类唐宋时贤千家诗选》，辑录唐宋诗作22卷，分时令、节候、气候、昼夜、百花、竹木、天文、地理、宫室、器用、音乐、禽兽、昆虫、人品，共14类。此书在宋元时就有很大影响。后来，明人对这个选本进行选录编订，集成《千家诗》，定为蒙学课本风行全国，影响不亚于“三”“百”“千”。明《千家诗》分上下集，上集收七言绝句85首，下集收七言律诗38首。因上集第一首以程颢的《春日偶成》(云淡风轻近午天，傍花随柳过前川。时人不识余心乐，将谓偷闲学少年)开始，故明《千家诗》称“云淡风轻近午天”本。清人王相在此基础上重新编订《新镌五言千家诗》。后又有署名谢枋得选、王相注七言《增补千家诗》和署名王相选注的《新刊五言千家诗》。此后通行本为五、七言合刊《千家诗》。《千家诗》中诗歌基本上以季节为序，清新朴实，与日常生活关系密切，而且多数诗歌浅近易懂，脍炙人口，又多名家名篇，因此，家喻户晓，在我国语文教育中，特别是诗歌教学中发挥了巨大作用。《千家诗》对于语文教学的特殊意义在于，它既是集中识字教学向分散识字教学的过渡形式，又是识字教学向阅读教学的过渡形式。

3.《唐诗三百首》

《唐诗三百首》为清代孙洙所选编。全书选入了75位唐代诗人与无名氏2人的诗300多首。全书共分八卷，收有古诗、绝句、律诗，涵盖了我国古代诗歌中的各种诗体。该书原序说：“世俗儿童就学，即授《千家诗》，取其易于成诵，故流传不废。但其随手掇拾，工拙莫辨，且止五七律绝二体，而唐宋人又杂出其间，殊乖体制。因专就唐诗中脍炙人口之作，择其尤要者，每体得数十首，共三百余首，录成一编，为家塾课本。俾童而习之，白首亦莫能废，较《千家诗》不远胜耶？谚云：‘熟读唐诗三百首，不会作诗也会吟’。请以是编验之。”编者注重精选历来为人们广为传诵的佳作，名家名篇入选甚多，注意到入选作品的代表性，这也就是它风行海内外、历久不衰的原因。

五、作文教材

中国古代还有不少为应试写作提供材料和范例的书籍，带有作文工具书的性质。这类书籍或供“检事”用，即为写作提供材料；或供“看文体”用，即为写作提供范例；或合二者为一。供“检事”用，如：《皇贤》、《华林遍略》、《幼学琼林》、《龙文鞭影》等。摘录典故，依事分类，用几个字作标题。每个典故都详引事实，解释意义，注明出处。供学诗赋骈文的人进行各种单项训练，并为之提供材料。供“看文体”用，如：《兔园策府》、《龙筋凤髓判》、《钦定四书文》、《古文笔法百篇》等。选辑当时优秀考卷，或由文场老手按考卷要求写成范文，供举子揣摩仿效。兼供“检事”和“看文体”用，如：唐玄宗时徐坚等撰的官修类书《初学记》。此外，还有一些指导属对吟诗的教材，如：《声律启蒙》、《笠翁对韵》等。

1.《幼学琼林》

《幼学琼林》,原名《幼学须知》,亦称《成语考》、《故事寻源》,明程登吉编,一作明邱濬编。内容以介绍综合知识为主,天文、地理、朝政、家庭、饮食、衣服、技艺、花鸟兽木,无所不包。文字形式上,不拘泥于四言,灵活运用杂言,只注重两两相对,不强求整齐押韵,编排上按内容分类,分别介绍各类常用词、成语及掌故,其中有些词和成语的解释我们今天仍在使用,如"富足曰殷实""区区,自谦之语"等。此书在明代编成,产生巨大影响却在清代,有"读了《增广》会说话,读了《幼学》会看书"之说,可见其作用之大。清代通行本有邹圣脉增补注释的《幼学故事琼林》。

2.《龙文鞭影》

《龙文鞭影》,初名《蒙养故事》,明萧良有编撰,后明杨臣诤补充订正。"龙文,良马也,见鞭影则疾驰,不俟驱策而后腾骧也。"意思是说学童学好了,犹如骏马,不待老师鞭策,可以一日千里。故名。全书内容以史事人物、自然知识、掌故故事为主,逐联押韵,按韵部编排,用四言把历史上的人物、故事、古代神话、野史笔记中的资料加以条理化,读起来流畅顺口,便于记诵。如卷一中讲"重华大孝,武穆精忠。尧眉人彩,舜目重瞳",两两相对,隔句押韵。它既是一部故事总集,又是一部典故大全,集中体现了中国传统文化的精华,此书在明代就产生很大影响。清末李恩绶补充,成为定本。

3.《钦定四书文》

《钦定四书文》是桐城派学者方苞根据皇帝的旨意编订的、用以指导学生写八股文的作文指导书。全书41卷,其中明文480篇,清文297篇,收集了明清两代八股文范文近800篇。乾隆皇帝在《关于选编钦定四书文的"圣谕"》里讲:"国家以经义取士,将使士子沉潜于"四书""五经"之书,阐明义理,发其精髓,因以觇学力之深浅与器识之淳薄。"又讲:"今朕欲褒其集有明及本朝诸大家制义,精选数百篇,汇为一集,颁布天下。"因此,此书颁发后,成为清代士子的一本官定作文教材,对当时及以后的文章写作产生了深远的影响。

第三节　中国古代语文教学

张志公先生在《关于改革语文课、语文教材、语文教学的一些初步设想》一文中指出,我国传统语文教学有三大经验:"一是建立了成套的、行之有效的汉字教学体系;一是建立了成套的文章之学的教学体系;一是建立了以大量的读、写实践为主的语文教学法体系。"也有三大问题:"首先是语文教学的性质和目的——语文教学是科举考试的附庸,目的在于使受教育者获得参加科举考试的写作能力。这样的性质和目的决定了教学内容——识字加读古文加作古文(一般古文和八股文)。这样的性质和目的,这样的内容,决定了学语文的主要手段——记诵和模仿。"并由此产生了四大弊端:"脱离语言实际”“脱离应用实际”“忽视文学教育”“不重视知识教育”。[①]

一、中国古代语文教学的经验

（一）识字教学方面

我国古代的语文教学非常重视识字教学，认为识字是读写之本。识字教学经验的核心是：既要依据汉语汉字的特点，又要符合儿童的学习规律。在这方面，前人的经验主要有二：

1. 集中识字

所谓集中识字，是指在儿童入学前后用比较短的一段时间（一年上下）集中地教儿童认识两千左右的常用字，为进一步读写打下基础。清人王筠《教童子法》说：“蒙养之时，识字为先，不必遽读书。先取象形、指事之纯体教之。识‘日’‘月’字，即以天上日、月告之；识‘上’‘下’字，即以在上在下之物告之，乃为切实。纯体既识，乃教以合体字。又须先易讲者，而后及难讲者。……能识二千字，乃可读书。”王筠是文字学家，所以他提出先教纯体、再教合体这种合乎汉字构造规律的方法。这个方法，未必所有教者都采用，但集中识字确有其必要性、可能性和优越性。

汉字不是拼音文字。学习汉语汉文不能像欧洲的儿童那样，学会了二三十个字母以后，可以一边识字，一边很快就能成句甚至成段地阅读。学汉字，必须一个一个地认，一个一个地记；在认识一定数量的汉字之前，是无法整句整段地阅读的。不阅读，不跟语言实际联系起来，识字的效果又会受到影响，难于致用，难于巩固。这是个矛盾。前人采取了集中识字的办法来解决这个矛盾。

汉语语法，字的形态变化很少，名词、动词、形容词，都没有什么特殊的形态变化，字的安排可以不受语法的限制，完全依照识字的需要来办。这使集中识字具备了可能性。此外，汉字一小部分是单体字，绝大部分是合体字，而合体字之中，大部分是形声字。偏旁部首、造字的规律相当明显，即使是七八岁的儿童，也很容易领会。运用比较类推的方法，完全可以成批地认字。这又为集中识字提供了有利的条件。

2. 使用韵语和对偶

从最初的识字教学直到进一步的识字教学，使用整齐的韵语，或者使用对偶，或者二者并用，是一个非常有效的办法。因为汉语虽然不是单音节语言，然而汉字确实是单音节文字。在识字教育阶段，如果让儿童去学一个一个的不直接表音的单字，那会是十分困难的，而且枯燥乏味，引不起学习兴趣。勉强学了，也不容易记住。这是学习汉字的不利条件。而另一方面，正是由于汉字是单音节的，就非常容易构

① 张志公著：《传统语文教育教材论》，上海教育出版社1992年版，第153—155页。

成整齐的词组和短句，也非常容易合辙押韵。相形之下，要比多音节的西洋语文容易得多。整齐，押韵，念起来顺口，听起来悦耳，既合乎儿童的兴趣，又容易记忆。这显然比学一个一个的单字好，也比一上来就念参差不齐的句子好。前人大量采用整齐韵语的办法，的确是充分运用了汉字的有利条件，避免了它的不利条件。对偶，跟押韵一样，也是汉语汉字的特点，也有利于儿童的朗读、记诵。从声音上说，和谐顺畅，读来上口，听来悦耳。从内容上说，或者连类而及，或者同类相比，或者义反相衬，给人的印象特别鲜明突出，容易联想，容易记忆，境界高的，更给人以优美隽永之感。前人把汉语汉字的这两个特点充分运用于儿童的识字教学，对我们来说，应该视为珍贵的遗产。

（二）阅读教学方面

1. 阅读教学的基本原则和要求——“文”“道”不可偏废

古人对于“文”（语言文字之学，辞章之学）与“道”（他们所理解的正确思想的总称）的关系非常重视。历来有过种种说法，诸如“文以载道”“文以明道”“文以贯道”等等，也有过不少争论，但是争论之点往往在“载”“明”“贯”这些字眼上，说到基本精神，则一致性相当大，那就是：“道”是根本的，然而正确的“道”必须由高明的“文”来阐发、传播，人们也必须通过“文”来理解“道”，因此，二者是不可分的，不可偏废的。这种看法，在他们向青少年进行阅读训练的见解和具体做法之中，格外清楚地反映出来。对于阅读中对待“文”“道”关系的这种看法，张伯行概括为这样一句话：“论道而专求诸语言文字间，则道晦矣；抑论学而不求之语言文字之间，则道亦泯矣。”（《朱子语类辑略》序）

根据上述这种“文”“道”不可偏废的原则，在指导学生阅读的时候，他们就主张仔细讲解文章的名物、训诂、句读、篇章，使学生充分地理解其“文”，同时领会其“道”。清人崔学古说：“书有数字一句者，有一字一句者，又有文虽数句而语气作一句读者，须逐字逐句点读明白。”（《幼训》）又说，教一篇文章，既要“讲”，也要“贯”：“‘讲’者，讲其实意，初讲时用之；‘贯’者，贯其神理，有贯串之意焉。”（《少学》）概括起来，讲书的步骤和目的则如元代程端礼所说：“每句先逐字训之，然后通解一句之意，又通结一章之意，相接续作去。明理演文，一举两得。”（《读书分年日程》卷一）

2. 阅读教学的基本方法——熟读、精思、博览

在阅读教学的方法上，前人强调要求学生熟读精思，也重视指导学生博览。

首先，他们认为书不能单用眼睛看，必须读，并且认真地读。崔学古说：“毋增，毋减，毋复，毋高，毋低，毋疾，毋迟。”（《幼训》）朱熹说：“凡读书……须要读得字字响亮，不可误一字，不可少一字，不可多一字，不可倒一字，不可牵强暗记，只是要多诵遍数，自然上口，久远不忘。古人云：‘读书千遍，其义自见”，谓读得熟则不解说自晓其义也。’”（《朱子童蒙须知》，《养正类编》卷一）可见，读的要求是：第一，大声诵读；

第二，读得准确，一字不差；第三，多读遍数，达到纯熟，以至能够背诵。目的是：第一，能够上口；第二，能够记住；第三，通过熟读达到更好地理解。

同时，他们也并不主张糊里糊涂地读，糊里糊涂地背。崔学古说，读书应该首先“求明，不先求熟。明则自然易熟”。所以他主张先把文章讲明白，然后要学生读，并且要他复讲，讲后再读，读熟再温。他说：“得趣全在涵泳。”（《少学》）朱熹提倡“三到”——心到，眼到，口到。眼到是看，口到是读，心到就是理解领会。他说：“读书须是仔细。逐句逐字，要见着落。若用工粗卤，不务精思，只道无可疑处。非无可疑，理会未到，不知有疑尔。”（《朱子语类辑略》卷二）又说：“看文字须入里面猛滚一番，要透彻，方能得脱离。若只略略地看过，恐终究不能得脱离，此心又自不能放下。”（《朱子读书法》卷一）这些意思合起来，就是朱熹再三强调、宋元以来人们一致奉行的“熟读精思”的原则。

他们主张熟读精思，并不意味着只要捧着少数的几篇文章死念。博览，也是他们一向所重视的。清代唐彪说：“从古未有止读四书一经之贤士，亦未有止读四书一经之名臣。故欲知天下之事理，识古今之典故，欲作经世名文，欲为国家建大功业，则诸子中有不可不阅之书，诸语录中有不可不阅之书，典制志记中有不可不阅之书，九流杂技中有不可不阅之书。”（《读书作文谱》卷一）从书的内容说，要博；从文章的风格体裁说，也要博：“学者读文，不可专趋一体，必清浓虚实、长短奇平并取。……韩、柳、欧、苏之称古文大家者何谓也，王、唐、归、金之称制艺名家者何谓也，以其集中清浓虚实、长短奇平，无所不有，故称大家名家也。”（《读书作文谱》卷五）

（三）写作教学方面

1. 写作教学的基本原则——“词”（辞章）“意”（义理）并重

所谓“词”“意”并重，或者说“辞章”“义理”并重，就是说，作文应该以“意”为主，以“义理”为根本，但是好的“意”，正确的“义理”，必须用恰当的“词”，好的“辞章”表达出来。清人章学诚说：“义理不可空言也，博学以实之，文章以达之。”（《原道（下）》）崔学古训练学生作文的要求是：“造意要超卓，立格要正大，题旨要明透，笔气要清顺。此为行文要务。”（《少学》）作文教学的这种原则与阅读教学中“文”“道”不可偏废的原则是一致的。

2. 写作教学的基本步骤——先“放”（放胆文）后“收”（小心文）

古代学者一向主张训练学生作文要经过“先放后收”的过程——首先鼓励学生大胆地写，等有了一定的基础再要求精练严谨。苏轼说：“凡文字少小时须令气象峥嵘，色彩绚烂，渐熟乃造平淡。其实不是平淡，乃绚烂之极也。”（《与侄简书》）宋人谢枋得根据“先放后收”的原则编了一部阅读课本《文章轨范》。这部书分两部分，前半叫做“放胆文”，后半叫做“小心文”。他在这部书的引言中说：“凡学文，初要胆大，终要心小——由粗入细，由俗入雅，由繁入简，由豪荡入纯粹。”元代的程端礼，清代的梁章巨、王筠等人都曾提出同样的主张。

初学阶段既然鼓励学生大胆地写，所以他们主张批改作文的时候，不要改得太厉害，以免挫伤学生的信心和兴趣。唐彪说："先生于弟子之文，改亦不佳者，宁置之。……盖不可改而强改，徒费精神，终不能亲切条畅，学生阅之，反增隔膜之见。惟可改之处，宜细心笔削，令有点铁成金之妙，斯善矣。善学者于改就之文……细心推究我之非处何在，先生改之妙处何在。逾数月，又玩索之。玩索再四，则通塞是非之故明而学识进矣。"(《父师善诱法》)这种经验，显然是值得重视的。当然，前人在鼓励学生大胆地写的同时，在用词、造句方面，尤其是在写字方面，要求还是十分严格的。

3. 写作教学的基本方法——多作多改

所谓多作，主要是指写成篇的文章。但是在训练的过程中，也需要从更基本的工夫练起。欧阳修认为，文字功夫"无他术，唯勤读书而多为之，自工。世人患，作文字少，又懒读书，每一篇出，即求过人，如此少有至者。疵病不必待人指摘，多作自能见之。"(《东坡志林》卷一)姚鼐也说："大抵文字须熟乃妙，熟则利病自明。"(《与陈硕士书》)

所谓多改，目的在于深入揣摩，一方面可以更牢固地掌握语言文字的运用方法，另一方面可以养成严肃认真、一丝不苟的写作态度和习惯。贾岛"推敲"的故事，欧阳修改定《醉翁亭记》首句"环滁皆山也"的故事，王安石改定"春风又绿江南岸"的故事等，都是改的典范。这一类的故事，可以说举不胜举，而前人就是用这些故事来鼓励学生勤于推敲、认真修改自己的文章的。

多改，并不是依赖老师批改，而是要求学生自己修改，不只是个别词句的润饰，而是指通篇文章检点。唐彪说："文章最难落笔便佳。如欧阳永叔为文，既成，书而粘之于壁，朝夕观览，有改而仅存其半者，有改而复改，与原本无一字存者。"又说："文章初脱稿时，弊病多不自觉，过数月后，始能改窜。其故何也？凡人作文，心思一时多不能遍至，过数月后，遗漏之义始能见及，故易改也。又当其时执著此意，即不能转改他意，异时心意虚平，无所执著，前日所作有未是处，俱能辨之，所以易改。"(《读书作文谱》卷五)

二、中国古代语文教学的问题和弊端

(一) 问题

1. 语文教学的性质和目的

古代语文教学逐步演变为科举考试的附庸，其目的在于使受教育者获得参加科举考试的写作能力。这种作为科举考试制度的附庸的教育，如郑振铎所指出，"以严格的文字的和音韵的技术上的修养来消磨'天下豪杰'的不羁的雄心和反抗的意思，以莫测高深的道学家的哲学和人生观，来统辖茫无所知的儿童。”[①]

2. 语文教学的内容

古代语文教学的内容，主要是识字加读古文加作古文（一般古文和八股文）。由于把古人作为学习的楷模，把古文作为学习的最高境界，窒息了青少年的思维想象能力和革新创造精神。引导人们向后看，而不是向前进。特别是程式化的作文训练，从根本处说，足以束缚青年的思想，使他们不能越出封建统治的牢笼；从写作方面看，必然形成一种追求形式、讲究格律、陈词滥调、言之无物的风气。

3. 语文教学的方法

古代语文的主要方法是记诵和模仿。只重视整体感知，缺乏分析认识，只强调求同思维、单向思维，忽视求异思维、发散思维，只尊重维护作者权威，无视读者理解的主动性、创造性，只听任感性暗中摸索，缺乏系统科学理论指导。

（二）弊端

1. 脱离语言实际

古代语文教学只管书面语言训练：识字、写字、读书、作文，脱离口头语言实际，抛弃听话能力和说话能力的训练。我国古代作为书面语言的文言文，两汉之后就基本定型了，很少变化；而口头语言则是一刻不停地发展着，变化着。读的写的是以先秦两汉语言为基础逐渐形成的文言，与生活中实际使用的语言距离很大，而且越离越远，以至完全脱节。

2. 脱离应用实际

古代语文教学只管读、写，而读的、写的都与日常生活和实际应用无关。特别是封建社会后期，读书人皓首穷经，苦练八股，只为功名。这也使儿童视学舍如囹狱，视师长如寇仇。

3. 忽视文学教育

古代语文教学在蒙学阶段多少教学童念点短诗，但开讲“四书”“五经”之后，就不再把诗列为教学内容，词曲小说更不在其中。古代语文教学中所教的古文，有些是文艺性的散文，但不是当作文学作品来教的，而是作为写文章的范例来学的。孔子很重视学诗，唐朝还将诗列为教学内容，元明以后就不太重视了。

4. 不重视知识教育

我国有起源很早、很发达的文字学、训诂学、音韵学和文章学。在传统的语文教育中，也有结合读写训练讲解一些语文知识的，但始终没有建立起适宜于语文教学的知识体系。例如文章教育，曾经总结出一个“起——承——转——合”带有规律性的模式，但很快就变成了僵死的八股文程式。人们反对八股，但又建立不起规范，就

① 郑振铎：《中国儿童读物的分析》，载《文学》，1936 年 7 月，第 7 卷第 1 号。

只能用“文无定法”来抵制它，其实是很无力的。培养和提高读写能力的训练，实际上成了一种只可意会不可言传的事。不讲知识，尤其反对讲系统的知识，成为传统语文教育的特点之一。

第四节　中国古代语文教育家

在中国古代数千年的教育期内，出现了众多杰出的语文教育家，如孔子、墨子、庄子、孟子、荀子，以及董仲舒、王充、颜之推、韩愈、柳宗元、胡瑗、朱熹、王守仁、黄宗羲、顾炎武、王夫之、曾国藩等。本节择其要略作介绍。

一、孔子

孔子（公元前551—前479），名丘，字仲尼，鲁国陬邑（今山东曲阜）人，春秋末期思想家、政治家、教育家。他创立的儒家学派，对我国古代文化的发展产生了巨大的影响。他毕生从事教育活动，前后约有五十年。晚年，整理《易》、《诗》、《书》、《礼》、《乐》、《春秋》等古代文献典籍，为古代文化的保存做出了重大贡献。

作为儒家经典著作的《论语》，集中地体现了孔子的哲学思想、政治思想和教育思想。孔子认为教育对社会发展有重要作用，他对教育在人的发展过程中起关键性作用也持肯定态度。孔子提出成人（即人之为人）必须经过“志于道，据于德，依于仁，游于艺”（《述而》）的教育，他又将成人的教育过程分为三个阶段：“兴于诗，立于礼，成于乐”（《泰伯》）。孔子在中国历史上首次提出“性相近也，习相远也”（《阳货》）的理论。孔子提倡“有教无类”的办学方针，并以此指导教学实践活动。在《论语》中，他还提出了多种教学原则和方法，比如因材施教、启发诱导、学思结合、循序渐进、温故知新、以身作则、学而不厌、诲人不倦等等，这些都成为我国教育学的宝贵遗产。汉代以后，《论语》作为专书供学子学习，直到今天，其中的部分篇章仍被选进语文课本。可以说，《论语》对我国历代的语文教育都产生了广泛而深远的影响。

孔子对语文学习有许多精辟的论述。他强调语文学习要多“闻”多“见”。“闻”是获取间接经验和书本知识，即博览群书；“见”是亲自接触外界事物获取直接经验。他强调“学”与“思”结合。要有好学的态度，“知之为知之，不知为不知”（《为政》），又要勤于思考，“学而不思则罔，思而不学则殆”（《为政》）。他还强调“问”，就是要善于发现问题、提出问题。“每事问”（《八佾》）是要多问，“不耻下问”（《公冶长》）是要敢于问。他要求“学”与“习”结合。“习”即温习、练习。“学而时习之，不亦说乎”（《学而》），“习”的过程就是温故知新的过程。他认为学习最终要落实到“行”上，“听其言而观其行”。

二、孟子

孟子(公元前372—前289),名轲,字子舆,邹(今山东邹县)人,战国时思想家、教育家。《孟子》一书,是其弟子万章等人所记述的他的言行录。

孟子讲人性,强调人之所以异于禽兽者,就在于人跟其他动物的不同之点,"若犬马之与我不同类也"(《告子上》);同时,强调人与人是同类,"圣人与我同类者"(《告子上》)。他确信人的本质是善的,一个人的"仁""义""礼""智"的品德,不是由于外界环境的影响而形成的,而是人的内心固有的。这并不是说每个人都能充分发挥其善的品性,因为人的道德品质的形成,还要受环境的影响,还要看主观能否努力去发挥心灵的善端。因而,他重视个体道德的自我完善,重视教育的作用。

孟子非常热爱教育事业,以"得天下英才而教育之"(《尽心上》)为人生乐趣。他提出了许多教育主张,有"民为贵,社稷次之,君为轻"(《尽心下》)的民本主义教育思想,有"仰不愧于天,俯不怍于人"(《尽心上》)、"富贵不能淫,贫贱不能移,威武不能屈"(《滕文公下》)、"我善养吾浩然之气"(《公孙丑上》)的教育思想,还有改过迁善、深造自得、重思存疑、专心有恒、循序渐进等教育思想,其中有很多仍为后代借鉴和继承。作为儒家经典之一的《孟子》一书,在古代是学生的必读书。时至今日,《孟子》中的许多篇章,仍被选进各种版本的语文教材中,对语文教学的影响极大。

三、荀子

荀子(约前313—前238),名况,字卿,又作孙卿,赵国(今山西安泽)人,战国末期的思想家、教育家,其思想保存于《荀子》一书中。据司马迁《史记·孟轲荀卿列传》记载:荀子曾两次游学齐国的稷下学宫,"最为老师","三为祭酒",多次成为学术讲坛的主持者。《荀子》一书共32篇,大部分出于荀子本人之手,少数为其弟子的论述。

与孟子主张人性善不同,荀子认为人性恶。荀子说:"人之性恶,其善者伪也。"(《性恶》)自然产生的人"性"是"恶"的,只有经过后天的"伪"才能变成"善"。所谓"伪",就是人为,就是必须经过后天的学习努力才能取得的东西。他主张依靠礼义、法律、教育等人为的手段去节制、改变人的自然本性。这就是他所说的"化性起伪"(《性恶》)。

作为教育家,荀子主张隆礼亲师,以改变气质;居必择乡,以避邪恶;游必就友,以近美善;积靡不舍,以成博学;一意专心,以求全粹。《荀子》第一篇《劝学》,以设喻与说理结合的方式,从学习的意义、学习的作用、学习方法和态度等角度阐述"学不可以已"的道理,并反复强调学习《诗》、《书》、《礼》、《乐》、《春秋》的重要性。荀子散文已经从《论语》、《孟子》的语录体对话,发展为独立的长篇论文,《荀子》一书一直是后世学子学习语文的重要教材。

四、韩愈

韩愈(768—824)，字退之，河阳(今河南孟县)人，唐代思想家、文学家、教育家。韩愈曾先后做过四门博士、国子博士、国子祭酒，直接从事教育和教学工作。任地方官时，他十分重视兴办教育事业。他一生从事语文教学活动的时间很长，教学很认真，并且讲究教学方法，“讲评孜孜，以磨诸生，恐不貌美，游以诙笑啸歌，使皆醉义忘归”(皇甫湜《韩先生墓志》)。他的教育思想和实践活动对后世语文教育产生了巨大影响。韩愈的语文教育思想，主要反映在他关于古文运动和读书、作文的论述与实践中。

韩愈倡导的古文运动，包括“文”和“道”两个方面。在“文”的方面，是要用所谓三代两汉文体代替魏晋以来的骈文；在“道”的方面，是要用儒学代替佛教和道教。所谓古文运动，与其说是重视载“道”之“文”，不如说是重视“文”所载的“道”。“愈之所志于古者，不惟其辞之好，好其道焉尔。”(《答李秀才书》)“古文”所负载的是“古道”，复兴“古文”的目的是复兴“古道”。当然，“古文”并不是一种毫无生命力的工具，它本身具有独立性和创造性。“若圣人之道，不用文则已，用则必尚其能者，能者非他，能自树立，不因循者是也。”(《答刘正夫书》)显然，“道”并不一定包括“文”，但“道”只有凭借“文”才能传之久远。此外，韩愈倡导“古文”，也有力地冲击了骈体文。他批评“齐梁及陈隋，众作等蝉噪。”(《荐士》)他提倡“古文”，就是要求恢复和发扬三代、秦、汉文章重视思想性和社会性的优良传统，用自由流畅的文学语言和单行散句的新型文体去代替骈体文。韩愈不仅在理论上加以倡导，而且在实践中努力探索，最终完成了文体和语言的革新，为古文战胜骈体文做出了巨大的贡献。从语文教育的角度来说，韩愈所倡导的古文运动，也是一场古文教育运动，是恢复古代散文传统、反对骈俪文风的教育运动，其实质是语文教育观念的转变和革新。

在读书方面，他主张读“三代两汉之书”(《答李翊书》)，除了经书，还要读“诸史百子”(李汉《昌黎先生集序》)。读书首先要弄懂词句的含义，更要理解书中的内容。“学古道则欲兼通其辞，通其辞者本志乎古道者也。”(《题欧阳生哀辞后》)“愈之所志乎古者，不惟其辞之好，好其道焉尔。”(《答李秀才书》)读书既精读，“沉潜乎义训，反复乎句读”(《上兵部李侍郎书》)，“沉浸醲郁，含英咀华”，“纪事者必提其要，纂言者必钩其玄”(《进学解》)；又要博览，“诸史百子，皆搜抉无隐”(李汉《昌黎先生集序》)，“贪多务得，细大不捐”(《进学解》)。韩愈强调读书要刻苦，要专心致志，“口不绝吟”“手不停披”“焚膏继晷”“兀兀穷年”(《进学解》)，甚至达到“处若忘，行若遗，俨乎其若思，茫乎其若迷”的地步(《答李翊书》)。

在作文方面，他主张“闳中肆外”(《进学解》)。“闳中”就是思想内容博大丰富，“肆外”就是语言表达汪洋恣肆。怎样做到“闳中”？这就要学儒家经典中的“道”。

他告诫后学："无望其速成，无诱于势利。养其根而俟其实，加其膏而希其光。根之茂者其实遂，膏之沃者其光晔。仁义之人，其言蔼如也。"他自称："行之乎仁义之途，游之乎《诗》、《书》之源，无迷其途，无绝其源，终吾身而已矣。"（《答李翊书》）如何才能"肆外"？他认为首先要从"三代两汉之书"里学习表达方法。"上窥姚姒，浑浑无涯。周诰殷盘，佶屈聱牙。《春秋》谨严，《左氏》浮夸。《易》奇而法，《诗》正而葩。下逮《庄》、《骚》，太史所录。子云相如，同工异曲。"（《进学解》）在语言运用方面，他主张"辞必己出"（《南阳樊绍述墓志铭》），"惟陈言之务去"（《答李翊书》）。韩愈还讨论了"气"与"言"的关系问题。他说："气，水也，言，浮物也。水大而物之浮者大小毕浮。气之与言犹是也。气盛则言之短长与声之高下者皆宜。"（《答李翊书》）

五、胡瑗

胡瑗（993—1059），字翼之，泰州海陵人，祖籍陕西安定，故后人称之为安定先生。北宋教育家。42岁时，应苏州知事范仲淹之聘，任苏州郡学教授。48岁时，又受聘为湖州州学教授。晚年调至国子监太学任教。

胡瑗对教育的作用有清醒的认识："致天下之治者人材，成天下之材者教化，教化之所本在学校。"（《松滋县学记》）胡瑗办学，注重实用，针对当时崇尚词赋的虚浮风气，他在教学中实行了分斋教学制。所谓分斋教学制，就是在学校里分设"经义斋"和"治事斋"。经义斋主要学习六经经义等儒家经典，以提高学生的文字、阅读、思维和研究能力。治事斋又分为治民、讲武、堰水和历算等科，主要培养从事实际工作的能力。胡瑗在苏、湖地区的教育改革与实践卓有成效，在当时就有很大的影响。景祐三年，宋仁宗诏令全国州县立学校派员到苏州、湖州两地考察胡瑗的办学经验，并总结出《学政条约》一卷，明令太学推广应用。《宋史·选举志》称："时太学之法宽简，安定胡瑗设教苏、湖间二十余年。世方尚词赋，湖学独立经义、治事斋，以敦实学。"这在当时是一种创造，后人誉之为"苏湖教法"。

胡瑗的语文教育思想主要表现在他对经义的教授方面。胡瑗讲经，"每有要义，恳之为诸生言其所以治己而后治乎人者。"（蔡襄《太常博士致仕胡君墓志》）他认为学经读经的目的是先治己、后治人。他对汉唐以来以经书词赋为主要教学内容的风气持否定态度，认为那是一种专重训诂注释、惟尚浮华文词的坏学风，它既违背了古代圣贤的遗训，又无补于当今社会的应用，培养不出治国理财的真实人才。《宋元学案·安定学案》称胡瑗"以明体达用之学授诸生，夙夜勤瘁，二十年专切学校，始于苏湖，终于太学，出其门者无虑数千余人"。所谓"明体"，即传授"经义"，以培养君子。所谓"达用"，即传授"治事"，以培养经世致用的本领。

胡瑗的语文教育思想还体现在他的全部教学过程中。《宋史》卷四三二《儒林传二》记胡瑗："教人有法，科条纤悉备具，以身先之。虽盛暑，必公服坐堂上，严师弟子之礼。视诸生如其子弟，诸生亦信爱如其父兄，从之游者常数百人。"可见其以身为教，爱生如子。除讲习课业之外，他还主张游息和考察，反对不务实际的读死书。《安定学案》称："先生在学之时，每公私试罢，掌仪率诸生会于肯善堂，合雅乐歌诗，至夜乃散。诸斋亦各自歌诗奏乐，琴瑟之声彻于外。"可见他不仅重视经义的书本教学，还倡导快乐教学，不仅注重书本知识，还注意实地考察。《安定言行录》中记载："学者只守一乡，则滞于一曲，隘吝卑陋；必游四方，尽见人情物态，南北风俗，山川气象，以广其见闻，则为有益于学者矣。"在教学中，他还很重视直观。教三礼（《礼记》、《仪礼》、《周礼》）中所载礼仪器物时，特绘制成图，帮助学生理解内容。

胡瑗的教育思想，"苏湖教法"提倡分科教学、因材施教、质疑问难、重视实践、民主商讨的做法，对后世教育产生了深远影响。

六、朱熹

朱熹（1130—1200），字元晦，后改为仲晦，号晦庵，徽州婺源（今属江西）人，南宋思想家、教育家。朱熹根据前人的教育经验和自己的教学实践，从人的心理特征出发，把一个人的教育分为"小学"和"大学"两个阶段。其中，8 岁到 15 岁为小学教育阶段，15 岁以后为大学教育阶段，并且分别指出这两个阶段的教育内容和教育方法。朱熹一生编纂了多种教材，其中《小学》成为中国封建社会后期颇有影响的蒙学教材，《四书章句集注》则成为元明清科举考试的标准答案和各级学校必读的教科书，影响我国封建社会后期的教育达 800 年之久。

朱熹思想的核心可用"性即理也"（《朱子文集》卷四）来概括。朱熹把自然、社会和人生中的一切现象、一切问题，都归结为"理"和"气"。"理"是他的哲学体系的最高范畴，也是他的哲学的出发点和终极点；"气"是"理"派生万物的中间环节，"气"的运转变化构成了千差万别、丰富多彩的万物世界。就人性而言，"理"指伦理观念，它构成人的"天命之性"，"吾之性即天地之理"（《朱子语类》卷九八）；"气"指阴阳二气，它构成人的"气质之性"，"人之性皆善。然而有生下来善底，有生下来便恶底，此是气禀不同。"（《朱子语类》卷四）朱熹认为，"理者，如一宝珠。在圣贤，则如置在清水中，其辉光自然发见；在愚不肖者，如置在浊水中，须是澄去泥沙，则光方可见。"（《朱子语类》卷十七）这样，朱熹的人性二元理论就与"去人欲、存天理"的道德修养联系了起来。朱熹认为这就是教育存在的根据，"古之圣王，设为学校，以教天下之人。……必皆人以去其气质之偏，物欲之蔽，以复其性，以尽天理，方始是学"（《朱子语类》卷十三）。

哲学上"理"与"气"的关系，必然表现在语文教育方面。譬如"文"与"道"的关系，在朱熹看来，"理"就是"道"，"气"就是"文"。朱熹认为："夫古之圣贤，其文可谓盛矣；然初岂有意学为如是之文哉！有是实于中则必有是文于外。如天有是气，则必有日月星辰之光耀;地有是形,则必有山川草木之行列。圣贤之心既有是精明纯粹之实,以磅礴充塞乎其中,则其著见于外者,亦必自然条理分明,光辉发越而不可掩。盖不必托于言语,著于简册,而后谓之文;但自一身接于万事,凡其语默动静,人所可得而见者,无所适而非文也。"(《读唐志》)朱熹进而提出"文便是道"的命题。他说:"道者,文之根本;文者,道之枝叶。惟其根本乎道,所以发之于文,皆道也。三代圣贤文章,皆从此心写出,文便是道。"(《朱子语类》卷一三九)道与文犹如根本与枝叶,尽管有根本与枝叶之分,但本为一体。圣贤以道为心,圣贤之文就是这道心的写照。那么,文也就是发之于语言文字的道,或自然流露出来的道心。流不能离源,写不能离真,离源无流,离真无写,两者相依不离。从这个意义上说,流与源都是水,这就是说"文便是道"。但是本性与本性的表现,本原与本原的派生者,毕竟是不同的,这就是说,两者又是相分不杂的。"文"与"道"既相依不离,又相分不杂,不离不杂,从而辩证地解决了以往古文家与理学家争论不休的"文"与"道"的问题。

七、王守仁

王守仁(1472—1528),字伯安,号阳明,浙江余姚人。明中叶思想家、教育家,先后兴建龙冈、贵阳、濂溪、稽山等书院,在赣南、广西等地举办社学,前后达25年之久。

王守仁思想的核心是"致良知"。所谓"致良知",其实就是进行主体自我的道德修养。这是儒家的基本思想,王守仁的贡献在于他赋予了"致良知"以更深邃的含义。王守仁晚年明确以"良知"解释《大学》中"致知"的"知"。他说:"致吾心之良知者,致知也。"(《与顾东桥书》)"致良知"的"致",有两层意思:一是致良知其极的意思,他说:"吾良知之所知者无有亏缺障蔽,而得以极其至矣。"(《大学问》)致良知是一个扩充良知达其全体的过程。二是依良知而行的意思,这是王守仁更为强调的。他说:"尔那一点良知是尔自家底准则,尔意念著处,他是便知是,非便知非,更瞒他一些不得。尔只不要欺他,实实落落依着他做去。"(《传习录下》)正因为"良知"为"知","致"有"实实落落依着他做去"即力行的意思,所以,"致良知"也体现了王守仁"知行合一"的精神。

"致良知"的思想落实到教育方面,便是实施个性化的审美教育。王守仁多次在诗文中流露出对孔子"宽宏包含气象"的教育的仰慕和对程朱以来扼杀"童子之情"的教育的不满。他非常欣赏《论语》中曾点言志一章。他说:"以此章观之,圣人何等宽宏包含气象。且为师者问志于群弟子,三子皆整顿以对;至于曾点,飘飘然不看那三子在眼,自去鼓起瑟来,何等狂态,及至言志,又不对师之问目,都是狂言。设在伊川,或斥骂起来了,圣人乃复称许他,何等气象。圣人教人,不是个束缚他通做一般,只如狂者,便从狂处成就他;狷者,便从狷处成就他。人之才气,如何同得?"(《传习录下》)最理想的教育方式便是因人而异、因材施教,教育的最高成就便是使学生的个性得到自由发展。他的《月夜二首》其二也写道："影响尚疑朱仲晦，支离羞作郑康成。铿然金瑟春风里，点也虽狂得我情。"

王守仁的语文教育思想主要见于他的《训蒙大意示教读刘伯颂等》和《教约》，二者合称《社学教条》，是发给当时各社学蒙师的教学规则。《训蒙大意示教读刘伯颂等》表达了他对训蒙的看法，全文包括四层意思。首先，指出古今教者的区别："古之教者，教以人伦。"其栽培涵养之方是"诱之歌诗""导之习礼""讽之读书"，而今人往往专注"记诵词章""以歌诗习礼为不切时务"。其次，论述教育应适合"童子之情，乐嬉游而惮拘检，如草木之始萌芽，舒畅之则条达，摧挠之则衰痿"的道理，"必使其趋向鼓舞，中心喜悦，则其进自不能已。譬之时雨春风，沾被卉木，莫不萌动发越，自然日长月化。若冰霜剥落，则生意萧索，日就枯槁矣"，"故凡诱之歌诗者，非但发其志意而已，亦所以泄其跳号呼啸于咏歌，宣其幽抑结滞于音节也；导之习礼者，非但肃其威仪而已，亦所以周旋揖让而动荡其血脉，拜起屈伸而固束其筋骸也；讽之读书者，非但开其知觉而已，亦所以沈潜反复而存其心，抑扬讽诵以宣其志也。""顺导其志意，调理其性情，潜消其鄙吝，默化其粗顽，日使之渐于礼义而不苦其难，入于中和而不知其故。"王守仁认为这才是"先王立教之微意也"。接着，批评"近世之训蒙稚者"违背"童子之情"的种种做法："鞭挞、绳缚，若待拘囚"，以致造成"彼视学舍如囹狱而不肯入，视师长如寇仇而不欲见"的恶劣后果。最后，交代"吾所以教，其意在于此"，再三叮嘱弟子："尔诸教读其务体吾意，永以为训"。

《教约》是对教学的几点原则规约。首先讲如何上起始课，接着讲如何学习课业。课业的内容还是《训蒙大意示教读刘伯颂等》里所讲的"歌诗、习礼、授书"三个方面。在讲"歌诗"时说："凡歌诗，须要整容定气，清朗其声音，均审其节调；毋躁而急，毋荡而嚣，毋馁而慑。久则精神宣畅，心气和平矣。"在讲"授书"时说："凡授书，不在徒多，但贵精熟；量其资禀，能二百字者止可授以一百字，常使精神力量有余则无厌苦之患，而有自得之美。讽诵之际，务令专心一志，口诵心惟，字字句句，演绎反复，抑扬其音节，宽虚其心意，久则义礼浃洽，聪明日开矣。"最后，概要地说明了教学的主要内容和步趋：考德——背书、诵书——习礼或课仿——复书、讲书——歌诗，并指出："教者知此，则知所施矣。虽然此其大略也，神而明之，则存乎其人。"《训蒙》所阐述的歌诗、习礼与授书教学的过程、原则与要求，对后世的阅读教学产生了积极的影响。

八、曾国藩

曾国藩(1811－1872)，字伯涵，号涤生，湖南湘乡人，晚清政治家、文学家。曾国藩编有文选读本《经史百家杂钞》26 卷。曾国藩的语文教育思想，主要见于他的《家书》。

曾国藩主张“看、读、写、作”同时进行。所谓“看”，即今之略读、浏览。所谓“读”，即今之精读、讲读。所谓“写”，即写字、练书法。所谓“作”，即写文章。他说：“读书之法，看、读、写、作四者每日不可缺一。看者，如尔去年看《史记》、《汉书》、韩文、《近思录》，今年看《周易折中》之类是也。读者，如《四书》、《诗》、《书》、《易经》、《左传》诸经，《昭明文选》，李杜韩苏之诗，韩欧曾王之文，非高声朗诵则不能得其雄伟之概，非密咏恬吟则不能探其深远之韵……至于写字……不可间断一日，既要求好，又要求快……至于作诸文……作四书文，作试帖诗，作赋律，作古今体诗，作古文，作骈体文，数者不可不一一讲求，一一试为之。”在“读”的方面，曾国藩主张多读经史。他说：“自五经外，《周礼》、《仪礼》、《尔雅》、《孝经》、《公羊》、《谷梁》六书自古列之于经，所谓十三经也。十三经外所最宜熟读者莫如《史记》、《汉书》、《庄子》、韩文四种。余生平好此四书，嗜之成癖，恨未能一一诂释笺疏，穷力讨治。自此四种而外，又《文选》、《通典》、《说文》、《孙武子》、《方舆纪要》，近人姚姬传所辑《古文辞类纂》，余所抄十八家诗，此七书者，亦余嗜好之次也。”曾国藩对朱熹的“虚心涵泳，切己体察”的读书方法推崇备至，认为“此二语最为精当”，要求其子“悉心求之”。他对“涵泳”有着独到的理解：“涵者，如春雨之润花，如清渠之溉稻”，“泳者，如鱼之游水，如人之濯足”，“善读书者，须视书如水，而视此心如花、如稻、如鱼、如濯足”。在“作”的方面，曾国藩主张读写结合。他说：“尔欲作五古七古，须熟读五古七古各数十篇。”“使古人之声调拂拂然若与我之喉舌相习，则下笔为诗时，必有句调凑赴腕下。”“尔现看《文选》，宜略抄典故藻汇，分类抄记，以为馈贫之粮。《文选》前数本系汉人之赋，极难领会，后半则易看矣。余所见友朋中，无能知汉赋之意味者。尔不能记忆，亦由于不能知其意味。……时文亦不必苦心孤诣去作，但常常作文。心常用则活，不用则窒；常用则细，不用则粗。”在“写”的方面，曾国藩主张学习大家。他说：“欧、虞、颜、柳四大家，如诗家之李、杜、韩、苏，天地之日星江河也。尔有志学书，须窥寻四人门径。”

曾国藩《家书》中涉及的家庭语文教育思想和方法，对后世语文教学均有可资借鉴之处。

第五节　中国古代语文教育论著

中国古代语文教育论著是古代语文教育经验的总结，也是现代语文教育发展的基础。

一、《学记》

《学记》系《礼记》中的一篇，据考为孟子学生乐正克所作。《学记》总结了先秦儒家的教育经验，是我国教育史上最早的教学论著作，也是世界教育史上第一部教育学专著。由于我国古代教育主要是语文教育，因此，也可以说《学记》是我国最早的语文教学论著作。《学记》对学校教育的目的和作用、教育制度和学校管理、教学的原则、教学的过程和方法、教师的教学能力和职责、学生的学习态度和方法等方面，都作了提纲挈领性的论述。《学记》指出了教育的目的："君子如欲化民成俗，其必由学乎！""古之王者，建国君民，教学为先。"教学已不是普通的教育现象，而成了治国安邦的大事。教育者所从事的事业也是一件伟大的事业。《学记》提出的"藏息相游""预时孙摩""长善救失""启发引导""教学相长"等教学原则，归纳的问答、讲解和练习等教学方法，对中国古代语文教学活动的开展产生了深远的影响。直至今天，《学记》提出的这些教学原则和方法仍有实用价值，书中所展示的教育理念仍闪耀着智慧的光辉。

二、《颜氏家训》

《颜氏家训》20 篇，为北齐教育家颜之推(531—约 594)所作，是中国历史上第一部以论述儿童教育为主的著作。书中多谈立身、治家、处世的经验，也反映作者的语文教育思想。如：论语文教师，认为"文士讲议经书"和"农民计量耕稼"一样，是一种职业。学习语文的时间，应该尽可能早些。"人生幼小，精神专利，长成以后，思虑散逸，固须早教，勿失机也。"

关于阅读教学。《颜氏家训》认为：读书是一种技艺。读书可以"识人多、见事广"。"读书学问，本欲开心明目，利于行尔。"读书要精读，也要博览。他批评"俗间儒士，不涉群书，经纬之外，义疏而已"。读书要刻苦。他说："古人勤学，有握锥投斧，照雪聚萤，锄则带经，牧则编简，亦云勤笃。"读书要多问。朋友切磋，才能互相启发。"闭户读书，师心自是"的人容易出差错。读书要多下文字工夫。"夫文字者，坟籍根本，世之学徒，多不晓字。"

关于写作教学。《颜氏家训》认为："文章当以理致为心肾，气调为筋骨，事义为皮肤，华丽为冠冕。"他批评"今世相承，趋末弃本，率多浮艳。辞与理竞，辞胜而理伏；事与才争，事繁而才损。放逸者流宕而忘归，穿凿者补缀而不足"。他主张文章写完草稿后要认真修改。"学为文章，先谋亲友，得其评裁，知可施行，然后出手，慎勿师心自任，取笑旁人也。""江南文制，欲人弹射，知有病累，随即改之。"他认为这种听取别人意见修改文章的做法是好的。

三、《朱子读书法》

《朱子读书法》是朱熹谈读书方法的书。由朱熹弟子辅广集编，张洪与齐熙增补，共 4 卷，约 4 万余字。元代程端礼在《程氏家塾读书分年日程》里记载："朱熹门人与私淑之徒，荟萃朱子平日之训而节取其要，定为读书六法：曰循序渐进，曰熟读精思，曰虚心涵泳，曰切己体察，曰著紧用力，曰居敬持志。”“循序渐进”指读书必须按照次序，逐步推进。其“序”有二：一是群书先后缓急之序，一是每书诵读考索之序。群书之中，先《大学》，而后《论》、《孟》，然后《诗》、《书》、《礼》、《乐》、《春秋》。看史先看《史记》、《左传》，次之《汉史》、《三国志》，再次《通鉴》。每书诵读之序，先弄懂字句，次了解旨意，再次明理定志，层层深入，有条不紊。“熟读精思”指读书既要读得熟，又要精于思考。“虚心涵泳”指读书时要虚怀若谷，反复咀嚼，不能穿凿附会。“切己体察”指读书穷理，当体之于身。就是说，读书穷理，要体现在自身的修养之上，要用切身的体会去读所有的书。“著紧用力”指读书要抓紧时间，不能松垮。“居敬持志”指读书要专静纯一，全神贯注，同时要有远大志向，不能瞎读书。朱子读书法是理学家朱熹读书的切身体会，这六条读书法是一个整体，相互之间有内在的联系；而且不是单独谈方法，而是贯穿着道德修养、治学精神和学习态度的要求，对明清的语文教学产生了很大的影响。

四、《程氏家塾读书分年日程》

《程氏家塾读书分年日程》为元代教育家程端礼（约 1271－1345）所撰，简称《读书分年日程》。全书分为 3 卷，约 6 万余字。该书是程端礼根据朱熹“读书明理”的思想，针对当时人“曾未读书明理，遽使之学文”“失序无本，欲速不达”的弊端而编撰的，目的是让读书人注重读书程序和方法，“使理学与举业毕贯于一”。卷首辑录朱熹《白鹿洞书院教条》、程（端蒙）董（铢）二先生《学则》、西山真先生《教子斋规》。第一卷，依朱熹读书法，规定 8 岁未入学之前至 15 岁时读经的程序。第二卷，15 岁进入读书的第二阶段，在读经基础上，看《通鉴》、读韩文、读《楚辞》、学作文，即读历史、文学和学作文的程序。第三卷，录王柏《正始之音》，以明辨音义之法。《程氏家塾读书分年日程》比较全面地论述了包括蒙学在内的语文教育的程序和方法，对当时以及明清语文教育产生了深远影响。

五、《家塾教学法》

《家塾教学法》是清初教育家唐彪的一套谈家塾语文教育的论著。它包括诱导家庭子弟识字念书的《父师善诱法》和指导塾学童蒙语文教育的《读书作文谱》。

《父师善诱法》以论教法为主，遵循“善诱”的原则，处处体现指导学习方法、养成学习习惯、讲求教学效率的根本精神。分上下两卷。上卷十三节：父兄教子弟之法；尊师择师之法；学问成就全赖师传；明师指点之益；经蒙宜分馆；师不宜轻换；学生少则训诲周详；教法要务；读书分少长又当分月日多寡法；父师当为子弟择友；损友宜远；劝学；字画毫厘之辨等。下卷十六节：童子初入学；童子最重认字并认字法；教授童子书法;童子读书温书法;读书讹别改正有法;童子读注法;觅书宜请教高明;背书宜用心细听;童子学字法;童子宜歌诗习礼;童子讲书复书法;童子读古文法;童子读文课文法;改文有法;童子宜学切音;教学杂条。附:不习举业子弟工夫;村落教童蒙法等。

《读书作文谱》以论学法为主,要求把学习心理的修养作为"学基",然后分论训练读写基本功的诸法,旨在提高读写基本能力。分为十二卷。第一卷,谈读书作文的"根本工夫",即教学目标,包括"学基""文源""读书总要"三节。第二卷,谈阅读方法,如书文标记法、圈点法、评注法,看书会通法,看书分层次法等。第三卷,谈求学之道,介绍了学习时应注意的一些原则问题。第四卷,谈写字、书法,包括一整套执笔、运腕、运指之法,以及基本的用笔技巧。第五卷,谈读文章与作文章的方法,主要探讨的是八股文的读法和作法。第六卷,侧重谈文体(主要指八股文)写作。第七卷,谈古文、时艺两种文章的作法技巧。第八卷、第九卷,专论八股文的各种命题形式和写作程式,以及所采取的作文对策。第十卷,谈古文评论,先分评传世的名家名作,后在历史的流变中进行总评。第十一卷,列举了科举考试的一些体裁。第十二卷,介绍各类诗体的来历及其特点。

《家塾教学法》是我国第一部以"教学法"命名的著作,较为全面地论述了古代家塾语文教学诸方面的问题,有不少可取之处。

六、《教童子法》

《教童子法》是晚清文字学家、教育家王筠(1784—1854)根据自己的教育经验写成的一部专门阐述训育蒙童方法的著作。该书采用的类似"教学札记"的形式,对蒙学识字、写字、读书、属对、作诗、作文等方面的基本训练,作了较为系统的论述。其内容主要有以下几个方面:第一,识字的经验。他认为:"蒙养之时,识字为先,不必遽读书。"第二,读书教学经验。要先易后难,要圈点涂抹,要熟读并要"心过"。第三,作诗文的经验。大体上分"放、脱换、收"三个阶段。第四,学写字的经验。不可早,先学大字再学小字,还要注意"字品"。第五,教者和教法方面的经验。强调"学生是人,不是猪狗",教学要"步步着实""约取实得",要善诱、善问,要时时事事耐心教之等。《教童子法》总结了中国传统儿童教育的经验和教训,反映了儿童语文教育的特点和规律,在中国语文教育史文献中占有一定的地位。

思考与练习

一、名词解释。

1. "四书""五经"

2.《昭明文选》

3."三、百、千"

4.《朱子读书法》

5.《读书作文谱》

6.《教童子法》

二、试述我国古代蒙学教材的编写经验。

三、试述我国古代语文教学的经验、问题和弊端。

第十九章

中国现代语文教育概述

第一节　中国现代语文课程

中国现代语文课程自清朝末年正式诞生以来，一直处在不断变革和发展的过程中。这种变革，体现在课程名称、课程目标、课程内容、课程结构等多方面。

一、清末民初的语文课程

清朝末年，清政府相继颁布《钦定学堂章程》和《奏定学堂章程》，正式开启了中国的现代教育。我国独立开设的具有现代意义的语文课程，也就从这个时候开始了。

《钦定学堂章程》颁布于1902年。这个章程中规定，类似于今天的语文课的，在小学有“读经”“作文”和“习字”三科，中学有“读经”和“词章”两科。1904年1月，清政府又颁布《奏定学堂章程》以替代并未真正实行的《钦定学堂章程》。这个章程中，类似于语文课的，在初等小学有“读经讲经”和“中国文字”两科，高等小学和中学有“读经讲经”和“中国文学”两科。“读经讲经”科从目的到内容主要是为了封建伦理道德和思想规范的教育，不过，在教学过程中，学生也能受到一些语文方面的训练。“中国文字”科主要教学识字、读文、作文。“中国文学”科的内容，包括读文、作文、习字以及“中国古今文章流别、文风盛衰之要略，及文章于政事身世关系”等。

民元以后，国民政府教育部制定新学制，编制新课程。1912年，教育部颁布了《普通教育暂行课程标准》，这个课程标准废除了中小学的“读经讲经”科，并将此前的“中国文字”和“中国文学”科均改为“国文”科。“国文”科的宗旨，在小学是“使儿童学习普通语言文字，养成发表思想之能力，兼以启发智德”；在中学，除了上述规定之外，还增加了“略解高深文字，涵养文学之兴趣”等；“国文”科的内容，在小学，是简单文字的读法、书法，日用文章的读法、作法，以及练习语言等。在中学，“首授以近世文，渐及于近古文，并文字源流、文法要略，及文学史之大概，使作实用简易之文，兼课习字。”

从取消“读经讲经”到改“中国文字”“中国文学”为“国文”，可以看出，现代语文课程在摸索中逐渐找到了自己的学科定位。

二、“五四”时期至新中国成立之前的语文课程

在“五四”时期广泛要求“言文一致”“国语统一”的大背景下，1920 年 1 月，北洋政府教育部明令改“国文”为“国语”。1923 年制定的新学制课程纲要，无论小学、初中或高中，都一律称“国语”。小学国语科的目的是：练习运用通常的语言文字；并涵养感情德性；启发想象思想；引发读书兴趣；建立进修国语的良好基础；培养表达己意的表达能力。小学国语科的内容，主要包括语言练习、阅读训练、字书的使用和课外阅读指导、作文训练、写字练习等。初中国语科的目的是：(1) 使学生有自由发表思想的能力；(2) 使学生能看平易的古书；(3) 使学生能作文法通顺的文字；(4) 使学生发生研究中国文学的兴趣。初中国语科的教学内容主要包括：读书（精读和略读）、作文（定期的作文、无定期的作文和笔记、定期的文法讨论等）、习字（名人书法鉴赏、楷书或行书的练习等）。在高中，依据当时新学制的要求实行分科制和选修制。高中公共必修国语科的内容主要包括：文学欣赏（最近文字：包括散文、小说、剧本、新诗；古代文字：包括古诗、韵文等）、文字制作（论辩文、记载文等）。

1929 年，中学停止实行分科制和选修制，一律改行普通科制。国民党政府教育部重新制定并颁布了《中小学课程暂行标准》。其中的语文课程标准，大致沿袭了 1923 年的《纲要》，但也反映出时代发展的某些痕迹。这时，中学的“国语”科又改称“国文”。“国文”科的目的，初中是：养成运用语体文及语言充畅地叙说事理及表情达意的技能；养成了解平易的文言书报的能力；养成阅读书报的习惯和欣赏文艺的兴趣。高中是：继续养成学生运用语体文正确周密隽妙地叙说事理及表情达意的能力，并依据学生的资性及兴趣，酌量兼使有运用文言作文的能力；继续培养学生读解古书的能力；继续培养学生欣赏中国文学名著的能力。国文课程的内容，初中和高中都有“阅读”（精读、略读）。初中还有习作（包括作文练习、口语练习、书法练习等），高中还有文法及修辞、作文练习。这以后，一直到新中国成立，虽然国文课程标准经过多次修订，但总的来说，都是一些局部的调整，中小学的语文课程无大的变化。由此可以看出，中国现代语文课程发展到“五四”以后，便逐渐完善起来。

三、建国初至“汉语”“文学”分科时期的语文课程

建国初的语文课程，将此前小学的“国语”和中学的“国文”，均改为“语文”。叶圣陶解释说：“语就是口头语言，文就是书面语言，把口头语言和书面语言连在一起

说，就叫语文。”[①]这一时期的语文课，从课程目标到内容，都突出了思想教育，也强调听说读写全面教学。

1955 年到 1957 年，我国的中学语文课程进行了重大改革，即将原来的“语文”科改为在初中设汉语和文学两科，高中只设文学科。初中汉语科的教学任务是：教给学生有关汉语的基本的科学知识，提高学生理解汉语和运用汉语的能力。汉语教学的内容包括：语音、词汇、语法、修辞、文字、标点符号等。初中文学的教学任务包括教养任务和教育任务。教学任务是：(1) 指导学生学习更多的文学作品，领会这些作品的思想内容和艺术形式；(2) 结合文学作品的教学，讲授某些必要的文学理论常识和文学史常识；(3) 指导学生丰富语言知识。初中文学的教学内容，包括文学作品及结合文学作品讲授的文学理论常识和文学史常识。文学作品包括我国民间口头文学、古典文学、现代文学和以苏联文学为主的外国文学作品；体裁包括寓言、童话、诗歌、小说、戏剧、散文等。高中文学的教学任务，是指导学生依据文学史系统学习中国文学史上的重要作品，指导学生学习外国的某些重要作家的作品；指导学生学习经典性的文学论文；指导学生熟悉文学作品的语言。教学内容包括中国文学作品、中国文学史基本知识、外国文学作品、文学理论基本知识，体裁与初中大致相同。

四、“大跃进”至“文革”时期的语文课程

“大跃进”时期，我国的语文教育和其他行业一样，也受到了“左”倾错误思潮的严重影响。1957 年下半年，“汉语”“文学”分科在全国各地陆续叫停，又恢复了“语文”科。受当时政治运动的影响，此时的语文课程指导思想混乱，内容单薄，且充满了假、大、空的东西。

60 年代初期，在国民经济实行“调整、巩固、充实、提高”的大背景下，语文课程终于走出了低谷，有了新的起色。1963 年，教育部分别制定并颁布了《全日制小学语文教学大纲(草案)》和《全日制中学语文教学大纲(草案)》，将我国的语文教学引向健康发展的道路。以中学语文课程为例，新的语文教学大纲第一次明确指出，语文学科的性质“是学好各门知识和从事各种工作的基本工具”。中学语文教学的目的，是“教学生能够正确地理解和运用祖国的语言文字，使他们具有现代语文的阅读能力和写作能力，具有初步阅读文言文的能力”。语文课程的内容，概括地讲，就是语文基础知识和语文基本技能。当时有人把这些内容概括为八个字，即“字、词、句、篇、语、修、逻、文”。

“文化大革命”时期，语文课程遭到严重破坏，有些省市甚至把语文科与政治科合二为一。

---

① 《叶圣陶语文教育论集》，教育科学出版社 1980 年版，第 138 页。

五、改革开放以来的语文课程

这一时期的语文课程，在走出“十年浩劫”的阴影之后，一路走来，始终高扬改革大旗。1986年以前，改革的主旋律是探索语文课程内容的科学性和系统性。例如，1986年《全日制中学语文教学大纲》第一次在正文中专设一节：“各年级语文基本能力和基础知识教学要求”，分年级详细地规定了阅读能力、写作能力、听说能力和基础知识方面的教学要求，六学年共计提出了80条要求。这就使得整个中学的语文课程内容较为具体、较有系统性了。这种做法，实际上集中反映了80年代前期人们追求语文课程内容系统性、科学性的普遍要求。1986年以后，根据中共中央《关于教育体制改革的决定》和《中华人民共和国义务教育法》，语文课程改革的重点转向对素质教育的探索。例如，1986年《全日制中学语文教学大纲》在前言中增加了“语文学科对于提高学生的思想道德素质和科学文化素质，培养有理想、有道德、有文化、有纪律的社会主义公民，具有重要意义”这段话，后来的大纲继续沿用这一提法。再如，在语文课程目标的确定上，1986年大纲增加了培养“听说能力”和“开拓学生视野、发展学生智力”，培养“健康高尚的审美情趣”等内容；1996年大纲又增加了培养“初步的文学鉴赏能力”，“发展个性和特长”，“培养热爱中华民族优秀传统文化的感情”等内容；2000年修订的义务教育大纲中，改“听说能力”为“口语交际能力”，并提出了发展学生的语感和思维，注重培养创新精神，提高文化品位和审美情趣，发展健康个性，形成健全人格等内容。可以看出，1996年以后，在素质教育方面，更为强调的是人文素养的培养。另外，1992年的义务教育大纲首次将“语文课外活动”列入课程内容。这一切调整，都和加强素质教育有关。进入新世纪以来，语文课程开始了全方位的改革。正如2001年《基础教育课程改革纲要（试行）》在“课程改革的目标”中所说的那样：“改变课程结构过于强调学科本位、科目过多和缺乏整合的现状……”“改变课程内容‘繁、难、偏、旧’和过于注重书本知识的现状，加强课程内容与学生生活以及现代社会和科技发展的联系，关注学生的学习兴趣和经验，精选终身学习必备的基础知识和技能。”“改变课程实施过于强调接受学习、死记硬背、机械训练的现状，倡导学生主动参与、乐于探究、勤于动手，培养学生搜集和处理信息的能力、获取新知识的能力、分析和解决问题的能力以及交流与合作的能力。”“改变课程评价过分强调甄别与选拔的功能，发挥评价促进学生发展、教师提高和改进教学实践的功能。”“改变课程管理过于集中的状况，实行国家、地方、学校三级课程管理，增强课程对地方、学校及学生的适应性。”这一切，都在21世纪的语文课程改革中体现出来了。

第二节　中国现代语文教材

中国现代语文教材，是随着中国现代语文课程的出现才出现的。新学堂创办伊始，人们还只能沿用旧式文选教材，或者对旧教材稍作改良。稍后，就出现了以时代逆序编选的《中国文学教科书》或《国文教科书》。其中，比较有代表性的，是1907年商务印书馆出版、林纾编的《中学国文读本》和1908年商务印书馆出版、吴曾祺编的《中学国文教科书》。以林编本为例，它有三个方面的改进：一是分册编写，每学期一册。这种编法便于按教学计划安排教学进度，循序渐进，克服以往使用教材的随意性。二是选文的编排不再依传统按时代先后由远而近编列，而是以时代逆序，由近及远，由清文上溯至周秦文。这种编法符合学生学习由浅入深的规律。三是凡选文中有佳妙之处，就添加连圈，并在顶部加批，启发学生自己体会。吴编本其体例略同于此，也以时代逆序编排，只是在"史"的划分上，线索更为清楚；另外，选文方面突出了实用，除同样有连圈和顶批外，各篇之后还增加了总评。

辛亥革命以后，根据当时颁布的《中学校令施行规则》和《普通教育暂行办法》，各地陆续编出新的国文教材。其中，以1915年中华书局出版、谢无量编的《新制国文教本评注》最有代表性。谢编本全套四册，每年一册，供四年制中学使用。选文编排不以时代先后为序，而以文字深浅为序，同时每册按体裁分编。如第一册共五编，第一编论著之属(18篇)，第二编序录之属(14篇)，第三编书牍之属(13篇)，第四编传志之属(14篇)，第五编杂记之属(30篇)。既以文字深浅为序，又分类集中编排各体范文，这就为读写结合提供了有利条件。这是对旧式文选的一种突破。另外，本书沿用传统评点方法，但也有一定的突破。例如，每篇选文有题解、作者简介、夹评夹注、节释(段落大意)、黑白圈点、眉批和总批等。这一时期还出现了一些非文选型的语文知识教科书，如《文字源流》、《文法要略》等。这也是现代语文教材的一种新样式。

"五四"以后，语文教材的最大变化体现在两个方面。一是白话文进入语文教材。大体分三种情况：(1) 文言文和白话文合编；(2) 文言文和白话文分编；(3) 专选现代白话文的语文教科书。二是选文的思想内容大大改观，许多反映新时代、新文化、新思想的优秀作品，被选入语文教科书。如鲁迅的白话小说，郭沫若的新体诗歌，周作人的散文小品，以及李大钊、陈独秀、胡适、蔡元培的富有时代气息的议论文、讲演等；还有一些优秀的外国文学作品，如都德的《最后一课》等也都首次进入语文教材。另外，这一时期还出现了专选应用文、记事文的语文教材，如张来鸿编、北平文化学社1926年出版的《初级中学应用文》等。

到了30年代，语文教材的编写又有了新的发展，其主要表现是对单元组合方式的探索。著名语文教育家顾黄初先生认为:“把教科书的选文,组成一个个相对独立的单元,这在‘五四’以前早就有人尝试过。只是,过去的单元,还仅仅是把选文或按时代、或按题材、或按体裁、或按作者进行集中编排而已。每个单元之中,一般只有选文,而无相关语文知识,更无写作训练教材。到了30年代,人们便开始设想把有关的语文知识,特别是读写知识或整或散地编进一般文选型的教科书,于是单元组合方法不能不复杂起来。”①较早开始这一探索的是孙俍工和傅东华。孙编初、高中《国文教科书》(上海神州国光社1932年版)和傅编复兴初、高中《国文》(商务印书馆1933年版),都进行了单元组合方式的探索,取得了可喜的成绩。而最有代表性的,则是夏丏尊和叶圣陶合编的《开明国文百八课》。此教材1935年出版,全套计划编六册(实际编出四册),每册18课,合计“百八课”。该教材的“编辑大意”里说:“本书每课为一单元,有一定的目标,内含文话、文选、文法或修辞、习问四项,各项打成一片。文话以一般文章理法为题材,按程度配置;次选列古今文章两篇为范例,再次列文法或修辞,就文选中取例,一方面仍求保持其固有的系统;最后附列习问,根据着文选,对于本课的文话、文法或修辞提举复习考验的事项。”这种单元编排方式的探索,对后来语文教材的编写,具有重要影响。

建国以后,我国的语文教材编写值得一说的有三个时期。一是汉语文学分科时期。这一时期,为适应“汉语”“文学”分科教学的需要,由人民教育出版社分别编辑出版了初中《汉语》课本和初、高中《文学》课本。初中《汉语》课本共6册,依据现代汉语的知识系统分为7个部分,按照“绪论——语音——文字——词汇——语法——标点符号——修辞”的序列编排。这是建国以后惟一一套国家统编的知识型中学语文教科书。初中《文学》课本包括文学作品及结合文学作品讲授的文学理论常识和文学史常识。高中《文学》课本的编排以文学史为纲,大致是第一册选先秦两汉魏晋南北朝作品,第二册选唐宋作品,第三册选元明清作品,第四册选现代作品。第五、六册未来得及编辑出版,这次分科实验就夭折了。

二是60年代前期。1963年,人民教育出版社根据新的教学大纲编写出版了一套供全国使用的中学语文教材。这是50—60年代编得最好的一套语文教材。该教材选材广泛,既包括古今中外的优秀作品,也包括文学作品和普通文章。普通文章既包括记叙、说明、议论以及各类应用文,也包括特写、通讯、传记、游记、回忆录、杂文、科学小品以及故事、寓言等各种样式的文章。教学内容的安排,以培养学生阅读能力和写作能力的顺序为主要线索,组成由浅入深、循序渐进的体系,即从阅读内容比较单纯、篇幅比较短的文章到阅读内容比较复杂、篇幅比较长的文章,按由易到难的原则在各年级安排了不同的教学重点,组成从记叙、说明到议论的教学体系。初

① 顾黄初等著:《语文课程与语文教材》,社会科学文献出版社2001年版,第56页。

一着重培养记叙能力，初二着重培养说明能力，初三着重培养议论能力。高中在初中的基础上进一步提高。高一着重培养比较复杂的记叙能力，高二着重培养比较复杂的议论能力，同时高中一二年级继续培养说明能力，高三巩固和加深各种阅读能力和写作能力。每册课本组成若干单元，并围绕着每个年级的教学重点安排几个重点单元。另外，这套教材还加强了读写基本训练和课外阅读与写作的指导。

三是改革开放以来。这一时期，特别是1987年，九年义务教育阶段的教材实行审定制以来，我国的中小学语文教材呈现非常繁荣的局面。据不完全统计，自1978年至世纪之交的新课程改革前，全国及各省市出版使用的中学语文教材，至少有30种以上。这些教材各具特色。例如，人民教育出版社除编有几套综合型语文教材外，还编写了颇具新意的初中《阅读》、《作文·汉语》分编实验教材和高中《文言读本》、《文学读本》、《文化读本》分编实验教材。分编的教材还有，辽宁初中版语文教材（欧阳代娜主编，按《阅读》和《写作》分编）和湖南师大附中初中语文实验教材（邓日主编，按《阅读》、《作文》分编）等。再如，江苏版初中语文教材（洪宗礼主编）在综合型语文教材编写方面进行了有益的探索，建立了“一本书、一串珠、一条线”的“单元合成，整体训练”语文教材编排体系。“初中语文自学辅导”实验教材（颜振遥主编）把语文教材编成了便于学生学习的“学本”，教材中除选文和知识短文外，还设计了“学习要求”“复习旧知识”“辅读”“旁批”等方便学生学习的内容。浙江版初中语文教材（王尚文主编）每册按“精读编”“泛读编”“一周一诗”“语文实践活动”“汉语·文化常识”五部分编选。张志公主编的初中语文教材采取“实用语文能力训练”和“文学作品欣赏能力训练”双线推进的编排体系。开明版中小学语文实验教材（洪镇涛主编）采用以学习语言为核心的“三主一副”（三条主线：精粹语言、目标语言、伙伴语言；一条副线：语文知识）编写体系。另外，华东师大一附中《分类集中分阶段进行语言训练实验课本》（陆继椿主编）和西安六中“以语文知识为主干”的初中语文实验教材（董敏堂主编）等，在追求语文教学内容的系统性方面具有鲜明的特色。

以上语文教材虽然各有特色，但也不难看出，它们仍然具有一些大体一致的特点，这就是：(1) 加强了语文能力的训练。主要体现在训练项目比较具体，要求比较明确，并且注重分阶段分步骤地训练。(2) 重视教学的序列。比如在教材中确定“知识点”和“训练点”，突出教学内容的系统性。(3) 分类编排课文。比如将课文分成精讲型、略讲型、自读型、课外阅读型，等等。(4) 重视助读材料的编写。比如在课文之前或之后编写自学提示、学习重点、预习提纲、自学参考材料，等等。

进入21世纪以来，为配合语文新课程改革，全国又有一些新的语文教材出版使用。对这些教材，本书第六章已有介绍，这里从略。

第三节　中国现代语文教学

综观100年来中国语文教学的发展和变化，大约经历了以下几个时期：

一、清末民初以"讲解"为主的教学法时期

清末开办新学堂以来，传统私塾里的"诵读"教学法就逐渐失去了市场，而代之以教师的"讲解"法。《奏定学堂章程》里的《初等小学堂章程》规定："凡教授儿童，以讲解为最要。讲解明则领悟易。"为什么要改"诵读"法为"讲解"法呢？因为在新式的学堂里，几十个学生一个教学班，这种情况下，教师讲解比学生诵读更容易让尽可能多的学生得到老师的指导，更容易凸显教师的教学权威并使教学内容具有系统性，而且更节省教学时间，组织起来也比较方便。总之，那时的教学方法是以"讲解"占绝对优势。姚铭恩于1915年在《小学作文教授法》一文中指出："今之教授读法者，往往注重讲解，而不注重诵读，以熟诵为私塾之陋习而排斥之。"[①]这就告诉我们，当时之所以盛行"讲解"法，是因为还把它看作一种排斥诵读法的武器。需要指出的是，用"讲解"法代替"诵读"法，并非是纯粹的进步。只读不讲固然不可取，但是讲解法使用不当，往往会扼杀学生学习的积极性和主动性。这种教学方法到目前仍然对我国的语文教学有严重的负面影响。除了讲解法以外，这一时期还开始介绍和借鉴日本及西洋的教学方法，例如，德国教育家赫尔巴特的形式阶段教学理论就是在这个时期被译介到我国的。

二、"五四"前后学习欧美教学方法时期

"五四"前后，是我国学术思想极为活跃和自由的时期，也是在教育思想方面颇多建树的一个时期。当时，有不少学者和刊物都纷纷介绍和宣传欧美的教育思想，提倡向西方学习。孟禄、杜威、柏克赫斯特、麦柯尔、克伯屈等一批外国教育家和学者也先后来华讲学。在这种背景下，外国的教学方法被大量引入我国，如自学辅导主义、分组教学法、设计教学法、道尔顿制，等等。

自学辅导主义，在大约民国初年由美国传入我国。它主要是通过教师的辅导，并提供学习计划，启发学生自修有关内容，从而完成学习任务。在20年代，这种教学方法主要是针对讲授法的，目的是想多给学生学习以主动性，并照顾到个别差异。

分组教学法是继自学辅导主义之后传入我国的另一欧美教学方法。其特征是将学生按学力嗜好，分成若干组，把程度大致相当的学生分列在一起。教师分别给

① 顾黄初等编：《二十世纪前期中国语文教育论集》，四川教育出版社1991年版，第52页。

每个学习小组的学生制定不同程度的学习目标并作富有针对性的指导，同时保证学生在组内有充分发言的机会。

设计教学法，也叫单元教学法，由美国哥伦比亚大学师范学院克伯屈教授始创。1917 年，克伯屈来华讲学时，随之把设计教学法搬到了我国。克伯屈主张把教学过程设计成为达到某种预定的目的而有计划地开展一系列连续活动的过程，在这过程中，学生是活动的主体，教师是指导者，教学内容因活动需要来确定，教材因活动需要来编制。一个完整的活动过程就是一个教学大单元，各科教学在这个大单元中相互配合着进行。

道尔顿制，由柏克赫斯特于 1920 年始创于美国，次年传入我国。主要措施是：(1) 把教室一律改为作业室，按学科分设，室内陈列各科的参考书、实验仪器等。(2) 废除班级授课制，把各科教学内容制成分学期、分月、分周的作业大纲，规定每学期、每月、每周应完成的各项作业及进度，由学生根据各科大纲自行学习，自行记载成绩表，教师在作业室担任指导者。(3) 实行学分制，年级递升具有一定的弹性和自由度。

以上教学方法传到我国后，国内有许多学者进行研究和宣传，许多学校和教师进行实验和试用。他们或移植，或改造，或在学习这些方法的精神实质的基础上，探索适合于本国实际的教学方法。总之，这一时期是我国语文教学方法相对繁荣的一个时期。

三、20 世纪 30 至 40 年代“精读”“略读”时期

经过一段时期的介绍、引进和实验，到了 30 年代以后，人们对语文教学方法的探索更趋于冷静和务实。先前积极引进外国的一些教学方法，有些因效果不好而停止实验，如道尔顿制；有些虽然还有断断续续的实验，但始终也未见什么好的效果，如分组教学法等。早在 1923 年颁布的《初级中学国语课程纲要》中，就提出了“精读”和“略读”两种教学方法。到了 1929 年颁布的课程标准，对这两种教学方法的规定更为详细：

精读：指导学生使用工具书；教员讲解前，先让学生参考工具书籍，预习生字、难句及关于人、地、时的种种问题；讲述后，指导学生作分析、综合、比较的研究，或提出问题，令学生课外自行研究；用复讲、问答、测验、默写或背诵、轮流报告、讨论、检阅笔记等方法随时考查成绩等。

略读(课外阅读，课内加以指导)：让学生每学期按个人的兴趣和能力选读书籍至少两种。指导要引起学生读书的兴趣，指示方法，提出问题让学生研究；随时解答学生的疑难；阅读时注重速率与理解；进行定期和不定期的成绩考查等。

这以后，到 40 年代末，“精读”和“略读”就一直是我国占主导地位的中学语文教

学方法。

四、20世纪50年代学习苏联时期

建国初，各行各业向苏联学习，教育界也不例外。那时，凯洛夫的《教育学》是教育界的必读教材。受其影响，在教学方法方面就直接把《教育学》中提出的“五个环节”(组织教学——复习旧课——讲授新课——巩固新课——布置作业)引进各种课堂教学中来，并逐渐使这种教学环节的安排模式化。同时，我国还翻译了卡诺内庚等著的《初等学校语文教学法》和果伯柯夫著的《文学教学法》。苏联的文学教学法给我国的语文教学带来了很大的影响，以至很多人在教一般的文章时，也大搞情节分析和人物形象分析，把语文课上成了文学作品鉴赏课。1953年5月，针对当时苏联专家普希金对一节语文观摩课《红领巾》的指导意见，《人民教育》发表了大量宣传文章，在全国掀起了学习“红领巾教学法”的热潮。结果，许多地方出现了机械照搬“红领巾教学法”的现象。例如：“对任何文章都是‘逐句讲解’，学习《红领巾》教学经验以后，对任何年级任何文章都用‘谈话法’‘表解法’，甚至教任何课文总套用《红领巾》教学中分析人物形象的板书形式。”“语文课大讲‘时代背景’‘作家传略’‘人物性格’‘艺术手法’等等，把语文课上成了‘文学课’。”“在相当长的时间内，‘红领巾教学法’几乎成为语文教学的惟一方法，《红领巾》教学中的所谓‘分析课’几乎成了语文教学中惟一的‘课型’。”①

五、20世纪60年代“精讲”“多练”时期

由于遭受了“大跃进”对语文教育的破坏，语文教学的质量严重下降。所以，到了60年代初期，语文教育界便进行了一系列调整和补救措施。在教学方法方面，人们首先认为，要提高语文教学质量，必须加强语文基础知识的教学和语文基本技能的训练。这就是当时反复强调的“加强‘双基’”。1963年颁布的《全日制中学语文教学大纲(草案)》在“教学中应注意的几点”中强调：要“加强基本训练”，“识字写字、用词造句、布局谋篇种种基本训练都要在多读多写的实践中反复进行”。在加强“双基”的背景下，各地不断地总结出一些“多读多写”“精讲多练”的教学经验。例如，50年代末60年代初，辽宁省黑山北关小学的语文教学改革取得了令人瞩目的经验，在全国好多省市加以推广。北关小学的语文教改经验之一，就是“精讲多练”。再如，1964年4月，《人民日报》介绍了上海育才中学的16字诀教学经验，即“紧扣教材，边讲边练，新旧联系，因材施教”。这一经验后来又被育才中学概括为八字教学法：“读读、议议、练练、讲讲”。总之，“精讲多练”是60年代语文教学方法的主题。

---

① 李杏保等著：《中国现代语文教育史》，四川教育出版社1997年版，第358页。

六、“文革”以后多元探索时期

“文革”结束以后，语文教学迎来了全面改革的春天，教学方法的改革则首当其冲。大致可以划分为两个阶段：“文革”结束至20世纪90年代初为第一阶段。1979年以来，在全国涌现出一大批以锐意改革闻名全国的语文特级教师，他们的教学改革经验大多和教学方法的改革有关。例如，北京80中学宁鸿彬老师以培养学生的思维能力、提高语文教学效率为主的教改经验，上海嘉定二中钱梦龙老师的“三主四式语文导读法”，辽宁盘锦市魏书生老师以培养学生自学能力为主的教改经验，安徽芜湖一中蔡澄清老师的“语文点拨教学法”，四川颜振遥老师的“初中语文自学辅导教学法”，重庆一中黎见明老师的“导读法”，南昌二中潘凤湘老师的“语文教读法”，河北张孝纯老师的“大语文教学法”，武汉六中洪镇涛老师的“以学习语言为核心的语文教学新体系”实验，江苏洪宗礼老师的“引读法”和“引写法”，广东顺德钟德赣老师的“单元教学法”，等等。这些改革，在教学方法方面具有以下共同特点：(1) 突出语文能力的训练；(2) 重视学法指导；(3) 注重课内和课外的衔接。20世纪90年代以来为第二阶段。这一阶段的教法改革呈现出三种趋势：(1) 随着现代信息技术的飞速发展，在语文教学方法的改革方面，把现代信息技术的运用作为教法改革的一个重要方面加以探索。(2) 随着人们对语文课程性质的重新认识，“训练”的方法遇到一些质疑，而代之以感受、体验和诵读的方法，强调“整体感悟”。(3) 进入新世纪以来，为了落实新课标提出的“自主、合作、探究”的学习方式以及对话教学的理念，教法改革的重点又转移到如何在课堂教学中引导学生自主学习，如何组织教学过程中师生之间、生生之间的合作与对话，如何使学生进行探究和创造性学习等。

第四节　中国现代语文教育家

自中国现代语文教育独立设科以来，一批又一批的志士仁人为我国的语文教育事业做出了很大贡献。他们勤于实践，勇于探索，不断研究，运用自己的经验、学识和智慧在不同的时期为语文教育做出了不同的贡献。在20世纪前期，主要有蔡元培、穆济波、梁启超、徐特立、夏丏尊、吴研因、黎锦熙、何仲英、陈望道、艾伟、孙俍工、胡适、蒋伯潜、叶圣陶、孟宪承、袁哲、阮真、王森然、朱自清，等等。20世纪后期，主要有叶圣陶、吕叔湘、张志公、辛安亭、蒋仲仁、李秉德、斯霞、霍懋征、叶苍岑、朱绍禹、刘国正、顾黄初、于漪、张传宗、钱梦龙、章熊、洪宗礼、欧阳代娜、宁鸿彬、李吉林、魏书生，等等。本节择其要略作介绍。

一、蔡元培

蔡元培(1868—1940),浙江绍兴人,他既是我国现代教育史上杰出的教育家,也是为语文教育事业做出重要贡献的语文教育家。蔡元培一生致力于教育改革,主持和参与了我国现代教育史上许多重要的活动,提出了许多重要的主张。在语文教育方面,他首先认为语文属于工具课程。在《胶济铁路中学演说词》一文中,他把中学的课程分为三类:第一类是练习工具的课程,例如语言文字(包括国语、国文和外国语)与数学;第二类是增进知识的课程;第三类是体育、美育的课程。把语文课程界定为工具课程,这可能是较早的说法之一。其次,他主张“国语统一”和“言文一致”。他反对专学那种“不通行于今人喉舌”的“死语”(古文),提倡学习活在今人口头的口语,特别是国语。为此,他积极呼吁并亲自参与了“五四”时期的“国语统一”运动。第三,他反对注入式的教学。他说:“案我们教书,并不是像注水入瓶一样,注满了就算完事。最要是引起学生读书的兴味。做教员的,不可一句一句,或一字一字的,都讲给学生听,最好使学生自己去研究,教员竟不讲也可以,等到学生实在不能用自己的力量了解功课时,才去帮助他。”[①]他还反对不顾学生程度,一味强制他们死记硬背,提倡教学要讲究教授法,要使学生不但知其然,而且知其所以然。第四,他反对让学生专读那些偏于文学的“模范文”,提倡多读合乎论理的实用文章;反对专读那些连成年人都“解释不明白”的经书,提倡在教师指导下的“自由读书”。蔡元培关于语文教育的著述,主要有:《中学国文科教授之商榷序》、《国文之将来》、《在国语讲习所的演说》、《汉字改革说》、《对于读经问题的意见》等。

二、夏丏尊

夏丏尊(1885—1946),浙江上虞人,著名语文教育家。自幼从塾师读经书,习八股,16 岁中秀才。曾留学日本。从 22 岁开始,夏丏尊先后在浙江第一师范、湖南第一师范、春晖中学、上海立达学园、暨南大学、南屏女子中学等学校任教,执教的课程主要是国文。他还创办了开明中学函授学校并担任校长。1925 年,他到上海后,一边教书,一边兼编辑出版工作。先是编“立达学会”的会刊《一般》杂志,后又与别人一起创办了开明书店,并应邀担任编译所所长,主编《中学生》、《新少年》、《月报》等杂志。这期间,他和叶圣陶还受教育部之托,到电台担任中等教育的播音讲演工作,先后向全国中学生做过八次关于国文学习的播音。他的讲演有《阅读什么》、《怎样阅读》、《学习国文的着眼点》等。夏丏尊的语文教育思想,首先体现在他对语文教育目标的认识上。他认为,语文教学的目标,应该“侧重在形式的讨究”,因为经验、知

① 《蔡元培全集》第 4 卷,浙江教育出版社 1997 年版,第 260 页。

力、修养是要随着学生年龄增长、阅历增广而逐步提高的，同时也是学校各科所应共同协力培养的。其次，在阅读教学方面，他首次提出“传染语感于学生”。他认为，理解、鉴赏、触发是阅读的基本功夫。他还主张课内外阅读要相结合。再次，在作文教学方面，他认为作文是生活，而不是对生活的点缀。学作文，也是学做人。他主张作文应先有读者存在的预想。“我们写作文字，当然先有读者存在的预想的，所谓好的文字就是使读者容易领略、感动，乐于阅读的文字。诸君当执笔为文的时候，第一，不要忘记有读者；第二，须努力以求适合读者的心情，要使读者在你的文字中感到兴趣或快悦，不要使读者得着厌倦。”①另外，他还主张作文要多读、多作、多商量，作文要改到无可再改才罢手。夏丏尊关于语文教育的论著，都收录在浙江人民出版社1983 年编辑出版的《夏丏尊文集》第三卷《文心之辑》中。

三、叶圣陶

叶圣陶(1894—1988)，江苏苏州人，著名的文学家、语言学家和语文教育家。叶圣陶一生从事语文教育活动长达 70 多年，他的实践内容丰富而广泛，语文教育思想博大精深。就实践而言，他教过书，编过教材，办过刊物。教书，从幼稚班、初小、高小、普中、师范以至大学预科、大学本科，自低到高各个学段的国文课程，他都教过。编教材，据不完全统计，在从 1922 年到 1949 年的 27 年里，他亲自编写的各种语文教材有 17 种之多。办刊物，叶老大约参与或主持编辑过 10 余种刊物。这些刊物中，除了一些文学刊物外，更多的是像《中学生》、《开明少年》这类普通教育刊物和《国文月刊》、《国文杂志》这类语文教育刊物。叶圣陶认为，语文是工具，是生活中须臾不可缺少的工具，语文教学的终极目标是养成运用语文的良好习惯。他说，“语言文字的学习，就理解方面说，是得到一种知识；就运用方面说，是养成一种习惯。”他主张，语言、文字和思想的训练要联成一贯。“训练思想，就学校课程方面说，是各科共同的任务；可是把思想、语言、文字三项一贯训练，却是国文的专责。”叶圣陶有一句名言，“教都是为了达到用不着教”。为了达到“用不着教”，教师尤其要善于“导”，“导者，多方设法，使学生能逐渐自求得之，卒底于不待教师教授之谓也。”他还有一句名言，“语文教本只是些例子，从青年现在或将来需要读的同类书中举出来的例子。”关于阅读教学，叶老有一个重要的观点，“阅读和写作是对等的两回事，各有各的目的。”“练习阅读不只是练习写作的手段，练习阅读自有它的目的。”对于长期把阅读教学仅仅看作是给学习写作提供技术借鉴的旧阅读教学观来说，这一观点无疑是革命性的贡献。叶圣陶还十分重视语文教师自身的修养，认为“教师欠缺修养工夫，教育事业的根本就得了病”，主张教师要时时注意增加“本钱”。叶圣陶关于语文教育的著

---

① 《夏丏尊文集》，浙江人民出版社 1983 年版，第 541 页。

述，大都收录在《叶圣陶语文教育论集》（教育科学出版社 1980 年版）和《叶圣陶教育文集》（五卷本，其中第三卷是关于语文教育的论述和书信，第四、五卷是语文教材的节录，人民教育出版社 1994 年版）中。

四、朱自清

朱自清（1898—1948），江苏扬州人，原籍绍兴。著名散文家、诗人、语文教育家。朱自清自 1920 年在北京大学哲学系毕业以后，直到 1925 年暑假，先后在杭州第一师范、扬州第八中学、吴淞中国公学、台州浙江第六师范、温州浙江第十中学、宁波浙江第四中学、浙江白马湖春晖中学等校从事中学国文教学工作达 5 年之久。1925 年赴北京任清华大学教授以后，除开设"古今诗选""中国新文学研究"等课程外，他还主讲"普通国文"。后来担任了国文系主任，他仍然亲自讲授"大一国文"课程，并对这门课程的教学目的、教材编选以及讲授方法等问题进行了系统研究。无论教中学还是大学，他一直十分关切中小学生的国文程度和国文教学问题。他在西南联大师范部国文系主持教务期间，倡议创办《国文月刊》，同时亲自撰写论文，为推动语文教育研究竭尽心力。他曾与叶圣陶合著《国文教学》、《精读指导举隅》、《略读指导举隅》，又为开明书店编纂国文教科书，为改进中学国文的教材教法做出了贡献。直到 1948 年，贫与病已经耗尽了他的全部精力，可他还在为中学的师生演讲，为开明的国文教本作选注。朱自清的语文教育思想，主要体现在以下几个方面：一是他始终把语文教育看作是整个教育事业的一个重要组成部分，其根本目的在使受教育者的人格得到完美的训练。从发展学生完美的人格出发，他强调语文教育要重视文艺教育，重视经典训练，重视学生表情达意的"至诚"。二是在阅读教学方面，他提出了许多以欣赏为核心的精辟见解。三是在写作教学方面，他认为写作教学要着眼于应用。他说，"中学生如果只爱文艺，阅读的是它，练习的是它，却又没有敏锐的辨别力，就很容易滥用文艺的笔调。……写起普通的文字来，浮文多，要紧的话少，而那几句要紧的话又说不透。这就不能应用。"朱自清关于语文教育的论述，大多汇集在《经典常谈》、《语文拾零》、《语文影》、《论雅俗共赏》、《标准与尺度》等专著以及他和叶圣陶的合著《精读指导举隅》、《略读指导举隅》、《国文教学》等书籍中。

五、吕叔湘

吕叔湘（1904—1998），江苏丹阳人，著名的语言学家、语文教育家。20 世纪 40 年代，吕叔湘就与叶圣陶、朱自清合编过中学语文教材《开明文言读本》和《开明新编国文读本》，并为当时的《国文月刊》、《国文杂志》等刊物写过一些关于语文的文章。50 年代初，他与朱德熙联名在《人民日报》上发表《语法修辞讲话》长篇连载。接着，又参与指导了汉语、文学分科时期《汉语》教材的编写和《暂拟汉语教学语法系统》的制定。60年代,他发表了《谈语言的学习和教学》、《语文教学的两点基本认识》、《关于语文教学问题》等几篇重要文章。从70年代开始,吕叔湘对我国的语文教学给予了更多的关注。1978年3月16日,他在《人民日报》上发表了《当前语文教学中两个迫切问题》一文,指出了中小学语文教学费时多、效果差的"咄咄怪事",呼吁大家都来研究提高语文教学效率的问题。此文被看作是新时期我国语文教学改革的第一声号角。1979年,全国中学语文教学研究会成立,吕叔湘被推选为第一任理事长。在语文教育思想方面,他认为,要从事语文教学,首先要搞清楚语言和文字的性质,搞清楚语言和文字的关系及其特点。为此,他对语言和文字的性质作了许多精辟的分析。其次,他还认为,从事语文教学必须认清人们学会一种语言的过程。为此,他专门探讨了语文学习过程的本质,从语言学习的角度提出了学习的模式、阶段和各阶段学习的重点。再次,他从宏观层面探讨了语文教学中的种种关系,例如,"文与道的关系""阅读跟写作的关系""今与古的关系""教与学的关系""讲和练的关系""课内和课外的关系"等等。另外,吕叔湘在语文教学的一些具体问题,如作文教学、文言文教学、汉字教学、汉语拼音教学、语法教学等方面,也都提出了许多重要的看法和主张。吕叔湘的语文教育著述,大都收录在《吕叔湘语文论集》(商务印书馆1983年版)和《吕叔湘论语文教学》(山东教育出版社1987年版)两本论文集中。

六、张志公

张志公(1918—1997),河北南皮人,著名语言学家和语文教育家。他早年学习英语、法语和俄语,研究外国语言和文学,20世纪40年代后期,转而研究汉语。1954年至1956年,他参与拟定了《暂拟汉语教学语法系统》,主编了汉语文学分科教材中的《汉语》课本。50年代末60年代初,张志公致力于中国传统语文教育的研究,出版专著《传统语文教育初探》。此书被认为是迄今为止在研究我国传统语文教育方面最有影响的一本著作。"文革"结束后,张志公出任全国中学语文教学研究会副理事长,重新研究传统语文教育,发表一系列重要论文,并修订《传统语文教育初探》一书。他曾风尘仆仆地到全国各地调查中小学语文教学的现状,指导基层的语文教改实验,并在长期调查研究的基础上,提出了小学、初中、高中一条龙的语文教改方案。75岁高龄时,他还亲自主编了一套初中语文实验教材。此教材在1997年他逝世前正式出版试用。张志公既主张继承传统语文教育的经验,坚持语文教育的民族化道路,又主张改革传统语文教育的弊端,坚持语文教育的科学化和现代化发展之路。在语文教学方面的具体主张有:一、语文是工具。他认为,在现代社会,语文的这种工具属性更加强,要求更加高,更突出实用,更讲究效率。二、既要全面落实语文教学的目的任务,又要抓住根本。他认为,语文训练、思想教育、文学教育、思维训练,这些都是语文教育的目的任务。在这些目的任务中,最根本的是语文训练。语文训练抓不住，别的“都是空的，都抓不住”。三、识字和读写分进合击。这是他针对儿童在初学语文阶段，识字教学会扯语言训练和读写训练的“后腿”而提出的改革设想。四、语文、文学分别教学。关于语文、文学教学的关系，他曾经开出三张处方：(1) 分两门课；(2) 一课两本；(3) 一本两线。五、文言文教学既要有眼前的办法，又要有长远的打算。六、语文知识的教学要做到“精要、好懂、有用”。张志公的语文教育著述，大多收录在以下文集中：《语文教学论集》(福建教育出版社 1981 年版)、《张志公论语文教学改革》(江苏教育出版社 1987 年版)、《张志公文集》(其中 3、4 卷为语文教育著述，广东教育出版社 1991 年版)、《张志公语文教育论集》(人民教育出版社 1994 年版)。

第五节　中国现代语文教育论著

中国现代语文教育一百年来，不但涌现了一大批有名望的语文教育家，也产生了一大批有影响的语文教育论著。本节择其要略作介绍。

一、《新著国语教学法》

黎锦熙(1890—1978)，湖南湘潭人，著名语言学家和语文教育家。黎锦熙一生关于语文教育的著述甚多，他的《新著国语教学法》可以看作是这方面的代表作。该书 1924 年由商务印书馆出版发行。全书分七章：一、国语教学之目的。二、注音字母之初步的教学。三、国语教材和教学法的新潮。四、读本与“读法”——读书。五、标准语与“话法”——语言。六、国语文法与“缀法”——作文。七、字体与书法——写字。本书为当时的国语科拟定了比较全面的教学目的，并把国语教学宗旨与社交上的应用结合起来，注重于听、说、读、写、书(写字)五个方面的能力培养，还兼顾了语文能力和人格锻炼两个方面，在教学法方面则注意科学化，注意介绍国外新教法。这是我国现代第一部系统完整且有相当规模的语文教学法著作，初步建立了该学科的理论体系，在现代语文教育史上占有重要的地位。

二、《中学国文教学概要》

王森然(1895—1984)，河北定州人，著名教育家、美术家和史学家。《中学国文教学概要》一书，是王森然 1925 年在济南一师国文专修科讲授“中学国文教学法”时的讲义，后经补充和修订，于 1927 年编成。卷首有梁启超写的序。序文中提出了国文教学“六难说”。全书共 6 篇 23 章。第一篇绪论，讲国文在教学上的价值、国文教师的责任、国文教学上的主张。第二篇目的与课程，讲中学国文教学的目的、课程、课目纲要的说明。第三篇教学与材料，讲中学国文教材的选择、国文选材的方法、教材的排列、教材与学级的编制。第四篇教学与方法，讲教学方法的讨论、教师与学生应特别注意之点、学生学习问题、讲读的程序及考查成绩、语体文教学法纲要、文言文教学法纲要。第五篇作文与试验，讲中学作文的教学、作文教学的琐识（上、下）、作文教学的程序、中学国文试验的方法。第六篇结论。语文教育家孙俍工评论该书："似为近年来讨论中学国文教学的一部最有系统的最详尽的大著，不但有必读的价值，而且有批评的价值"，"殊非惯作空论所能比拟"。

三、《中学国文教学法》

阮真，浙江绍兴人，生卒年不详。著名语文教育家。阮真在20世纪20—30年代出版过的语文教育研究专著达七部之多，《中学国文教学法》则是他的集大成之作。此书1936年由正中书局出版，1947年再版。全书共五编：第一编总论，主要论述国文教学的目的，国文科应设的学程等。第二编论读文教学，主要论述读文教学的进程标准、教材的选择和编排、教学方法等。第三编论作文教学，主要论述作文教学的进程标准、作文批分标准、作文拟题等。第四编论国文科辅助学程的教学。第五编论国文科特设学程的教学。他自称：自"五四"以来，全方位地研究中学国文教学问题的，10余年间"惟王森然氏与作者二人而已"。他还认为，王氏的《中学国文教学概要》虽有"兼收并蓄，搜集宏富"之长，却又短在缺乏逻辑的系统性。阮真的这部书，确实是扬其长而避其短之作。

四、《阅读心理·国语问题》、《阅读心理·汉字问题》

艾伟（1890—1955），湖北江陵人，著名教育心理学家。主要从事学科心理研究，尤其着重于汉语和英语学习心理的研究。艾伟在汉语文学习心理研究方面的专著有《阅读心理·国语问题》、《阅读心理·汉字问题》和《中学国文教学心理学》。《阅读心理·国语问题》出版于1948年，是作者对国语阅读心理研究的总结，内容包括：国语阅读心理研究之重要，儿童阅读兴趣之研究，朗读与默读之比较，默读练习之进展，默读能力之测量，默读能力之诊断，辞句之学习心理，基本句式之分析，作文错误之分析等。《阅读心理·汉字问题》出版于1949年，是从心理学角度全面探讨汉字问题的力作，内容包括：字形研究，字量研究，识字测量，词汇研究，音义分析，简化问题，排列问题，书法问题，全书总结。以上二书，在运用科学方法对语文教学进行心理实验研究方面，做出了突出的贡献，具有深远的影响。

五、《美日苏语文教学》

朱绍禹，1922年生，语文教育家，在语文教学论、中外语文教育比较研究、语文教材研究等众多领域都有突出的贡献。《美日苏语文教学》由朱绍禹主编并亲自撰稿，另有韩雪屏、吴其馥、赵北柯、吴亨淑、吴立岗等国内著名语文比较教育专家参编。1991年由吉林文史出版社出版。全书除前言外，分三部分：美国语文教学，日本语文教学，苏联语文教学。前言是一篇很有分量的中外语文教育比较研究的论文，在吸收和借鉴外国语文教育经验以及我国介绍和研究外国语文教育的历史和现状等方面多有新见。正文的三部分基本都是按“概述”“阅读教学”“写作教学”“听说教学”“语文知识教学”的顺序写的。这是国内第一本系统研究外国语文教育的专著，内容全面系统，资料详实可靠。

六、《实和活——刘国正语文教育论集》

刘国正，1926年生，诗人、杂文家和语文教育家。他在语文教育方面有很多著述，《实和活——刘国正语文教育论集》是其中一本较能全面反映他的语文教育思想的学术研究论文集。该书1995年由人民教育出版社出版，书中选文100篇，分两部分：第一部分为“教材教法研究”，第二部分为“序跋、记述和赏析”。“教材教法研究”类文章，比较全面地反映了他的语文性质观、教材观、教法观以及阅读教学观、写作教学观和语文教学改革观；“序跋、记述和赏析”类文章，除了同样可以看出他的语文教育思想外，还能看出他作为一个语文教育家的深厚的语文功底。

七、《于漪语文教育论集》

于漪，1929年生，著名语文特级教师。于漪从事中学语文教学半个世纪，在教学实践和理论研究两个方面都做出了突出贡献。她关于语文教育的著述非常丰富，《于漪语文教育论集》只是其中比较有代表性的一种。该书1996年由人民教育出版社出版，共有选文120多篇。编者将这些选文分成八部分，依次是：对语文教学改革的总体思考；关于教书育人；语文课堂教学的设计；阅读教学问题；关于语文教材；写作教学问题；教学备课杂谈；语文教师的自我塑造。

八、《思索·探索——章熊语文教育论集》

章熊，1931年生，语文教育家。著述有《语言和思维的训练》、《简明·连贯·得体》、《中国当代写作与阅读测试》、《思索·探索——章熊语文教育论集》、《言语的运作与中学生语言技能训练》等。《思索·探索——章熊语文教育论集》2002年由人民教育出版社出版。该书选文虽只有60篇，但篇幅长达800余页。选文包括三个板块：“理论探讨”“语文知识·练习设计”“教材编写·序·其他”。第一板块，包括探讨语言和思维的关系、读写测试以及对中学语文教学的回顾与反思等方面的科学研究文章。第二板块，包括对语文知识及其教学的研究和语文练习的设计及其研究两部分。第三板块的重点在“教材编写”，既有理论探讨，又有编写示例。

九、《顾黄初语文教育论集》

顾黄初，1933年生，语文教育家和语文教育史研究专家。他关于语文教育研究的著述颇丰，《顾黄初语文教育论集》是其集大成之作，2002年由人民教育出版社出版。全书共选文170余篇，分上下两卷。书中具体内容包括五类："语文课程教材教法""语文教学短论""现代语文教育史""叶圣陶语文教育思想""语文教育书评书序"。在"语文课程教材教法"部分，作者全面论述了语文课程、教材和教法的改革以及语文教育贴近生活等问题，颇有新见。在"现代语文教育史"部分，作者分别选取现代语文教育史上的十二位名家和十二个问题作为研究对象，构成了一部缩编的"现代语文教育史"。在"叶圣陶语文教育思想"部分，则用十八个专题，全面深入地揭示了叶圣陶的语文教育思想。可见，这是一部内容丰富、史论结合的语文教育文集。

思考与练习

一、名词解释。

1.《国文百八课》

2. 设计教学法

3. 道尔顿制

4. "红领巾教学法"

5. 语文导读法

二、叶圣陶说："教都是为了达到用不着教。"你是如何理解的？

三、谈谈你对"汉语""文学"分科教学的看法。

四、说说你对语文新课改的思考。

参考文献

叶圣陶著:《叶圣陶语文教育论集》,教育科学出版社 1980 年版。

舒新城编:《中国近代教育史资料》(上中下),人民教育出版社 1981 年版。

陈学恂主编:《中国近代教育史教学参考资料》(上中下),人民教育出版社 1986 年版。

吕叔湘著:《吕叔湘论语文教学》,山东教育出版社 1987 年版。

张隆华主编:《语文教育学》,重庆出版社 1987 年版。

中央教育科学研究所编:《中国现代教育大事记》,教育科学出版社 1988 年版。

于满川、杨履武、顾黄初主编:《语文教学论》,南京大学出版社 1989 年版。

韩进之著:《教育心理学纲要》,人民教育出版社 1989 年版。

叶澜著:《教育概论》,人民教育出版社 1991 年版。

张隆华主编:《中国语文教育史纲》,湖南师范大学出版社 1991 年版。

顾黄初著:《现代语文教育史札记》,南京出版社 1991 年版。

顾黄初、李杏保编:《二十世纪前期中国语文教育论集》,四川教育出版社 1991 年版。

陶本一、王光龙主编:《语文学科教育学》,山西高校联合出版社 1991 年版。

张志公著:《传统语文教育教材论》,上海教育出版社 1992 年版。

孙培青主编:《中国教育史资料》,华东师范大学出版社 1992 年版。

钟启泉著:《现代教学论发展》,教育科学出版社 1992 年版。

曾祥芹、韩雪屏主编:《阅读学原理》,河南教育出版社 1992 年版。

于亚中主编:《中学语文教育学》,高等教育出版社 1992 年版。

周谦主编:《学习心理学》,科学出版社 1992 年版。

王耘等著:《小学生心理学》,浙江教育出版社 1993 年版。

黄煜峰等著:《初中生心理学》,浙江教育出版社 1993 年版。

郑和钧等著:《高中生心理学》,浙江教育出版社 1993 年版。

钟为永主编:《中学语文学科教学论》,广西教育出版社 1993 年版。

张中原主编:《语文教育实习指导》,高等教育出版社 1994 年版。

张隆华、曾仲珊著:《中国古代语文教育史》,四川教育出版社 1995 年版。

章熊著:《中国当代写作与阅读测试》,四川教育出版社 1995 年版。

施良方著:《课程理论:课程的基础、原理与问题》,教育科学出版社 1996 年版。

阴国恩著:《非智力因素及其培养》,浙江人民出版社 1996 年版。

阎立钦主编:《语文教育学引论》,高等教育出版社 1996 年版。

王乃森、倪三好、张中原著:《语文教学过程研究》,江苏教育出版社 1996 年版。

熊承涤著:《中国古代学校教材研究》,人民教育出版社 1996 年版。

卫灿金著:《语文思维培育学》,语文出版社 1997 年版。

李杏保、顾黄初著:《中国现代语文教育史》,四川教育出版社 1997 年版。

张田若、陈良璜、李卫民著:《中国当代汉字认读与书写》,四川教育出版社 1998 年版。

韩雪屏著:《中国当代阅读理论与阅读教学》,四川教育出版社 1998 年版。

张鸿苓著:《中国当代听说理论与听说教学》,四川教育出版社 1998 年版。

潘新和著:《中国写作教育思想论纲》,人民教育出版社 1998 年版。

韦志成著:《作文教学论》,广西教育出版社 1998 年版。

苏立康主编:《小学学科教学论(语文)》,科学出版社 1998 年版。

张奇著:《学习理论》,湖北教育出版社 1998 年版。

王斌华著:《发展性教师评价制度》,华东师范大学出版社 1998 年版。

李洪玉、何一粟著:《学习动力》,湖北教育出版社 1999 年版。

施良方、崔允漷主编:《教学理论:课堂教学的原理、策略与研究》,教育科学出版社 1999 年版。

鞠献利著:《教师素质论》,山东教育出版社 1999 年版。

徐林祥、张悦群主编:《中学语文课堂教学技能训练》,东北师范大学出版社 1999 年版。

徐林祥、刘成华、张悦群主编:《小学语文课堂教学技能训练》,语文出版社 2000 年版。

钱梦龙著:《导读的艺术》,人民教育出版社 2000 年版。

张华著:《课程与教学论》,上海教育出版社 2000 年版。

饶杰滕著:《语文学科教育学》,首都师范大学出版社 2000 年版。

顾黄初、李杏保编:《二十世纪后期中国语文教育论集》,四川教育出版社 2000 年版。

贾晓波主编:《心理健康教育与教师心理素质》,中国和平出版社 2000 年版。

中外母语教材比较研究课题组编:《中外母语课程标准译编》,江苏教育出版社2000年版。

王斌华著:《校本课程论》,上海教育出版社2000年版。

崔允漷著:《校本课程开发:理论与实践》,教育科学出版社2000年版。

郑国民著:《从文言文教学到白话文教学》,北京师范大学出版社2000年版。

柳士镇、洪宗礼主编:《中外母语教材比较研究论集》,江苏教育出版社2001年版。

朱绍禹、庄文中主编:《国际中小学课程教材教法比较研究丛书?本国语文卷》,人民教育出版社2001年版。

张鸿苓、陈金明、张定远、苏立康主编:《新中国中学语文教育大典》,语文出版社2001年版。

课程教材研究所编:《20世纪中国中小学课程标准(教学大纲)汇编·语文卷》,人民教育出版社2001年版。

顾黄初主编:《中国现代语文教育百年事典》,上海教育出版社2001年版。

顾黄初、顾振彪著:《语文课程与语文教材》,社会科学文献出版社2001年版。

韩雪屏著:《语文教育的心理学原理》,上海教育出版社2001年版。

施良方著:《学习论》,人民教育出版社2001年版。

金娣、王刚编著:《教育评价与测量》,教育科学出版社2001年版。

李定仁、徐继存主编:《教学论研究二十年》,人民教育出版社2001年版。

钟启泉、崔允漷、张华主编:《为了中华民族的复兴,为了每位学生的发展——基础教育课程改革纲要(试行)解读》,华东师范大学出版社2001年版。

石中英著:《知识转型与教育改革》,教育科学出版社2001年版。

王宁著:《汉字学概要》,北京师范大学出版社2001年版。

叶澜编著:《教师角色与教师发展新探》,教育科学出版社2001年版。

黄书光著:《中国基础教育改革的文化使命》,教育科学出版社2001年版。

曹明海著:《语文教育智慧论》,青岛海洋大学出版社2001年版。

田瑞云著:《语文教育行为论》,青岛海洋大学出版社2002年版。

教育部基础教育司组织编写:《走进新课程——与课程实施者对话》,北京师范大学出版社2002年版。

倪文锦、欧阳汝颖主编:《语文教育展望》,华东师范大学出版社2002年版。

巢宗祺、雷实、陆志平主编:《全日制义务教育语文课程标准(实验稿)解读》,湖北教育出版社2002年版。

王文彦、蔡明主编:《语文课程与教学论》,高等教育出版社2002年版。

靳健著:《中学语文教学策略》,陕西人民教育出版2002年版。

刘伯奎著:《中学生口语交际自我训练》,汉语大词典出版社 2002 年版。

王群著:《口语交际训练教程》,汉语大词典出版社 2002 年版。

郭元祥著:《综合实践活动课程》,首都师大出版社 2002 年版。

李雁冰著:《课程评价论》,上海教育出版社 2002 年版。

燕国材著:《智力因素与学习》,教育科学出版社 2002 年版。

林崇德著:《教育与发展:创新人才的心理学整合研究》,北京师范大学出版社 2002 年版。

吴刚平著:《校本课程开发》,四川教育出版社 2002 年版。

王松泉等主编:《中国语文教育史简编》,社会科学文献出版社 2002 年版。

钟启泉编著:《现代课程论》,上海教育出版社 2003 年版。

黄甫全主编:《课程与教学论》,高等教育出版社 2003 年版。

区培民主编:《语文课程与教学论》,浙江教育出版社 2003 年版。

倪文锦主编:《小学语文新课程教学法》,高等教育出版社 2003 年版。

倪文锦主编:《初中语文新课程教学法》,高等教育出版社 2003 年版。

郑国民著:《新世纪语文课程改革研究》,北京师范大学出版社 2003 年版。

皮连生著:《学与教的心理学》,华东师范大学出版社 2003 年版。

张鸿苓主编:《语文教育学》,北京师范大学出版社 2003 年版。

苏立康主编:《中学语文教学研究》,中央广播电视大学出版社 2003 年版。

陆志平著:《语文课程新探》,东北师范大学出版社 2003 年版。

靳健主编:《中学语文参与式教师培训教程》,首都师大出版社 2003 年版。

吴格明著:《逻辑思维与语文教学》,人民教育出版社 2003 年版。

吴格明著:《逻辑与批判性思维》,语文出版社 2003 年版。

王晓辉等编著:《新课程:语文教育怎样改革》,四川大学出版社 2003 年版。

李咏吟主编:《学习心理辅导》,世界图书出版公司 2003 年版。

李晓东主编:《小学生心理学》,人民教育出版社 2003 年版。

王光龙著:《语文学习概论》,当代中国出版社 2003 年版。

霍力岩等著:《多元智力理论与多元智力课程研究》,教育科学出版社 2003 年版。

曹洪顺、武玉鹏著:《中国现代语文教育思想研究》(第 1 辑),中国海洋大学出版社 2003 年版。

高良时著:《中国古代教育史纲》,人民教育出版社 2003 年版。

王荣生著:《语文科课程论基础》,上海教育出版社 2003 年版。

倪文锦主编:《高中语文新课程教学法》,高等教育出版社 2004 年版。

陈安福主编:《中学心理学》,高等教育出版社 2004 年版。

巨瑛梅、刘旭东编著:《当代国外教学理论》,教育科学出版社 2004 年版。

巢宗祺、雷实、陆志平主编:《普通高中语文课程标准(实验)解读》,湖北教育出版社 2004 年版。

李定仁、徐继存主编:《课程论研究二十年》,人民教育出版社 2004 年版。

潘纪平、邹元湘主编:《近 20 年语文教改理论与新课程标准》,湖北教育出版社 2004 年版。

王荣生著:《新课标与"语文教学内容"》,广西教育出版社 2004 年版。

李明洁著:《新专题教程高中语文口语交际新视点》,华东师范大学出版社 2004 年版。

王志凯、王荣生编著:《口语交际教例剖析与教案研制》,广西教育出版社 2004 年版。

吴益主编:《高中语文新课程理念与实施》,海南出版社 2004 年版。

江苏母语课程教材研究所编:《当代外国语文课程教材评价》,江苏教育出版社 2004 年版。

钟启泉、高文、赵中建主编:《多维视角下的教育理论与思潮》,教育科学出版社 2004 年版。

陈琦、刘儒德主编:《教育心理学》,高等教育出版社 2005 年版。

朱绍禹主编:《中学语文课程与教学论》,高等教育出版社 2005 年版。

周庆元著:《语文教育研究概论》,湖南人民出版社 2005 年版。

曹明海、陈秀春著:《语文教育文化学》,山东教育出版社 2005 年版。

刘淼著:《当代语文教育学》,高等教育出版社 2005 年版。

周立群、庞车养编著:《语文新课程教学论》,华南理工大学出版社 2005 年版。

李海林主编:《语文教育研究大系(1978—2005)·理论卷》,上海教育出版社 2005 年版。

杨九俊、姚烺强主编:《小学语文新课程教学概论》,南京大学出版社 2005 年版。

黄光扬著:《新课程与学生学习评价》,福建教育出版社 2005 年版。

凌焕新著:《写作精义探要》,江苏文艺出版社 2005 年版。

谢雄龙著:《小学口语交际教学导引》,上海教育出版社 2005 年版。

吴永军著:《新课程学习方式》,南京师范大学出版社 2005 年版。

高占魁主编:《语文新课程研究性学习》,高等教育出版社 2005 年版。

倪文锦、谢锡金主编:《新编语文课程与教学论》,华东师范大学出版社 2006 年版。

武玉鹏、秦凤珍等著:《中国现代语文教育思想研究》(第 2 辑),中国文史出版社 2006 年版。

陆志平著:《语文课程再探》,东北师范大学出版社 2006 年版。

[美]格朗兰德著:《教学测量与评价》,河北教育出版社 1991 年版。

[美]拉尔夫·泰勒著:《课程与教学的基本原理》,人民教育出版社 1994 年版。

联合国教科文组织国际发展委员会:《学会生存:教育世界的今天和明天》,教育科学出版社 1997 年版。

国际 21 世纪教育委员会报告:《教育——财富蕴藏其中》,教育科学出版社 1996 年版。

[美]小威立廉姆 E. 多尔著:《后现代课程观》,教育科学出版社 2000 年版。

[加拿大]马克斯·范梅南著:《教学的机智——教育智慧的意蕴》,教育科学出版社 2001 年版。

[美]霍华德·加德纳著:《多元智能》,新华出版社 2003 年版。

[日]佐藤学著:《学习的快乐》,教育科学出版社 2004 年版。

后　记

近几年，随着基础教育课程改革的深入和高校精品课程建设的推进，我们越来越迫切地感到必须编写一本适应时代发展和教学需要的“语文课程与教学论”教材。我们的这一想法，与江苏教育出版社高教事业部同志们的想法不谋而合，他们在对10多所高校调研的基础上，正准备推出“课程与教学论新编”系列教材。我们的这一想法，也得到了华东师范大学课程与教学研究所所长钟启泉教授、教育部社科司副司长袁振国教授、江苏省教育厅基教处处长陆志平研究员和全国20多所师范院校从事“语文课程与教学论”教学与研究的老师们的大力支持。为此，我们先后在长沙、南京等地召开了多次“语文课程与教学论”教材编写工作会议，制订编写计划、讨论编写方案、修改全部书稿。钟启泉教授、陆志平研究员和江苏教育出版社领导徐宗文总编、高教事业部主任章俊弟编审多次亲临研讨会，对本教材的编写给予了热情的指导和切实的帮助。在本教材出版之际，我们首先要对各位领导、专家和江苏教育出版社表示衷心的感谢。

本教材由陆志平、张中原、徐林祥共同拟定编写提纲。执笔人分别为：绪论，徐林祥；第一章，潘纪平；第二章，孙建龙、周玉荣；第三章，时金芳；第四章，曹明海、张曙光；第五章，龚孟伟；第六章，倪三好、倪志明；第七章，苏伟林；第八章，宋灏江；第九章，吴格明；第十章，王家伦；第十一章，乔晖；第十二章，靳健；第十三章，朱洪祥；第十四章，张中原；第十五章，王光龙；第十六章，武永明；第十七章，金荷华；第十八章，徐林祥；第十九章，武玉鹏。全书由张中原、徐林祥统稿改定。

《语文课程与教学论新编》作为一部新编的高等师范学校教学用书，我们设想：其基本定位是面向本科生，兼顾研究生和在职教师，打通小学、初中、高中语文师资培养；其基本特色，一是具有时代性，既体现课改的精神，又有传统的继承与超前的意识，从纵向展示语文学科发展的轨迹，二是具有全面性，既覆盖以往同类教材中合理的内容，又在借鉴的基础上有所创新，从横向呈现语文课程与教学论的诸元素，三是具有实用性，理论上的科学性与实践上的可操作性相结合，突出高师教学用书的特点，注重师范生能力的养成，简明扼要，方便实用，四是具有开放性，主要是教材内容本身具有开放性，为学生的生成提供条件，为教师的选择提供余地。现在看来，由于编写时间比较仓促等原因，并没有完全达到预期的目标。我们真诚期望广大使用本教材的老师和同学，能将教学中发现的问题和建议要求，及时告诉我们，以便在本书修订时得到更正，使之趋于完善，适应教育形势发展和教学实际需要。联系信箱：ywkcyjxl@yahoo.com.cn

张中原　徐林祥

2006 年 12 月 5 日于南京